Écriture du fantasme chez Jean-Philippe Toussaint et Tanguy Viel

Faux Titre

ÉTUDES DE LANGUE ET LITTÉRATURE FRANÇAISES

Series Editors

Keith Busby
Sjef Houppermans
Paul Pelckmans
Alexander Roose

VOLUME 429

The titles published in this series are listed at *brill.com/faux*

Écriture du fantasme chez Jean-Philippe Toussaint et Tanguy Viel

Diffraction littéraire de l'identité

par

Alice Richir

BRILL

RODOPI

LEIDEN | BOSTON

Illustration couverture : © Alice Richir (Gijón, 2007).

The Library of Congress Cataloging-in-Publication Data is available online at http://catalog.loc.gov

Typeface for the Latin, Greek, and Cyrillic scripts: "Brill". See and download: brill.com/brill-typeface.

ISSN 0167-9392
ISBN 978-90-04-38252-7 (hardback)
ISBN 978-90-04-38282-4 (e-book)

Copyright 2019 by Koninklijke Brill NV, Leiden, The Netherlands.
Koninklijke Brill NV incorporates the imprints Brill, Brill Hes & De Graaf, Brill Nijhoff, Brill Rodopi, Brill Sense, Hotei Publishing, mentis Verlag, Verlag Ferdinand Schöningh and Wilhelm Fink Verlag.
All rights reserved. No part of this publication may be reproduced, translated, stored in a retrieval system, or transmitted in any form or by any means, electronic, mechanical, photocopying, recording or otherwise, without prior written permission from the publisher.
Authorization to photocopy items for internal or personal use is granted by Koninklijke Brill NV provided that the appropriate fees are paid directly to The Copyright Clearance Center, 222 Rosewood Drive, Suite 910, Danvers, MA 01923, USA. Fees are subject to change.

This book is printed on acid-free paper and produced in a sustainable manner.

Table des matières

Table des abréviations IX

Introduction 1

PARTIE 1
Qui se cache derrière le « Je » ?

1 Identifications inconsistantes, énonciations hétérogènes 9
   1.1 Un portrait en négatif 9
   1.2 Un stade du miroir défaillant 12
   1.3 Poétiques de l'*involontarisme* 20
      1.3.1 *L'esquive* 21
      1.3.2 *Le non-choix* 24
   1.4 Recourir à la règle 27
   1.5 Jouer un rôle 33

2 Au-delà du primat mimétique 53
   2.1 Dynamique de l'inconsistance 53
   2.2 Vers une nouvelle logique narrative 61

PARTIE 2
Écrire le fantasme

3 Inventer les autres : construction fictionnelle et logique du fantasme 71
   3.1 Fantasmer la vérité sur Marie 71
      3.1.1 *La déformation du réel* 71
      3.1.2 *Rêve et fantasme* 74
      3.1.3 *Trace, manque et désir* 80
      3.1.4 *Logique du fantasme* 87
   3.2 Raconter un roman 101
      3.2.1 *Un monde à part* 101
      3.2.2 *Jeu, fiction et fantasme* 111
      3.2.3 *Réflexivité du fantasme* 121
      3.2.4 *Fascination versus mise en récit* 127

4 **Soupçonner l'Autre : le délire fantasmatique**   131
    4.1 Un délire qui tourne en rond   131
        4.1.1 *Effet de distorsion*   131
        4.1.2 *Cet Autre qui le regarde*   138
        4.1.3 *Le ressassement*   147
    4.2 Une voix en délire   152
        4.2.1 *Incendie, cendre, survivance*   152
        4.2.2 *La faille, le spectre*   163
        4.2.3 *La voix comme forme de la coupure*   168

5 **Écriture du fantasme et vérité littéraire**   174

PARTIE 3
Image littéraire et virtualité

6 **Dispositifs optiques et écrans**   189
    6.1 L'appareil photo   189
    6.2 La baie vitrée   197
        6.2.1 *La fenêtre*   198
        6.2.2 *Le triptyque*   201
    6.3 La caméra   208
        6.3.1 *La fuite*   208
        6.3.2 *La course-poursuite*   210
        6.3.3 *Le suspens*   214
    6.4 Cadrage, saisie et révélation   217

7 **Narration *camera obscura***   224
    7.1 Cinéma et mise en abyme   224
    7.2 Faire tableau   232
        7.2.1 *Le blanc*   232
        7.2.2 *« L'omnivérité de l'écran »*   241
    7.3 Techniques de montage   243
        7.3.1 *L'illusion de transparence*   243
        7.3.2 *Surimpression*   250
    7.4 Esthétique de la bifurcation   254

8 **Le narrateur spectateur**   258

Conclusion   267

Bibliographie   273
   Écrits de Jean-Philippe Toussaint   273
      Aux Éditions de Minuit   273
      Autres éditions   273
      En ligne   273
   Écrits de Tanguy Viel   274
      Aux Éditions de Minuit   274
      Autres éditions   274
      En ligne   274
   Entretiens   275
   Ouvrages, revue et articles critiques sur Jean-Philippe Toussaint   275
      Ouvrages   275
      Revue   276
      Articles   276
   Ouvrages, revue et articles critiques sur Tanguy Viel   277
      Ouvrages   277
      Revue   278
      Articles   278
   Ouvrages et articles généraux   279
   Œuvres littéraires   286

Index des auteurs   287

Table des abréviations

Jean-Philippe Toussaint

La Salle de bain, Paris, Minuit, 1985, abrégé *SDB*.
Monsieur, Paris, Minuit, 1986, abrégé *M*.
L'Appareil-photo, Paris, Minuit, 1988, abrégé *AP*.
La Réticence, Paris, Minuit, 1991, abrégé *R*.
La Télévision, Paris, Minuit, 1997 (2002), (« Double »), abrégé *T*.
Autoportrait (à l'étranger), Paris, Minuit, 2000, abrégé *AE*.
Faire l'amour, Paris, Minuit, 2002, abrégé *FA*.
Fuir, Paris, Minuit, 2005, abrégé *F*.
La Vérité sur Marie, Paris, Minuit, 2009, abrégé *VM*.
Nue, Paris, Minuit, 2013, abrégé *N*.
Football, Paris, Minuit, 2015, abrégé *Fo*.

Tanguy Viel

Le Black Note, Paris, Minuit, 1998, abrégé *BN*.
Cinéma, Paris, Minuit, 1999, abrégé *C*.
L'Absolue perfection du crime, Paris, Minuit, 2001 (2006), (« Double »), abrégé *APC*.
Maladie, Inventaire/Invention, 2002, abrégé *Ma*.
Insoupçonnable, Paris, Minuit, 2006 (2009), (« Double »), abrégé *I*.
Paris-Brest, Paris, Minuit, 2009, abrégé *PB*.
La Disparition de Jim Sullivan, Paris, Minuit, 2013, abrégé *DJS*.
Article 353 du code pénal, Paris, Minuit, 2017, abrégé *A353*.

Introduction

Le critère réaliste qui régit encore aujourd'hui notre conception du romanesque, et ce malgré les diverses tentatives de sabotage des dispositifs mimétiques menées au cours des XIXe et XXe siècles, présuppose que tout roman fonde une réalité – que l'on nomme « diégétique ». Ce principe engendre un questionnement vis-à-vis des moments où, et c'est souvent le cas, la fiction romanesque se creuse d'une autre fiction – « intradiégétique », cette fois. Quel statut accorder aux divers espaces virtuels, tels que le rêve, le fantasme, l'hallucination ou le mensonge, qui déploient au cœur du roman des niveaux de réalité libres, semblerait-il, de contrevenir à l'impératif de vraisemblance, de se jouer du déroulement logique de l'action ? Que faire lorsque ces univers fictionnels gagnent en importance, au point de supplanter l'événement de la diégèse ? Que dire des images valorisées en vertu de leur capacité à apposer un calque déformant sur une représentation objective ou, à tout le moins, idéalisée comme telle des faits ?

C'est la réflexion à laquelle ne peut manquer d'inviter la lecture de l'œuvre du romancier, photographe et cinéaste belge Jean-Philippe Toussaint, dont le narrateur promeut la valeur de vérité de récits qu'il présente pourtant lui-même comme de « pures fantaisies » (*VM*, p. 164).

> Je savais qu'il y avait sans doute une réalité objective des faits […] mais que cette réalité me resterait toujours étrangère, je pourrais seulement tourner autour, l'aborder sous différents angles, la contourner et revenir à l'assaut, mais je buterais toujours dessus, comme si ce qui s'était réellement passé cette nuit-là m'était par essence inatteignable, hors de portée de mon imagination et irréductible au langage. J'aurais beau reconstruire cette nuit en images mentales qui auraient la précision du rêve, j'aurais beau l'ensevelir de mots qui auraient une puissance d'évocation diabolique, je savais que je n'atteindrais jamais ce qui avait été pendant quelques instants la vie même, mais il m'apparut alors que je pourrais peut-être atteindre une vérité nouvelle, qui s'inspirerait de ce qui avait été la vie et la transcenderait, sans se soucier de vraisemblance ou de véracité, et ne viserait qu'à la quintessence du réel, sa moelle sensible, vivante et sensuelle, une vérité proche de l'invention, ou jumelle du mensonge, la vérité idéale. (*VM*, p. 165–166)

Constatant l'impossibilité de traduire le réel par le biais du langage comme par celui de l'imagination, le narrateur de Toussaint fait le choix de valoriser délibérément la dimension fictionnelle du récit dont il a la charge. La vérité est à chercher du côté de la *fabula* ; c'est en tout cas ce que revendique ce personnage lorsqu'il se targue « de reconstituer, de reconstruire ou d'inventer » (*VM*, p. 52) une réalité qui lui échappe.

Les textes du romancier et essayiste français Tanguy Viel partagent avec ceux de Toussaint le fait de poser en miroir de l'univers diégétique premier une fiction seconde, qui tout à la fois donne une profondeur fictionnelle supplémentaire au texte et englobe, par un effet de renversement, le niveau premier de la diégèse amené à s'y réfléchir : « Mais je te raconterai tout [...] : comme on s'aimait avec des noms de scène, et se croire d'un autre temps avec le jazz, croire qu'on n'avait rien à faire en vrai et seulement s'estimer à hauteur d'autrefois, disait Paul, à hauteur de la vraie vie. [...] il faisait comme si c'était pour de vrai, et on faisait comme si c'était pour de vrai, et du coup c'était devenu vrai » (*BN*, p. 21–23).

Les romans de Toussaint et de Viel ont en outre en commun de relater cette expérience fictive du réel en donnant la parole à un narrateur dont l'identité ne semble pouvoir être appréhendée qu'en négatif. D'emblée, le lecteur devine que cette mise en abyme originale de l'acte de raconter n'est pas sans conséquences sur le plan métafictionnel : la revendication du travail de déformation de la réalité auquel se livrent les narrateurs de Toussaint et de Viel malmène les frontières qui compartimentent d'ordinaire fiction et réalité, imaginaire et mémoire, mensonge et vérité, et répercute le trouble qui en résulte sur l'activité de création romanesque, remettant en jeu le pacte traditionnellement établi entre l'écrivain et son destinataire et, plus largement, l'illusion mimétique selon laquelle s'organise encore la pensée de la représentation en Occident bien que la modernité se soit employée à en saper les fondements.

Ces deux auteurs, parmi les plus représentatifs de leur époque, engagent ainsi une réflexion sur la pratique littéraire au présent. Si le premier roman de Viel paraît plus d'une dizaine d'années après celui de Toussaint (1998 versus 1985), tous deux appartiennent à cette génération d'écrivains qui commencent à publier entre 1980 et 2000, fin de siècle identifiée de manière consensuelle comme un temps de renouveau de la littérature romanesque[1]. La crise du roman et les revendications formelles qui l'accompagnent, au centre des préoccupations littéraires dans les années 1960 et 1970 avec, entre autres, le Nouveau Roman et le groupe *Tel Quel*, s'essoufflent progressivement dès la fin des années

---

[1] Voir notamment Claude Prévost, Jean-Claude Lebrun, *Nouveaux territoires romanesques*, Paris, Messidor, 1990 ; Dominique Viart, (s.l.d.), *Écritures contemporaines*, I et II, Paris, Lettres modernes Minard, 1998 et Bruno Blanckeman, Marc Dambre, Aline Mura-Brunel, (s.l.d.), *Le Roman français au tournant du XXIe siècle*, Paris, Presses Sorbonne nouvelle, 2004.

INTRODUCTION 3

1970 au profit d'une transformation du champ littéraire qui serait marquée, selon la critique, par une aspiration tacite à la lisibilité de l'œuvre romanesque. Toussaint et Viel se voient généralement assimilés à cette période transitoire qui assure le passage d'un siècle à l'autre. C'est surtout vrai pour Toussaint qui, quoi que l'on puisse douter que ces étiquettes fassent encore véritablement sens pour parler de son œuvre aujourd'hui, a souvent été catalogué comme une des figures emblématiques des « nouveaux nouveaux romanciers », des « romanciers impassibles » ou encore des « romanciers minimalistes[2] ». Quant à Viel, les quelques études qui lui sont consacrées s'accordent pour l'identifier parmi la fin du peloton occupé à amorcer ce tournant de l'histoire littéraire, aux côtés d'écrivains qui, dans la seconde moitié des années 1990, choisissent eux aussi d'écrire en se positionnant *après* la proclamation de la « mort » de la littérature[3], comme si cette dernière décennie, avertit le narrateur de Toussaint, « avec ce 1 et ce 9 qui semblent déjà périmés à nos yeux contemporains [...], pourtant encore si proche de nous, pourtant encore si intimement liée à nos vies, à notre temps, à notre chair et à notre histoire, [...] avait mordu malencontreusement la bordure du siècle précédent et avait, par mégarde, mis le pied dans le passé. » (*Fo*, p. 9) Deux œuvres en train de se faire, donc, et qui ne peuvent être envisagées qu'à l'aune des secousses qui ont bouleversé au XXe siècle le champ de la littérature comme celui de la pensée, c'est-à-dire dans un rapport étroit avec ce qui précède, que ces auteurs sont les premiers à reconnaître et qui demeure néanmoins encore mal défini et peu étudié. « Nous n'y sommes pour rien, mais nous sommes *compromis* par ce passé dont nous aurions voulu rester à l'écart » (*Fo*, p. 9–10, l'auteur souligne).

Étudier l'œuvre romanesque de Toussaint et celle de Viel en contrepoint, c'est-à-dire les établir dans un rapport à la fois de proximité et d'indépendance qui tire parti de leurs différences plutôt qu'il ne gomme leur singularité, permettra d'établir l'importance de la place subversive ménagée dans ces récits à un univers fictionnel créé au sein même de la diégèse. Il s'agira de cerner les effets de l'« écriture du fantasme » sur le statut du récit, du personnage et de l'image et, partant de là, d'en situer les enjeux dans le contexte contemporain par rapport à la question de la représentation, notamment littéraire, et au rôle que celle-ci est encore amenée à jouer dans la construction de l'identité humaine.

---

2 Michèle Ammouche-Kremers, Henk Hillenaar, (s.l.d.), *Jeunes auteurs de Minuit*, Amsterdam, Rodopi, 1994, p. 33.
3 Voir notamment les nombreux articles que Johan Faerber a consacrés à Tanguy Viel, essentiellement, mais aussi à d'autres auteurs de sa génération ; par exemple Johan Faerber, « Écrire : verbe transitif ? », dans Wolfgang Asholt, Marc Dambre, (s.l.d.), *Un retour des normes romanesques*, Paris, Presses Sorbonne nouvelle, 2010, p. 21–33.

Pourquoi parler d'« écriture du fantasme » plutôt que d'évoquer l'imagination débridée des narrateurs de Toussaint et de Viel ? Parce que l'imagination souffre aujourd'hui d'un discrédit, imputable notamment au changement de paradigme représentationnel survenu avec l'invention de la photographie au milieu du XIXe siècle. Dans le *Salon de 1859*, Baudelaire le déplore : à la « reine des facultés », le public moderne préfère désormais la reproduction réaliste de la nature, capable de sustenter son « goût exclusif du Vrai[4] ». Par opposition à l'idéale de transparence de l'image photographique, l'imagination est reléguée au rang de simple divertissement. Avec elle, l'expérience subjective suscitée par la contemplation de l'œuvre cède la place à la scrutation de la qualité du détail, de la précision du rendu. Ce paradigme photographique, il s'agira d'en étudier les effets sur le contemporain, et le fantasme, parce qu'il fonctionne chez Toussaint et Viel comme une logique sous-jacente qui organise la rencontre de leurs narrateurs avec un réel auquel ils se « heurtent » (*AP*, p. 14), permettra de comprendre comment le recours à un mécanisme psychique qui redonne priorité à l'imaginaire autorise l'élaboration d'une posture narratoriale à partir de laquelle générer le récit, lequel retrouve de la sorte une certaine efficience.

Cette hypothèse repose sur un postulat directement emprunté à la psychanalyse freudo-lacanienne : le sujet humain ne se définit comme sujet que dans l'espace du discours, dans lequel il est pris dès sa naissance ; la langue est à la fois un héritage à partir duquel il se construit et un dispositif technique dont il use pour s'exprimer. Sa rencontre avec le Réel est dès lors toujours une rencontre manquée, car à la représentation qu'il voudrait en livrer échappe toujours un reste, sur l'existence duquel se fonde son entrée dans le registre symbolique. Toute communication n'est en effet possible qu'à condition qu'un signifiant ne désigne jamais directement le référent qu'il prétend représenter, mais renvoie à un autre signifiant de la chaîne symbolique au sein de laquelle il s'inscrit. Il en résulte que, fondamentalement, le sujet se méconnaît : « Dans toute la mesure où il essaye d'aborder à cette chaîne et de s'y nommer, de s'y repérer, précisément il ne s'y trouve pas[5] », car il n'existe aucun signifiant en mesure de traduire son être.

C'est donc en tant que ces personnages sont avant tout étrangers à eux-mêmes que sera étudié le discours des narrateurs de Toussaint et de Viel. La pertinence et la portée opératoire de l'homologie établie entre vérité

---

4 Charles Baudelaire, *Salon de 1859*, dans *Oeuvres complètes*, Paris, Gallimard, 1976, (« Bibliothèque de la Pléiade »), p. 616–618.
5 Jacques Lacan, *Le séminaire, livre VI : le désir et son interprétation*, texte établi par J.-A. Miller, Paris, La Martinière et Le Champ Freudien Éditeur, 2013, p. 451.

psychanalytique et vérité littéraire démontreront que la « vérité idéale » que cherchent à dépeindre les deux auteurs se déprend d'une conception de la vérité comme savoir posé sur le réel, pour faire de la littérature un moyen, « par le biais de l'artifice, de la fiction, de la forme, [de] rendre ses droits à la singularité du sujet, [de] le soustraire à l'emprise d'un Autre tout-puissant, [...] de restaurer ainsi l'équivoque du signifiant et donc la mouvance du sens[6]. » Sous la plume de Toussaint et de Viel, l'écriture du fantasme devient un lieu d'expérimentation, le sillon d'une voie littéraire qui se donne le droit de répondre sans répondre à la question que pose désormais l'acte de représentation et que Viel résume en ces mots : « comment le langage, tout en se renvoyant à lui-même, peut-il mettre en relief le monde[7] ? »

---

[6] Pierre Piret, « Présentation », dans Ginette Michaux, *De Sophocle à Proust, de Nerval à Boulgakov : essai de psychanalyse lacanienne*, Ramonville, Érès, 2008, (« Psychanalyse et écriture »), p. 15.

[7] Tanguy Viel, cité par Frank Wagner, « "C'est à moi que tu parles ?" Allocutaires et auditeur dans *Le Black Note* de Tanguy Viel », dans Sjef Houppermans, Christine Bosman Delzons, Danièle de Runter-Tognotti, (s.l.d.), *Territoires et terres d'histoires. Perspectives, horizons et jardins secrets dans la littérature française d'aujourd'hui*, Amsterdam / New-York, 2005, (« Faux titre »), p. 219.

PARTIE 1

Qui se cache derrière le « Je » ?

La question « qui parle ? » dans les romans de Jean-Philippe Toussaint et de Tanguy Viel a tendance à être éludée par l'identification d'un narrateur homodiégétique qui est, de surcroît, le personnage principal de l'histoire[1]. Cette réponse spontanée ne résiste toutefois pas à une lecture plus attentive de l'œuvre de ces deux auteurs. Chez Toussaint comme chez Viel, l'énonciation n'est jamais transparente, l'identification jamais univoque. Toute tentative pour déterminer l'identité de l'instance narratoriale met bien vite au jour les traces linguistiques d'une présence autre que celle du narrateur identifié. Comment arrêter une image tant soit peu homogène du narrateur[2] de Toussaint et de Viel, en tant qu'il est à la fois un personnage de l'univers diégétique et l'instance en charge de la narration, quand la particularité de ce narrateur est justement d'échapper à tout effet de désignation ? C'est le pari que la première partie de cet essai relève, en dressant le portrait – aussi flou doit-il demeurer – du narrateur de Jean-Philippe Toussaint et de celui de Tanguy Viel, dans le but de montrer que leur indétermination protège l'ambiguïté de leur posture énonciative et, inversement, que les doutes qui pèsent sur la fiabilité de leur prise de parole minent le processus d'identification de ces personnages. Au-delà de l'intérêt qu'elle porte au traitement contemporain des théories de la narration et du personnage, cette entreprise soulève une interrogation qui traverse l'œuvre des deux auteurs étudiés et qui porte sur la légitimité de l'instance narratoriale et, à travers elle, du discours romanesque dans son ensemble : est-il encore possible de recourir au récit fictionnel pour dire quelque chose de l'identité du sujet contemporain ?

---

1 Seul *Monsieur*, deuxième roman de Toussaint, déroge jusqu'à présent à ce constat, en donnant la parole à un narrateur extradiégétique qui nous conte la vie anecdotique d'un personnage identifié par ce seul titre, Monsieur. Celui-ci adopte toutefois un comportement tellement similaire à celui des autres narrateurs que la critique a tendance à le considérer comme une sorte d'incarnation à la troisième personne de ceux-ci.

2 Chez Toussaint comme chez Viel, les différentes instances en charge de l'énonciation partagent, malgré leurs disparités, suffisamment de caractéristiques communes pour pouvoir être regroupées et désignées ensemble sous l'unique terme de *narrateur*. Ce faisant, il ne s'agit pas de gommer la spécificité de leurs personnages, mais de traiter les phénomènes de diffraction de l'identification et de subversion de l'énonciation déployés d'un bout à l'autre de ces deux œuvres. Cette première partie se fera volontairement unilatérale, réservant à une étape ultérieure l'étude des divergences entre ces multiples figures en charge de l'énonciation.

CHAPITRE 1

Identifications inconsistantes, énonciations hétérogènes

1.1 Un portrait en négatif

> Décidément, je préfère ne pas savoir qui je suis : j'ai horreur de la foule[1].

Toussaint comme Viel se passent toujours de scènes d'exposition. Les narrateurs-personnages plongent *in medias res*, sans jamais prendre le temps de donner à propos d'eux-mêmes la moindre information. Malgré leur statut de narrateur autodiégétique, le lecteur ignore jusqu'à leur nom. Or, le nom propre, ainsi que le rappelle Philippe Hamon, fonctionne comme un « foyer de dispersion ou de regroupement du "sens" du personnage[2] ». Chez Toussaint et chez Viel, son absence empêche l'instance en charge de l'énonciation d'être désignée autrement que comme « le narrateur », et contribue de la sorte à l'indétermination de cette figure[3]. Outre la question du patronyme, rien n'est dit à propos du vécu de ce personnage, ni de ses aspirations. Lorsqu'il est fait mention de sa profession, et ce n'est le cas que dans un nombre limité de romans, il s'agit toujours d'un emploi marginal ou extrêmement vague : chez Viel, le narrateur est par exemple batelier, mafiosi ou apprenti-écrivain, quand celui de Toussaint, s'il prend la peine de préciser son métier, se définit comme un cadre de société aux fonctions vagues (*Monsieur*) ou comme un chercheur ... qui n'aboutit jamais à aucun résultat (*La Télévision*). Il arrive bien à ce personnage de dévoiler, comme par mégarde, au hasard de son récit, son prénom (« elle a dit comme ça devant tout le monde : alors, Louis, il paraît que tu écris des choses sur nous ? », *PB*, p. 156), une remarque incongrue à propos de son âge (« il n'était peut-être pas très sain, à vingt-sept ans, bientôt vingt-neuf, de vivre [...] reclus

---

1 Marc Petit, *Éloge de la fiction*, Paris, Fayard, 1999, p. 75.
2 Philippe Hamon, *Le personnel du roman : le système des Rougon-Macquart d'Emile Zola*, Paris, Droz, 1983, (« Titre courant »), p. 135.
3 Chez Toussaint, ce travail de sape du statut onomastique du narrateur est souvent étendu aux autres protagonistes de l'univers romanesque : dans *La Salle de bain*, le patronyme Edmondsson ne permet pas de déterminer immédiatement s'il s'agit d'un actant masculin ou féminin ; la Pascale de *L'Appareil-photo* figure comme un clin d'œil évoquant l'auteur des *Pensées* ; dans *La Vérité sur Marie*, deux personnages féminins portent le même prénom et l'amant de l'une d'elles est volontairement appelé par un nom qui n'est pas le sien, etc.

dans une baignoire », *SDB*, p. 15), ou bien un détail physique anodin, mais ces minces indices demeurent insuffisants pour élaborer une représentation un tant soit peu précise de sa personne. Au contraire, la rareté de ces indications, combinée au fait qu'elles surgissent là où le lecteur ne les attend plus, accentuent le caractère indéterminé du protagoniste, figure sans visage, dépouillée de nom propre, de caractéristiques physiques ou psychologiques autres que son attitude mutique ou flegmatique, ainsi que d'histoire.

En apparence conforme aux règles canoniques de la narration autodiégétique, la voix narratoriale émane d'un être sans contours, un « je » indéfinissable, qui résiste à toute tentative visant à épingler sa singularité. Cet évidement du narrateur-personnage prend le contre-pied du personnage « classique », de type balzacien, qui s'est institué comme une norme romanesque au point qu'aujourd'hui encore la littérature ne peut se penser sans y faire référence. Autrefois animé d'un caractère particulier et d'un corps minutieusement décrit, riche de l'héritage génétique et du patrimoine matériel de ses ancêtres, le personnage romanesque occupait une place précisément circonscrite au sein de l'univers romanesque. Pour Alain Robbe-Grillet, qui n'accepte de décrire le modèle qu'à condition d'annoncer sa nature sclérosée (« C'est une momie à présent[4] »), le personnage traditionnel

> n'est pas un *il* quelconque, anonyme et translucide, simple sujet de l'action exprimée par le verbe. Un personnage doit avoir un nom propre, double si possible : nom de famille et prénom. Il doit avoir des parents, une hérédité. Il doit avoir une profession. S'il a des biens, cela n'en vaudra que mieux. Enfin il doit posséder un « caractère », un visage qui le reflète, un passé qui a modelé celui-ci et celui-là[5].

L'ensemble de ces traits distinctifs permettait au lecteur de se représenter clairement l'unité de ce personnage ainsi que les rapports qu'il était amené à entretenir avec les autres du récit. Pour reprendre les mots de Nathalie Sarraute, le personnage (et *a fortiori* le narrateur) « trônait entre le lecteur et le romancier[6] », fort de leur foi en lui et de l'intérêt qu'ils lui portaient. Chez Toussaint et Viel, au contraire, l'absence de tout repère signifiant empêche le lecteur d'élaborer une image homogène de leurs narrateurs. Les deux auteurs semblent ainsi *a priori* s'inscrire dans la lignée de romanciers tels que Beckett, Robbe-Grillet, Simon, Perec ou encore Pinget qui se sont efforcés de dépouiller

---

[4] Alain Robbe-Grillet, *Pour un nouveau roman*, Paris, Minuit, 1963, p. 26.
[5] *Ibidem*, p. 27 (l'auteur souligne).
[6] Nathalie Sarraute, *L'ère du soupçon*, Paris, Gallimard, 1956, p. 71.

le personnage romanesque de ses attributs et de faire vaciller les impératifs mimétiques du vieux roman. Les règles canoniques de la narrativité, qui incitaient autrefois le lecteur à rechercher au sein de la densité romanesque une parcelle de vérité, furent en effet perçues dans le courant du siècle précédent comme d'encombrantes structures, à travers lesquelles le lecteur avait trop vite fait de reconnaître des modèles devenus des conventions à force d'être utilisés. C'est ce qui a poussé, selon Sarraute, les Nouveaux romanciers à se détacher de la tradition romanesque et du ton impersonnel qu'elle affectionne, pour privilégier un récit à la première personne, assumé par un personnage privé de tous les indices qui permettraient au lecteur de *typifier*, c'est-à-dire de réduire l'œuvre à des clichés langagiers, narratifs ou actanciels maintes fois usités, et on pourrait être tenté de reconnaître derrière les narrateurs indéterminés de Toussaint et de Viel « [cet] être sans contours, indéfinissable, insaisissable et invisible, [ce] "je" anonyme [...] qui n'est le plus souvent qu'un reflet de l'auteur lui-même[7] » apparu sur la scène romanesque au milieu du XXe siècle.

Pourtant, si la critique éprouve quelques difficultés à se départir des catégories réalistes mises en crise par le XXe siècle, continuant d'y recourir sur un mode négatif pour qualifier le personnage contemporain, parlant de « héros sans qualités[8] », d'« éclatement des repères de la personne[9] », de personnage « à identité faible[10] », elle s'accorde à reconnaître que Toussaint et Viel, comme bon nombre d'écrivains de leur génération[11], ne poursuivent pas l'entreprise de sabotage des canons de la narrativité menée par leurs prédécesseurs. Plutôt que de s'opposer frontalement au personnage de type balzacien, Toussaint et Viel prennent appui sur cette figure canonique pour s'en servir à la manière d'un repoussoir. Leurs narrateurs semblent ne pouvoir être caractérisés qu'en négatif d'abord parce qu'ils se distinguent précisément par leur absence de traits identitaires stables, mais plus fondamentalement parce que cette stratégie d'évidement appelle à être située au regard de l'héritage littéraire dans laquelle elle s'inscrit. Ces auteurs trouveraient de la sorte une manière de renouer avec la mise en récit, entreprise de réconciliation qui conduit certains

---

7   *Ibidem*, p. 72.
8   Sophie Bertho, « Jean-Philippe Toussaint et la métaphysique », dans Michèle Ammouche-Kremers, Henk Hillenaar, (s.l.d.), *Jeunes auteurs de Minuit, op. cit.*, p. 16.
9   Bruno Blanckeman, *Les fictions singulières. Étude sur le roman français contemporain*, Paris, Prétexte Éditeur, 2002, (« Critique »), p. 70.
10 Lidia Cotea, *À la lisière de l'absence. L'imaginaire du corps chez Jean-Philippe Toussaint, Marie Redonnet et Éric Chevillard*, Paris, L'Harmattan, 2013, (« Espaces Littéraires »), p. 61.
11 Voir à ce propos les travaux de René Audet, notamment « La fiction au péril du récit ? Prolégomènes à une étude de la dialectique entre narrativité et fictionnalité », *Protée*, 34 / 2–3, automne-hiver 2006, p. 193–207.

spécialistes du roman contemporain à parler de « renarrativisation » ou de « retour du récit et du personnage[12] » comme d'un trait définitoire de la production de ces trente dernières années.

Force est toutefois de constater que, chez Toussaint comme chez Viel, ni le personnage ni le récit ne sortent indemnes du travail de sape de l'autorité narratoriale auquel se livrent les deux auteurs, et que si « retour » il y a, il s'apparente à un effet de surface sous couvert duquel se nouent les véritables enjeux de leurs œuvres. Pour tenter de voir au-delà du portrait en négatif que présentent le narrateur de Toussaint et celui de Viel en guise de papiers d'identité – « un autoportrait, peut-être, mais sans moi et sans personne » (*AP*, p. 112) –, il s'agit tout d'abord de considérer l'identification de ces personnages comme un processus d'inscription dans le social, en les invitant à prendre place devant le miroir.

1.2 Un stade du miroir défaillant

> À force de se regarder dans la glace, on finit par faire semblant de croire qu'on se ressemble[13].

Les narrateurs-personnages de Toussaint et de Viel ont en commun leur absence de repères identificatoires : « Les repères identificatoires sont des traits distinctifs qui singularisent un individu, comme son nom, son visage, son sexe, son comportement, son vêtement, son statut social, etc. C'est tout ce qui permet d'identifier un individu comme étant tel ou tel, et par conséquent de le distinguer des autres[14] ». Selon l'approche psychanalytique, ils déterminent à la fois la perception d'autrui, mais aussi la conscience qu'un individu a de sa propre personne. Contrairement à l'idée de permanence connotée par le terme d'*identité*, l'image qu'un sujet humain possède de lui-même émerge en effet de l'intériorisation d'une multitude d'identifications partielles, qui se

---

12 Entreprise de renarrativisation largement identifiée (et discutée) par la critique contemporaine à propos du roman contemporain, voir notamment Bruno Vercier, Dominique Viart, *La littérature française au présent. Héritage, modernité, mutations*, 2ᵉ éd, Paris, Brodas, 2008 ; Bruno Blanckeman, *Les fictions singulières, op. cit.* et Michèle Ammouche-Kremers, Henk Hillenaar, (s.l.d.), *Jeunes auteurs de Minuit, op. cit.*

13 Marc Petit, *op. cit.*, p. 73.

14 Edmond Ortigues, « Les repères identificatoires dans la formation de la personnalité », dans Geneviève Haag, Julia Kristeva, Octave Mannoni, Edmond Ortigues, Monique Schneider, (s.l.d.), *Travail de la métaphore. Identification / Interprétation*, Paris, Denoël, 1984, (« L'espace analytique »), p. 103.

superposent les unes aux autres sans qu'aucune d'elles ne suffise jamais à en épingler la singularité. Il s'agit donc d'un processus, qui est sans cesse appelé à se renouveler. C'est ce que suggère Sigmund Freud lorsqu'il parle, dans « Psychologie des foules et analyse du moi[15] », de l'*identification* comme d'un mécanisme d'attachement du sujet à un autre (l'identification primaire au père) ou d'assimilation du sujet à un trait autre (identifications secondaires). Il démontre que ce processus ne peut se penser qu'au travers des relations que le sujet entretient avec autrui, et que ce sont précisément ces rapports d'identification du sujet aux autres qui l'entourent qui lui permettent de s'approprier l'ensemble des signifiants et des structures sociales partagés par la communauté à laquelle il appartient. La théorie freudienne de l'identification invalide la conception synthétique de l'individu, pour exposer, selon une formule de Georges Didi-Huberman, un « sujet désormais pensé en déchirure et non en clôture[16] ». Elle présente le processus d'identification comme résultant – et non précédant – l'introduction et l'intégration du sujet dans la société.

Jacques Lacan reprend la théorie freudienne de l'identification, en l'articulant à une notion qui lui est propre, celle de l'Autre. L'Autre ne désigne nullement une entité transcendante, mais le lieu de la convention signifiante qui unit le sujet à autrui. L'Autre se définit « comme le système de la langue partagé par une communauté et donnant existence à cette communauté[17] » ; autrement dit, c'est le lieu de la parole, en tant que celle-ci outrepasse à la fois toute réalisation effective du sujet et de son interlocuteur :

> L'Autre est donc le lieu où se constitue le je qui parle avec celui qui entend, ce que l'un dit étant déjà la réponse et l'autre décidant à l'entendre si l'un a ou non parlé.
>
> Mais en retour ce lieu s'étend aussi loin dans le sujet qu'y règnent les lois de la parole, c'est-à-dire bien au-delà du discours qui prend du moi ses mots d'ordre, depuis que Freud a découvert son champ inconscient et les lois qui le structurent[18].

---

15   Sigmund Freud, « Psychologie des foules et analyse du moi », dans *Essais de psychanalyse*, Paris, Payot, 1968, (« Petite bibliothèque Payot »), p. 83–176.

16   Georges Didi-Huberman, *Devant l'image : question posée aux fins d'une histoire de l'art*, Paris, Minuit, 1990, (« Critique »), p. 14.

17   Pierre Piret, « Le dispositif minimaliste et la dialectique du désir (Echenoz, Toussaint) », dans Isabelle Ost, Pierre Piret, Laurent Van Eynde, (s.l.d.), *Représenter à l'époque contemporaine. Pratiques littéraires, artistiques et philosophiques*, Bruxelles, Facultés universitaires Saint-Louis, 2010, p. 342.

18   Jacques Lacan, « La chose freudienne », dans *Écrits I*, Paris, Seuil, 1966, (« Points »), p. 428.

L'élaboration de ce concept permet à Lacan d'excéder la dimension réductrice d'une altérité exclusivement envisagée comme la confrontation d'un sujet à un autre sujet, en montrant que toute inscription du sujet dans le social (c'est-à-dire tout discours, toute interaction, toute sensation) ne s'élabore qu'à partir du lieu de l'Autre. C'est pourquoi toute élaboration identitaire du sujet passe, pour Lacan, inévitablement par la médiation de l'Autre. Lacan dévoile cette dynamique même de l'identification à travers ce qu'il nomme « le stade du miroir[19] », qui formalise les différents temps de réalisation du sujet dans sa dépendance signifiante au lieu de l'Autre. En se regardant dans le miroir, le sujet se confronte à l'image spéculaire de son unité corporelle, ce qui lui permet d'établir une distinction entre ce qui constitue le soi et ce qui relève de la réalité extérieure. Ce n'est donc que par la médiation d'une instance autre, c'est-à-dire privé d'une connaissance directe de lui-même – « que l'image soit reflétée dans un miroir ou dans un regard autre[20] » comme le rappelle Christiane Van Vaerenbergh –, que le sujet accède à la conscience de soi. Dans le stade du miroir, le rapport imaginaire du sujet à soi s'élabore à partir de « cette image de lui-même qui lui arrive de l'autre, c'est-à-dire d'au-delà de lui-même[21]. » Cela signifie que, au sens lacanien, le sujet ne se constitue que par rapport à l'Autre, qu'en tant qu'il est regardé par l'Autre. Cette dépendance du sujet au lieu de l'Autre permet à Slavoj Žižek d'affirmer que c'est « l'extériorité du réseau symbolique qui détermine l'identité du sujet [...] La vérité du sujet se décide au dehors, le sujet est "en lui-même" un rien, un vide sans aucune consistance[22] ». « En dehors de mes rapports avec les autres, je ne suis rien, car je ne suis que l'ensemble de ces rapports[23] » ; je n'existe en tant que sujet que pour un autre sujet.

L'indétermination du narrateur de Toussaint et de Viel met en valeur le fait que son identité n'est pas une vérité attestée et immuable, mais une construction, laquelle s'avère indéfiniment modulable et implique nécessairement, ainsi que permet de le comprendre la théorie psychanalytique de l'identification, d'en passer par une instance autre. La dépendance du sujet au lieu

---

19   Jacques Lacan, « Le stade du miroir comme formateur de la fonction du Je telle qu'elle nous est révélée dans l'expérience psychanalytique », dans *Écrits I, op. cit.*, p. 92-99.
20   Christiane Van Vaerenbergh, « La négation comme principe fondateur de la structuration psychique dans la théorie psychanalytique », dans Ginette Michaux, Pierre Piret, (s.l.d.), *Logiques et écritures de la négation*, Paris, Kimé, 2000, p. 25.
21   Jacques Lacan, *Le séminaire, livre VI : le désir et son interprétation, op. cit.*, p. 457.
22   Slavoj Žižek, « Rêve, plus-de-jouir et fantasme dans l'idéologie », *Quarto*, 30, février 1988, p. 29.
23   Slavoj Žižek, *Subversions du sujet. Psychanalyse, philosophie, politique*, trad. de l'anglais par E. Doisneau, Rennes, Presses universitaires de Rennes, 1999, (« Clinique psychanalytique et psychopathologie »), p. 136.

de l'Autre explique que la propension des narrateurs de Toussaint et Viel à échapper à tout effet de désignation altère la capacité de ces personnages à se constituer comme sujet. Ils sont, ainsi que le déclare Viel à propos du narrateur d'*Insoupçonnable*, « au bord de ne pas exister[24] ».

Leur inconsistance procède d'un rapport biaisé avec ce temps de l'identification imaginaire que formalise le stade du miroir, en même temps qu'elle interroge la dynamique du processus d'identification et qu'elle témoigne du vide sur lequel il se fonde. Cela se manifeste dans la position tangente que ces narrateurs entretiennent vis-à-vis des autres comme d'eux-même. Leur décalage se traduit notamment par le regard étranger qu'ils posent sur leur propre image, comme l'illustrent très bien les épisodes romanesques qui confrontent ces personnages à un miroir. Les narrateurs de Toussaint et de Viel se gardent bien, cependant, d'adresser à leur reflet un sempiternel « qui suis-je ? ». Plus subtilement, c'est l'inadéquation de ces personnages à leur représentation que le face-à-face spéculaire révèle et questionne.

Une phrase d'*Insoupçonnable* de Viel est à ce titre particulièrement représentative : tandis qu'il détaille les préparatifs de sa compagne qui s'apprête pour sortir, le narrateur capte soudain son reflet, qui surgit comme par inadvertance dans son champ de vision : « Et je la regardais faire, maintenant éveillé, croisant par hasard *le visage de moi* dans le seul miroir de la pièce » (*I*, p. 22, je souligne). Le recours à une construction agrammaticale, qui opte pour un complément du nom plutôt que pour un déterminant possessif, n'est pas anodin : cette tournure souligne la distance qui sépare le narrateur de l'image qui le représente ou, autrement dit, atteste la non-correspondance entre le « je » et sa représentation, c'est-à-dire entre le Je et le Moi, le Je étant considéré, dans la terminologie lacanienne, comme le sujet de l'énonciation, tandis que le Moi représente l'image à laquelle s'identifie le Je dans l'ordre social. Le narrateur de Viel fait soudain face à *une* image qu'il ne parvient pas à s'approprier pleinement ; « non pas [s]on image », car, ainsi que le déclare Marie-José Mondzain, « il est absurde d'accoler un possessif à l'opératrice de [s]a dépossession[25] ». Le reflet que renvoie le miroir ne comble pas la distance qui sépare le sujet de lui-même. Le narrateur y saisit un visage à la fois infiniment proche (parce que sien) et lointain (parce que inatteignable), l'image de lui-même à travers laquelle il reconnaît sa propre altérité. Privé de repères identificatoires, le narrateur n'échappe de la sorte pas seulement au lecteur qui tenterait d'en saisir

---

24 Tanguy Viel dans Thierry Guichard, « *Insoupçonnable* : entretien avec Tanguy Viel », *Le Matricule des anges*, 71, 2006, URL : http://www.lmda.net/din/tit_lmda.php?Id=52058, consulté le 12 février 2012.
25 Marie-José Mondzain, *Images (à suivre)*, Paris, Bayard, 2011, p. 29.

une image homogène, il révèle aussi son incapacité à atteindre une pleine conscience de soi. Il ne se présente pas seulement comme étranger aux autres, mais aussi et avant tout à lui-même.

Chez Toussaint, les nombreuses scènes[26] qui confrontent le narrateur à son reflet rendent également compte de l'inaptitude de l'image spéculaire à livrer une représentation pleine et originelle du sujet. La médiation par l'image barre le sujet ; elle le prive d'un accès direct à la connaissance de soi. Cette perte irrémédiable transparaît dans la difficulté qu'éprouve le narrateur de Toussaint à s'identifier à l'image de son corps, soit parce que celle-ci fait brutalement défaut, comme dans *La Réticence* lorsque, observant la manière dont le vent fait frissonner la surface d'une flaque d'eau, il livre la constatation suivante : « je me rendis compte alors qu'au centre de la flaque miroitait le reflet argenté de la vieille Mercedes grise, autour duquel, cependant, par je ne sais quel jeu de perspectives et d'angle mort, il n'y avait aucune trace de ma présence » (*R*, p. 35) ; soit parce que face à cette représentation de lui-même, il ne peut s'empêcher de voir l'image d'un autre.

Il y a, dans l'œuvre de Toussaint, plusieurs face-à-face du narrateur avec son reflet qui décrivent cette impression d'étrangeté qu'il éprouve vis-à-vis de sa propre image. Dans *Faire l'amour*, il observe sa silhouette dans le miroir de la salle de bain de l'hôtel dans lequel il séjourne avec Marie ; les quelques traits de son visage qu'il capte dans la pénombre ambiante confondent son Moi à une image autre, une photographie : « Je devinais à peine les traits et les contours de mon visage dans le grand miroir mural placé au-dessus du lavabo. […] De mon visage dans le noir n'émergeait que le regard, mes yeux fixes et intenses qui me regardaient. Je me regardais dans le miroir et je songeais à l'autoportrait de Robert Mapplethorpe » (*FA*, p. 36–37). En dotant ses propres yeux de la faculté de se regarder eux-mêmes, le narrateur opère un dédoublement entre le point de vue du Je à partir duquel il s'exprime et celui du Moi auquel il fait face. Cet effet de dédoublement résultant du face-à-face du narrateur avec un miroir (ou toute autre surface réflectrice) est un topique récurrent dans l'œuvre de Toussaint. Dans les passages qui le mettent en scène, toute identification du sujet à la représentation spéculaire de son corps est momentanément suspendue. Le regard du narrateur *étrangéise* l'image sur laquelle il se pose, de sorte que celle-ci ne lui permet plus d'accéder à la conscience de soi, mais révèle au contraire le défaut de l'image, cette part du sujet que la représentation manque inévitablement.

---

26 Outre celles que j'analyse ici, d'autres scènes de confrontation du narrateur avec son reflet figurent notamment dans *La Salle de bain*, p. 116 ; *La Télévision*, p. 237–238 ; *La Réticence*, p. 58–59, p. 113, p. 118 ; *Fuir*, p. 67–68 ; *Faire l'amour*, p. 102 ; *La Vérité sur Marie*, p. 49.

Même lorsque le narrateur de Toussaint reconnaît comme sienne l'image que lui renvoie le miroir, il ne peut que constater l'opacité de son reflet : « Je surveillais la surface de mon visage dans un miroir de poche et, parallèlement, les déplacements des aiguilles de ma montre. Mais mon visage ne laissait rien paraître. Jamais » (*SDB*, p. 12). Comme le note Lidia Cotea à propos de ce passage, « le personnage se heurte à la surface de son visage comme à un obstacle[27] » : le miroir reflète, mais ne révèle rien, pas même l'écoulement du temps qui passe. L'image de sa corporéité ne fait pas sens pour le narrateur, elle ne lui adresse aucun signe et demeure dès lors *insignifiante*.

Parallèlement à ces face-à-face répétés du narrateur avec son reflet, Toussaint met en scène à plusieurs reprises le narrateur occupé à détailler son autoportrait. Comme le miroir, la photographie semble *a priori* donner un accès privilégié à la connaissance de soi, en mettant à la disposition du sujet l'image de sa corporéité. Or, chez Toussaint, les différents autoportraits du narrateur ne *révèlent* rien, ils demeurent muets. Il en va de même des radiographies que scrute le narrateur de *La Salle de bain* :

> Il m'arrivait parfois de sortir une des radiographies de l'enveloppe pour regarder mon crâne ; je l'examinais de préférence devant la fenêtre, *en transparence*, les bras tendus devant moi. C'était un crâne blanc, allongé. Les os frontaux se rétrécissaient à la hauteur des tempes. Quatre plombages, dans la bouche, faisaient les marques nettes. L'extrémité des incisives était brisée, une de façon régulière, et l'autre sur un côté seulement, où un éclat manquait. Les yeux étaient blancs, inquiets, *troués*. (*SDB*, p. 99, je souligne)

La radiographie déplace l'idéal de transparence véhiculé par la photographie (*cf.* 3.1.1) du côté de l'image médicale, et convoque de la sorte le discours de la science : le corps est envisagé comme un mécanisme, dont la technique est chargée d'exposer le schéma, ainsi que l'atteste le narrateur lorsqu'il décrit minutieusement les *pièces détachées* de son crâne. Or, l'exposition du schéma corporel, auquel le discours de la science donne accès, ne coïncide pas avec la représentation intériorisée de l'image du corps. Toussaint exhibe ce rapport instrumentaliste au corps, qui réduit la tête du narrateur à un mécanisme, en même temps qu'il met en évidence le fait que quelque chose échappe toujours à toute saisie prétendument objective du sujet : sur la radiographie, les yeux « troués » du narrateur figurent un point de non-savoir, irréductible. Symboliquement, la radiographie rend le sujet aveugle.

---

27 Lidia Cotea, *op. cit.*, p. 76.

Les romans de Viel, comme ceux de Toussaint, gravitent autour de ce motif récurrent de la perception étrangère que le sujet a de lui-même. Il y a toujours, dans l'œuvre de l'auteur français, une multitude d'autres qui se terrent derrière le « je », finissant par envahir son discours au point que celui-ci ne lui appartient plus. Viel thématise par ailleurs cette non-appartenance du narrateur à lui-même dans un court texte intitulé *Maladie* qui, tout en ne possédant pas le même intérêt que les autres romans de l'auteur d'un point de vue poétique[28], a le mérite de faire apparaître explicitement l'emprise de l'Autre sur le sujet. Le narrateur y évoque cette « maladie » qui vit à l'intérieur de lui, qui occupe « physiquement, mentalement » (*Ma*, p. 8) tous les recoins de son être et qui s'exprime à travers sa propre parole, « aspirant tout, [l]e dépossédant de tout » (*Ma*, p. 33). Où qu'il aille, quoi qu'il fasse, sa « maladie » le retrouve toujours ; elle s'exprime à sa place, travestit ses pensées, dicte ses actions. Ce texte décline le thème du personnage hanté par une force étrangère qui l'habite intérieurement et le domine, que Viel avait déjà développé dans *Le Black Note*. Le narrateur de *Maladie* a bien essayé de se débarrasser de cet autre qui l'habite en essayant de retrouver dans l'image spéculaire de son corps la vérité de son être : « J'ai cru m'observer différemment dans un miroir, mais c'était faux. Je n'ai plus de miroir. » (*Ma*, p. 25) En vain : le miroir ne permet pas au sujet de se libérer de l'ascendance de sa « maladie », mais le confronte au contraire au « pouvoir de pénétration et de capture appartenant au regard de cet autre dont [il] ne veut plus dépendre[29] », parce que le miroir, plutôt qu'une image qui représenterait pleinement le sujet, reflète une image virtuelle (ce que désigne la sentence « c'était faux »), tronquée et d'emblée livrée au regard de l'autre. Pour déjouer ce regard qui l'aliène, le narrateur de *Maladie* ne trouve d'autre solution que de se débarrasser du miroir.

Dans *Cinéma*, ce sont les autres qui entourent le narrateur qui deviennent des miroirs, dans les reflets desquels il espère retrouver quelque chose de l'ordre de l'origine : « quand je [...] visionne [*Sleuth*] avec des amis, pourvu que ce soit la première fois pour eux, alors je les regarde du coin de l'œil, je surveille leurs attitudes, c'est comme un miroir de moi, dis-je en moi-même, ma chance de retrouver l'esprit de ma première vision » (*C*, p. 77–78). L'autre est idéalisé

---

28 Viel lui-même, tout en se remémorant le plaisir qu'il a pris à l'écriture de ce texte, déplore de n'être pas parvenu à ses fins : « [i]l y a quelques années, [...] je m'étais mis en tête d'écrire [...] quelque chose sur la mélancolie. [...] Je suis presque sûr désormais que l'essai en question était raté, pour cause qu'il y a loin du dialogue intime à l'espace officiel du savoir » (Tanguy Viel, « Iceberg #2 "Dans les abysses" », *Ciclic* (en ligne), publié le 22 juin 2015, URL : http://livre.ciclic.fr/actualites/tanguy-viel-icebergs-2-dans-les-abysses-le-texte-et-la-lecture, p. 1–2, consulté le 2 juillet 2015).

29 Marie-José Mondzain, *Images (à suivre)*, *op. cit.*, p. 44.

comme une altérité capable de renvoyer au narrateur l'image de son moi, et *a fortiori* l'émotion qui fonde son rapport aliénant au film Sleuth (sa « première » vision). Bien entendu, l'attente du narrateur ne peut être que déçue, ainsi qu'il l'avoue par la suite : cette expérience première est définitivement perdue, bien qu'il ne puisse se résigner à en faire le deuil et qu'il éprouve le besoin d'exposer tous ceux qui l'entourent au film de Joseph Mankiewicz dans l'espoir d'assouvir cette fascination pour l'origine (*cf.* 2.1.2) en observant l'impact de la captation cinématographique sur une multitude d'autres.

Toussaint et Viel problématisent de la sorte chacun le processus de l'identification, en mettant en scène l'impossible regard sur eux-mêmes de narrateurs qui ne peuvent se faire face. À la lumière des différentes scènes où se dévoile l'inadéquation du sujet à l'image de sa corporéité, on comprend que le véritable enjeu des romans de Toussaint et de Viel réside dans la dynamique du processus identificatoire lui-même. En ne reconnaissant pas comme sienne l'image dans le miroir, le « je » cesse d'avaliser les identifications qui tentent de le déterminer. L'élaboration du Moi excède la seule représentation du corps du sujet ; la distance que ces narrateurs manifestent à l'encontre de leur reflet n'est qu'un indice de la disjonction qu'ils éprouvent vis-à-vis de toute représentation qui cherche à épingler leur singularité. Pris dans la représentation, ces protagonistes n'arrivent pourtant pas à se voir : ils éprouvent l'emprise de l'Autre sur leur être, sans accepter de se laisser recouvrir par les signifiants issus du lieu de l'Autre. Ils refusent l'illusion de complétude que leur offrent les identifications imaginaires. Quelque chose empêche l'image de « prendre », qui défait dans le même temps ces sujets ; le défaut du moi semble les vider de toute substance, les laissant face au portrait inquiétant de *qui-n'est-pas-moi*, personne (le reflet déserté de *La Réticence*) ou quelqu'un d'autre (l'autoportrait de Mapplethorpe dans *Faire l'amour*). Puisque c'est la médiation par l'image spéculaire qui permet la constitution d'un soi unifié, mais que ce stade du miroir ne fonctionne pas chez Toussaint et chez Viel, il n'y a pas, dès lors, pour leurs narrateurs, de sentiment d'unité de l'être.

L'impression d'effacement qui résulte de cette rencontre ratée des narrateurs avec leur image opère un effet de brouillage qui ne se limite pas à parasiter la réception de la narration (en instituant une sorte de jeu de dupes entre l'auteur et le lecteur), mais questionne aussi la place que ces personnages occupe au sein de la diégèse. Il est vrai que, d'une part, leur évanescence déjoue toute représentation prétendument fiable du narrateur autodiégétique et confronte le lecteur à des actants romanesques qu'il ne peut jamais appréhender que partiellement ; mais d'autre part, sur le plan intradiégétique, la perception étrangère qu'ils ont d'eux-mêmes les empêchent d'interagir de manière non problématique avec les autres personnages. C'est cette relation avec autrui qu'il s'agit à présent d'étudier, dans le but de mieux cerner la nature de ces narrateurs et, partant, les questionnements induits par cet évidement du « je » en charge de la narration.

1.3 Poétiques de l'*involontarisme*

> Comme si avait retenti, d'une manière étouffée, cet appel, un appel cependant joyeux, le cri d'enfants jouant dans le jardin : « qui est moi aujourd'hui ? » « qui tient lieu de moi ? ». Et la réponse joyeuse, infinie : lui, lui, lui[30].

Loin d'être une posture stérile, l'inconsistance des narrateurs de Toussaint et de Viel préside à l'établissement d'une cinétique romanesque singulière, au sein de laquelle s'ouvre une nouvelle voie d'inscription du sujet. Chez ces auteurs, l'instance narratoriale semble adopter une position d'entre-deux, qui lui permet dans une certaine mesure d'échanger avec les autres de l'ordre social (et ainsi de ne pas s'extraire tout à fait de la communauté), tout en résistant à tout effet de désignation. L'ambiguïté de cette posture n'est évidemment pas sans rappeler la formule du Bartleby de Melville[31], « I would prefer not to[32] », qui exprime, selon Maurice Blanchot, « la préférence négative, la négation qui efface la préférence et s'efface en elle[33] ». Comme Bartleby, mieux que par ce qu'on pourrait appeler leur flegme ou leur passivité, les narrateurs de Toussaint ou de Viel se caractérisent par leur « involontarisme[34] ». Une position dont les nombreux commentaires de la nouvelle de Melville montrent le dynamisme : c'est précisément l'inadaptation de Bartleby et, à sa suite, du narrateur de Toussaint et de celui de Viel, qui fait de ces personnages des figures de « résistance

---

30   Maurice Blanchot, *Le pas au-delà*, Paris, Gallimard, 1973.
31   Il est amusant de noter que Toussaint excelle lui aussi dans l'art de l'esquive lorsqu'il s'agit de coller des étiquettes à son narrateur. À un journaliste du *Magazine Littéraire* qui lui demandait s'il avait songé au personnage de Bartleby pour créer son narrateur, Toussaint répondit : « Je préférerais ne pas en parler. C'est curieux, cet été, j'ai emporté avec moi Bartleby avec l'idée de le relire, et finalement je ne l'ai pas fait. Ah, enfin, une réticence. » (Jean-Philippe Toussaint, « Construire des rêves de pierre », propos recueillis par Tran Huy, dans *Le Magazine Littéraire*, octobre 2009, repris dans la revue de presse de *La Vérité sur Marie*).
32   Herman Melville, *Bartleby le scribe*, trad. de l'anglais par P. Leyris, Paris, Gallimard, 1996.
33   Maurice Blanchot, cité par Gisèle Berkman, *L'effet Bartleby. Philosophes lecteurs*, Paris, Hermann, 2011, (« Fictions pensantes »), p. 15.
34   C'est le terme qu'emploie Lionel Ruffel pour qualifier le narrateur-personnage de Toussaint (Lionel Ruffel, *Le dénouement*, Lagrasse Verdier, 2005, p. 95).

passive », capables de lutter contre les différentes instances qui incarnent le pouvoir ou la loi de façon « loufoque et mélancolique[35] ». Comme l'explique Gilles Deleuze, s'ils se révoltaient contre l'ordre social établi, s'ils refusaient les décisions d'autrui, ils endosseraient le rôle du rebelle ou du révolté. Grâce à leur mutisme, ils demeurent de « pur[s] exclu[s] au[x]quel[s] nulle situation sociale ne peut plus être attribuée[36] ».

Chez Melville, la posture *involontariste* de Bartleby fonctionne comme une stratégie qui permet au personnage de se maintenir à distance du monde et des autres, c'est-à-dire d'échapper à tout effet de désignation du langage sur son être : « Bartleby est l'homme sans références, sans possessions, sans propriétés, sans qualités, sans particularités : il est trop lisse pour qu'on puisse lui accrocher une particularité quelconque. Sans passé ni futur, il est instantané[37] ». Il en va en quelque sorte de même pour les narrateurs-personnages de Toussaint et de Viel qui parviennent à préserver leur inconsistance sans s'exclure tout à fait de la communauté à laquelle ils appartiennent. Cette manière de se soustraire à tout signifiant qui prétendrait épingler leur singularité prend toutefois une forme bien différente, de l'ordre de l'esquive chez Toussaint et du non-choix chez Viel.

1.3.1   L'esquive

De *La Salle de bain* à *Football*, le narrateur de Jean-Philippe Toussaint se distingue par le rapport problématique qu'il entretient à l'égard des autres et du monde. Quel que soit le roman, cette relation ne va jamais de soi : le narrateur adopte constamment une position de retrait. C'est un personnage qui vit sur le mode de la désertion : dans chaque roman, il voyage, affectionnant les « lieux transitoires et continûment passagers » (*AP*, p. 102) où le quotidien n'a plus de prise sur lui. Le reste du temps, il erre dans les métropoles (Paris, Venise, Berlin, Tokyo), les ports, les bords de mer, etc. et passe de longs instants contemplatifs couché sur son lit, assis sur une toilette ou dans une cabine de photomaton, ou prostré dans sa salle de bain. Confronté à autrui, il manifeste un détachement poli, échangeant volontiers quelques futilités (« ils se racontaient des anecdotes [...] qui, à mesure qu'ils les accumulaient, devenaient de plus en plus insignifiantes », *M*, p. 94), observant avec un désintérêt insouciant l'ensemble des comportements humains (« Les gens tout de même », *M*, p. 14 notamment). Dès qu'il peut, toutefois, il prend la fuite : « Je craignais de rencontrer quiconque. Parfois, un profil entraperçu m'effrayait et je baissais la tête

---

35   Lionel Ruffel, *Le dénouement, op. cit.*, p. 96.
36   Gilles Deleuze, « Bartleby, ou la formule », dans *Critique et Clinique*, Paris, Minuit, 1997, p. 95.
37   *Ibidem*.

car il me semblait reconnaître quelqu'un » (*SDB*, p. 49). Devenu expert dans l'art de l'esquive, il se dérobe incessamment aux autres et à leurs discours.

L'ironie déployée dans les premiers romans de Jean-Philippe Toussaint fait apparaître très clairement cette distance que le narrateur s'efforce de maintenir entre lui et le réel auquel il se heurte. Dans *La Salle de bain*, *Monsieur*, *L'Appareil-photo* ou *La Télévision*, il ne cesse de s'étonner du comportement des autres qui l'entourent. Or, ces comportements sont à ce point anodins que l'effarement qu'ils suscitent chez le narrateur crée un effet de décalage d'un puissant ressort comique.

> Au début de la semaine, [...] mes voisins du dessus [...] vinrent sonner chez moi la veille de leur départ en vacances pour me demander de bien vouloir m'occuper de leurs plantes pendant leur absence. On peut imaginer ma consternation. [...] Nous passions lentement de pièce en pièce, [...] Inge, à côté de moi dans sa petite robe moulante, très maîtresse de maison, qui s'arrêtait à l'occasion devant telle ou telle plante qu'elle me présentait familièrement en faisant savoir à la plante en allemand que c'était moi qui m'occuperais d'elle cet été (c'est toujours surprenant, moi, je trouve, des plantes qui parlent allemand). Réservé comme je suis, je leur disais à peine bonjour, moi, à ces plantes, je me contentais d'une simple inclinaison des yeux distante à leur adresse, ma tasse de café à la main. (*T*, p. 23-25)

La « consternation » du narrateur, par rapport à la banalité du service que ses voisins requièrent, crée une hyperbole qui a pour effet de dénoncer sa méconnaissance – ou, à tout le moins, son incapacité à user – des us et coutumes qui régissent la vie en société. La parenthèse chargée d'exprimer son étonnement ainsi que la description de la manière dont il se décide à saluer lui aussi les plantes achèvent de donner un tour chaplinesque à son attitude, en porte-à-faux avec le comportement d'autrui.

Même dans ses relations amoureuses, le narrateur de Toussaint ne se dévoile jamais. Le lecteur devine pourtant, sous l'étonnante banalité de leurs échanges, l'intimité et la connivence que le narrateur et sa compagne partagent, mais il ne lui donne jamais accès à son univers intérieur. Le narrateur préserve son inaccessibilité. Lorsque Edmondsson, Pascale ou Anna Bruckhardt sont à ses côtés, il demeure lointain, apportant des réponses évasives à leurs questions, ne partageant jamais ses pensées, gardant pour lui ses réflexions intimes qu'il ne veut pas – ou ne parvient pas à (*Monsieur*) – leur communiquer. C'est ainsi que même l'acte sexuel devient, pour ce personnage, un non-choix : « Un instant plus tard, Edmondsson apparaissait, le visage rayonnant. Elle voulait faire l'amour. [...] Faire l'amour maintenant ? Je refermai mon livre posément, laissant un doigt entre les deux feuilles pour me garder la page. [...] J'ôtai mon pantalon pour lui être agréable. » (*SDB*, p. 17–19) Le doigt glissé entre les pages du livre fait porter l'équivoque sur l'acte sexuel, suggérant que le narrateur demeure non seulement en esprit mais aussi en acte dans l'intervalle de la fiction, maintenue ouverte par la présence de son doigt, tandis que se déroule son étreinte avec Edmondsson. La distance que ce protagoniste préserve vis-à-vis de celle qu'il aime est par ailleurs concrétisée spatialement dans *La Réticence* et *La Télévision* : géographiquement séparé de la mère de ses enfants, il n'entretient avec elle que de sporadiques échanges téléphoniques. Aussi, s'il y a toujours une femme dans la vie du narrateur de Toussaint, elle est maintenue à distance. Le seul personnage duquel le narrateur ne cherche pas constamment à se distancer semble être son fils (dans *La Réticence*) : son très jeune âge lui confère un statut à part, dû au fait qu'il ne parle pas, dort beaucoup et pose sur le monde un regard neuf et plein d'étonnement.

A priori, le cycle de Marie semble mettre en scène un rapport à l'autre féminin totalement différent. Sans disparaître, l'ironie s'estompe au profit d'une écriture plus poétique, à la recherche, nous dit Toussaint, d'une véritable « énergie romanesque[38] ». La récurrence et l'omniprésence de cette figure féminine rendent cette relation différente de toutes celles que Toussaint avait jusqu'ici mises en scène. Marie devient en quelque sorte l'effigie autour de laquelle gravite l'écriture, à tel point que, dans *La Vérité sur Marie*, le narrateur s'efface sur près de deux tiers du roman derrière ce personnage féminin, prenant en apparence un statut extradiégétique, ce qui n'était auparavant jamais arrivé dans l'œuvre de Toussaint (*cf.* 2.1.1). Pourtant, la distance est préservée et devient même le thème du cycle. Dès les premiers mots de *Fuir*, la relation entre Marie et le narrateur est placée sous le signe de la séparation : « Serait-ce jamais fini avec Marie ? » (*F*, p. 11) Si le narrateur prétend se fondre dans le personnage de Marie, leur désir ne se confond pas (*cf.* 2.1.1). Ces quatre romans mettent justement en exergue un amour suscité, relancé, par le fait que ces deux personnages ne se comprennent jamais vraiment, que leur désir ne vibre jamais à l'unisson. Dans *Faire l'amour*, le narrateur avoue son incapacité à embrasser Marie comme celle-ci le lui demande : malgré le désir qu'il éprouve pour elle, il ne passe pas à l'acte et reste muet. Lorsqu'elle lui demande un délai avant leur séparation, il part sans un mot à Kyoto, et lors de l'enterrement du père de Marie sur l'Île d'Elbe, il fuit une nouvelle fois. Quel serait l'enjeu de cet

---

38   Expression utilisée par Toussaint lors de son entretien avec Chen Tong, présent dans la réédition en format de poche de *Fuir* (Jean-Philippe Toussaint, *Fuir*, Paris, Minuit, 2005, (« Double »), p. 183).

échec répété de la rencontre entre le narrateur et Marie, dont les moments de communion ne semblent être possibles que sous une figuration négative ? La suite de l'analyse apportera une réponse à cette question, revenant sur le fait que, dans les premiers comme dans les derniers romans de Toussaint, le narrateur choisit toujours l'esquive ou la désertion comme une stratégie d'interaction lui permettant de se maintenir à distance d'autrui.

1.3.2   *Le non-choix*

Comme celui de Toussaint, le narrateur de Viel est constamment tiraillé entre son espace du dedans – sa lassitude, son oisiveté – et son espace du dehors – sa participation, même indirecte, au « crime » autour duquel est construit chaque roman –, à la différence notable que plutôt que de se maintenir à distance du monde qui l'entoure, il apparaît d'emblée comme piégé au sein d'un mouvement sur lequel il n'exerce aucun contrôle. Chez Viel, le narrateur-personnage ne demeure pas en retrait mais participe au contraire pleinement à l'action romanesque. Il est pris dans le discours des autres, au point qu'au sein de sa parole, la voix qui lui est propre demeure indistincte de celles qui la parasitent.

À l'opposé du personnage de Toussaint qui, s'il constate l'impossibilité de s'extraire du monde dont il fait partie intégrante, bénéficie toujours d'une certaine autonomie, le narrateur de Viel obéit à une logique qui s'impose à lui de l'extérieur, et dont les exigences implicites déterminent aussi bien ses actions que ses paroles, estompant de la sorte son identité. Son comportement lui est toujours soit dicté par un autre, soit imposé par « l'ordre des choses », qui s'érige en un système absolu ne pouvant en aucun cas être modifié. Les romans de Viel mettent effectivement tous en scène une entité qui instrumentalise le narrateur et les autres actants romanesques : Paul dans *Le Black Note*, Marin dans *L'Absolue perfection du crime*, Édouard dans *Insoupçonnable*, le fils Kermeur et sa mère dans *Paris-Brest* (« moi tout seul je n'aurais pas fait ça, [...] c'est le fils Kermeur qui m'a entraîné, non, [...] c'est ma mère qui nous a entraînés tous les deux », *PB*, p. 125), Lazenec dans *Article 353 du code pénal* ; dans *Cinéma* et *La Disparition de Jim Sullivan*, il ne s'agit pas à proprement parler d'un personnage, mais d'un canevas fictionnel qui organise pareillement le dire et l'agir du narrateur autodiégétique (*cf. infra*). Dans les cas où elle est personnifiée, l'instance manipulatrice n'est pas dotée d'une véritable autonomie : la puissance motrice dont elle est investie lui semble déléguée par la fable, et sa présence vise avant tout à introduire l'autre comme une altérité menaçante. Cela n'empêche pas le narrateur de Viel d'être présenté comme un personnage contraint par une force irréductible, à laquelle il est vain de s'opposer : « Moi je me suis toujours dit que non, le vent il ne faut pas l'affronter comme ça, le vent il faut le suivre et ne pas croire qu'on peut lutter » (*PB*, p. 142–143).

Certes, chez Toussaint, Monsieur est contraint de dactylographier l'ouvrage de cristallographie de son voisin Kaltz, mais c'est parce que conserver sa distance vis-à-vis du monde et des autres (et échapper de la sorte à toute désignation) implique pour lui d'éviter toute confrontation directe avec autrui («Monsieur ne savait rien refuser», *M*, p. 36). Par la suite, il élaborera d'autres tactiques pour échapper de manière détournée à cette besogne, allant jusqu'à changer d'appartement. Chez Viel, au contraire, l'évanescence du narrateur ne relève pas d'une stratégie personnelle mais découle d'une logique fondamentalement *autre*, qui contamine la parole de ce personnage en inscrivant au creux de son inconsistance une pluralité de discours qui orientent son comportement. Tandis que le narrateur de Toussaint échappe à tout effet de désignation, celui de Viel apparaît plutôt comme *surdéterminé* : tour à tour, il se voit contraint d'endosser le masque du schizophrène, de l'innocent injustement incriminé (*Le Black Note*), de l'obsessionnel (*Cinéma*), du mafioso, du gentleman fortuné, du pulsionnel (*L'Absolue perfection du crime*), de l'amant apathique, du frère, du conspirateur, du dupe (*Insoupçonnable*), du fils soumis ou prodigue, du jeune romancier, de l'auteur exilé (*Paris-Brest*) ou encore de l'auteur de romans «américains» (*La Disparition de Jim Sullivan*) et, enfin, du meurtrier (*Article 353 du code pénal*).

Cette façon qu'a le narrateur d'être toujours assigné au rôle choisi pour lui par les personnages qui l'entourent apparaît explicitement dans un passage de *Paris-Brest* au cours duquel il est transformé par sa mère en concierge :

> Avant de partir, ma mère a fait installer un judas sur la porte de mon appartement [...] Et j'avais beau lui dire que non, lui dire qu'elle pouvait faire ce qu'elle voulait, je ne regarderais jamais par le judas avant d'ouvrir, j'ai eu beau m'énerver, elle n'en a pas démordu. Parce qu'elle savait. [...] J'ai regardé par le judas tous les jours dix fois par jour pendant tout le temps où j'ai habité ma loge de concierge, oui, disait le fils Kermeur, ta mère est très forte, elle a fait de toi un concierge. (*PB*, p. 98–99)

L'extrait illustre bien l'emprise que le discours d'autrui exerce sur le narrateur, en poussant à son paroxysme un processus d'identification tout entier dicté par le lieu de l'Autre : c'est l'image que lui renvoie sa mère qui définit le Moi du narrateur ; dans son regard, il se «saisit comme entité unifiée et singulière, mais surtout il y éprouve que cette connaissance de soi passe par cette extériorité[39]», sans que lui-même ne semble avoir aucune prise sur cette

---

39   Christiane Van Vaerenbergh, *op. cit.*, p. 25.

identification. L'autre qui lui fait face intervient « comme un miroir forcé » (*APC*, p. 51).

Il n'est pas nécessaire que l'instance à laquelle le narrateur est aliéné soit un personnage de l'univers diégétique : comme le note Sjef Houppermans, le narrateur de *Cinéma* s'identifie complètement à l'objet de son adoration, c'est-à-dire au film *Sleuth* lui-même[40]. En témoigne le fait que dans sa longue description du film de Mankiewicz, le narrateur n'en souligne jamais la théâtralité, qui est pourtant fortement revendiquée dans l'œuvre du cinéaste. La fascination du protagoniste de Viel lui fait oublier les bords de l'image :

> je n'ai pas de vie à côté du film, je suis un homme mort sans *Sleuth*, [...] pour moi ce n'est plus un nom de film, c'est le nom d'un ami, je dis *Sleuth*, comme je dirais *Andrew*. Quelques fois je sors de chez moi et je m'excuse auprès de Sleuth parce que je le laisse seul, et je fais très attention où je l'entrepose, loin du froid, loin de la chaleur, et je le salue quand je rentre. (*C*, p. 96)

Même dans sa comparaison (« comme je dirais *Andrew* »), le narrateur ne peut faire référence qu'à la fiction, comme si, paradoxalement, il n'existait pour lui aucune autre réalité. On remarquera la disparition des italiques pour marquer la personnification. *Sleuth* acquiert aux yeux du narrateur le statut d'une entité transcendante, capable de décider du destin de ses protagonistes (« Sleuth intime à Andrew l'ordre de se lever », p. 115-116 ; « Sleuth, qui ne s'arrête jamais de jouer, fait revenir un revolver dans le champ, dans la main d'Andrew », p. 117), mais aussi d'avoir une influence sur la personnalité et la conduite de ceux qui le regardent. En effet, la personnification ne s'interrompt momentanément que pour présenter le film de Mankiewicz telle une gigantesque mécanique déployant une logique contre laquelle il semble impossible de s'insurger : « Sleuth est une machine, pas un être de chair, pas un film, une machine à broyer les acteurs, les spectateurs, une machine qui s'est mise en marche sous action humaine et qui a continué toute seule » (*C*, p. 114). Cette emprise impitoyable de la mécanique cinématographique sur son spectateur implique que le narrateur de *Cinéma* devient la proie d'une identification qui le possède. Comme dans les autres romans de Viel, son dire et son agir ne lui appartiennent plus pleinement, ils lui sont dictés par une force qui s'exerce à travers lui. L'assujettissement à la fiction est tellement fort que le narrateur se métamorphose en elle : « tout ce que vous faites à *Sleuth*, c'est à moi que vous

---

[40] Sjef Houppermans, « Cinéma avec Tanguy Viel », dans Jan Baetens, Marc Lits, (s.l.d.), *La novellisation : du film au roman*, Leuven, Louvain University Press, 2004, p. 144-145.

le faites » (*C*, p. 117). À l'image des automates qui peuplent le manoir de Sir Andrew dans *Sleuth*, le narrateur de *Cinéma* agit sans posséder la volonté de se mouvoir. Ses paroles ne témoignent d'aucune liberté ; elles relèvent plutôt d'une forme de ressassement automatique, conditionné par le discours cinématographique auquel ce personnage est aliéné.

Il ne faudrait cependant pas imputer cette *surdétermination* du narrateur-personnage de Viel à l'immuabilité d'un destin ou à un quelconque instinct héréditaire. L'instance narratoriale n'incarne jamais un « criminel-né » : son identité n'est pas déterminée dès la naissance, comme pouvait l'être celle des personnages de Zola. Chez Viel, pas question d'atavisme. Le narrateur n'hérite pas d'une pulsion mais est assimilé à un modèle. La particularité des figures auxquelles le narrateur de Viel est identifié réside dans le fait qu'elles demeurent potentiellement interchangeables ; elles se valent toutes. Elles agissent à travers lui, mais restent toujours en surface. La seule valeur dont elles sont investies est celle du simulacre : ce sont de pures apparences, qui exercent sur le narrateur un pouvoir bien réel – puisqu'elles organisent ses agissements –, mais ne définissent jamais son individualité – laquelle demeure toujours évanescente, car c'est cette différence (son absence de caractéristiques) qui permet justement au narrateur d'endosser tant de costumes. C'est pourquoi le narrateur n'est pas véritablement victime de l'obsession des figures qui le déterminent (profit, meurtre, vengeance ...) mais obsédé par la fiction elle-même. Le non-vouloir qui le caractérise est plutôt de l'ordre de l'aboulie, tandis qu'il s'agit chez Toussaint d'une stratégie de mise à distance. Pour le dire autrement, si le narrateur de Toussaint excelle dans l'art de l'esquive, celui de Viel participe à l'univers diégétique sur le mode du non-choix. À chacune de ces attitudes correspond une manière pour ce personnage d'interagir avec les autres, malgré – ou en vertu de – son évanescence.

1.4 Recourir à la règle

> l'étrange décision qu'il avait prise de vouloir être comme tout un chacun, alors qu'en réalité, il ne pouvait être comme personne, parce qu'il ne souhaitait pas être quelqu'un[41]

L'attitude nonchalante que le protagoniste de Toussaint a l'habitude d'affecter à l'égard d'autrui repose sur une stratégie minutieusement réglée. Dans *L'éloge*

---

41 Enrique Vila-Matas, *Docteur Pasavento*, trad. de l'espagnol par A. Gabastou, préface de T. Viel, Paris, Points, 2013, p. 22.

du rien[42], Henry Rey-Flaud rappelle que toute interaction sociale repose nécessairement sur une croyance : l'illusion selon laquelle les règles qui établissent notre société constituent un discours logique sans défaut. La société fait sens car elle repose sur un ensemble de règles établies avant même que l'on sache quel est leur objet : « règles juridiques, religieuses, politiques, économiques, de l'amour et du travail, de la parenté et du mariage, de la servitude et de la liberté, de la vie et de la mort[43] », dénombre Deleuze, soit autant de discours détenus par l'Autre lacanien, que le sujet doit s'approprier afin de se situer dans la communauté à laquelle il appartient. Or, ajoute Rey-Flaud, ces règles sont en leurs fondements arbitraires : à leur origine se trouve une Loi informulable qui garantit leur fonctionnement parce qu'elle rend possible leur abstraction. Le sujet accepte de « faire crédit » à l'Autre de cette inconnue, afin de pouvoir participer aux échanges sociaux[44]. Issu du latin *credere*, le terme « crédit » signifie étymologiquement la confiance accordée à autrui. Pour le narrateur-personnage de Toussaint, ce crédit concédé à l'Autre ne va pas de soi, ce qui le plonge dans un profond désarroi à l'égard du fonctionnement social. Pour réguler son rapport aux autres (et ainsi ne pas s'abstraire tout à fait de la marche du monde), ce personnage convoque un ensemble de règles, mais l'usage incongru qu'il en fait révèle sa position en porte-à-faux, laquelle dénonce à son tour la facticité des relations interpersonnelles : c'est ce que démontre son usage de la convention sociale, de l'énoncé mathématique et de la règle du jeu.

Le caractère extrêmement codifié de certains échanges ou l'excessive politesse que ce personnage déploie souvent vis-à-vis d'autrui atteste son inaptitude à participer de manière naturelle à l'échange social : Monsieur, par exemple, fait mine de s'intéresser aux discussions de ses collègues de bureau en les écoutant un court moment avant de prendre congé, non pas parce qu'il éprouve du plaisir à ces échanges, mais pour se faire « assez bien accepter au sein de la société » (*M*, p. 8). Erving Goffman a démontré l'importance pour tout être humain de « garder la face », c'est-à-dire de préserver l'image du moi exposée socialement ; cette nécessité justifie selon lui toute une série de « rites d'interactions », dont use chaque personne pour défendre sa « face » et protéger celle des autres. La politesse figure parmi ces rites comme une manœuvre de protection, qui permet à l'individu d'éviter une situation sociale qui mettrait en danger sa « face » ou celle d'autrui[45]. Le narrateur de Toussaint pousse

---

42   Henri Rey-Flaud, *L'Éloge du rien : pourquoi l'obsessionnel et le pervers échouent là où l'hystérique réussit*, Paris, Seuil, 1996, (« Le champ freudien »).
43   Gilles Deleuze, *Logique du sens*, Paris, Minuit, 1969, (« Critique »), p. 64.
44   Henri Rey-Flaud, *op. cit.*, p. 48.
45   Erving Goffman, *Les rites d'interaction*, trad. de l'anglais par A. Kihm, Paris, Minuit, 1974, p. 17–18.

cette logique à l'extrême, en affectant souvent une politesse excessive vis-à-vis de ceux qui l'entourent.

Monsieur est encore une fois l'exemple qui illustre le mieux cette tendance chez Toussaint, parce que son protagoniste ne cesse de se prendre les pieds dans la trame des interactions sociales. Pour refuser la proposition de son voisin Kaltz (qui cherche à faire de lui son dactylographe), Monsieur s'exprime sur un « ton apaisant », en reposant « posément » la bouteille de vin ; il avoue qu'il ne connaît rien à la minéralogie, « pour ne pas en dire plus » (*M*, p. 35). Toutes ces précautions, qui cherchent à réparer un refus qui n'a pas été formulé explicitement, demeurent vaines : Kaltz désamorce les excuses (trop) polies de Monsieur et celui-ci est contraint de dactylographier l'ouvrage en question. Il en va de même quand, lors des réunions hebdomadaires auxquelles il est tenu d'assister, Monsieur s'efforce de s'effacer derrière sa supérieure, afin de se rendre le plus invisible possible : « Monsieur veillait scrupuleusement à rester dans l'axe de son corps, reculant lorsqu'elle reculait, avançant lorsqu'elle se penchait en avant, de manière à n'être jamais trop directement exposé » (*M*, p. 12). En calculant si soigneusement l'angle et le degré d'exposition de son corps, Monsieur rend ridicule une action qu'il souhaiterait naturelle. Son attitude rappelle celle des personnages joués par Charlie Chaplin ou Buster Keaton, qui se cachent derrière un individu pour échapper à son regard. Le protagoniste de Toussaint échoue à calquer son comportement sur celui d'autrui. Tout comme Charlot, il ne parvient pas à se fondre dans la masse : « Pour ne pas attraper de coups, pour ne pas se heurter, il faudrait qu'il devienne comme les autres : une goutte d'eau dans l'océan[46] ».

Lorsque la convention sociale fait défaut, ce personnage est obligé de recourir à un autre système normé, aussi farfelu soit-il. La scène du dîner entre Monsieur et Anna Bruckhardt est, à ce titre, révélatrice : à la fin du repas, Monsieur ne parvient pas à décider s'il doit payer la totalité de l'addition ou la moitié. Le fait que sa compagne lui assure qu'il n'y a « pas de règles en la matière » ne fait qu'accroître son désarroi. La défaillance de la Loi fait perdre à Monsieur toute aptitude à interagir socialement. Puisqu'il n'a « aucune idée de ce qu'il con[vient] de faire dans ces cas-là » (*M*, p. 107), il fait appel au discours sans défaut des mathématiques et suggère une solution tout à fait insolite : « diviser l'addition en quatre et de payer lui-même trois parts (c'est le plus simple, dit-il, d'une assez grande élégance mathématique en tout cas). » (*M*, p. 108) Cette scène révèle à quel point le protagoniste de Toussaint s'avère incapable de jouer le jeu convenu des interactions sociales. Complètement démuni par l'absence de « règle », Monsieur se tourne vers le discours

---

46   Bertrand Solet, *Chaplin*, Paris, Duculot, 1980, (« Biographies : travelling »), p. 47.

scientifique. À l'inverse du langage naturel, l'arithmétique est un langage de synthèse dont les règles de formation sont clairement définies. « L'arithmétique présente en effet le modèle d'une croyance sans défaut, supportée par une forme particulière de langage, constituée d'un réseau de signes, dans lequel la question du manque ne se pose pas plus que celle d'avoir à distinguer le vrai du faux[47] » : parce qu'elles éludent le manque autour duquel s'articule l'ensemble de la chaîne signifiante, les mathématiques prennent l'apparence d'un discours logique sans défaut, dont la fiabilité, à l'inverse du langage naturel, ne peut pas être mise en cause. Le caractère extrêmement codifié de l'énoncé mathématique donne ainsi à Monsieur l'illusion d'échapper à la nature défaillante du langage, c'est-à-dire à l'impuissance du signifiant à recouvrir entièrement la vérité de la chose qu'il désigne. Il lui sert de garde-fou pour lui éviter de basculer dans le gouffre de sa « perplexité » (*M*, p. 108), dans lequel menace de le jeter sa confrontation avec la part d'incompréhension inhérente à toute utilisation du langage. Que cette analyse ne nous empêche toutefois pas de dégager, sous couvert de l'humour, la fonction critique de ce passage : par « élégance mathématique », Monsieur sous-entend que le dispositif auquel il a recours est simple et efficace, quand celui-ci passe aux yeux du lecteur pour inapproprié et excessivement complexe. La position atypique du personnage, en constant décalage par rapport aux expectatives du lecteur, dénonce, d'une part, la vision réductionniste que le langage mathématique nous offre du monde et, d'autre part, l'impossibilité pour le sujet d'appréhender le monde exclusivement à travers la raison ou la rationalité. Elle fait ainsi *déconsister* deux croyances propres à la modernité.

Le recours au système arithmétique souligne bien l'importance que revêt la règle dans la stratégie de distanciation mise en place par le narrateur de Toussaint. Le dispositif du jeu, que son caractère réglé, abstrait et universel rapproche du langage mathématique, assume une fonction similaire dans l'ensemble de l'œuvre : il sert d'espace de médiation entre le narrateur de Toussaint et autrui[48]. Le jeu libère en effet momentanément le sujet qui joue (ou le spectateur) des lois et des coutumes de la vie courante en le faisant pénétrer dans une fiction aux règles explicites : « Le jeu est *coupure-lien* avec la vie elle-même ; ensemble de relais où la vie refait alliance avec elle-même. [...] Sur cette coupure, qui parfois est un abîme, le jeu trame une autre réalité

---

47   Henri Rey-Flaud, *op. cit.*, p. 36.
48   Pour une analyse plus détaillée du dispositif du jeu dans l'œuvre de Toussaint, voir Alice Richir, « Le jeu comme métaphore de l'écriture chez Jean-Philippe Toussaint : de la règle au vertige », *Textyles : revue des lettres belges de langue française*, 42, 2012, p. 145–155 ou encore Jean-François Puff, « Un enfant de la balle : pratique et sens des jeux dans la fiction », dans *Les Vérités de Jean-Philippe Toussaint, op. cit.*, p. 111–120.

qui vient faire résonance avec celle qui précède. Parfois, on ne saurait dire si la réalité prend le jeu comme instrument pour se jouer, ou si le jeu s'appuie sur elle pour la rejouer autrement[49] ». La sphère normée du jeu maintient donc le narrateur à distance du réel et lui permet dès lors d'engager avec les autres une confrontation directe. Lui qui envisage généralement la moindre interaction comme un problème à résoudre, qui se dérobe au moindre échange social, fait preuve lorsqu'il joue d'une hargne que nous ne lui connaissons pas, comme en témoigne son commentaire impitoyable après la partie de Monopoly de *La Salle de bain* : « J'allai me coucher après les avoir écrasés (il n'y a pas de secret, au Monopoly) » (*SDB*, p. 44) ; ou son cri de victoire dans *La Télévision* : « But ! T'as vu ça, dis-je. C'est une passoire, ton fils, dis-je à Delon [...]. Mais laisse-le gagner, il a cinq ans ! dit-elle » (*T*, p. 210). L'espace normé du jeu sert au narrateur de Toussaint d'aire intermédiaire entre ce que Donald Winnicott appelle la « réalité du dedans » et la « réalité du dehors[50] », c'est-à-dire son intériorité et le réel auquel il est confronté. Comme les jeunes enfants, le jeu lui permet d'expérimenter les modalités des rapports interpersonnels et de construire sa propre identification : « Le tout-petit qui joue cherche à *identifier l'Autre* – le monde, les siens – et, par là, à s'identifier[51] ». Outre le fait qu'elle évoque sur un mode ironique la difficulté de Monsieur à réguler son rapport au réel, l'expression qui clôture le second roman de Toussaint – « La vie, pour Monsieur, un jeu d'enfant » (*M*, p. 111) – doit donc également être entendue dans son sens propre, c'est-à-dire désignant le jeu d'enfant comme un mécanisme d'apprentissage des comportements sociaux.

L'épisode de la partie de bowling de *Fuir* illustre de manière tout à fait explicite cet état d'abstraction de la vie courante rendu possible par le jeu. De voyage en Chine, le narrateur est baladé dans Pékin par un certain Zhang Xiangzhi. La communication entre eux s'est jusqu'ici limitée à de larges mouvements de bras et à quelques interjections dans un anglais sommaire : « Play bowling ? me dit-il au bout d'un moment. Je fis oui de la tête, pensivement. Play ? dit-il. Yes, dis-je. Je n'étais pas sûr d'avoir très bien compris ce qu'il voulait, mais peu importe, je dis oui : j'avais déjà joué, je voulais bien jouer. » (*F*, p. 95–96) Le caractère universel du jeu ouvre un espace de communication au sein duquel leur différence d'idiomes n'est plus un problème. Le seul code que le narrateur a besoin de maîtriser est celui des règles du jeu : il régit

---

49   Daniel Sibony, *Le jeu et la passe : identité et théâtre*, Paris, Seuil, 1997, p. 62.
50   Donald Woods Winnicott, *Jeu et réalité : l'espace potentiel*, trad. de l'anglais par C. Monod et J.-B. Pontalis, préface de J.-B. Pontalis, Paris, Gallimard, 1975 (1971), (« Connaissance de l'Inconscient »).
51   Daniel Sibony, *op. cit.*, p. 49.

l'ensemble de ses actions, monopolise sa pensée. Toute parole s'avère dès lors superflue.

> Nous ne parlions pas, nous n'avions pas échangé un mot depuis le début de la partie. Je jouais et j'allais me rasseoir, j'attendais, je le regardais jouer. Je ne pensais à rien d'autre qu'à la partie, le prochain lancer, la prochaine boule dans les quilles. Depuis que je jouais, j'étais transporté dans un autre monde, un monde abstrait, intérieur et mental, où les arêtes du monde extérieur semblaient émoussées, les souffrances évanouies. Peu à peu s'était tu [sic] autour de moi le turbulent vacarme de la salle, le tumulte de la musique et la vaine agitation des joueurs. J'étais seul sur la piste, ma boule à la main, le regard fixé sur l'unique objectif du moment, ce seul endroit du monde et ce seul instant du temps qui comptaient pour moi désormais, à l'exclusion de tout autre, passé ou à venir, cette cible stylisée que j'avais sous les yeux, géométrique, et par là même indolore – car la géométrie est indolore, sans chair et sans idée de mort –, pure construction mentale, rassurante abstraction, un triangle et un rectangle, le triangle des dix quilles blanches et rouges bombées que j'avais sous les yeux et le rectangle de la longue allée de bois naturel presque blanc de la piste qui s'étendait devant moi, lisse et à peine huilée, comme une invitation à lancer la boule et la regarder rouler en silence, au ralenti, la suivre, l'accompagner et la porter en esprit au bout de la piste en ne pensant plus à rien, et plus même à la mort du père de Marie, avec l'esprit se détournant enfin de la pensée de la mort du père de Marie – cela faisait plus de vingt heures maintenant que j'attendais ce moment de ne plus penser à la mort du père de Marie – la boule qui continuait de rouler et allait se fracasser dans les quilles en les renversant toutes en me procurant un bref, et violent, spasme de jouissance. (*F*, p. 99–101)

Dans cette dernière phrase – et cette considération pourrait être étendue à l'ensemble du cycle sur Marie –, la distance ironique que le narrateur manifeste vis-à-vis des autres et du monde s'estompe, ce qui a pour conséquence, comme le montre Roger Caillois dans son essai sociologique sur les jeux, d'accentuer les effets de transe ou d'hypnose de la sphère ludique[52]. Extrait de la vie courante par l'univers codifié du jeu (il ne perçoit plus les sons et les formes des objets qui l'entourent), le narrateur laisse sa pensée se fondre dans le mouvement de la boule de bowling. Pour produire cet effet de ressassement, l'écriture

---

52   Roger Caillois, *Les jeux et les hommes : le masque et le vertige*, 2e éd, Paris, Gallimard, 1958, (« Folio Essais »), p. 273.

de Toussaint multiplie les appositions. La concision des derniers mots, scandés par la ponctuation, tranche avec la fluidité de la phrase qu'ils viennent clore pour mimer l'impact de la boule de bowling lorsqu'elle heurte les quilles. De ce choc jaillit la jouissance du narrateur, emporté au paroxysme de cette spirale cinétique. L'effet hypnotique de la cible géométrique, cette « rassurante abstraction » à laquelle s'accroche le regard du narrateur, l'empêche de basculer du côté du vertige, de sombrer dans la souffrance que lui cause la mort du père de Marie. À la manière des danseurs qui fixent un point immobile pour ne pas perdre totalement le contrôle de leur corps, le narrateur, transporté dans le « monde abstrait » aux frontières floues du jeu, focalise son regard sur la cible, « ce seul endroit du monde et ce seul instant du temps » qui comptent pour lui à ce moment. Si ce point disparaît, le narrateur sera emporté dans une extase semblable à celle des derviches tourneurs.

Or, c'est ce qui advient lorsqu'il se voit, quelques instants plus tard, entraîné par Zhang Xiangzhi et Li Qi dans une course-poursuite à moto dont il ne saisit pas l'enjeu (*cf.* 3.1.3) : arraché à la sphère rassurante du jeu, qui lui a permis de s' « abstraire du monde pour en créer un à [s]a mesure dans le réconfort des lignes et la quiétude des angles » (*F*, p. 105), le narrateur est brutalement rejeté dans une réalité qu'il ne comprend pas : « je sentais mon cœur battre très fort dans ma poitrine, avec ce sentiment de peur pure et d'effroi, de panique d'autant plus effrayante et irrationnelle que je n'avais aucune idée de ce que nous étions en train de fuir ainsi éperdument. » (*F*, p. 112) Le réel, soudain, ne fait plus sens parce qu'il n'est régi par aucune loi. Ainsi, la stratégie de mise à distance par laquelle se distingue le narrateur de Toussaint ne vise jamais à l'exclure de l'ordre du monde. Au contraire, vivre sur le mode de l'esquive suppose, pour ce personnage, un recours constant à la règle, laquelle vient se substituer à une loi défaillante pour l'empêcher de basculer du côté du vertige.

1.5   Jouer un rôle

Chez Viel, l'inscription du narrateur dans l'ordre social se fait sur un tout autre mode. Chaque roman est construit à partir d'un modèle fictionnel qui lui tient lieu d'ossature et semble éviter à la voix narratoriale comme aux personnages de s'éparpiller. Féru du roman anglais du XIXe et du cinéma noir des années cinquante – qu'il évoque dans un court texte intitulé significativement *Hitchcock, par exemple* –, Viel en maîtrise à merveille tous les codes : chacune de ses intrigues met en scène un protagoniste acculé, par la jalousie ou par la trahison, à commettre un acte désespéré ; le tout dépeint dans une esthétique inspirée des films de Welles, de Godard ou de Minnelli. L'œuvre de Viel se présente ainsi à première vue comme une réécriture de toute une série de références hypertextuelles connues, voire étriquées à force d'avoir été usitées, essentiellement cinématographiques. « Tous les livres sont des anthologies[53] », écrit Viel dans la préface d'une courte anthologie des essais de Montaigne : Johan Faerber fait de cette phrase le *leitmotiv* de l'œuvre de l'auteur, arguant « que pour Viel, écrire, c'est citer. L'écriture ne participe que d'un vaste et permanent effort de citations [*sic*]. En ce sens, l'auteur n'écrit jamais tout à fait : il cite, il rapporte, il réécrit[54] ».

Pourtant, réduire l'œuvre de Viel au processus de réécriture qui la sous-tend, aussi habilement mené soit-il, équivaut à rater sa singularité. Chez lui, l'hypotexte fait figure de *pré-texte* : il possède une valeur générative, et rend de la sorte possible le surgissement du récit. C'est une même hypothèse qui conduit Christine Marcandier à se servir de l'*incipit* d'*Insoupçonnable* pour envisager le modèle du roman noir comme un « pilotis[55] » sur base duquel Viel échafaude ses romans : la description théâtrale de la table du mariage, faite de « simples planches de bois posées sur de simples tréteaux avec lesquels toute la soirée il avait fallu que les pieds composent pour ne pas écrouler l'édifice » (*I*, p. 7), métaphorise selon elle la « (re)composition fragile[56] » d'une tonalité noire à laquelle se livre tout d'abord l'auteur pour y déposer, telle « la nappe blanche » (*I*, p. 7) qui recouvre dans le roman la table, son texte. L'entreprise de calque insuffle avant tout un mouvement dynamique à l'écriture : la fable sert à instaurer une mécanique romanesque implacable, au sein de laquelle chaque personnage est réduit à incarner un archétype fictionnel.

L'Absolue perfection du crime et *Insoupçonnable*, dont les titres mêmes peuvent être perçus comme des références au cinéma d'Alfred Hitchock (« *L'Absolue perfection du crime* comme un superlatif absolu du *Crime était presque parfait*, *Insoupçonnable* en version adjectivale de *Soupçons*[57] »), sont, avec le récent *Article 353 du code pénal* et à la différence que ce dernier se teinte d'une dimension sociale tout à fait contemporaine que ne possédaient pas les autres, les œuvres de Viel qui reprennent le plus explicitement les codes du

---

[53] Tanguy Viel, cité par Johan Faerber, « Le livre aveugle ou la passion anthologique dans l'œuvre de Tanguy Viel », *Relief*, 6 / 2, décembre 2012, p. 82.

[54] Johan Faerber, *ibidem*.

[55] Résumé de l'article de Christine Marcandier, « Les lois de l'abstraction : blanchiment du noir chez Julia Deck et Tanguy Viel », *Fixxion*, 10 : « Le roman policier français contemporain », 2015, p. 116–125 ; URL : http://www.revue-critique-de-fixxion-francaise-contemporaine.org/rcffc/article/view/fx10.13, consulté le 25 juin 2015.

[56] Christine Marcandier, *ibidem*, p. 116.

[57] *Ibidem*, p. 117.

roman ou du film noirs. Les thèmes qui sous-tendent leur intrigue respective sont connus et le lecteur les reconnaîtra sans peine (conspiration, duperie, crime, trahison, vengeance, meurtre ...), le décor se compose de lieux sombres et enfumés ou d'endroits isolés, l'atmosphère se fait lourde à souhait. Cette ambiance romanesque est posée dès leur *incipit*, ainsi que l'illustre parfaitement cette phrase tirée des premières pages d'*Insoupçonnable* : « Il y avait les élus de la ville et les vieux riches autour, les parvenus et les bandits locaux, il y avait ce qu'on imagine de ce monde, répondant comme à l'image archétypale, parfaitement établie, de l'argent sale et du stupre » (*I*, p. 20). La critique littéraire ne s'y trompe pas, comme en témoignent les nombreux articles de presse qui saluent la virtuosité de Viel à agencer un canevas fictionnel pourtant rebattu. Faerber a par ailleurs publié un ouvrage didactique dans lequel il propose de relire quelques scènes de *L'Absolue perfection du crime* à la lumière des œuvres cinématographiques dont elles sont inspirées : en dévoilant l'étendue de ce réseau intertextuel, le critique exhibe les rouages actantiels du roman, tout en montrant que ceux-ci sont devenus les impératifs du film noir à force d'avoir été utilisés[58].

Évidents dans *L'Absolue perfection du crime, Insoupçonnable* et *Article 353 du code pénal*, qui reprennent explicitement le modèle de l'intrigue policière, les emprunts de Viel au roman ou au film noirs structurent également les autres textes de l'auteur. Avec *Cinéma* et *La Disparition de Jim Sullivan*, la réécriture glisse du registre de l'hypertextualité à celui de la métatextualité : la fiction diégétique intervient comme un commentaire ou une élaboration de l'œuvre intradiégétique qui nous est présentée par le narrateur (à savoir le film *Sleuth* de Joseph Mankiewicz pour *Cinéma* et le modèle du « roman américain » pour *La Disparition de Jim Sullivan*). Ces deux romans vont ainsi à l'encontre de l'assertion de Gérard Genette, selon laquelle « le métatexte, lui, est non-fictionnel par essence[59] » : ici, le commentaire métatextuel fait bien office de fiction diégétique première. Toutefois, quelle que soit la forme de réécriture à laquelle Viel recourt, tous ses romans mettent en œuvre une dynamique romanesque calquée sur le modèle du film ou du roman noirs.

Cependant, dans le polar traditionnel, le déroulement de l'intrigue constitue l'objet romanesque principal, tandis que, dans les romans de Viel, l'enjeu paraît d'emblée se situer ailleurs ; ainsi « tout révéler n'aurait pas une importance capitale, car on n'est pas [...] dans l'une de ces intrigues policières où

---

58 Johan Faerber, L'Absolue Perfection du crime *de Tanguy Viel*, Paris, Hatier, 2007.
59 Gérard Genette, *Palimpsestes : la littérature au second degré*, Paris, Seuil, 1982, (« Poétique »), p. 450.

connaître à l'avance certaines clés, voire le dénouement, gâche le plaisir[60] ». Si ces romans ne se limitent pas à imiter sur le mode de la transposition aveugle un modèle générique, il s'agit pas non plus pour Viel de subvertir les conventions qui régissent le genre sur un mode ironique, comme dans l'œuvre de Jean Echenoz par exemple. Une partie de l'œuvre d'Echenoz est en effet profondément imprégnée de l'univers du film noir, dont elle copie l'ambiance, les couleurs, le décor, les codes actantiels, etc. Cet auteur fait en outre fréquemment référence au vocabulaire cinématographique au cœur de ses romans, allant jusqu'à mettre en scène ses personnages devant un écran de cinéma ou les appelants volontiers des acteurs[61]. Christine Jérusalem montre bien que, chez Echenoz, l'enjeu de la réécriture vise à désamorcer les mécanismes du genre, c'est-à-dire à les exhiber comme vidés de leur potentialité motrice : il s'agit « d'utiliser un code pour le dilater, l'exagérer, le déformer[62] ». Le quatrième roman de Toussaint pratique le même type de détournement : l'absence de crédibilité du narrateur de *La Réticence*, lequel enquête, sur un mode paranoïaque, à propos du cadavre d'un chat retrouvé dans le port (*cf.* 2.2.1), tourne les codes génériques du policier en dérision. Il en va tout autrement chez Viel : le modèle fictionnel emprunté n'est pas parodié. Aucun de ses romans ne comporte de subversion de la construction dramatique, de la typification des actants et du décor, ou du sens du suspense qui caractérisent le roman noir ; tout au plus cette manière d'élaborer le récit à partir de composantes fictionnelles qui sont devenues des poncifs de l'intrigue criminelle manifeste-t-elle l'essoufflement d'un genre qui a déjà bien vécu. S'il y a bien ironie, via une mise en valeur du caractère éculé des poncifs du genre, il n'y a pas de volonté de faire tourner à vide la mécanique fictionnelle, mais au contraire d'exhiber la force motrice de celle-ci. Du propre aveu de l'auteur, le recours à ce modèle fictionnel lui permet plutôt de « corseter le récit[63] », c'est-à-dire de rassembler plusieurs personnages autour d'une certaine tension narrative. Viel qualifie le scénario de film d'« appareillage » dont il use pour vaincre sa difficulté constante à trouver une histoire. À ses yeux, Hitchcock figure le

---

60 Josyane Savigneau, dans Tanguy Viel, *Insoupçonnable*, Paris, Minuit, 2009, (« Double »), quatrième de couverture.

61 Danièle Méaux, « L'écriture à l'épreuve de l'image enregistrée », dans Liliane Louvel, Jean-Pierre Montier, Danièle Méaux, Philippe Ortel, (s.l.d.), *Littérature et photographie*, Rennes, Presses universitaires de Rennes, 2008, p. 311–324.

62 Christine Jérusalem, « L'écriture seconde », dans *Géographies du vide*, Saint-Etienne, PU de Saint-Etienne, 2005, p. 15–37.

63 Tanguy Viel dans Thierry Guichard, « *Insoupçonnable* : entretien avec Tanguy Viel », *Le Matricule des anges*, 71, 2006, URL : http://www.lmda.net/din/tit_lmda.php?Id=52058, consulté le 12 février 2012.

meilleur raconteur d'histoires tous arts confondus. Au fond, la question c'est, pour celui qui a envie de faire du roman du moins, et qui s'intéresse à la narration en général, comment faire pour raconter une histoire, comment faire pour la raconter le mieux possible. Il y a plusieurs moments dans l'histoire où l'on peut regarder ça, il y a la tragédie grecque, il y a un certain âge d'or du roman au XIXème, et puis il y a Hitchcock. Donc la question n'est même plus de savoir s'il s'agit du cinéma ou de la littérature, c'est plutôt la manière de *raconter des histoires*. [...] Finalement, ce n'est pas la question du genre (cinéma ou littérature) mais celle de *la fable*. Hitchcock, c'est une sorte de perfection de *la machine narrative* [...][64].

Du film noir et d'Hitchcock en particulier, Viel s'inspire pour ériger ses romans autour d'une semblable « machine narrative », capable de générer la fable comme de dicter aux différents personnages leurs paroles et leurs actes.

La Disparition de Jim Sullivan ne met pas seulement en scène un narrateur-écrivain en proie avec son dernier projet romanesque, il figure également le récit de ce roman. Dans un entretien qu'il accorde à la librairie Mollat[65], Viel explique que, face à l'engouement actuel pour le « roman américain[66] »

---

64 Lison Noël et Noémie Stevens, « Seconde main. Entretien avec Tanguy Viel », dans *Récits entre amis*, URL : http://recitsentreamis.over-blog.com/article-seconde-main-entretien-avec-thomas-clerc-et-tanguy-viel-73672781.html, consulté le 25 avril 2013.

65 Les citations qui suivent proviennent d'un entretien de Tanguy Viel à la librairie Mollat, dont la captation a été publiée sur la Toile le 2 avril 2013 (URL : https://www.youtube.com/watch?v=h_IPgizZBpU, consulté le 20 mars 2014, retranscription personnelle).

66 La diversité des productions rassemblées sous l'étiquette « roman américain » rend malaisée toute tentative visant à définir ce qui semble pourtant devenu un véritable mythe littéraire. Bien que les États-Unis soient restés longtemps sans littérature (pour des raisons principalement économiques liées au régime des droits d'auteur), parler de « roman américain » équivaut à rassembler sous une même appellation plus d'un siècle d'une production littéraire importante et, par le fait même, diversifiée. Malgré l'artificialité de ce regroupement, on peut toutefois s'accorder sur le fait que sont estampillés « romans américains » les textes écrits dans la lignée des romans de William Faulkner, Ernest Hemingway, John Steinbeck, John Dos Passos, etc., dont le succès a culminé durant l'entre-deux-guerres. Jacques Cabau identifie certains thèmes emblématiques qui traversent l'œuvre de ces auteurs et qui feraient la spécificité du « roman américain », tels que la nostalgie des grands espaces et les rêves d'évasion qu'ils suscitent, l'idéal du « bon sauvage », la dénonciation des maux de la société capitaliste – il cite « le culte de l'argent, le conformisme, la corruption, la violence » – dans la représentation de l'urbanisation, soit des thèmes récurrents de l'œuvre de Viel. Le « roman américain » se caractériserait en outre par une esthétique à la fois romanesque et réaliste, dont la particularité est qu'elle ne cherche pas à sonder les consciences ou à commenter (comme ce serait le cas, selon Cabau, du réalisme social propre à Émile Zola), mais à faire voir des personnages

dont témoigne la « somme de nouveautés qui envahiss[ent] le paysage » littéraire, lui est venue l'idée de « sérier les éléments qui seraient constitutifs du roman américain » et de composer à partir de cela un projet qu'il qualifie lui-même de « très ironique » ; il avoue toutefois avoir été rapidement rattrapé par la fiction : « Au bout d'un moment, j'ai compris qu'il fallait que j'écrive vraiment le roman américain dont le narrateur parlait ». Ainsi, le modèle génère une réécriture, qui en déploie avec virtuosité tous les codes. Simultanément, c'est précisément parce que *La Disparition de Jim Sullivan* se présente comme réécriture du « roman américain » qu'il ne se départit jamais d'une distance ironique dont il tire son pouvoir de radiographie et de renouvellement[67].

L'ironie, en effet, est d'emblée perceptible dans les propos simplistes du narrateur, l'alignement des stéréotypes génériques, le procédé d'emphase qui exprime la revendication du protagoniste à composer un roman « international », etc. :

> Par exemple, à Détroit, d'après ce que j'ai lu sur Internet, un habitant peut percevoir dans son champ visuel jusqu'à trois mille deux cents vitres en même temps. Je n'ai jamais très bien compris ce que ça voulait dire, trois mille deux cents vitres en même temps, mais, me suis-je dit, si j'écris une chose comme ça dans mon roman, alors on pourra comprendre que mes personnages habitent une grande ville complexe et internationale, une ville pleine de promesses et de surfaces vitrées. (*DJS*, p. 11–12)

Le narrateur souligne le fait qu'il use d'un procédé descriptif qui ne lui est pas propre mais qui appartient à une tradition générique, il met en valeur la vacuité du procédé en dénonçant sa propre incompréhension vis-à-vis de la pertinence d'une telle information et il relègue enfin le procédé au rang de cliché en montrant que la description ne vise qu'à inscrire l'action au sein d' « une grande ville complexe et internationale, [...] pleine de promesses et de surfaces vitrées ». L'apposition révèle un des thèmes emblématiques du « roman américain » – l'incarnation des rêves propres à l'idéologie capitaliste dans la représentation de la ville[68] – tout en dénonçant son caractère stéréotypé. L'ironie permet à Viel de prendre la mesure de l'engouement de la scène

---

agissants, en empruntant des techniques de représentation propres au cinéma (comme le fondu enchaîné, le travelling ou la superposition). (Voir Jacques Cabau, *La prairie perdue. Le roman américain*, Paris, Seuil, 1966 (1981)).

67   Il est étonnant que cette forme particulière de réécriture n'ait pas été davantage soulignée par la critique, qui s'est souvent contentée de saluer la virtuosité de *La Disparition de Jim Sullivan* à réinventer à la française le modèle du « roman américain ».

68   Jacques Cabau, *op. cit.*, p. 41.

littéraire francophone pour la forme du roman américain – dont semblent s'être épris à la fois le public, la critique littéraire et certains auteurs français – et d'y participer, mais de façon consciente et critique, dénonçant le genre pour ce qu'il est : un modèle de fiction.

Indirectement, l'auteur rend compte d'une tendance actuelle à déprécier l'imaginaire littéraire français, lequel aurait depuis longtemps perdu ses lettres de noblesse et se révélerait désormais incapable de se montrer à la hauteur de ce qui constitue aujourd'hui le paysage romanesque américain. Cette idée assez largement répandue présente la littérature française contemporaine comme manquant du souffle nécessaire pour mener à bien cette traversée des grands espaces qui serait l'apanage des romans anglo-saxons. En témoigne jusqu'à l'élogieuse critique de Bernard Pivot, tirée de la revue de presse de *La Disparition de Jim Sullivan* disponible sur le site des Éditions de Minuit, dans laquelle le célèbre journaliste commence par constater l'incapacité des romanciers français à élaborer des fresques dignes de celles des plus grands auteurs anglo-saxons :

> Le roman américain [...] est en plein boum. [...] il prend de plus en plus de place au roman français. Il est plus séduisant, plus mode, plus international. Si vous écrivez une histoire de chasse ou de pêche en Sologne, cela donnera un roman solognot, au plus large une fiction française. Alors que si vous racontez une histoire de chasse ou de pêche dans le Michigan ou le Montana et que vous vous appelez Jim Harrison, cela devient un roman américain de dimension et d'audience internationales. Ce ne sont pas les poissons ou le gibier à plumes qui font la différence, c'est le nom de l'auteur, la puissance de sa langue, de son pays, de sa littérature[69].

Ce commentaire paraphrase les premières pages du roman de Viel. Dès l'*incipit*, le narrateur de *La Disparition de Jim Sullivan* justifie son projet d'écrire un « roman américain » par la portée internationale qui caractérise selon lui ce modèle, et avoue son trouble lorsqu'il s'agit d'identifier les raisons qui empêchent la littérature française d'atteindre une amplitude semblable.

> Je ne dis pas que tous les romans internationaux sont des romans américains. Je dis seulement que jamais dans un roman international, le personnage principal n'habiterait au pied de la cathédrale de Chartres.

---

69 Bernard Pivot, *Le Journal du Dimanche*, 3 mars 2013, disponible sur le site des Éditions de Minuit, URL : http://www.leseditionsdeminuit.fr/f/index.php?sp=liv&livre_id=2879, consulté le 20 mars 2014.

> Je ne dis pas non plus que j'ai pensé placer un personnage dans la ville de Chartres, mais en France, il faut bien dire, on a cet inconvénient d'avoir des cathédrales un peu près dans toutes les villes, avec des rues pavées autour qui détruisent les dimension internationale des lieux et empêchent de s'élever à une vision mondiale de l'humanité. Là-dessus, les Américains ont un avantage troublant sur nous : même quand ils placent l'action dans le Kentucky, au milieu des élevages de poulets et des champs de maïs, ils parviennent à faire un roman international.
>
> Même dans le Montana, même avec des auteurs du Montana qui s'occupent de chasse et de pêche et de provisions de bois pour l'hiver, ils arrivent à faire des romans qu'on achète aussi bien à Paris qu'à New York. Cela, c'est une chose qui m'échappe. Nous avons des hectares de forêts et de rivières, nous avons un pays qui est deux fois le Montana en matière de pêche et de chasse et nous ne parvenons pas à écrire des romans internationaux. (*DJS*, p. 10–11)

Le désarroi du narrateur de Viel dénonce une tendance de la scène littéraire française à condamner l'imaginaire littéraire français pour faire l'apologie du modèle romanesque anglo-saxon. Cette scène rappelle une phrase, tout aussi ironique, d'*Hitchcock, par exemple* : « Nous autres Français, nous n'avons peut-être pas de très bons cinéastes mais nous avons de très bons critiques » (*H*, p. 31). Par l'entremise de ce narrateur évanescent qui assume l'entreprise de réécriture des codes du « roman américain » à laquelle se livre Viel, l'auteur se ménage une distance ironique qui lui permet de s'approprier la dynamique du « roman américain » tout en se préservant d'une adhésion totale à ce modèle.

Il n'y a pas à proprement parler de déconstruction du modèle anglo-saxon : chez Viel, la dimension ludique de l'ironie – qui serait propre au régime hypertextuel selon Genette[70] – ne cherche pas à tourner l'hypotexte en dérision, mais à mettre la valeur générative de celui-ci au service d'une nouvelle manière de produire du récit. C'est pourquoi ce roman n'est pas une parodie : il ne s'agit pas de démanteler la fiction, mais de la construire. *La Disparition de Jim Sullivan* donne l'impression d'un récit capable de s'élaborer indépendamment de celui qui a la charge de le raconter. De la même manière que celui de *Cinéma*, le narrateur de *La Disparition de Jim Sullivan* n'est pas aliéné à un personnage secondaire, comme c'est le cas dans les autres romans de Viel (*cf.* 1.1.3), mais à la fiction elle-même (particulière dans le cas de *Cinéma*, générique dans *La Disparition de Jim Sullivan*). À propos de *Cinéma*, Frances Fortier et Andrée

---

[70] Gérard Genette, *Palimpsestes : la littérature au second degré*, Paris, Seuil, 1982, (« Poétique »).

Mercier constatent que, bien que le narrateur se présente investi d'une autorité absolue sur le récit, sa toute-puissance s'apparente en définitive à un fantasme, tandis qu'il se révèle aliéné au discours cinématographique dont il s'efforce de rendre compte[71]. Il en va de même dans *La Disparition de Jim Sullivan* : le narrateur-écrivain semble *a priori* détenir les pleins pouvoirs sur la mise en récit, comme en attestent ses fréquents commentaires à propos de l'agencement de l'histoire ou de son déroulement. Toutefois, l'omnipotence du narrateur est démentie à mesure qu'il révèle le caractère contraignant du modèle auquel il entend se conformer. Désireux d'écrire un « roman américain », le narrateur de *La Disparition de Jim Sullivan* s'avère en réalité pris au piège de la mécanique fictionnelle qu'il a mise en branle, sur laquelle il n'exerce qu'un contrôle très relatif. Alors qu'il se présente comme un fabulateur tout puissant, il agit davantage comme le porte-voix d'une fiction qui s'écrit d'elle-même.

En témoigne par exemple cet aveu quant au choix du nom du personnage principal de son roman :

> J'ai essayé de comprendre, plus tard, pourquoi je l'avais appelé Dwayne Koster mais je n'ai pas trouvé. Je sais seulement qu'un jour de juin, tandis que je regardais la carte des États-Unis accrochée sur le mur de mon bureau, est apparu ce nom-là, Dwayne Koster, posé sur sa silhouette dans les rues de Détroit [...] avec tout ce qui est apparu au même instant (*DJS*, p. 21).

Le nom du protagoniste s'impose au narrateur de *La Disparition de Jim Sullivan*, et avec lui tout l'imaginaire du « roman américain » qui y est lié. Viel multiplie les passages de ce type qui insistent sur la manière dont le modèle fictionnel dicte au narrateur ses choix formels, ce qui a pour effet de mettre en question la toute-puissance de son autorité. À plusieurs reprises, le narrateur évoque ce qu'il « faut faire » pour écrire un « vrai roman américain » (*DJS*, p. 59), il liste les éléments romanesques dont il ne peut se passer et il insiste sur certains détails, en expliquant qu'aucun de ceux-ci n'est indispensable à l'intrigue, mais que leur somme permet de restituer l'ambiance du modèle auquel il entend se conformer (*DJS*, p. 23).

Ainsi, *La Disparition de Jim Sullivan* raconte l'histoire d'un roman qui semble s'auto-générer. *Paris-Brest* augurait déjà de ce diktat du canevas générique : « Un roman familial sans enterrement, ai-je pensé en l'écrivant, ce n'est pas un vrai roman familial. Alors il avait fallu qu'il y ait un enterrement » (*PB*, p. 71). Bien entendu, c'est une illusion, ainsi que le rappelle Frank Wagner

---

[71] Frances Fortier, Andrée Mercier, « L'autorité narrative et ses déclinaisons en fiction contemporaine : *Cinéma* de Tanguy Viel et *Fuir* de Jean-Philippe Toussaint », *op. cit.*

à propos de l'hypertextualité : « l'utilisation de contraintes génératives peut donner l'impression d'un texte qui de lui-même s'écrit, il n'en est rien dans la mesure où c'est précisément la subjectivité de l'auteur qui régit aussi bien le choix du système de contraintes que la plus ou moins grande laxité de leur gestion ultérieure[72] ». Cependant, en déléguant le processus de réécriture au narrateur de *La Disparition de Jim Sullivan,* Viel instaure une distance ironique qui lui permet de mettre en scène un personnage qui se révèle être la proie du modèle narratif qu'il entendait utiliser et qui se retrouve, dès lors, privé de la paternité de son propre discours. Il est étonnant que la critique se soit jusqu'ici largement abstenue d'interroger les enjeux esthétiques et métatextuels d'une telle mise en abyme de l'activité fabulatrice, se contentant par exemple de parler de « thriller réflexif[73] » pour aussitôt se focaliser sur la fiction intradiégétique – ce roman américain *à la française* – comme si elle seule importait. Éluder de la sorte plus de la moitié du texte de Viel équivaut à passer à côté de ce qui constitue sa singularité et, certainement, son principal intérêt : l'ironie œuvre à la dépossession du discours narratorial, et c'est précisément dans la mise en scène de cette parole diffractée que réside l'essence du projet romanesque de l'auteur français.

Dans tous les romans de Viel, les protagonistes apparaissent comme le narrateur de *La Disparition de Jim Sullivan* pris au piège d'une mécanique fictionnelle implacable. Il s'agit pour la plupart de marginaux, occupant une position d'attente ou de reconquête. Chacun d'eux cherche à sortir de la condition qui est la sienne. Tous tendent vers un ailleurs, vers la potentialité d'autre chose. Ainsi, Lise, la compagne du narrateur d'*Insoupçonnable*, s'invente mille destins pour échapper au sien :

> elle s'activait [...] rêvant d'une vie meilleure, persuadée de vivre au-delà de la mer, au-delà de nos verres et des murs tristes qui fermaient l'appartement, assise en équilibre sur cent mille « peut-être » qu'elle remplaçait indifféremment par des « bientôt » et des « demain », quand dans la même soirée elle serait successivement fleuriste, femme politique, écrivain, comme successivement elle envisageait de reprendre des études, de piloter un avion et successivement se servait elle aussi un verre, puis un autre, et j'irai aux States, concluait-elle en souriant. Et je souriais aussi. (*I*, p. 22–23)

---

[72] Frank Wagner, « Les hypertextes en questions : notes sur les implications théoriques de l'hypertextualité », *Études littéraires*, 34 / 1–2, 2002, p. 308.

[73] Marie Panter, « Le thriller à l'américaine : Maxime Chattam, Joël Dicker, Jean-Christophe Grangé et Tanguy Viel », *Fixxion*, 10, 2015, p. 106.

Pourtant, il n'existe aucune possibilité pour ces personnages de s'extraire du schéma dans lequel ils sont pris. Lorsqu'ils entrevoient la possibilité d'un changement, c'est pour mieux nous faire sentir, une fois que cet espoir est annihilé, combien le modèle dont ils sont prisonniers s'exerce sur tout leur être de manière inexorable. L'omniprésence de la mer – ou, ainsi que l'appellent les personnages de Viel, de « la rade » – est d'ailleurs là pour le rappeler : « c'est l'endroit du vide, la mer, c'est le cinéma qui me l'a appris, l'endroit où on va quand on n'a plus rien à faire ailleurs » (*BN*, p. 65). Impossible dès lors de s'éloigner durablement de « ses contours rocheux » (*I*, p. 9), de « la masse compacte, industrieuse, rouillée, de la ville portuaire » (*APC*, p. 26) à l'horizon de laquelle miroite la promesse d'un ailleurs, qui se révèle toujours hors de portée.

Le même rêve d'évasion – souvent incarné dans la lutte pour l'argent[74], qui symbolise la promesse d'une vie nouvelle – et son impossible accomplissement sous-tendent ainsi la trame de tous les romans de l'auteur français. Dans *L'Absolue perfection du crime*, le braquage du casino aurait dû permettre à la petite bande dont fait partie le narrateur d'acquérir assez d'argent pour pouvoir changer radicalement de vie. Un désir que formule à diverses reprises le narrateur : « Depuis longtemps déjà, l'exécution des ordres, les revolvers dans nos vestes, la façon d'être salués dans la rue et de faire des mauvaises rencontres, ça nous fatiguait. Lassitude, disait-on, de courir dans la nuit, de garder une main dans la poche, au cas où, disait-on. Il arrive un temps, on rêve d'autre chose. » (*APC*, p. 24)

Dès l'*incipit* du roman cependant, l'issue de l'intrigue est annoncée : le casse ne peut qu'échouer, parce que les protagonistes sont condamnés à rester ce qu'ils sont, des représentants idéaux de la figure du « caïd » (*APC*, p. 21), appelés à perpétuer leurs magouilles dans le périmètre circonscrit de cette ville portuaire qu'ils sont incapables de quitter. C'est pourquoi le narrateur pressent l'échec de leur entreprise à peine Marin en a-t-il émis l'idée, sans pouvoir toutefois s'y opposer : malgré une conscience aiguë de l'inanité de leur tentative, il ne peut se soustraire à la dynamique dans laquelle il se trouve pris. Même lorsqu'il croit leur crime réussi, alors que le groupe contemple les liasses de billets entreposées sur la table dans ce que Viel désigne explicitement comme « la grande scène du partage » (*APC*, p. 108), le narrateur sait qu'il n'y a pour eux pas d'autre avenir que celui auquel est prédestinée « la famille » :

---

74   L'argent constitue chez Viel un moteur narratif : « l'argent en général est chargé d'histoire » (*PB*, p. 57).

> Même quand j'avais eu souvent l'idée de voyage, de train ou d'avion qui passaient dans mon crâne, pas une fois non plus je n'avais pu entrevoir une destination, ni la couleur d'une ville, ni son nom, rien d'autre que la traînée verte et grise d'un paysage ferroviaire, ou que le soleil entrevu au-dessus des nuages, rien d'autre que la trajectoire en boucle d'une vitesse quelconque, mais pour aller où. [...] Était écrite déjà l'histoire future de la « famille », quand il ne manquerait plus bientôt, parlant de Marin, qu'à dire « l'oncle ». (*APC*, p. 115)

En effet, Marin lui-même, qui semble *a priori* être le seul personnage du roman doué de volonté – les autres se contentant d'obéir aux ordres qu'il leur donne –, ne se présente en réalité que comme le successeur de « l'oncle », surnom faisant explicitement allusion à la trilogie de Francis Ford Coppola (*Le Parrain*). Il est appelé à incarner à son tour la figure du chef de cette famille de mafiosi, comme en atteste le fait que sa parole se confond à de nombreuses reprises avec celle de son prétendu aïeul, jusqu'à ne plus former qu'un discours unique :

> Si un jour on est comme eux, lançait Marin, si un jour on est comme eux, je jure, tirez-moi une balle dans le cœur. Eux, ils n'ont pas le sens de la famille, disait-il. Mais comme les temps changent, concluait l'oncle, lui dont la vie, la fortune, l'assise, s'étaient construites sur des notions fermes d'amitié, de loyauté, et constatait là une carence, là une trahison, partout disait-il, comme les temps changent, avait-il répété, soupiré dix fois [...] on a continué d'écouter, Marin, l'oncle, comme un concert à deux voix, une partition écrite entre eux. (*APC*, p. 23–29)

Dans ces passages où les voix de l'oncle et de Marin se superposent jusqu'à devenir indiscernables, Viel multiplie les propositions incises contenant les verbes introducteurs « dire » et « répéter », imprimant de la sorte un mouvement circulaire au discours rapporté.

L'impression de ressassement qui se dégage des précédents extraits accentue le rythme auquel sont soumis les personnages : inlassablement, ils répètent les mêmes paroles, déambulent dans les mêmes lieux, orchestrent les mêmes magouilles minables, perpétuant un cycle que rien ne peut arrêter, pas même la mort, puisque chacun d'entre eux n'a pour seule valeur que celle de l'archétype qu'il incarne, et qu'il peut dès lors, en tant que tel, très bien être remplacé. Voilà comment Marin, après la disparition de l'oncle, est amené à prendre sa place à la tête du groupe et à reconduire son rôle. Lorsque le narrateur suggère que, puisque l'oncle est décédé, le groupe pourrait suspendre ses activités et laisser chacun partir de son côté, Marin ne prend même pas la peine de répondre. Les événements suivent inéluctablement leur cours, se conformant à la loi que le modèle générique impose aux personnages qui sont prisonniers de son carcan. De la même manière, à la fin du roman, Marin ne choisit pas de refaire sa vie ailleurs avec l'argent du braquage du casino ; il demeure sur place, condamné à attendre la vengeance du narrateur. Contrairement à la quête du héros classique, le déroulement de la fable ne confère aucun sens à l'existence des personnages de Viel. Le dénouement de l'intrigue ne modifie en rien la condition qui était initialement la leur : la sortie de prison du narrateur répète celle de Marin au début du roman, suggérant que le modèle fictionnel auquel celui-ci se conforme est inlassablement réitérable.

L'immobilisme des personnages ne doit cependant pas être mis sur le compte d'un quelconque sentiment de lâcheté ou de faiblesse : chez Viel, il s'agit plutôt de la mise en scène de la dépendance des actants envers le modèle de l'intrigue criminelle, qui contamine leurs paroles et organise leurs actions. Le seul mode d'existence possible pour ses personnages est celui de l'archétype qu'ils incarnent. Il s'agit d'une constante dans l'œuvre de Viel, qui se manifeste non seulement dans ses textes romanesque, mais également dans ses essais et ses pièces de théâtre. L'auteur en fait par exemple explicitement l'enjeu de la pièce radiophonique *Les conséquences du vent (dans le Finistère Nord)*[75] :

> je voudrais surtout que ce soit une pièce « spectrale », où les personnages semblent toujours planer un peu au-dessus de leur rôle, ayant beaucoup de mal à incarner les passions censées les animer. La pièce serait réussie si on avait ce sentiment-là, que les archétypes qu'ils essaient de jouer sont comme « déjà vus », laissant l'impression que ni les acteurs ni les personnages ne peuvent s'appartenir vraiment. Aussi les voit-on tiraillés entre l'ironie de ce qui leur échoit et les restes des mythes dont ils sont les vecteurs fantômes[76].

La nature « spectrale », fantomatique, des personnages de cette pièce reflète celle de tous les protagonistes de Viel : ils sont les prisonniers d'un rôle auquel ils n'adhèrent jamais pleinement, s'en maintenant à distance sans toutefois pouvoir s'y soustraire. Ils se voient de la sorte aliénés par la répétition du même (la routine du milieu auquel ils ne peuvent échapper) ou l'imitation de l'autre

---

75   Tanguy Viel, *Les conséquences du vent (dans le Finistère Nord)*, Paris, Aneth, 2008.
76   Extrait du texte de présentation de la pièce par Tanguy Viel, en vue de sa diffusion lors de l'émission radiophonique *Fictions / Perspectives contemporaines* sur *France Culture* le 28 juin 2008, consulté le 6 janvier 2015, acuellement indisponible.

(via le rôle auquel ils doivent se conformer). Ils sont réduits à des parangons romanesques, pris dans les rouages d'une formidable mécanique fictionnelle, qui s'exerce au détriment de leur autonomie. Leur regard est contraint, leur parole machinale, leur agir prédéterminé. Le genre a pris la valeur d'une loi à laquelle il s'avère impossible de déroger.

Tout comme les autres personnages du récit, le narrateur est d'emblée pris au piège de cette mécanique fictionnelle. Entraîné malgré lui dans une action à laquelle sa posture ne lui permet pas de résister, il endosse au sein du scénario qui se dessine un rôle qui lui est dicté par la loi du genre, par l'intermédiaire de l'un des personnages secondaires de l'intrigue chargé d'incarner la toute-puissance du modèle générique. Chez Viel, l'emprise de l'autre est littérale : « Et il y avait cette main énorme sur mon épaule qui ne me lâchait pas » (*PB*, p. 135, à propos du fils Kermeur). Dans *Insoupçonnable*, le personnage d'Édouard revêt aux yeux du narrateur l'apparence d'un dieu omnipotent, capable d'agencer le monde à sa guise : « On aurait dit [...] qu'il avait ordonné à la lune de se tenir là dans le ciel silencieux, aux oiseaux de se taire sous l'effet de la houle, et qu'il avait marqué d'une croix blanche l'emplacement de chaque chose, dessiné l'horizon de ses mains [...], tout semblait orchestré par lui, pour lui » (*I*, p. 135). Soumis à ce qui s'impose à lui comme un ordre des choses qu'il ne peut défaire, le narrateur d'*Insoupçonnable* n'a pas d'autre choix que de se conformer au rôle qui lui est assigné en vertu du modèle fictionnel utilisé, par l'entremise du personnage d'Édouard. Il prend progressivement conscience de n'avoir jamais été rien d'autre qu'une marionnette, asservie aux desseins d'un autre depuis le début de l'intrigue, puisque le plan dont il se croyait l'instigateur se révèle *in fine* appartenir à une machination plus ambitieuse, dont il a été le jouet.

Les fictions intradiégétiques qui jalonnent l'œuvre de Viel soulignent cet assujettissement du narrateur au rôle qui lui est imposé. Tous ses romans ont effectivement en commun de creuser un scénario fictionnel au sein de l'univers romanesque de référence : dans *Le Black Note*, les musiciens s'identifient aux membres du célèbre quartette fondé par John Coltrane ; les personnages d'Andrew Wyke et de Milo Tindle poussent à l'extrême le jeu des doubles identifications dans l'incroyable mascarade décrite dans *Cinéma* ; *L'Absolue perfection du crime* voit débuter le braquage du casino par la simulation d'un scandale interprété par le narrateur et la fiancée de Marin sous les traits d'un couple de riches amateurs de jeu ; dans *Insoupçonnable*, la conspiration ourdie par le narrateur et sa compagne consiste en la mise en scène de l'enlèvement de cette dernière ; *La Disparition de Jim Sullivan* fait le récit du dernier roman écrit par le narrateur. Quant à *Paris-Brest*, le narrateur y raconte en parallèle de sa propre histoire le scénario de ce qu'il nomme son « roman familial », scindant chaque personnage de l'intrigue en évoquant, d'une part, sa réalité diégétique, et, d'autre part, son alter-ego intrafictionnel. Il crée de la sorte un emboîtement romanesque que cette réflexion du narrateur de *Paris-Brest* métaphorise parfaitement : « J'ai pensé : c'est comme des poupées russes, maintenant dans la maison familiale, il y a l'histoire de la maison familiale. » (*PB*, p. 59) Lorsqu'on considère l'ensemble de l'œuvre de l'auteur, on constate que ces dédoublements identitaires mettent en évidence le scénario dans lequel ils sont initialement inscrits. Chaque personnage de Viel révèle de la sorte l'archétype romanesque auquel il emprunte l'apparence et les attitudes. « Non, je n'ai pas rêvé quand j'ai écarté le rideau blanc et que j'ai vu, oui, comme sortie du granit usé, j'ai vu cette silhouette posée là, comme une ombre inscrite à même l'horizon, le fils Kermeur devant la grille, et il attendait » (*PB*, p. 169–170) : cette description du fils Kermeur, par exemple, donne au lecteur l'impression d'être confronté à l'incarnation d'une posture romanesque idéale plutôt qu'à un personnage doté d'une certaine autonomie.

Ces *fictions dans la fiction* permettent à Viel de thématiser le dispositif d'« immersion fictionnelle[77] » dans lequel est constamment pris le narrateur et de mettre de la sorte en évidence l'efficacité du masque sur la détermination de son être. Au sein de ces jeux de *mimicry*, pour reprendre la terminologie utilisée par Caillois pour désigner l'ensemble des jeux de simulacre dans lesquels le sujet est amené à assumer une identité autre que la sienne propre[78], le narrateur joue un rôle qui lui est imposé par autrui. Or, la conscience du caractère factice du masque qu'il revêt ne prive pas celui-ci du pouvoir effectif qu'il exerce sur le narrateur.

Dans *Le Black Note*, les personnages sont explicitement identifiés aux musiciens du « quartette le plus célèbre de l'histoire du jazz[79] », fondé par le célèbre saxophoniste John Coltrane. Chaque membre de leur propre quartette est surnommé selon le prénom du célèbre musicien dont il assume la fonction : Georges devient ainsi Jimmy pour figurer le contrebassiste Jimmy Garrison, Christian se transforme en Elvin en l'honneur du batteur Elvin Jones, tandis que Paul se fait appeler John. Seul le narrateur ne reçoit aucun surnom.

> John me demandait de me mettre au piano, il disait que si je me mettais au piano ils pourraient me surnommer Thelonious, comme Thelonious Monk. Mais en tant que trompettiste, me disait John, décidément t'appeler Miles c'est impossible. Ça a toujours duré comme ça, jusqu'à

---

77 Jean-Marie Schaeffer, *Pourquoi la fiction ?*, Paris, Seuil, 1999, (« Poétique »).
78 Roger Caillois, *op. cit.*
79 Philippe Hucher, *Le jazz*, Paris, Flammarion, 1996, (« Dominos »), p. 50.

la fin, jusqu'à ce que j'arrive ici : ils n'ont jamais voulu m'appeler Miles comme Miles Davis, ni Thelonious comme Thelonious Monk. (*BN*, p. 23-24)

Or, l'identification des autres à ces figures tutélaires est à ce point profonde que le refus de reconnaître au narrateur un *alter ego* dans l'histoire de la musique jazz équivaut à dénier son inscription dans l'ordre social. Ce paradoxe révèle le degré d'implication de cette projection sur l'élaboration de la posture identitaire des personnages. Caillois insiste sur le fait que le déguisement, aussi sommaire soit-il, est capable de doter celui qui le porte d'une symbolique tellement forte que le sujet finit par être complètement aliéné par la figure qu'il incarne. Précisément, dans *Le Black Note*, l'identification des personnages aux musiciens du quartette de Coltrane ne s'établit pas en vertu de leur talent musical, très loin d'être comparable à celui des célèbres jazzmen ; à mesure que le temps passe, ils jouent d'ailleurs de plus en plus rarement. Il s'agit plutôt de copier l'apparence de Coltrane, Jones et Garrison, comme le souligne la nécessité pour les occupants du Black Note de posséder le même instrument que le virtuose auquel ils s'assimilent. Paul va jusqu'à affirmer que son saxophone est celui-là même avec lequel jouait John Coltrane :

> Mais aussi, Paul, il jouait avec un saxophone qui avait appartenu à John Coltrane, c'est ce qu'il nous disait, le dernier saxophone dans lequel Coltrane avait soufflé, il disait : non pas une réplique ou une imitation, mais celui-là même avec lequel John a enregistré ses derniers albums et ses derniers concerts, avec le même saxophone. [...] Finalement c'est devenu vrai, parce qu'il faisait comme si c'était vrai pour de vrai, et on faisait comme si c'était vrai pour de vrai, et du coup c'était devenu vrai, à cause du double mensonge, [...] le double mensonge qu'on a toujours entretenu avec John, quand il mentait toujours avec ses grandes phrases d'avenir, qu'on mentait en acquiesçant, alors ça devenait vrai entre nous. (*BN*, p. 22-23)

Peu importe qu'il n'en joue jamais : la valeur de simulacre du masque se suffit à elle-même. « C'est ici la victoire de la feinte : la simulation aboutit à une possession qui, elle, n'est pas simulée[80] ».

Le masque, ajoute Caillois, favorise l'exaltation passagère de son porteur, lui faisant croire à quelque transformation de son être, à tel point que Paul se persuade qu'il a la peau noire.

---

80   Roger Caillois, *op. cit.*, p. 137.

> Il avait pris le cirage de mes chaussures, et il avait caché son vrai visage derrière, jusqu'au cou il en avait mis, et fermait les yeux, respirait lentement, comme pour laisser le noir de la cire s'infiltrer plus profond, avancer vers son cœur, et il souriait, il laissait éclater ses dents jaunies sur ses lèvres peintes aussi, et coulantes de pâte noire. (*BN*, p. 29)

La fiction contamine le niveau diégétique en transformant le rapport que les personnages entretiennent avec la réalité. La puissance de l'aliénation est telle qu'elle se change en démence. Quant au narrateur, c'est au contraire l'absence de masque derrière lequel s'inscrire qui cause son aliénation. Caillois remarque, en étudiant la valeur du simulacre dans les sociétés dites « primitives », que le pouvoir de possession de la figure mimée lui est attribué par le groupe : le jeu de rôle ne devient signifiant qu'une fois reconnu par les autres, sans quoi il demeure confiné à l'état de pure mascarade. Le narrateur ne peut s'identifier à une figure tutélaire, parce que les autres membres du quartette n'acceptent pas de le reconnaître comme telle. À leurs yeux, cette projection identitaire fantasmée est devenue synonyme d'authenticité. Refuser au narrateur son inscription dans celle-ci revient à nier sa légitimité au sein de l'univers fictionnel intradiégétique. Le voilà dès lors exclu de cette projection identitaire, tout en y étant inclus. Or, c'est précisément l'ambiguïté de cette posture qui lui permet d'échanger avec les autres tout en conservant son inconsistance, et d'agir de la sorte comme un révélateur de la mécanique fictionnelle dans laquelle tous les personnages romanesques de Viel sont pris.

On retrouve la force dont est investi le masque lorsque, dans *Insoupçonnable*, Lise transforme le lien qui l'unit à celui qui était jusqu'ici son amant en le présentant comme son frère. Malgré la réticence du narrateur d'*Insoupçonnable* à assumer ce rôle (« qu'est-ce qui t'a pris de me faire passer pour ton frère ? » *I*, p. 36), le masque exerce son pouvoir d'identification jusqu'à modifier la nature profonde de leurs rapports, non seulement vis-à-vis d'autrui, mais jusque dans l'imaginaire même du narrateur, qui ne peut plus concevoir « rien qui contrevienne au désir d'une sœur » (*I*, p. 9), parce que « Lise c'est pas n'importe qui, […] Lise c'est quand même ma sœur » (*I*, p. 16). En désignant son amant comme son frère, Lise modifie radicalement le statut de celui-ci, au point que leurs rapports sexuels revêtent un caractère incestueux :

> Elle, son verre à la main, au bord du trébuchement, à essayer d'éviter de renverser le vin sur sa robe, mais je suis mariée, continuait-elle à dire, Sam, il ne faut pas, […] disant : Sam, je suis ta sœur, laisse-moi, en même temps qu'elle prenait ma tête dans ses mains et qu'elle la rapprochait de sa bouche, qu'elle continuait de m'étreindre en la serrant sur la mienne pour être sûre qu'elle ne s'en aille pas, ma bouche, de la sienne. (*I*, p. 14–15)

Plus loin, il rappellera encore : « On ne touche pas sa sœur, disait son regard. C'est vrai, on ne touche pas sa sœur » (*I*, p. 35). La figure à laquelle il est identifié détermine malgré lui le narrateur de Viel.

De même, dans *L'Absolue perfection du crime*, lorsque le narrateur est amené à rejouer le braquage du casino pour les besoins de l'enquête, le fait qu'il s'agisse d'une reconstitution des faits – par essence artificielle – ne l'empêche pas d'être véritablement pris au jeu de la figure qu'il incarne. Il est conscient que la scène qu'il rejoue – qui prend d'ailleurs des allures de plateau de cinéma, le juge « arrêt[ant] l'action » avec son « porte-voix » (*APC*, p. 88–89) – est un simulacre, mais son implication vis-à-vis de la fiction est tellement puissante qu'il met entre parenthèses sa propre identité au profit du masque qu'il endosse. La reconstitution judiciaire le plonge dans un état similaire à celui qu'il a éprouvé la première fois qu'il a joué ce rôle : « J'ai essayé de *retrouver* le visage que j'avais ce soir-là, de [...] sourire de la *même* manière [...] Et mon cœur, mon sang à l'intérieur de moi, peu à peu j'ai retrouvé la *même* excitation, la *même* ivresse mélangée en montant les marches, comme si on allait *refaire* toute l'arnaque, comme si Jeanne me tenait le bras et souriait à chacun » (*APC*, p. 88–89, je souligne). Selon Schaeffer, l'immersion fictionnelle permet au sujet d'avoir conscience de la coexistence de deux mondes au statut ontologiquement différent – pour le narrateur de *L'Absolue perfection du crime*, l'univers réel de son arrestation et le monde imaginaire de la reconstitution judiciaire – tout en rendant possible un investissement affectif maximal dans ce dernier. Son rôle est de nous amener « à adopter (jusqu'à un certain point) l'attitude (la disposition mentale, représentationnelle, perceptive ou actantielle) qui serait la nôtre si nous nous trouvions réellement dans la situation dont les mimèmes élaborent le semblant[81] ».

Dans le cas présent, l'engagement du narrateur dans la fiction est tel qu'il ne peut s'empêcher de se conformer au comportement attendu de la figure à laquelle il est assimilé. Il est gagné par la représentation au point d'en oublier sa valeur de simulacre : « La conscience fascinée, il s'abandonne complètement au désarroi suscité en lui par sa propre mimique[82] ». Ainsi, tout en sachant que ce geste lui sera préjudiciable, il s'avère incapable de modérer la force du coup qu'il donne au comédien qui interprète le directeur du casino lors de la reconstitution des faits : « J'ai essayé d'y aller doucement le jour de la reconstitution, avec le comédien, mais quand il a marmonné son « va te faire foutre » à lui, je jure, le coup est parti presque aussi fort, tête secouée touchant la glace et s'observant saigner, pardon je lui ai dit, mais c'était trop tard déjà. Le juge dans

---

81 Jean-Marie Schaeffer, *op. cit.*, p. 198.
82 Roger Caillois, *op. cit.*, p. 150.

son coin jubilait » (*APC*, p. 100). Son « mutisme » (*APC*, p. 31), son caractère taciturne, son effacement derrière le personnage de Marin cèdent la place à l'impulsivité et aux débordements violents propres au rôle qu'il assume. S'il demeure conscient du dispositif dans lequel il pénètre, il est simultanément leurré par son immersion dans la fiction. Quant au juge, son allégresse révèle l'attente implicite qui est la sienne, conditionnée par sa connaissance des « ficelles » du scénario criminel, que le geste du narrateur vient confirmer. Pour lui comme pour le lecteur, l'intérêt de la *re-présentation* du casse ne réside pas dans le scénario – il est *déjà connu* – mais porte sur la nature du narrateur. Si la pratique de la reconstitution a d'abord à voir avec le souvenir, la mémoire, ici c'est davantage sa dimension fictionnelle – le fait qu'il s'agisse d'une mise en scène – qui est soulignée. Plus que l'agencement du récit qui s'avère, somme toute, conforme à nos attentes de lecteur occidental, c'est la force motrice qu'exerce le canevas fictionnel sur le narrateur qui importe.

Ces fictions intradiégétiques attestent l'emprise du masque sur le sujet qui y est identifié. Leur présence rend visible le modèle générique qui régit chacun des romans de Viel – que le narrateur d'*Insoupçonnable* souligne par ailleurs en pointant le caractère « orchestré » (*I*, p. 135) de l'action romanesque, ou en parlant de « scène de théâtre » (*I*, p. 73) ou de « scénographie » (*I*, p. 76) pour désigner la réalité diégétique – et dénonce de la sorte à la fois la puissance génératrice de ce modèle fictionnel et la valeur aliénante de celui-ci, en le faisant apparaître comme un carcan auquel il s'avère impossible de se soustraire. Houppermans note, à propos de *Cinéma* : « Ce que montre le film de Mankiewicz est la manière irrésistible dont un scénario fait agir celui qui s'y introduit. Ce que décrit le livre de Viel est la façon inéluctable dont une projection peut gérer la vie d'un sujet[83] ». En établissant cette comparaison, le critique pointe le mouvement dynamique qui lie la mise en récit de Viel au film de Mankiewicz, soit l'univers du narrateur à celui de la fiction intradiégétique qu'il nous conte. Il confirme de la sorte une caractéristique essentielle des romans de l'auteur français : les fictions creusées par Viel au cœur de la diégèse mettent en scène la valeur du masque par des jeux de dédoublements identitaires ou d'identifications imaginaires, et révèlent de la sorte l'assujettissement des personnages à un scénario dicté par la loi du genre.

Tout en mettant à nu les engrenages sur lesquels repose le roman criminel et en exhibant leur force motrice, Viel orchestre une nouvelle forme de dépersonnalisation, conditionnée par le statut particulier du narrateur. Ce personnage est en effet toujours maintenu dans les marges du scénario auquel il est pourtant véritablement assujetti : le fait qu'il soit présenté comme

---

83   Sjef Houppermans, « Cinéma avec Tanguy Viel », *op. cit.*, p. 141–142.

assimilé *malgré lui* (ou rejeté, dans le cas du *Black Note*) à une figure archétypale empêche l'identification de fonctionner pleinement ; le masque ne le détermine jamais tout à fait. Le narrateur occupe une position d'entre-deux : il est à la fois inclus dans et exclu de la mécanique fictionnelle mise en œuvre, ce qui a pour effet de préserver et de renforcer l'évanescence de son statut identitaire.

CHAPITRE 2

Au-delà du primat mimétique

2.1   Dynamique de l'inconsistance

L'inconsistance des narrateurs de Toussaint et de Viel n'est pas sans rappeler le vide identitaire qui caractérise les personnages de Samuel Beckett ; à défaut de se revendiquer du Nouveau Roman en général, voici un rapport de filiation que les deux contemporains reconnaissent volontiers[1] et qui se justifie dans la mesure où ils interrogent pareillement le soupçon porté sur la représentation au travers d'un sujet « évidé ». Chez Beckett, ainsi que le démontre Isabelle Ost en levant un contre-sens qui a longtemps pesé sur l'œuvre du dramaturge, le vide n'est plus synonyme de néant mais d'un anéantissement fécond, qui « engendre l'événement du rien par le geste même de l'épuisement, et se confond ainsi avec la totalité du possible[2] ». Il s'agit d'instaurer une dynamique du vide, en contestant, d'une part, l'unité de l'identité du sujet par la menace de son évanescence, mais en refusant, d'autre part, toute exclusion de l'ordre symbolique. Cependant, à la différence de Beckett, il n'est plus tant question pour Toussaint ou Viel d'absenter totalement le sujet à lui-même, via la représentation d'un corps morcelé, mutilé ou encore dissout, que de mettre à mal l'unité de l'image du moi dans le lien social. Chez le premier, le protagoniste échappe à toute identification unilatérale, opacifiante de sa personne, sans toutefois s'exclure de l'ordre symbolique – ce qui reviendrait, on l'a évoqué à propos du recours à la règle, à basculer du côté du vertige. Il se dérobe à tout savoir qui cherche à l'identifier, tout en admettant être pris dans la chaîne signifiante. Quant au narrateur de Viel, la surdétermination dont il fait l'objet le maintient à distance du modèle auquel lui et ses semblables sont aliénés, et cette distance l'institue comme témoin chargé de révéler cette dépendance aux signifiants hérités du lieu de l'Autre. Il rejoint le narrateur beckettien en ce que leur discours laisse semblablement transparaître leur aliénation au discours d'autrui, à ceci près qu'il n'est pas question chez Viel que cette expérience rende quasi impossible la continuité de la narration. Au contraire, on le démontrera bientôt, l'aliénation en devient bien plutôt la condition. Ainsi,

---

1   Voir notamment Jean-Philippe Toussaint, « Pour Samuel Beckett », dans *L'urgence et la patience*, Paris, Minuit, 2012, p. 87–92.
2   Isabelle Ost, *Samuel Beckett et Gilles Deleuze : cartographie de deux parcours d'écriture*, Bruxelles, Facultés universitaires Saint-Louis, 2008, p. 67.

bien que l'épuisement des personnages beckettiens ne corresponde ni à la constante mise à distance du narrateur de Toussaint vis-à-vis du monde qui l'entoure, ni à la logique d'assimilation à laquelle se soumet le narrateur de Viel, tous ces personnages possèdent un semblable potentiel dynamique, qui leur est conféré par leur absence de repère identificatoire signifiant. Celui-ci leur permet d'entretenir avec l'ordre symbolique un rapport oblique, qui ne passe ni par l'adhésion pure et simple au lieu de l'Autre, ni par la confrontation à celui-ci. Viel résume avec lucidité l'ambiguïté de cette position d'entre-deux : « Il me semble que l'identité est une négociation de chaque instant avec les puissances du vide, mais qu'en même temps il s'agit de continuer à négocier pour ne pas sombrer[3] ».

La dynamique de cette position narratoriale originale réside dans sa fonction de révélateur : l'inconsistance des narrateurs de Toussaint et de Viel désigne le point d'absence du sujet à lui-même, ce manque, dont il doit faire crédit à l'Autre pour advenir dans l'ordre symbolique. Selon Lacan, l'entrée dans le symbolique suppose en effet que le sujet accepte de perdre une part de son être, c'est-à-dire qu'il doit renoncer à la représentation pleinement signifiante de soi. Seule la perte consentie de ce signifiant originaire permet au sujet de ne pas rester aliéné aux signifiants hérités de l'Autre, mais de s'approprier l'ensemble des discours (familiaux, scolaires, institutionnels, etc.) qui déterminent la communauté dans laquelle il s'inscrit et d'imprimer à ceux-ci sa propre force d'inventivité, afin d'entrer à son tour dans la circulation et l'échange des signifiants. Le fait de rendre visible ce défaut originel souligne, d'une part, le rôle que joue l'Autre au sein de la mécanique identificatoire et, d'autre part, le caractère inévitablement partiel de toute identification. Tandis que les autres s'efforcent d'étiqueter l'inconsistance de ces narrateurs-personnages, celle-ci les défait : leur absence de repères identificatoires participe à un processus de destruction parodique des discours figés ; elle fait *déconsister* la conception classique du personnage et, d'un point de vue métafictionnel, l'immuabilité que l'on prête au concept d'identité.

À l'image de Charlot emporté dans l'imposante machine des *Temps Modernes*, l'inconsistance du narrateur de Toussaint vient ainsi révéler la structure sous-jacente de l'ordre social dans lequel il est pris : il est ce rouage défaillant qui, tournant à vide au cœur de l'engrenage social, rend visible l'ensemble du mécanisme qui le compose. Le caractère chaplinesque du narrateur de Toussaint réside également dans le travail de déformation qu'il impose au réel : le fait qu'il fabule continuellement la réalité extérieure préserve

---

3 Roger-Michel Allemand, « Tanguy Viel : imaginaires d'un romancier contemporain », *analyses.org*, 3 / 2, automne 2008, p. 132.

sa capacité de désajustement par rapport aux conventions qui organisent la société (*cf.* 2.1.1). Dans l'œuvre de Toussaint, toutefois, l'aliénation n'est plus le produit du travail comme c'était le cas chez Chaplin. Au contraire, le narrateur est un personnage fondamentalement oisif. Ce n'est pas la vision essentiellement utilitariste propre à l'ère industrielle qui est visée mais l'injonction de notre société contemporaine à prendre place au sein d'un réseau de signifiants qui se présente comme allant de soi. L'incompréhension que ce personnage manifeste à l'égard d'autrui et du monde dénonce le caractère arbitraire de l'ensemble des conventions qui organisent le langage et la vie en communauté. Chez Viel, l'assujettissement du narrateur à un rôle déterminé présente l'identification comme étant toujours le résultat d'une projection (et non une donnée irrévocable, qui déterminerait le sujet depuis sa naissance). L'esquive, chez l'un, la surdétermination, chez l'autre, permettent à ces personnages d'occuper une position d'entre-deux, et d'exercer de la sorte un effet sur le monde auquel ils appartiennent : comme Bartleby, « ils en révèlent le vide, l'imperfection des lois, la médiocrité des créatures particulières, le monde comme mascarade[4] ».

Le parallèle entre Bartleby et les narrateurs-personnages de Toussaint et de Viel ne résiste cependant pas à l'analyse. Pour Deleuze, il s'agit chez Melville (mais le philosophe cite également Joyce, Musil, Kafka ...) de « libérer l'homme de la fonction du père » : « Si l'humanité peut être sauvée, [...] c'est seulement dans la dissolution, la décomposition de la figure paternelle[5]. » Si le père de Bartleby tend à être abattu (c'est en tout cas la thèse de Deleuze), celui des narrateurs de Toussaint et de Viel apparaît toutefois comme *déjà mort*. En effet, selon Deleuze, Melville défend l'agencement d'un « monde en *processus*, en *archipel*. Non pas un même puzzle, dont les pièces en s'adaptant reconstitueraient un tout, mais plutôt un mur de pierres libres, non cimentées, où chaque élément vaut pour lui-même et pourtant par rapport aux autres[6] ». Or, l'époque contemporaine semble avoir rencontré les limites de cet idéal et de la mutation de l'identité humaine qu'il a induite : au sujet déterminé par des critères de *filiation* (nationale, sociale, familiale, religieuse, etc.) a succédé un modèle identitaire où tout se vaut, au sein duquel le sujet serait libre de se définir (et de se redéfinir) à l'envi, en fonction de catégories par rapport auxquelles il exprime son *affiliation*[7] ou sa préférence. La fragmentation de la

---

4 Gilles Deleuze, « Bartleby, ou la formule », *op. cit.*, p. 106.
5 *Ibidem*, p. 108.
6 *Ibidem*, p. 110.
7 Le préfixe *ad-* exprime le rapprochement et le fait de s'ajouter : l'affiliation implique un choix de la part du sujet, tandis qu'il hérite (malgré lui) de sa filiation.

vie professionnelle et sociale, au sein de laquelle les critères d'appartenance (famille, travail, héritage, etc.) ont progressivement perdu leur capacité à donner un sens aux identités collective, est contrebalancée par un processus de réagencement des normes et des valeurs, qui relèvent de la responsabilité individuelle[8]. Désormais, l'individu ne définit plus son identité en fonction d'un ensemble de mœurs consistant et établi par avance, mais suit des règles adoptées après une réflexion personnelle[9].

Jean-Pierre Lebrun résume cette reconfiguration du lien social en ces termes : « nous sommes passés d'un monde borné à un monde – qui peut apparaître – comme sans limite. D'un monde orienté par la référence au Père, à un grand Autre qui avait la charge de rappeler la limite, nous avons migré vers un monde où c'est l'inexistence d'un grand Autre qui est la règle[10] ». La société occidentale était auparavant soumise à l'autorité du Roi, rendue légitime par la croyance inconditionnelle en la transcendance de Dieu. Lebrun explique que le développement de la science moderne a ébranlé cette figure du Père, lequel figure le tiers qui garantit l'entrée du sujet dans l'ordre symbolique : l'intervention du père institue l'altérité en faisant valoir le trou que comporte la structure langagière, ce qui permet à l'enfant de s'approprier la chaîne signifiante ; la prévalence croissante du discours de la science a mis à mal cette fonction, en occultant ce manque structural. « dans le symbolique de la science [que Lebrun appelle aussi « symbolique virtuel »], [l]e réel originel est oublié[11] » : le discours de la science donne l'illusion que le mot entre en adéquation avec la chose qu'il désigne, alors que dans l'univers du langage, le mot rate toujours la chose ; un signifiant ne renvoie jamais qu'à un autre signifiant, et le passage de l'un à l'autre suppose une perte, inhérente à l'ordre symbolique dans lequel le sujet humain est pris. En *désinscrivant* ce manque, le discours scientifique rejette « la ternarité[12] » inscrite dans notre condition d'être parlant, c'est-à-dire le fait que toute communication entre un locuteur et son interlocuteur suppose l'existence d'un tiers, qui fonctionne comme une case vide permettant au sens de circuler dans le discours. En conséquent, un énoncé scientifique se présente comme recouvrant totalement le réel qu'il est chargé de représenter. C'est ce que fait très bien apparaître le recours de

---

8 Michel Kokoreff, Jacques Rodriguez, « Une société de l'incertitude », dans Xavier Molénat, (s.l.d.), *L'individu contemporain. Regards sociologiques*, Auxerre, Éditions Sciences humaines, 2005, p. 133–143.

9 Slavoj Žižek, *Le Spectre rôde toujours. Actualité du* Manifeste du Parti communiste, trad. de l'anglais, avant-propos, notes et postface par L. Jeanpierre, Paris, Nautilus, 2002, p. 15.

10 Jean-Pierre Lebrun, *Un monde sans limite*, suivi de *Malaise dans la subjectivation*, Toulouse, Érès, 2009, (« Point hors ligne »), p. 196.

11 *Ibidem*, p. 133.

12 *Ibidem*.

Monsieur à l'énoncé mathématique (*cf.* 1.1.4) : celui-ci se présente comme auto-suffisant (Lebrun parle d'« autofondation[13] ») ; quel que soit son énonciateur, il fait autorité en vertu de sa valeur logique. L'effacement des traces de l'énonciation réduit le discours à une suite d'énoncés binaires, qui ne laissent place ni à la nuance, ni à l'ambiguïté. Dès lors, parce qu'elle fait l'impasse sur l'impossibilité structurale inhérente à toute utilisation du langage, la préséance de la science tend à nous faire croire que « tout est possible ». Le sujet contemporain est ainsi invité à recomposer son propre système de normes et de valeurs. Pour ce faire, il dispose d'une infinité de balises, dont certaines sont inévitablement contradictoires mais qui possèdent toutes la même légitimité : « pour autant qu'ils soient validés, tous les savoirs se valent[14] ». Or, lorsque ce relativisme généralisé rencontre ses propres limites, que la binarité de son discours ne lui a pas permis de reconnaître, il ne dispose d'aucune instance pour attester sa légitimité. C'est ainsi que, selon Jean-François Lyotard, les avancées fulgurantes de la science et de la technique ont fini par dénoncer une société moderne qu'elles ont elles-mêmes instaurée : en rendant légitime le savoir par des métadiscours, la science est contrainte de questionner « la validité des institutions qui régissent le lien social [puisque] elles aussi demandent à être légitimées[15] ». La propension du discours scientifique à gommer la disparité constitutive de l'être humain donne ainsi naissance à un sujet contemporain déboussolé, à l'identité déstructurée, éclatée.

L'inconsistance des narrateurs de Toussaint et de Viel révèle cette mutation du lien social, en faisant valoir l'impossibilité pour le sujet contemporain de penser son identité personnelle comme une certitude indéfectible. Ces auteurs nous forcent de la sorte à considérer l'identité comme un processus plutôt que comme un principe immuable et le fait qu'aujourd'hui des critères tels que la nationalité, la religion, le sexe, l'appartenance sociale, notamment, ne suffisent plus à rendre compte de la complexité du sujet. Partant de ce constat, il s'agit pour eux d'attirer l'attention sur le fait que la position du « je » ne va pas de soi et de remettre en question le postulat selon lequel le « je » dispose de et s'identifie à l'image de son moi[16]. Toussaint et Viel exposent le désarroi du sujet qui doit faire face à cette perte – ou à cet éclatement – de références par rapport auxquelles penser son identité. Ils ne prennent pas seulement acte de la reconfiguration du lien social telle qu'elle s'est opérée à l'époque contemporaine, ils en signalent les dérives.

---

13 *Ibidem*, p. 191.
14 *Ibidem*, p. 159-160.
15 Jean-François Lyotard, *La condition postmoderne : rapport sur le savoir*, Paris, Minuit, 1979, (« Critique »), p. 7.
16 À ce propos, voir Claude Morali, *Qui est moi aujourd'hui ?*, préface de E. Lévinas, Paris, Fayard, 1984.

L'évanescence de leurs narrateurs devient ainsi dans le même temps un moyen de dénoncer l'illusion qui pèse sur l'identification du sujet aujourd'hui, qui consiste à alléguer qu'une personne peut être identifiée par ses attributs, voire même à réduire le sujet à une entité moïque (c'est-à-dire à prétendre que le sujet dispose de son moi, en vertu de quoi il se révèle entièrement discernable et évaluable). Ce discours qui prône la prédominance du moi sur le sujet équivaut à rater la singularité de celui-ci en le réifiant et en l'uniformisant, c'est-à-dire en le situant dans un rapport de semblables. Chez ces deux auteurs, la nature défaillante du stade du miroir a pour effet de révéler le manque que tend à occulter l'identification imaginaire. Certes, l'esquive figure, chez Toussaint, comme un moyen privilégié pour permettre au protagoniste de se soustraire aux signifiants hérités du lieu de l'Autre, mais elle implique également que ce personnage soit incapable d'adhérer à l'identification imaginaire que lui renvoie le miroir, la photographie ou la radiographie. Il vient de la sorte démentir la soi-disant transparence naturelle et immédiate postulée par l'image scientifique, qui cherche à gommer les traces d'énonciation inhérentes à toute tentative de représentation (*cf.* 3.1.1). Quant au narrateur de Viel, il dénonce tout à la fois, sur le mode du non-choix, l'aliénation du sujet à une identification imaginaire dont il hérite malgré lui, et l'insuffisance du masque à recouvrir complètement la vérité de son être. Recourir au canevas du roman ou du film noirs, c'est, pour Viel, rétablir la valeur de la filiation, mais en la dénonçant pour ce qu'elle est : un modèle qui a vécu. En faisant de la différence de leurs narrateurs le seul trait définitoire de leur être, Toussaint comme Viel restaurent l'altérité au cœur même du processus d'identification et attestent, par l'entremise d'un portrait qui ne se dessine qu'en négatif, la dépendance du sujet au lieu de l'Autre.

Ce mouvement concomitant se traduit sur le plan de l'énonciation par des procédés qui minent l'autorité et l'univocité de la voix narratoriale, tout en rétablissant la présence de l'énonciateur dans le récit (que le discours de la science tend à gommer). Loin de les faire disparaître, l'inconsistance des narrateurs de Toussaint et Viel devient un moyen d'attirer l'attention sur l'inscription du sujet dans son discours – dont il est à la fois, par l'usage de la première personne, l'énonciateur, le sujet de l'énonciation et le thème de l'énoncé –, en même temps qu'elle rend tangible la paternité des mots de l'Autre, dont le sujet ne peut jamais complètement s'affranchir. Interpréter un énoncé implique nécessairement de déterminer, à partir de ce qui est dit, le procès d'énonciation qui l'a engendré[17], soit « l'acte au cours duquel [l]es phrases s'actualisent, assumées par un locuteur particulier, dans des circonstances

---

17   Oswald Ducrot, « Analyses pragmatiques », *Communications*, 32 / 1, 1980, p. 30.

spatiales et temporelles précises[18] ». Appliquée au discours romanesque, cette définition exhorte le lecteur à reconnaître dans la narration les traces laissées par le contexte de production de cette parole, et à interpréter celles-ci. La manière dont est perçue la figure du locuteur conditionne la réception des énoncés qui lui sont attribués : elle incite le lecteur à identifier dans ceux-ci certains « actes d'énonciation », dont dépendent la relation du locuteur à son allocutaire (confiance, distance, empathie, etc.) et le sens qui leur est conféré[19]. Le fait que l'instance en charge de la narration dans les romans de Toussaint et Viel demeure dans une large mesure insaisissable met donc inévitablement en doute l'univocité des énoncés attribués à cette figure. À l'inconsistance de leurs narrateurs répond le fait que ces auteurs excellent dans les modes d'énonciation *obliques*[20] : leur écriture respective génère simultanément plusieurs niveaux sémantiques, en juxtaposant en son sein différents discours dont il n'est pas toujours possible de déterminer l'origine ou le ton.

Les nombreuses études consacrées à la dimension ludique des romans de Jean-Philippe Toussaint ont déjà démontré qu'il s'agit pour cet auteur de mettre en scène les discours dominants pour aussitôt les court-circuiter sur un mode ironique[21], et d'introduire de l'intime sous forme d'incises trouant l'apparente neutralité de la narration[22]. Chez Viel, la quasi-omniprésence du discours rapporté dans le récit du narrateur a pour particularité de dédoubler le lieu d'émission de sa parole ; celle-ci apparaît à la fois subie et incontrôlable, rappelant en cela *L'Innommable* de Beckett : « Cette voix qui parle se sachant mensongère [...] Elle n'est pas la mienne, je n'en ai pas, je n'ai pas de voix et

---

18   Oswald Ducrot et Tzvetan Todorov, *Dictionnaire encyclopédique des sciences du langage*, Paris, Seuil, 1972, (« Points »), p. 405.

19   Oswald Ducrot, « Structuralisme, énonciation et sémantique », dans *Le dire et le dit*, Paris, Minuit, 1984, p. 67–94.

20   L'adjectif est choisi en référence à l'ouvrage de Philippe Hamon, *L'ironie littéraire : essai sur les formes de l'écriture oblique*, Paris, Hachette Supérieur, 1996, (« Hachette université »).

21   Témoignent de cette attention les quelques panoramas proposant une typologies de la littérature contemporaine de langue française qui classent l'œuvre de Toussaint parmi les « fictions joueuses, romans enjoués » (Bruno Blanckeman, *Les fictions singulières, op. cit.*, p. 67–69) ou sous la veine du « roman "impassible" et ludique » (Bruno Vercier, Dominique Viart, (s.l.d.), *La littérature française au présent, op. cit.*, p. 414–416).

22   Voir notamment au sujet de l'utilisation de la parenthèse chez Jean-Philippe Toussaint : Alice Richir, « L'intime entre parenthèses. Fonction du commentaire décroché dans l'oeuvre de Jean-Philippe Toussaint », dans *Poétique*, 172 / 4, 2012, p. 469–479 et Patrick Rebollar, "Mines de riens. Essai sur *La télévision* de Jean-Philippe Toussaint", dans Mirko F. Schmidt, (s.l.d.), *Entre parenthèses. Beiträge zum Werk von Jean-Philippe Toussaint*, Paderborn, Vigilia, 2003, p. 99–115.

je dois parler, c'est tout ce que je sais »[23]. Il n'y a plus d'appropriation claire du champ verbal ; le discours narratorial n'est plus le fait d'une seule voix[24] (*cf.* 2.1.2 et 2.2.2). En outre, le doute pèse non seulement sur l'origine du discours de narrateurs divisés ou hantés par les voix des autres personnages, mais aussi sur l'identité des destinataires auxquels ce discours s'adresse[25], ainsi que sur son mode d'énonciation et, enfin, sa fiabilité puisqu'il arrive aux narrateurs de se contredire ou de dénoncer le caractère mensonger de leurs propos[26].

Déployant une logique énonciative qui interroge la place du sujet dans un discours qui s'avère fondamentalement dialogique, Toussaint et Viel dénoncent à la fois son aliénation (le fait qu'il n'appartienne jamais à un locuteur unique) et son altération (son impermanence)[27]. Au culte du sujet réduit à sa dimension moïque, Toussaint et Viel opposent un personnage dont l'absence de traits identificatoires empêche d'être à loisir évalué, façonné, épinglé. Ils font ainsi valoir que l'identité est une réalité complexe et pluridimensionnelle, et qu'un sujet ne peut être réduit à des engagements (religieux, politiques ...) ou à des identifications particulières (liées à sa nationalité, à son sexe ...), ainsi que le dénonce par exemple Charles Taylor ; mais tandis que Taylor oppose à l'insuffisance de ces quelques critères d'appartenance une définition de l'identité basée sur la position d'interlocuteur occupée par le sujet (je définis qui je suis dans le dialogue entre locuteurs, à partir d'un

---

[23] Samuel Beckett, *L'innommable*, Paris, Minuit, 1953, p. 34-35.

[24] Pour Faerber, la parole des narrateurs de Viel ne leur appartient pas ; ces personnages « existent moins que les phrases des hommes qu'ils admirent », car ils sont réduits à n'être « que des hommes informes, des consciences claires mais muettes, sans corps » ; ils « sont les spectateurs interdits des mots puissants de l'autre » (Johan Faerber, « Le livre aveugle ou la passion anthologique dans l'œuvre de Tanguy Viel », *op. cit.*, p. 87).

[25] À ce propos, voir l'article de Frank Wagner, « "C'est à moi que tu parles ?" Allocutaires et auditeur dans *Le Black Note* de Tanguy Viel », dans Sjef Houppermans, (s.l.d.), *Territoires et terres d'histoires : perspectives, horizons, jardins secrets dans la littérature française d'aujourd'hui*, Amsterdam, Rodopi, 2005, p. 217-244.

[26] Voir Alice Richir, « Hétérogénéisation de l'énonciation dans l'œuvre de Tanguy Viel », *Tangence*, 105, 2014, p. 55-68.

[27] Conscient de cet écueil qui est la condition de l'être parlant et, *a fortiori*, de l'écrivain, Viel confesse, tandis même qu'il s'efforce de rédiger des pages « intimes » qui « lorgnent [...] vers *"les racines mêmes de l'être"* » : « je sais encore l'effort que je fournis pour habiter une langue qui ne soit pas que mienne, une langue qui pour être partageable élague et circonscrit ses excès, et dont la conséquence assumée en est que cette même langue n'est pas *entièrement* mienne mais déjà, autant que faire se peut, une langue commune » (Tanguy Viel, « Iceberg #1 "La vie aquatique" », *Ciclic* (en ligne), publié le 22 juin 2015, URL : http://livre.ciclic.fr/actualites/tanguy-viel-icebergs-1-la-vie-aquatique-le-texte-et-la-lecture, consulté le 2 juillet 2015, p. 8 (l'auteur souligne).

langage commun)[28], Toussaint et Viel démontrent que celle-ci ne va pas non plus de soi, que le sujet humain ne possède jamais une emprise totale sur son discours, et que le rôle social qu'il occupe ne relève pas d'un choix librement consenti. Ils ne mettent pas seulement en scène un narrateur inconsistant, mais inscrivent l'altérité – la division de soi à soi – au cœur même du discours narratorial, en révélant qu'il n'y a pas d'appropriation pleine et toute-puissante du champ verbal possible : le sujet est contraint de passer par les mots de l'Autre pour se raconter. C'est ainsi que, chez ces auteurs, la posture en défaut de leurs narrateurs autorise l'émergence d'une nouvelle forme de mise en récit.

2.2 Vers une nouvelle logique narrative

Toussaint et Viel s'inscrivent dans la lignée des nombreux écrivains et artistes de la seconde modernité qui ont renouvelé le questionnement sur la fonction et les enjeux de la représentation. Inconsistance de leurs narrateurs et hétérogénéisation de l'énonciation peuvent en effet apparaître comme des manières d'assumer l'héritage littéraire et idéologique de la modernité – que les métadiscours contemporains ont plutôt tendance à éluder selon Ruffel[29]. Toussaint comme Viel reconnaissent volontiers l'importance du rapport de filiation qui les unit au projet de leurs prédécesseurs :

> Ils [Duchamp, Blanchot, Beckett] sont ceux qui ont touché au *nœud de la création*. Il ne s'agit pas de faire comme eux bien sûr puisqu'ils ont épuisé leur propre sillon, mais je n'arrive pas à comprendre comment on peut être artiste, toute discipline confondue, et ne pas se reconnaître dans ces gestes-là, d'extrême ironie, d'extrême fatigue ou d'extrême désespoir[30].

---

28   Charles Taylor, *Les sources du moi. La formation de l'identité moderne*, trad. de l'anglais par C. Melançon, Paris, Seuil, 1989 (1998), p. 47.
29   Lionel Ruffel, *Le dénouement, op. cit.*
30   Tanguy Viel, dans Roger-Michel Allemand, « Tanguy Viel : imaginaires d'un romancier contemporain », *op. cit.*, p. 122, (je souligne) ; à propos de ces prédécesseurs littéraires, Toussaint déclare par exemple quant à lui : « Et moi, je suis arrivé après la bataille. Quand j'ai commencé à écrire, la bataille avait eu lieu, et je dirais que le terrain avait été déblayé. Robbe-Grillet et les autres avaient fait tout le boulot, moi je n'avais pas besoin d'être rigide sur la question. [...] je pense en effet que la littérature la plus intéressante des années 50 et 60, c'était le Nouveau Roman. Mais je ne me sens pas comme un continuateur fidèle ou comme un disciple » (Laurent Hanson, « Interview de Jean-Philippe Toussaint », *Institut franco-japonais de Tokyo*, le 19 janvier 1998, URL : http://www.berlol.net/foire/fle98to.htm, consulté le 9 janvier 2012).

Ce « nœud de la création » qu'auraient touché les artistes dont Viel se revendique est toutefois délicat à cerner ; le caractère énigmatique de l'expression utilisée témoigne de la difficulté du romancier à préciser les répercussions de la mise en faillite du projet moderne sur son œuvre. Si Toussaint et Viel interrogent indéniablement la pertinence de la conception aristotélicienne de la *mimésis* dont la fin de la modernité s'est employée à saper les fondements, ils ne poursuivent pas le travail de sape du primat mimétique entrepris par leurs pères. La complexité du projet d'écriture de Toussaint et de celui de Viel réside dans l'ambivalence de cette double exclusion : il ne s'agit ni de déconstruire ni de rétablir les conventions mimétiques, mais de jouer avec l'économie mimétique de la représentation pour restaurer la capacité de la fiction à dire quelque chose de l'expérience humaine. La *mimésis* n'est plus un idéal auquel l'œuvre doit souscrire, mais la fiction reste structurante.

Du point de vue narratif, les projets d'écriture de Toussaint et de Viel se caractérisent encore par une double impossibilité : adhérer pleinement à la logique du récit (orienté vers une fin), d'une part, et, au contraire, refuser les impératifs dictés par celui-ci au profit d'une logique qui affirme la fin du principe de finalité, d'autre part (ainsi que s'y sont employés les métadiscours communément désignés comme « les idéologies de la fin » : fin de l'histoire[31], des avant-gardes, de la modernité, des « grands récits[32] », mort du roman ...), sont deux positions qui sont jugées pareillement intenables. Voilà des auteurs qui déconstruisent les codes structurels du récit et qui produisent pourtant un très fort effet de lisibilité. Sortant de l'impasse sur laquelle ont débouché les discours consacrant la fin comme un motif de renoncement[33], l'œuvre de Toussaint et celle de Viel radiographient le malaise d'un sujet désormais confronté à l'échec d'une logique dont il ne semble toutefois pas possible de sortir[34].

---

31 Francis Fukuyama, *La fin de l'histoire et le dernier homme*, trad. de l'anglais par D.-A. Canal, Paris, Flammarion, 1993, (« Champs »).

32 Jean-François Lyotard, *La condition postmoderne, op. cit.*

33 De nombreuses études critiques ont montré qu'une tendance de la littérature contemporaine thématise cette question de la fin : voir notamment Jean-François Chassay, *Dérives de la fin : sciences, corps et villes*, Montréal, Le Quartanier, 2008, (« Erres essais ») ; Bertrand Gervais, *L'imaginaire de la fin : temps, mots et signes. Logiques de l'imaginaire III*, Montréal, Le Quartanier, 2009, (« Erres essais ») ; *Les Lettres romanes*, 66 / 3–4 : Le souci de l'avenir chez les écrivains francophones, 2012.

34 C'est le constat que livre par exemple Boaventura de Sousa Santos à propos de la logique capitaliste, lorsqu'il évoque « la fin d'un capitalisme sans fin » (« Épistémologies du Sud », *Études rurales*, 187, janvier 2011, p. 25).

Il ne s'agit déjà plus pour ces auteurs de se complaire dans l'expérience du caractère inénarrable de « la perte du monde[35] » (figuration des imaginaires de la fin dont rend par exemple compte l'engouement romanesque actuel pour le thème de l'apocalypse), mais de représenter le malaise d'un sujet aux prises avec un monde qui se présente comme étant *déjà perdu* : en effet, les postulats idéologiques sur lesquels repose l'*épistémè* moderne se sont révélés défaillants mais ils continuent néanmoins à organiser la vie en société, parce que l'hégémonie de la science – qui est à leurs fondements –, en conférant à son discours une valeur de vérité universelle, ne laisse pas la possibilité d'être invalidé (*cf.* 1.2.1). Ainsi, l'inconsistance de leurs narrateurs rend compte de la difficulté du sujet contemporain à s'inscrire, d'une part, dans un monde lui-même traversé par une multitude de discours qui se valent tous (en vertu de leur légitimation par le discours de la science, *cf.* 1.2.1) et, d'autre part, dans un temps qui perdure malgré la proclamation de sa finitude. C'est dans cette fonction de révélateur de la mutation sociale dont l'époque actuelle fait l'expérience que réside la valeur éminemment contemporaine de l'inconsistance des narrateurs-personnages de ces deux auteurs.

C'est pourquoi, tandis que les études littéraires considèrent généralement que « la crise du roman semble terminée » et que « le retour au récit est omniprésent[36] » dans le paysage littéraire actuel, l'entreprise littéraire de Toussaint comme celle de Viel ne se laissent pas envisager comme une *renarrativisation* de l'objet romanesque, étiquette encore emprunte d'une certaine morosité, qui porte en elle l'idée d'un XXᵉ siècle bouleversé par la fin des grands discours et, parallèlement, de la littérature (à tout le moins de celle valorisée par les élites) :

> Selon les uns, épuisée par les incessantes expérimentations, la nouvelle génération d'écrivains se laisse entraîner par le plaisir de la narration. Selon les autres, la modernité a épuisé toutes les ressources, de sorte qu'il

---

35   Michaël Fœssel parle de « perte du monde » pour expliquer l'impossibilité de l'humanité à élaborer un sens commun à partir du réel de l'holocauste (« Perdre un monde. Les expériences contemporaines de l'impossible », dans *Après la fin du monde : critique de la raison apocalyptique*, Paris, Seuil, 2012, (« L'ordre philosophique »), p. 155–194).

36   Wolfgang Asholt, Marc Dambre, « Avant-propos », dans Wolfgang Asholt, Marc Dambre, (s.l.d.), *Un retour des normes romanesques dans la littérature française contemporaine*, *op. cit.*, p. 11. La thèse d'un tel « retour » suppose en outre une disparition dont, à lire Robbe-Grillet et ses contemporains, on ne peut que douter : « il ne faut pas assimiler la recherche de nouvelles structures du récit à une tentative de suppression pure et simple de tout événement, de toute passion, de toute aventure » (Alain Robbe-Grillet, *Pour un nouveau roman*, *op. cit.*, p. 32).

ne reste plus rien de nouveau pour la postmodernité. Faute de mieux, les écrivains ne peuvent que recourir à leur héritage littéraire[37].

Dans le champ des études littéraires, « retour du récit » et « retour du personnage » ne sont d'ailleurs identifiés que pour être aussitôt nuancés[38] ; ces expressions témoignent des tentatives critiques qui visent à qualifier la résurgence, depuis une trentaine d'années, d'une certaine lisibilité de l'œuvre romanesque, mais qui ne parviennent pas à se départir des présupposés théoriques que les œuvres concernées contribuent à mettre en crise. Elles ne rendent compte qu'avec difficulté de ce mouvement de (ré)conciliation avec l'acte de raconter, parce qu'elles ne l'envisagent qu'en constatant la disparition de certaines notions cadres autour desquelles s'organisait le modèle romanesque conventionnel (parlant par exemple d'éclatement de l'intrigue, de suppression de l'action ou d'effacement du personnage). Or, considérer le déficit de ces repères fondateurs ne constitue qu'une étape préalable à l'identification de nouveaux enjeux narratifs venus rendre légitime le geste d'écriture romanesque. Chez Toussaint et chez Viel (et ce constat pourrait sans doute être étendu à bon nombre de leurs contemporains), le « retour au récit » sert surtout de prélude à une réflexion sur le rapport que le sujet entretient avec l'acte de raconter.

En effet, si le traitement de l'identification et de l'énonciation se joue effectivement des canons mimétiques, il le fait avant tout dans le but d'expérimenter un ordre d'expression du sujet qui, à défaut d'être nouveau, serait toutefois *autre*. Pour Toussaint, le retour au récit et à la psychologie du personnage (que les études littéraires ont surtout identifié à propos du cycle sur Marie) est davantage un effet de surface, aussitôt désamorcé par l'auteur : « une certaine reconstruction narrative a lieu, mais elle est parcellaire et ouverte, laisse place à une part de déconstruction, d'incertitude, de fragmentation et de "fausse anecdote"[39] ». On est loin de ce qu'Alain Robbe-Grillet désigne ironiquement comme la « sacro-saint analyse psychologique[40] » du personnage, sur laquelle prend appui la conception naturaliste du roman. Il s'agit plutôt pour Toussaint de prétendre construire un récit pour aussitôt orchestrer sa dissolution

---

37   Jia Zhao, *op. cit.*, p. 71.
38   René Audet, « La fiction au péril du récit ? Prolégomènes à une étude de la dialectique entre narrativité et fictionnalité », *op. cit.*, p. 193. Sophie Bertho identifie par exemple chez Toussaint un « retour au sujet qui s'accompagne bien évidemment du retour au récit, un récit certes très éloigné du modèle balzacien » (« Jean-Philippe Toussaint et la métaphysique », *op. cit.*, p. 15).
39   Laurent Demoulin, « *Faire l'amour* à la croisée des chemins », dans *Faire l'amour*, Paris, Minuit, 2009, (« Double »), p. 156–157.
40   Alain Robbe-Grillet, *Pour un nouveau roman, op. cit.*, p. 15.

(*cf.* 1.2.1). Quant à Viel, le modèle narratif du polar figure avant tout dans son œuvre comme un *pré-texte* : il possède une véritable effectivité narrative, mais qui ne constitue en définitive qu'une diversion (*cf.* 1.1.5). De l'aveu même de Viel, le narrateur est plutôt amené « à déstructurer le récit en permanence et donc à en désamorcer l'intérêt dramatique[41] ». Le romancier français ne vise pas tant à reproduire les codes d'un genre narratif classique qu'à élaborer une fiction consciente d'elle-même et de ses effets. Vraisemblablement, c'est plutôt dans le mouvement dialectique qui sépare ce prétendu retour au récit du désamorçage des impératifs mimétiques que réside le principal enjeu de l'œuvre de Toussaint et de celle de Viel.

Ces auteurs dénoncent, par le biais de l'ironie, les rouages sur lesquels repose toute fiction, en même temps qu'ils rompent avec l'illusion personnaliste qui présente le sujet comme possédant un moi unitaire, homogène, lequel trouverait dans le langage un outil idéal d'expression de son essence. Certes, leur écriture respective ne prend sens que par rapport aux modèles romanesques classique et moderne dans la lignée desquels elle s'inscrit, mais cet héritage n'est assumé ni sur le mode de l'adhésion aveugle, ni sur celui de la subversion absolue. Davantage qu'un « retour », substantif qui cherche sans doute à signifier qu'il ne s'agit pas pour ces auteurs d'écrire « contre » un pan de l'histoire littéraire, Toussaint et Viel se servent de l'évanescence de leur narrateur pour mettre en œuvre une nouvelle logique narrative : ce qui importe, ce n'est pas tant le récit que la mise en récit, c'est-à-dire non pas l'agencement de l'histoire (l'ordonnance dans le temps une série d'actions, enchaînées causalement, en vue d'un certain aboutissement) mais l'acte même de raconter.

Toussaint et Viel ont pris conscience du changement d'*épistémè* survenu à l'aune des diverses ruptures qui ont marqué le XXe siècle, ainsi que du fait que la représentation ne peut désormais être envisagée à la fois que comme un acte indispensable à l'élaboration de l'identité humaine (Ricœur[42]) et comme un geste en éternelle inadéquation avec la réalité à laquelle elle se réfère (en vertu de ce que Freud nomme son « défaut d'expression[43] »). Ils parviennent toutefois à outrepasser le soupçon qui pèse sur le récit en se servant de l'indétermination du narrateur et de la polyphonie de son discours pour instaurer la fiction romanesque comme un espace de doute, au sein duquel les frontières qui séparent d'ordinaire l'illusion de la vérité ne sont plus efficientes. Il

---

41   Tanguy Viel, « Éléments pour une écriture cinéphile », dans Jean-Louis Leutrat, (s.l.d.), *Cinéma & littérature. Le grand jeu*, Saint Vincent de Mercuze, De l'incidence Éditeur, 2010, p. 269.

42   Voir notamment Paul Ricœur, *Soi-même comme un autre*, op. cit.

43   Sigmund Freud, *L'interprétation des rêves*, trad. de l'allemand par I. Meyerson, éd. augmentée et révisée par D. Berger, PUF, Paris, 1926.

s'agit, ainsi qu'y invite René Audet à propos de la littérature contemporaine, de repenser l'accointance de la fictionnalité et de la narrativité. Assumer – ou exposer, voire revendiquer – « l'omniprésence du narratif[44] » (le fait que le discours narratif fonde et organise l'expérience humaine, aussi bien la perception que la pensée, la communication ou la mémoire), sans que cela implique nécessairement d'opérer un retour à une forme de récit conventionnelle (qui impose un sens, une direction, au discours). Selon Audet, ce n'est pas qu'on puisse invalider l'hypothèse d'un « retour du récit », mais plutôt que le terme même de « récit » s'avère inadéquat pour désigner ce qui fait la spécificité de ces œuvres littéraires.

En effet, chez ces auteurs, l'acte de raconter apparaît à nouveau comme une possibilité de configurer l'expérience humaine, avec ceci de particulier que cette réciprocité repose sur une diffraction de la position d'énonciation. Les romans de Toussaint et de Viel racontent, certes, mais en faisant voler en éclats les limites entre identité et altérité, discours citant et discours cité, imagination et mémoire. L'inconsistance du narrateur autorise la résurgence de la fable, à condition que celle-ci, orchestrée par un narrateur lui-même traversé par une multiplicité de voix, hantée par la conscience de ses propres procédés narratifs, expose sa nature fictionnelle. L'ébranlement des impératifs d'authenticité et de vraisemblance qui en résulte n'a pas pour effet de faire disparaître le point de vue du narrateur sous la diversité des discours qui constituent sa parole, mais de permettre au contraire à une vérité éminemment subjective de poindre là où le dispositif énonciatif se révèle défaillant. Il y a invalidation de l'unité du sujet, mais pas de la notion de sujet. C'est la pluralité des discours qui traversent le narrateur, lesquels se valent tous sans qu'aucun ne puisse jamais prétendre avoir valeur de vérité absolue, qui autorise le réinvestissement de l'affect (parole affectée versus désaffectée). Chez Toussaint comme chez Viel, l'évidement du sujet rend possible l'élaboration d'une multiplicité d'images non authentiques, en mesure de révéler quelque chose du désir du sujet tout en préservant son indicibilité. C'est ce que démontrera la partie suivante, en cernant les procédés littéraires qui convoquent dans le texte une image revendiquant par nature sa virtualité : le fantasme.

---

[44] René Audet, « La narrativité est affaire d'événement », dans Claude Romano, Laurence Dreyfus, (s.l.d.), *Jeux et enjeux de la narrativité dans les pratiques contemporaines*, Paris, Dis voir, 2006, (« Arts visuels »), p. 8.

PARTIE 2

Écrire le fantasme

Les romans de Toussaint et de Viel ont en commun de construire une fiction dans la diégèse : ils donnent voix à un personnage qui semble laisser libre cours à son imagination pour poser en miroir du monde qui l'entoure un univers fictionnel qui tout à la fois s'y enchâsse – creusant en son sein une dimension fictionnelle inédite – et l'englobe, le procédé de mise en abyme faisant de cette fiction seconde un espace où la réalité diégétique est amenée, par un effet de renversement, à se réfléchir : « Mais je te raconterai tout [...] : comme on s'aimait avec des noms de scène, et se croire d'un autre temps avec le jazz, croire qu'on n'avait rien à faire en vrai et seulement s'estimer à hauteur d'autrefois, disait Paul, à hauteur de la vraie vie. » (*BN*, p. 21–22) Cet univers fictionnel second n'est pas présenté comme un simulacre visant à tromper le lecteur, mais comme le résultat d'une activité fabulatrice qui mobilise le narrateur et auquel celui-ci confère une valeur de vérité : « il faisait comme si c'était pour de vrai, et on faisait comme si c'était pour de vrai, et du coup c'était devenu vrai » (*BN*, p. 23) ; « une vérité nouvelle, [...] une vérité proche de l'invention, ou jumelle du mensonge, la vérité idéale » (*VM*, p. 166). L'enjeu n'est donc pas de démanteler l'entreprise de déformation du réel, puisque celle-ci est rendue apparente par le narrateur lui-même, mais d'interroger le sens de cette transgression vis-à-vis de l'acte de raconter. Puisque la vérité revendiquée par le narrateur n'est pas d'ordre référentiel, quelle est sa nature ? Chez Toussaint et Viel, la présence de telles modélisations imaginaires au cœur de l'espace romanesque a vraisemblablement partie liée avec la posture identitaire du narrateur qui les forge, dont elles viennent soutenir la diffraction en renforçant à la fois l'hétérogénéisation du discours narratorial et le soupçon qui pèse sur la légitimité de sa posture d'énonciation. Considérer ces modélisations comme des fantasmes, au sens psychanalytique du terme, permettra de comprendre l'implication du narrateur à leur égard et le rôle que ces scénarios imaginaires jouent quant à son inscription au sein de la communauté symbolique.

Le fantasme est en effet défini comme un phénomène psychique qui offre au sujet la possibilité de rompre momentanément avec le faux-semblant structurel qui garantit l'homogénéité du moi et de déconstruire l'apparente évidence d'une énonciation en « je », en autorisant une transgression des lois qui régissent ordinairement le discours. Il permet au sujet de se dire en dehors des déterminations symboliques qui lui sont conférées par les autres, et auxquelles le narrateur de Toussaint et de Viel se fait fort d'échapper (*cf.* 1.1) : « Le sujet dispose [...] d'une façon de donner la consistance de son identité en dehors des « titres », des repères qui le situent dans le réseau symbolique universel, une manière de présentifier son être-là dans son caractère « pathologique », dans sa particularité absolue : le fantasme[1]. » Le fantasme donne ainsi lieu à

---

1 Slavoj Žižek, « Rêve, plus-de-jouir et fantasme dans l'idéologie », *op. cit.*, p. 29.

un discours qui peut être qualifié d'insolite en raison du fait qu'il récuse les règles qui organisent toute représentation du monde qui tend à se conformer au principe de réalité. Ce discours n'est cependant ni gratuit ni absurde ; il repose sur une véritable logique, à la lumière de laquelle les élucubrations du narrateur de Toussaint et de Viel n'apparaîtront plus – ou en tout cas plus seulement – comme un moyen de ménager un accès vers l'univers intérieur du personnage ou vers une scène en marge de la réalité diégétique, mais comme un dispositif de représentation à partir duquel est générée la mise en récit.

CHAPITRE 3

Inventer les autres : construction fictionnelle et logique du fantasme

3.1 Fantasmer la vérité sur Marie

3.1.1 *La déformation du réel*

Dans *La Vérité sur Marie*, paru en 2009, Jean-Philippe Toussaint bouleverse de manière tout à fait explicite les rapports entre réel et fiction. Le roman s'ouvre sur la description d'une nuit orageuse. Presque immédiatement après avoir établi un parallèle houleux entre sa propre situation au moment des événements qu'il s'apprête à raconter et celle de Marie, le narrateur disparaît de la diégèse pour décrire avec une étonnante précision les infimes péripéties qui vont secouer la nuit de celle qui était autrefois sa compagne. Tandis que l'*incipit* invite explicitement le lecteur à identifier le personnage qui raconte comme le narrateur autodiégétique de *Faire l'amour* et de *Fuir*, la suite de la narration crée un contraste saisissant en plongeant au cœur de la relation de Marie avec un certain Jean-Christophe de G., dépeignant, malgré l'absence du narrateur lors des faits, les détails les plus intimes de leur soirée ainsi que leurs pensées informulées, et jusqu'à la détresse de Marie lors du malaise de son amant. Initialement personnage faisant partie intégrante de l'histoire, le narrateur se retranche aussitôt aux marges de celle-ci pour pénétrer durant les deux tiers du roman au cœur de la relation intime de Marie et Jean-Christophe de G., à propos de laquelle il semble être détenteur d'un savoir exhaustif.

Il va jusqu'à détailler certains des mécanismes cognitifs inconscients de Marie, détaillant par exemple comment elle associe la saveur d'une boisson à un lieu qui lui est cher :

> [Marie] avait tout de suite senti un parfum de grappa lui monter à la tête, percevant son goût mentalement avant même de l'éprouver sur sa langue, ce goût enfoui en elle depuis plusieurs étés, ce goût parfumé et presque liquoreux de la grappa qu'elle *devait* associer à l'île d'Elbe, qui venait brusquement de refaire surface à l'improviste dans son esprit. (*VM*, p. 13–14, je souligne)

A priori, le narrateur détient bien « la vérité sur Marie ». Un détail jette cependant le doute sur sa nature omnisciente : l'utilisation du semi-auxiliaire

« devoir » nuance imperceptiblement l'hypothèse selon laquelle le narrateur disposerait d'une connaissance illimitée de ce personnage féminin, faisant apparaître le caractère potentiel d'énoncés que la narration avait jusqu'alors présentés comme des assertions. Un passage ultérieur confirme rétrospectivement le soupçon que la présence de l'auxiliaire de mode laisse planer sur l'authenticité des informations dispensées par le narrateur dans l'extrait précédent : « [Marie] avait immédiatement compris que cette bouteille de grappa était le détail tangible à partir duquel je pourrais imaginer ce qu'elle avait vécu, [...] qu'à partir de cette seule bouteille de grappa, je pourrais reconstituer tout ce qui s'était passé entre eux dans la chambre – et jusqu'à leurs baisers, jusqu'au goût de grappa de leurs baisers » (*VM*, p. 51–52). À la lumière de cette révélation, le saut opéré de la saveur de l'alcool à l'île d'Elbe n'apparaît plus comme un mécanisme cognitif propre à Marie dont l'instance en charge de la narration aurait connaissance, mais comme une association qu'il faut avant tout imputer au narrateur lui-même.

Mises en parallèle, ces deux séquences dénoncent la véritable nature de la narration, qui n'est pas, comme elle en a l'apparence, une représentation conforme à la réalité des faits, mais une reconstitution issue de l'imagination du narrateur. D'autres signes concourent à faire apparaître la virtualité du récit, comme cet aveu livré soudain au détour d'une parenthèse : « Marie qui m'avait appelé à la suite du coup de téléphone qu'elle avait donné aux secours – juste après ou juste avant, *je ne sais pas*, les deux coups de téléphone avaient dû avoir lieu dans la foulée – Marie, agitée, confuse, implorante, qui m'appelait à l'aide » (*VM*, p. 37, je souligne). Ces marques de l'ignorance du narrateur ont toutefois aussi pour effet, en soulignant son absence au cœur des événements survenus la nuit du malaise de Jean-Christophe de G., d'établir un rapport de connivence fort entre les deux protagonistes de la tétralogie de Toussaint. Malgré son éloignement, le narrateur a une connaissance si profonde de Marie qu'il s'avère capable de reconstruire, à partir de leurs souvenirs communs, le comportement et les pensées de celle qui partageait autrefois sa vie ; la bouteille de grappa est ainsi présentée comme un indice laissé par Marie au narrateur. En avouant ponctuellement l'insuffisance de son récit, le narrateur de *La Vérité sur Marie* se positionne à l'égard de cette dernière dans un rapport imaginaire de semblables, voire de complices.

Dans la deuxième partie du roman, Toussaint pousse plus loin cette délégation de la focalisation en élaborant soudain la narration à partir du point de vue de Zahir, le pur-sang de Jean-Christophe de G. : cette fois, non seulement le narrateur est absent de la situation qu'il rapporte, mais la narration est menée depuis la conscience d'un animal, soit un être qui n'a pas accès au langage. L'auteur renforce par ailleurs l'incongruité de cette focalisation narrative, en faisant souligner par le narrateur l'incapacité de l'étalon à conceptualiser un environnement autre que celui qui s'offre à lui dans l'immédiat : « Zahir n'avait d'autre état de conscience que la certitude d'être là, il avait cette certitude animale, silencieuse, tacite, infaillible. Ce qu'il y avait au-delà de la stalle lui était inconnu, le ciel, la nuit, l'univers. Son pouvoir d'imagination se bornait aux parois qu'il avait devant lui » (*VM*, p. 136). Toussaint met ici en avant la faculté propre au sujet humain de se représenter les choses en leur absence. Par effet de contraste, ce type de focalisation met en valeur l'aptitude du narrateur à concevoir une réalité qui excède la sienne propre. Bien qu'il lui soit physiquement impossible d'avoir accès aux pensées d'autrui, sa capacité à imaginer l'autorise à projeter une représentation de l'état de conscience de Marie (ou de Zahir) qui n'est rien d'autre, quel que soit le degré de correspondance qui pourrait exister entre cette projection imaginaire et la réalité diégétique, qu'une illusion.

À mesure que le roman progresse, d'autres allusions jettent le doute sur le caractère avéré des événements, jusqu'à certains passages au cours desquels le narrateur exhibe explicitement le mécanisme de conception du récit. Ainsi, il signale à plusieurs reprises le peu d'informations qu'il possède à propos de la relation de Marie avec Jean-Christophe de G. Il avoue s'être emparé de quelques indiscrétions livrées par Marie au hasard de leurs discussions « pour les poursuivre en imagination » (*VM*, p. 72), et avoir de la sorte « complété les détails qui manquaient » et « rempli les zones d'ombres » (*VM*, p. 73). L'élaboration du récit ne repose donc pas sur un travail d'investigation capable de lui conférer une certaine légitimité – à peine le narrateur évoque-t-il quelques coupures de journaux – : elle émerge des souvenirs, des déductions et des affabulations du narrateur : « Parfois, à partir d'un simple détail que Marie m'avait confié, qui lui avait échappé ou que j'avais surpris, je me laissais aller à échafauder des développements complets, déformant à l'occasion les faits, les transformant ou les exagérant, voire les *dramatisant* » (*VM*, p. 73, je souligne). Ce dernier participe présent insiste sur le caractère fictionnel de l'illusion que le narrateur propose. Les représentations qu'il élabore n'ont pas pour fonction de se référer au monde qu'elles prétendent décrire. Elles ne visent pas non plus à tromper le lecteur, puisque Toussaint fait d'emblée apparaître des indices qui mettent en doute le caractère avéré de la narration, pour ensuite révéler explicitement la non-conformité de ces descriptions avec la réalité diégétique.

3.1.2 Rêve et fantasme

> Mais qu'on ne se laisse jamais entraîner à introduire l'étalon de réalité dans les formations psychiques refoulées ; on risquerait alors de sous-estimer la valeur des fantasmes [...] en invoquant précisément qu'ils ne sont pas des réalités[1]

Chaque fois que la narration s'attache à décrire un épisode de la relation de Marie avec Jean-Christophe de G., elle malmène le primat mimétique : la représentation romanesque cesse de fonctionner comme doublure de l'univers référentiel ; il s'agit d'une fiction qui déclare ouvertement ne pas vouloir refléter la réalité extérieure et objective du monde, mais livrer une élaboration subjective surgie de l'imagination du narrateur. En d'autres termes, elle met en scène la « réalité psychique » du sujet humain. Freud forge cette expression pour désigner l'ensemble des phénomènes psychologiques qu'il estime n'être pas soumis à l'épreuve de réalité et qui forment le monde des productions imaginaires du sujet. Il oppose cet univers intérieur subjectif à la « réalité matérielle » du monde, laquelle impose « progressivement au sujet, par la médiation du système perceptif, le principe de réalité[2] ». Selon cette distinction, les scénarios élaborés par le narrateur de Toussaint, en tant que produits de l'imagination de ce dernier, équivalent à des productions purement illusoires, qui ne correspondent aucunement à une appréhension correcte du réel. Cette différence entre réalité matérielle et réalité psychique apparaît explicitement lorsque le narrateur de *La Vérité sur Marie* compare ses projections imaginaires au mécanisme du songe :

> *c'était le mystère irréductible du rêve qui était en train d'agir et de jouer en moi*, qui permet à la conscience de construire des images extraordinairement élaborées qui s'agencent dans une succession de séquences apparemment disposées au hasard, avec des ellipses vertigineuses, des lieux

---

1 Sigmund Freud, « Formulations sur les deux principes du cours des événements psychiques », dans *Résultats, idées, problèmes, I, 1890–1920*, Paris, PUF, 1984, p. 142.
2 Jean Laplanche, Jean-Bertrand Pontalis, « Fantasme originaire, fantasmes des origines, origine du fantasme », *Les Temps modernes*, avril 1964, p. 1833–1837. L'opposition « réalité matérielle » / « réalité psychique » fait référence à la « réalité » en tant que caractère avéré d'une chose (un rêve, par exemple, au même titre que tout autre événement, est un fait et non un concept), tandis que le « principe de réalité » se réfère à la « réalité » en tant que ce qui existe dans le monde physique. Ainsi, le principe de réalité désigne la capacité du sujet à reconnaître comme *irréels* le rêve ou l'hallucination (qui relèvent de l'ordre de la réalité psychique), au profit du monde extérieur tangible (soit la réalité matérielle).

qui s'évanouissent et plusieurs personnages de notre vie qui fusionnent, se superposent et se transforment, et qui, malgré cette incohérence radicale, ravivent en nous, avec une intensité brûlante, des souvenirs, des désirs et des craintes, *pour susciter, comme rarement dans la vie même, la terreur et l'amour* (*VM*, p. 168, je souligne).

En tant qu'elles sont explicitement assimilées à des rêves, les élaborations fictionnelles du narrateur de *La Vérité sur Marie* sont présentées comme des phénomènes qui relèvent de la subjectivité des pensées du protagoniste, et nullement comme des représentations conformes à la réalité du monde extérieur. La seule réalité dont elles rendent compte est celle de l'univers psychique du narrateur. Cet extrait de *La Vérité sur Marie* ne se limite toutefois pas à établir cette distinction ; son principal intérêt réside dans le fait qu'il démontre que les rêveries du narrateur ne visent pas à produire un calque de la réalité diégétique, mais une représentation qui, bien qu'elle ait valeur d'illusion, outrepasse dans une certaine mesure l'univers référentiel. Davantage que « la vie même » – expression qui désigne la réalité du monde sensible, extérieure à l'univers cognitif du narrateur –, la réalité psychique à laquelle ces projections donnent accès s'avère capable d'engendrer des sentiments de l'ordre du désir, tels que « la terreur et l'amour ». Il ne suffit donc pas de considérer ces fictions comme de simples élucubrations, qui se joueraient gratuitement du primat mimétique.

En outre, en comparant les scénarios qu'il élabore au rêve, le narrateur de *La Vérité sur Marie* opère un rapprochement similaire à celui établi par Freud lorsque ce dernier rassemble les rêveries diurnes (du type de celles élaborées par le protagoniste de Toussaint), les hallucinations et les rêves inconscients sous la catégorie du *fantasme*. Tout au long de son enseignement, Freud utilise le mot *Phantasie*[3] pour désigner l'ensemble des phénomènes qui composent

---

3 Laplanche et Pontalis expliquent que la persévérance de Freud à recourir au seul vocable *Phantasie* pour désigner les scénarios produits consciemment et inconsciemment par le sujet se justifie par la parenté profonde qui unit ces phénomènes : formations imaginaires consciemment élaborées, hallucinations et rêves inconscients ont tous pour particularité de mêler le structural et l'imaginaire, dans le but identique de viser l'accomplissement d'un désir (Jean Laplanche, Jean-Bertrand Pontalis, « Fantasme originaire, fantasmes des origines, origine du fantasme », *op. cit.*, p. 1856). C'est pourquoi cet essai ne souscrit pas à la distinction graphique qui a été proposée ultérieurement par certains psychanalystes entre *fantasme* (pour les projections conscientes) et *phantasme* (pour les élaborations inconscientes), mais désigne l'ensemble de ces productions psychiques sous la première de ces deux graphies. Ce choix n'a pas pour objectif de nier la distinction établie par Freud lui-même entre la face manifeste du fantasme et sa face latente ou inconsciente, mais de souligner la proximité de la mécanique des rêveries diurnes avec celle du rêve.

la réalité psychique de l'être humain : « Le terme allemand *Phantasie* désigne l'imagination. Non pas tant la faculté d'imaginer au sens philosophique du terme (*Einbildungskraft*), que le monde imaginaire, ses contenus, l'activité créatrice qui l'anime (*das Phantasieren*)[4] ». L'étymologie du vocable allemand associe donc le fantasme au registre de l'imaginaire ; il s'agit de représentations purement illusoires, par opposition à celles qui découlent de la perception, c'est-à-dire de l'appréhension concrète du monde tangible[5]. Au regard de cette distinction, les élucubrations du narrateur de *La Vérité sur Marie* peuvent vraisemblablement être qualifiées de fantasmatiques, puisque le protagoniste avoue à plusieurs reprises user de son pouvoir d'imagination (*VM*, p. 72 et 74) pour représenter une scène qu'il a été dans l'impossibilité de saisir par le biais de ses organes perceptifs.

Ce rapport duel entre réalité psychique et réalité matérielle, qui tend à reléguer toute représentation qui n'appréhende pas de manière directe l'univers sensible au rang de simple *fantaisie*, est toutefois nuancé par la véritable effectivité que Freud prête aux fantasmes. Au contact de ses patients, le psychanalyste comprend rapidement que ces projections imaginaires ne peuvent pas être réduites à de simples soubresauts de la conscience, résultant de souvenirs déformés qui surgiraient de manière arbitraire et gratuite, sans cohésion psychique aucune. À ses yeux, les fantasmes possèdent un sens et poursuivent un but que l'analyse doit s'avérer capable de circonscrire. Réfutant le caractère absurde généralement prêté aux élaborations fantasmatiques, Freud entend dès lors faire apparaître la logique intrinsèque de celles-ci et rendre compte de la sorte de la stabilité de l'organisation et de l'efficacité de la vie intérieure des êtres humains. Dans *L'interprétation des rêves*, Freud présente chaque *Phantasie* comme une projection imaginaire, élaborée à partir d'éléments empruntés à l'expérience réelle du sujet. Pour attester la logique sur laquelle repose selon lui chacune de ces constructions, il démontre longuement que leur fonction première réside dans la mise en scène du désir qu'elles ne manquent jamais d'orchestrer : « Le rêve n'est pas un chaos de sons discordants issus d'un instrument frappé au hasard, il n'est pas dépourvu de sens, il n'est pas absurde [...] C'est un phénomène psychique dans toute l'acception du terme, c'est l'accomplissement d'un désir[6] ». Tout rêve – et, par extension, tout fantasme – possède donc bien une raison d'être : il supporte la mise en scène d'un désir, conscient

---

4 Jean Laplanche, Jean-Bertrand Pontalis, *Vocabulaire de la psychanalyse*, PUF, Paris, 1971, (« Bibliothèque de psychanalyse »), p. 152.
5 Freud place de la sorte d'emblée le fantasme au croisement du structural et de l'imaginaire ; positionnement que Lacan développera en définissant le fantasme au point de conjonction des registres symbolique et imaginaire.
6 Sigmund Freud, *L'interprétation des rêves, op. cit.*, p. 113.

ou non. Le fantasme se définit comme un « Scénario imaginaire où le sujet est présent et qui figure, de façon plus ou moins déformée par les processus défensifs, l'accomplissement d'un désir et, en dernier ressort, d'un désir inconscient[7] ».

On pourrait opposer que, à la différence de l'indispensable présence du sujet que requiert cette définition du fantasme, le narrateur de *La Vérité sur Marie* n'apparaît jamais dans les scènes dans lesquelles il décrit la relation de Marie avec Jean-Christophe de G. Or, pour la psychanalyse, si tout fantasme met obligatoirement en scène le sujet qui en est l'instigateur, celui-ci n'assume pas nécessairement un rôle de premier plan au sein du scénario qu'il crée – il peut par exemple y figurer à titre de simple spectateur –, et son investissement peut se faire soit de manière directe, soit par le biais d'une instance tierce. Foucault livre un constat similaire à propos de la présence de l'énonciateur dans le rêve : « Le sujet du rêve n'est pas tant le personnage qui dit je, mais le rêve tout entier avec l'ensemble de son contenu onirique. La première personne onirique est le rêve lui-même. Dans le rêve, tout dit je, même les objets et les bêtes, l'espace vide, les choses lointaines et étranges …[8] ». Ce que le narrateur de Toussaint, poursuivant la comparaison entre le mécanisme d'élaboration du récit et celui du rêve, confirme : « il n'y a pas, jamais, de troisième personne dans les rêves, il n'y est toujours question que de soi-même » (*VM*, p. 168). Cet aveu qui confirme l'attribution de nombreuses scènes de *La Vérité sur Marie* à la seule imagination du narrateur prouve que ce dernier n'agit pas comme simple instance restitutrice : de celui qui raconte les événements, il devient en quelque sorte le créateur de ceux-ci ; l'intégralité du contenu explicatif relève de son seul point de vue.

Assimiler les rêveries du narrateur à des fantasmes incite à discerner les traces de sa présence au cœur des scénarios qu'il élabore, en dépit de son absence lors des événements décrits. Les instances tierces convoquées dans les projections fantasmatiques de *La Vérité sur Marie* apparaissent dès lors ne pas détenir de valeur en tant que telles, mais n'exister que comme espaces de projection de la perspective narratoriale. Par exemple, de manière systématique, le personnage de Jean-Christophe de G. n'est jamais présenté dans le récit comme une entité romanesque dotée d'une certaine homogénéité, mais plutôt comme un *ersatz* du narrateur ou comme un miroir chargé de refléter son absence. N'ayant croisé qu'à deux reprises celui qui fut pour un temps l'amant de Marie, et encore sans jamais lui adresser la parole, le narrateur sait très peu de choses à propos de Jean-Christophe de G., dont il ne parvient en outre

---

[7] Jean Laplanche et Jean-Bertrand Pontalis, *Vocabulaire de la psychanalyse, op. cit.*, p. 152.
[8] Michel Foucault, cité par Claude Morali, *op. cit.*, p. 102.

pas à se remémorer l'apparence : « son visage est absent et le restera sans doute à jamais » (*VM*, p. 71). La seule image qu'il convoque du personnage durant son récit est significativement celle d'« un spectre spontanément apparu du néant » (*VM*, p. 70), dont il ne peut se rappeler que les chaussettes. Il détaille celles-ci avec une telle précision que sa description accentue l'effacement du personnage plutôt qu'elle ne donne l'illusion de son existence : « cet homme allongé sur un brancard [...] semblait tout entier réduit à ses chaussettes, devenues son blason et ses couleurs, noires, fines, fragiles, en fil d'Ecosse, dont je peux encore aujourd'hui estimer mentalement la texture et l'éclat, la pâleur de leur noir ! » (*VM*, p. 71). La paralepse attire l'attention sur le point de vue focalisant du narrateur, attestant l'importance de sa présence dans une scène dont il semblait à première vue effacé. Contre toute attente, ce n'est pas Jean-Christophe de G. qui occupe le devant de la scène, mais le seul détail de son anatomie que cadre le narrateur de Toussaint. L'oxymore en fin d'extrait fonctionne comme un indice de l'investissement de son regard, trahissant une perspective que l'on aurait pu croire surplombante et objective, mais qui agit en réalité à l'origine même du mécanisme d'élaboration du récit. Non seulement privé de corporéité, le personnage de Jean-Christophe de G. l'est aussi de patronyme – lequel joue un rôle essentiel, on l'a rappelé, dans le processus d'identification du sujet (*cf.* 1.1.1) – puisqu'il s'avère que le narrateur, après avoir avoué dès l'*incipit* qu'il n'a jamais très bien su comment cet homme s'appelait (*VM*, p. 13), désigne constamment l'amant de Marie par un prénom qui n'est pas le sien, et qu'il ne rétablit son nom de baptême d'une parenthèse ironique (*VM*, p. 66) que pour persister délibérément dans son erreur jusqu'à la fin du roman.

Trop vite identifié comme un actant autonome du roman, le personnage de Jean-Christophe de G. s'avère davantage constituer un espace d'inscription de la perspective narratoriale au cœur de l'univers intradiégétique. Plus que lui-même, c'est son effacement dans l'imagination du narrateur qui rend possible pour ce dernier la concrétisation de sa propre absence aux côtés de Marie et, paradoxalement, sa projection dans un récit dont il est initialement absent.

> Je regardais Marie, et je voyais bien que je n'étais plus là, que ce n'était plus moi maintenant qui étais avec elle, c'était l'image de mon absence que la présence de cet homme révélait. J'avais sous les yeux une image saisissante de mon absence. C'était comme si je prenais soudain conscience visuellement que, depuis quelques jours, j'avais disparu de la vie de Marie, et que je me rendais compte qu'elle continuait à vivre quand je n'étais pas là, qu'elle vivait en mon absence – et d'autant plus intensément sans doute que je pensais à elle sans arrêt. (*VM*, p. 147)

La scène matérialise la distance qui sépare le narrateur de Marie tandis qu'il l'observe s'éloigner en compagnie de son amant. La silhouette sans visage de Jean-Christophe de G. n'a d'autre fonction que de renvoyer au narrateur l'image de son absence, c'est-à-dire de le réinscrire en négatif aux côtés de Marie. Par analogie, cette séquence dénonce le caractère illusoire de la quête du narrateur, puisqu'elle rend tangible l'écart infranchissable qui barre au sujet l'accès à l'autre, qu'aucune fiction issue de son imagination ne pourra jamais combler.

Cette capacité du narrateur à investir le point de vue du personnage de Jean-Christophe de G. apparaît à nouveau lors de la description du pressentiment qu'éprouve l'amant de Marie quelques heures avant son malaise : observant la rue en contre-bas depuis l'appartement de celle-ci, le propriétaire de Zahir est « traversé » (*VM*, p. 16) – mot qui marque bien la passivité du personnage face à cette vision qui s'impose à lui de l'extérieur – par une scène qualifiée de prémonitoire. Or, cette scène pressentie par Jean-Christophe de G. a en vérité déjà eu lieu, mais sous les yeux du narrateur, tandis qu'il se tenait précisément au même endroit de l'appartement en enlaçant Marie (*VM*, p. 40–42). La superposition de ces deux scènes révèle, à rebours, que, sous couvert de focalisations attribuées aux autres actants du récit, la narration ne met jamais en scène que le point de vue du narrateur, nourri de sa mémoire et de son imagination.

Le personnage de Jean-Christophe de G. n'est par ailleurs pas la seule voie d'inscription du narrateur au cœur de l'univers diégétique ; l'évanescence de Marie lui donne également l'occasion de s'inscrire dans le récit :

> Marie aurait voulu ne plus penser à moi [...] mais elle savait très bien que ce n'était pas possible, que je risquais de surgir à tout moment dans ses pensées, comme malgré elle, de façon subliminale, une soudaine réminiscence de ma personnalité, de mes goûts, un détail, ma façon de voir le monde, tel souvenir intime auquel j'étais indissolublement associé, car elle se rendait compte que, même absent, je continuais de vivre dans son esprit et de hanter ses pensées. (*VM*, p. 80–81)

En prétendant restituer les pensées et les sentiments de Marie, le narrateur n'exprime rien d'autre que son propre état d'esprit. Sous l'apparente révélation du fonctionnement intime de ce personnage féminin se lit l'incapacité du narrateur à cesser de penser à elle, laquelle « vi[t] dans son esprit et [...] hant[e] ses pensées » comme en témoigne l'ensemble du roman. Dans *La Vérité sur Marie*, le tiers est une invention par l'entremise de laquelle œuvre toujours la seule perspective de l'instance en charge de la narration.

Ainsi, les personnages de Jean-Christophe de G., de Marie – et même du pur-sang Zahir –, qui occupent pourtant l'avant-scène du récit, ne sont jamais dotés d'une existence romanesque autonome. Leurs points de vue, leurs sentiments, leurs pensées … ne préexistent pas à la description que le narrateur donne, mais prennent naissance au cœur de son imagination, trahissant sa propre subjectivité. Bien que la narration semble largement conduite en focalisation interne sur Marie, sur Jean-Christophe de G. ou sur Zahir, elle est en fait guidée par un unique foyer de perception, celui du narrateur autodiégétique, qui imprègne l'ensemble du contenu explicatif. Partant d'un constat identique, Frank Wagner souligne « le rôle fondateur du perspectivisme dans l'esthétique romanesque mise en place par Toussaint : même lorsqu'il est centré sur un autre personnage […], le texte se développe toujours depuis la conscience médiate où il trouve son origine, l'instance narratrice[9] ». Ainsi, l'exposé de la nuit du malaise de Jean-Christophe de G. et celui du rapatriement de Zahir – qui occupent respectivement les première et deuxième parties du roman – n'ont pas pour but de témoigner de ce qui a eu lieu, mais plutôt de transfigurer la réalité extérieure pour réinscrire, par le biais du fantasme, la subjectivité du narrateur au cœur de péripéties qu'il n'a pas vécues.

> Je n'avais pas été présent cette nuit-là, mais j'avais accompagné Marie en pensée avec la même intensité émotionnelle que si j'avais été là, comme dans une représentation qui serait advenue sans moi, non pas de laquelle j'aurais été absent, mais […], comme dans les rêves, où chaque figure n'est qu'une émanation de soi-même, recréée à travers le prisme de notre subjectivité (*VM*, p. 167).

Prétendument dépouillé de la présence intradiégétique du narrateur, le récit des amours de Marie et de Jean-Christophe de G. n'atteste en définitive rien d'autre que l'omniprésence de ce même narrateur.

3.1.3   *Trace, manque et désir*

Le fantasme ne vise pas la réalité matérielle du monde tangible, mais fonctionne comme une porte d'accès à la réalité psychique du sujet. Il ne faut toutefois pas en déduire que le fantasme doit être exclusivement imputé à l'imagination du sujet ; au contraire, il entretient un rapport dynamique avec la réalité dont il s'origine. Freud note que tout rêve est échafaudé à partir de restes diurnes,

---

9   Frank Wagner, « Monsieur Jean-Philippe Toussaint et la notion de Vérité : pour une poétique perspectiviste », *Textyles : revue des lettres belges de langue française*, 38, 2010, p. 32.

de traces d'événements qui se sont déroulés récemment pour le rêveur ou de bribes de phrases qu'il a entendues, lues ou prononcées[10]. Plus que l'événement auquel le fantasme fait référence, c'est la trace qu'il laisse dans la conscience du sujet qui importe, en tant que c'est celle-ci qui appelle l'interprétation et suscite l'élaboration du fantasme. Les scénarios imaginaires du narrateur de *La Vérité sur Marie* ne surgissent pas du néant ; ils se fondent toujours sur une confidence de Marie, sur quelque détail appris par hasard ou sur une information découverte dans les journaux, soit autant d'éléments qui agissent comme des indices tendus au narrateur, que celui-ci interprète, combine ou complète au gré de son imagination. La trace fonctionne comme un reste qui, en raison de l'incomplétude inhérente à sa nature, génère le fantasme.

Dans ce roman, l'épisode des taches de sang illustre bien le rôle prépondérant de la trace dans l'élaboration du fantasme. De retour chez lui après s'être rendu auprès de Marie la nuit du malaise de son amant, le narrateur trouve des traces de sang dans son lit, et se souvient que, en caressant cette « autre Marie[11] » (*VM*, p. 63) avec laquelle il passait initialement la nuit, il avait observé sur son doigt un peu de sang menstruel. Reliant tout d'abord confusément cette expérience avec les attouchements auxquels il s'est livré quelques heures plus tôt avec le personnage féminin de *Faire l'amour* et de *Fuir*, il établit ensuite un rapport entre le sang qui se trouve dans son lit et celui de Jean-Christophe de G. : « dans une sorte de vertige et de confusion mentale, j'associai alors ce sang à Jean-Christophe de G., [...] un sang qui lui appartenait, un sang masculin – un sang de drame, de violence et de mort – et non pas le sang féminin que c'était, non pas un sang de douceur, de féminité et de vie, mais un sang de désastre » (*VM*, p. 65). Le narrateur détourne ici la nature de la trace pour lui faire signifier la mort de Jean-Christophe de G., établissant de la sorte un lien imaginaire qui va à l'encontre de sa fonction initiale : la tache ne fait plus office d'empreinte – et donc de preuve –, mais elle sert de point d'ancrage au fantasme du narrateur. Sémantiquement, une trace est à la fois un vestige qui subsiste d'une réalité passée et une marque qui suscite une piste. Elle atteste une présence, tout en figurant sa disparition. Dans ce passage de l'œuvre de Toussaint, la tache de sang menstruel appelle bien l'interprétation. La tache fait signe. Elle est la *sécrétion* (non sans rapport avec le *secret*) qui

---

10   Sigmund Freud, *Le délire et les rêves dans la* Gradiva *de W. Jensen*, précédé de *Gradiva, fantaisie pompéienne* par Wilhem Jensen, trad. de l'allemand par P. Arbex et R.-M. Zeitlin, Gallimard, Paris, 1986, (« Connaissance de l'Insconscient »), p. 221.

11   Lorsqu'il reçoit l'appel téléphonique de Marie qui le prie de la rejoindre, le narrateur de *La Vérité sur Marie* est en effet en compagnie d'une autre femme, qui s'appelle également Marie.

résiste à toute lecture en même temps qu'elle y invite irrésistiblement. Elle n'est pas la trace qui mène à une explication rationnelle, mais celle qui ouvre une zone d'indétermination, de potentialité. Contrairement à une logique que l'on pourrait qualifier de déductive, le narrateur ne convoque pas cet indice pour révéler quelque chose de son environnement immédiat ; il fait appel à cette trace en tant que résidu (ou rebut) d'une réalité indicible, pour la lier à un autre événement qui ne pourra jamais être dit qu'imparfaitement, celui de la mort de Jean-Christophe de G.

En associant ces sangs féminin et masculin, la logique fantasmatique unit étroitement pulsion de vie et pulsion de mort, et donne de la sorte au sujet un accès à une vérité qui n'aurait pas trouvé d'actualisation en dehors du fantasme. Ce pouvoir de révélation du scénario fantasmatique est exprimé par l'ambiguïté de l'état dans lequel plonge le narrateur à la suite du saut interprétatif qui associe la tache de sang menstruel à la mort de Jean-Christophe de G., état qu'il apparente tout à la fois à celui du « vertige », de la « confusion mentale », du « brusque accès de frayeur irrationnelle » et, suggère-t-il par une parembole, au contraire de la « lucidité » (*VM*, p. 65). La conscience que le narrateur a de l'effet de distorsion qu'il produit n'empêche pas que le détournement opéré se mette à avoir plus de poids que ce qu'il sait être la réalité extérieure. La trace n'a pas besoin de renvoyer à la réalité dont elle est issue pour faire sens. Son statut de résidu lui permet de désigner une réalité (la femme, la vie) tout en pointant vers autre chose (l'homme, la mort). En tant que reste, elle autorise l'élaboration d'un fantasme qui se révèle porteur d'une vérité, certes autre que celle de la réalité diégétique, mais dont la virtualité n'enlève rien de sa valeur signifiante. Cette vérité vers laquelle pointe la trace a trait au désir du sujet, parce que la trace précisément mobilise le désir en instituant le manque qui la fonde et qu'elle vient révéler comme un vide qui appelle à être comblé.

Privé de la présence de Marie à ses côtés, le narrateur imagine, à partir des indices que semble lui tendre le réel, les menus événements qui composent le quotidien de son ancienne maîtresse, il reconstitue ses paroles, lui prête certaines pensées. Il effectue de la sorte un travail de symbolisation qui rate inévitablement son objet, puisqu'il ne pourra jamais recouvrer avec exactitude ce qu'a été la vie de Marie en son absence. Le narrateur témoigne explicitement de ce ratage lorsqu'il constate « la difficulté, voire l'impossibilité de recouvrer de mots ce qui avait été la vie même », conscient que tout événement perd une part de sa substance lorsqu'il est placé « dans la lumière implacable des mots » (*VM*, p. 61). Cet impossible est consécutif de l'entrée de l'être humain dans le symbolique : « la nature symbolique et culturelle de l'expérience humaine [comporte] une faille, une béance que nulle combinatoire symbolique, nul savoir, nulle satisfaction ne peuvent suturer. La transposition de la vie dans le langage [...] ne se f[ait] pas sans reste, ne se f[ait] pas sans comporter cette perte initiale qui laisse à sa place un vide, un manque irrésorbable [sic][12] ».

Ce manque engendré par la perte structurale, le narrateur de Toussaint ne cesse d'en faire l'expérience. Dès *La Salle de bain*, il constate son impuissance à retenir le cours du temps en observant de la glace fondre sous la chaleur du chocolat qui la surplombe (*SDB*, p. 80); cette scène inaugure une longue série de réflexions sur l'impossibilité de mettre en mots l'instant, dont la fugacité résiste à toute appréhension qui prétendrait en rendre compte de manière exhaustive. Laurent Demoulin évoque « l'angoisse du temps qui passe[13] » comme un thème récurrent des romans de Toussaint, Wagner parle d'« obsession pour le caractère inexorable du flux temporel[14] ». Dans *L'Appareil-photo*, roman qui exploite pleinement cette question, la métaphore de l'olive interroge par trois fois la manière la plus judicieuse de « fatiguer la réalité » (*AP*, p. 14) à laquelle se heurte le narrateur, tandis que celui-ci s'attarde à plusieurs reprises sur la nature évanescente de la pensée :

> C'est le cours qui est beau, oui, c'est le cours, et son murmure qui chemine hors du boucan du monde. Que l'on tâche d'arrêter la pensée pour en exprimer le contenu au grand jour, on aura, comment dire, comment ne pas dire plutôt, pour préserver le tremblé ouvert des contours insaisissables, on n'aura rien, de l'eau entre les doigts, quelques gouttes vidées de grâce brûlées dans la lumière. (*AP*, p. 94)

La pensée comme l'instant présent se dérobent à toute formulation. Tenter de les appréhender par le langage équivaut à figer leur fulgurance, c'est-à-dire à manquer inévitablement quelque chose de leur essence. Chez Toussaint, l'événement ne se conçoit que du point de vue de sa propre dissolution ; sa tangibilité se délite, échappe irrémédiablement à tout récit ou à toute image qui prétendrait en rendre compte, telle la date de naissance de Jean-Christophe de G. qui, aux yeux du narrateur de *La Vérité sur Marie*, « portait déjà en elle, comme un poison corrosif dissimulé en son sein, le germe de son propre estompement et de son effacement définitif dans le cours plus vaste du temps » (*VM*, p. 70). Le cours de la vie n'a de cesse d'échapper au narrateur, lui-même étant prisonnier d'un effet d'« engourdissement du réel » (*VM*, p. 148) qui explique

---

12   Alfredo Zenoni, *Le corps de l'être parlant : de l'évolutionnisme à la psychanalyse*, Bruxelles, De Boeck, 1991, (« Oxalis »), p. 79.
13   Laurent Demoulin, « *Faire l'amour* à la croisée des chemins », *op. cit.*, p. 153.
14   Frank Wagner, « Monsieur Jean-Philippe Toussaint et la notion de Vérité : pour une poétique perspectiviste », *op. cit.*, p. 28.

que celui-ci se dérobe continuellement à ses tentatives de représentation. N'en déplaise aux critiques qui expriment parfois une certaine lassitude vis-à-vis de la façon systématique qu'a Toussaint de tourner autour de l'inexprimable[15], il faut y voir un motif essentiel de l'écriture de l'auteur, dont le concept du fantasme permet de révéler le potentiel dynamique.

Le manque, en effet, est par essence irrépressible : quels que soient les efforts entrepris pour l'annuler, il s'y soustrait inexorablement, et chacune des tentatives du narrateur figure comme l'ébauche d'un combat toujours à recommencer. En même temps cependant, le manque fonctionne comme une invitation à représenter : c'est parce qu'il se dérobe indéfiniment au discours qui cherche à le dire qu'il autorise l'expression du sujet humain. C'est le paradoxe du Réel[16] développé par Lacan dans *Le séminaire XI* : le Réel déconstruit l'ordre symbolique, puisqu'à toute représentation échappe toujours un reste – que Lacan nomme l'objet « petit a » – qui ne peut être assimilé ; mais en même temps il soutient la structure symbolique, car c'est précisément parce que le sujet rate toujours sa rencontre avec l'objet perdu que ce reste fait retour dans l'inconscient, engendrant de la sorte la nécessité pour le sujet de chercher à l'exprimer[17]. Chez Toussaint, l'incomplétude du système langagier prive certes le sujet d'un rapport d'adéquation avec les choses, mais, dans un mouvement concomitant, le manque appelle à être comblé par l'écriture : « écrire était en quelque sorte une façon de résister au courant qui m'emportait, une manière de m'inscrire dans le temps, de marquer des repères dans l'immatérialité de son cours, des incisions, des égratignures » (*AE*, p. 120). Ces dernières lignes d'*Autoportrait (à l'étranger)* présentent l'écriture comme un geste de résistance – sans cesse appelé à être renouvelé – de la part du sujet emporté par le cours insaisissable de la vie. Écrire devient une manière de tirer parti de cette faille, pour faire de ce point de Réel comme lieu de l'impossible un moteur de la représentation.

---

15 « Cinquième partie. Déconstruire Toussaint : l'œuvre et ses points aveugles », dans Stéphane Chaudier, (s.l.d.), *Les Vérités de Jean-Philippe Toussaint, op. cit.*, p. 225-259.

16 Lacan identifie trois registres autour desquels il structure sa pensée : Symbolique, Imaginaire et Réel. Bien que leur définition et leur primauté évoluent au fil de l'enseignement lacanien, on peut s'accorder sur le fait que le Réel figure ce qui échappe à tout savoir, c'est-à-dire ce qui ne peut être formulé par aucun signifiant. En tant que tel, le Réel se distingue de la réalité, que Lacan définit au contraire comme une représentation constituée par le Symbolique et l'Imaginaire. Par souci de clarté, cet essai fera toujours référence au Réel dans son acception lacanienne par l'usage de la majuscule.

17 Jacques Lacan, *Le séminaire, livre XI : les quatre concepts fondamentaux de la psychanalyse*, texte établi par J.-A. Miller, Paris, Seuil, 1990, (« Points Essais »).

Dans *La Vérité sur Marie*, plutôt que du caractère insaisissable du temps ou de la pensée, le narrateur est amené à prendre conscience de la distance inexorable qui le sépare de l'Autre, laquelle trouve son actualisation dans l'absence de Marie à ses côtés. Sous le couvert de relater les amours de ce personnage féminin avec un certain Jean-Christophe de G., le véritable projet romanesque de *La Vérité sur Marie* est de témoigner de l'expérience de ce vide, dans lequel prennent naissance les projections fantasmatiques qui rythment le roman :

> Je savais qu'il y avait sans doute une réalité objective des faits [...], mais que cette réalité me resterait toujours étrangère, je pourrais seulement tourner autour, l'aborder sous différents angles, la contourner et revenir à l'assaut, mais je buterais toujours dessus, comme si ce qui s'était réellement passé cette nuit-là m'était par essence inatteignable, hors de portée de mon imagination et irréductible au langage. J'aurais beau reconstruire cette nuit en images mentales qui auraient la précision du rêve, j'aurais beau l'ensevelir de mots qui auraient une puissance d'évocation diaboliques, je savais que je n'atteindrais jamais ce qui avait été pendant quelques instants la vie même, mais il m'apparut alors que je pourrais peut-être atteindre une vérité nouvelle, qui s'inspirerait de ce qui avait été la vie et la transcenderait, sans se soucier de vraisemblance ou de véracité, et ne viserait qu'à la quintessence du réel, sa moelle sensible, vivante et sensuelle, une vérité proche de l'invention, ou jumelle du mensonge, la vérité idéale. (*VM*, p. 165-166)

Les fantasmes du narrateur se déploient au point d'intersection des champs du symbolique et de l'imaginaire, autour d'un point de Réel qui excède et troue tout à la fois ces deux dimensions : « hors de portée de mon imagination et irréductible au langage ». Il y a là une faille, une brèche creusée par la désertion de Marie, qui requiert les scénarios fantasmatiques du narrateur, posant bien « l'absence de l'objet comme condition du fantasme[18] » : il s'agit de recourir au registre de l'imaginaire pour boucher le manque et élaborer dans le même temps une représentation qui permet une réappropriation symbolique de cette perte (quand bien même le fantasme viserait à l'occulter). La « vérité idéale » qui point dès lors à l'horizon du récit fantasmé du narrateur n'est pas celle de l'histoire exacte des amours de Marie et de Jean-Christophe de G., mais une vérité symbolique, qui atteste le désir du sujet en charge de la narration.

---

18 Daniel Widlöcher, « L'objet du fantasme », *Évolution psychiatrique*, 70, 2005, p. 26.

Selon Freud, le fantasme puise son origine dans la satisfaction hallucinatoire d'un désir. Cette assertion ne prend sens qu'en tant que le désir est toujours étroitement lié au manque. En effet, Freud théorise la mise en place du désir chez le sujet à partir de la perte d'un objet qui reste toujours à retrouver, *das Ding*, corrélatif de l'introduction du sujet dans le langage. Dans la psychanalyse lacanienne, cette perte constitutive du désir est celle de l'objet *a* : le sujet sort divisé de sa rencontre avec le grand Autre (c'est-à-dire de son entrée dans le symbolique), et cette perte initiale génère un reste irreprésentable – l'objet « petit a » lacanien ; c'est parce que l'objet *a* est coupé du sujet dès son inscription dans le monde que l'être humain va désirer recouvrer cette part perdue de lui-même. Lebrun explique la valeur générative du manque à l'origine de la condition de l'être parlant en ces termes :

> ce qu'il [l'être humain] gagne, c'est la faculté de parler, c'est le monde des mots, ce qu'il perd c'est son adéquation aux choses, et c'est tout aussi bien son adéquation à lui-même. [...] Dans l'univers du langage, le mot rate la chose, il ne renvoie jamais qu'à un autre mot et à chaque fois ce renvoi implique une perte, celle de l'adéquation du mot à la chose, en même temps que cette perte exige du sujet un travail de symbolisation pour pouvoir transformer cette perte en un manque qui lui laisse à désirer[19].

Lebrun recourt par ailleurs à une métaphore éclairante pour expliquer cette articulation du manque au désir : « Le trou est [...] ce qui autorise le désir du sujet ; il est comme la case vide du jeu de taquin ou de pousse-pousse qui permet que le jeu puisse avoir lieu[20] ». Ainsi, l'essence du désir est de demeurer insatisfait, car il n'existe aucun objet capable de combler la béance structurelle qui sépare irréductiblement le désir du sujet de sa satisfaction. Autrement dit, le désir humain est donc toujours « un désir "indestructible", tendu vers une réalisation qui s'avère toujours déplacée et substitutive au regard de ce qui le motive[21] ». Quels que soient les objets partiels qui prétendent provisoirement combler ce manque, celui-ci demeure. C'est pourquoi on peut parler de « manque structurant[22] ».

Jean-Claude Razavet reconnaît toutefois que le désir peut trouver un lieu de réalisation dans le fantasme : « Il peut y avoir *accomplissement* de désir dans le rêve, dans l'hallucination [...], peut-être dans le fantasme, *mais il n'y*

---

19 Jean-Pierre Lebrun, *Un monde sans limite, op. cit.*, p. 156.
20 *Ibidem*, p. 45.
21 Alfredo Zenoni, *Le corps de l'être parlant, op. cit.*, p. 80.
22 Jean-Claude Razavet, *op. cit.*, p. 153.

a pas de satisfaction du désir en acte, car ce n'est jamais ça. [...] En somme, le désir insatisfait [...] est un vice de structure, un défaut de fabrication généralisable à l'ensemble des êtres parlants[23] ». Ce résultat n'est jamais que provisoire, puisqu'il ne se concrétise que dans la réalité psychique, mais il permet au sujet de trouver un substitut capable d'occulter provisoirement l'absence de l'objet, en se créant une satisfaction imaginaire. Dans le fantasme, il ne s'agit pas de remédier à l'absence concrète de l'objet, mais de pallier, par le biais d'une représentation imaginaire, sa perte symbolique : « ce qui est visé dans [le fantasme], ce n'est pas l'objet réel, mais l'objet perdu[24] ». Le fantasme, en effet, ne se pose pas comme objet du désir, mais en tant que scène de son accomplissement : il ne montre pas l'objet, de l'absence duquel il tire cependant son fondement, mais met en scène le sujet aux prises avec son désir. C'est ce qui explique la nécessité que le sujet soit toujours présent dans l'élaboration fantasmatique, que ce soit de manière directe ou sous une forme désubjectivée : « Dans le fantasme, [...] le sujet ne vise pas l'objet ou son signe, il figure lui-même pris dans la séquence d'images. Il ne se représente pas l'objet désiré mais il est représenté participant à la scène[25] ». Une thèse que confirme, en d'autres termes, Razavet : « Le fantasme obéit à une grammaire. [...] Le sujet y a toujours sa place, même si elle n'est pas apparente. [...] le sujet y occupe au moins la place du spectateur. Le fantasme n'est pas une représentation de l'objet de la pulsion, il est une mise en scène du désir dans laquelle le sujet est représenté[26] ». Ainsi, bien que les élaborations fantasmatiques du narrateur de *La Vérité sur Marie* prennent naissance dans le vide révélé par la désertion du personnage féminin, elles ne prétendent pas rétablir la présence concrète de celui-ci auprès du narrateur, mais cherchent à lui apporter satisfaction en le faisant figurer au cœur de la représentation de son désir.

3.1.4 *Logique du fantasme*

Lacan a souligné la valeur de la conception freudienne du fantasme comme représentation visant à soutenir le désir du sujet et s'en est inspiré pour dégager la logique qui sous-tend ce phénomène psychique. Tout en rappelant la nécessité pour le sujet humain de figurer dans le fantasme qu'il élabore, Lacan insiste sur le fait que ce sujet est inévitablement barré, en quête d'un objet qui résiste à toute forme de représentation :

---

23 Jean-Claude Razavet, *De Freud à Lacan : du roc de la castration au roc de la structure*, 2ᵉ éd, Bruxelles, De Boeck, 2002, (« Oxalis »), p. 154.
24 Jean Laplanche, Jean-Bertrand Pontalis, « Fantasme originaire, fantasmes des origines, origine du fantasme », *op. cit.*, p. 1864.
25 *Ibidem*, p. 1868.
26 Jean-Claude Razavet, *op. cit.*, p. 201–202.

> Dans le fantasme, le sujet est fréquemment inaperçu, mais il y est toujours, que ce soit dans le rêve, dans la rêverie, dans n'importe quelle des formes plus ou moins développées. [...]
>
> Le fantasme est le soutien du désir, ce n'est pas l'objet qui est le soutien du désir. Le sujet se soutient comme désirant par rapport à un ensemble signifiant toujours beaucoup plus complexe. Cela se voit assez à la forme de scénario qu'il prend, où le sujet, plus ou moins reconnaissable, est quelque part, schizé, divisé, habituellement double, dans son rapport à cet objet qui le plus souvent ne montre pas plus sa véritable figure[27].

Cette citation présente le fantasme comme une construction signifiante convoquée pour suppléer au défaut de symbolisation inhérent à la condition de l'être humain : le scénario fantasmatique constitue une tentative du sujet pour contourner son incapacité à dire un réel qui lui échappe.

Pour exprimer ce rapport particulier que le sujet entretient avec l'objet perdu, Lacan conceptualise la « logique du fantasme[28] » de la façon suivante : « $\$\lozenge a$ ». Dans ce mathème, le poinçon sert à conjoindre dans le sujet ce qui ne peut s'en isoler tout en étant irrémédiablement perdu, soit cet objet a qui résulte de la rencontre du sujet avec l'Autre, qui appartient à la catégorie du Réel et qui n'est, en tant que tel, ni symbolisable ni imaginable : « L'objet véritable, authentique, dont il s'agit quand nous parlons d'objet, n'est aucunement saisi, transmissible échangeable. Il est à l'horizon de ce autour de quoi gravitent nos fantasmes[29] ». La formule de Lacan désigne dès lors le fantasme comme une tentative du sujet pour renouer avec cette part de lui-même initialement refoulée[30]. En effet, tout fantasme – qu'il soit conscient ou non – consiste en un scénario qui recèle le manque originaire du sujet. En tant que tel, il constitue une réponse symbolique destinée à voiler le vide central de la structure : « Le court-circuit du fantasme rend supportable [...] le manque de l'Autre[31] », c'est-à-dire qu'en relançant l'économie du désir (le rapport dialectique entre manque et désir, *cf. supra*), il contrebalance la peur que suscite chez le sujet le

---

27 Jacques Lacan, *Le séminaire, livre XI : les quatre concepts fondamentaux de la psychanalyse, op. cit.*, p. 168.
28 Titre du séminaire donné par Jacques Lacan entre 1966 et 1967. Ce séminaire n'a pas encore été édité.
29 Jacques Lacan, *Le séminaire, livre VIII : le transfert*, texte établi par J.-A. Miller, Seuil, Paris, 1991, (« Le champ freudien »), p. 285.
30 Jacques Lacan, « Subversion du sujet et dialectique du désir dans l'inconscient freudien », dans *Ecrits II*, Paris, Seuil, 1999, p. 273–308.
31 Jean-Claude Razavet, *op. cit.*, p. 106.

face-à-face avec ce défaut structurel. Même si le fantasme n'est qu'une illusion, il fonctionne comme un voile de l'absence du sujet à lui-même ; autrement dit, il constitue un écran qui évite la confrontation du sujet à sa propre béance.

Dès l'*incipit* de La Vérité sur Marie, le narrateur établit un parallèle étroit entre son propre vécu et l'histoire de Marie en spécifiant que, sans le savoir, ils avaient fait l'amour au même moment et à un peu moins d'un kilomètre de distance la nuit du malaise de Jean-Christophe de G. En reconstituant *a posteriori* le vécu de Marie à l'identique du sien, à partir de ce qu'il peut déduire des quelques informations qu'il a glanées par la suite auprès d'elle, le narrateur tisse un lien des plus intimes entre son ancienne compagne et lui-même, en même temps qu'il révèle l'étendue de la distance qui les sépare désormais. Dans le scénario qu'il imagine, l'histoire de Marie et la sienne se superposent jusqu'à se confondre, comme le démontre la réduction de leur activité sexuelle respective à un seul et même événement, l'union de leurs corps enivrés dans une chambre parisienne : « on peut évaluer à une heure vingt, une heure trente du matin au plus tard, l'heure à laquelle Marie et moi faisions l'amour au même moment dans Paris cette nuit-là, légèrement ivres l'un et l'autre, les corps chauds dans la pénombre, la fenêtre grande ouverte qui ne laissait pas entrer un souffle d'air dans la chambre » (*VM*, p. 12). Toussaint accentue la confusion en faisant porter à la femme qui se trouve dans le lit du narrateur cette nuit-là le même prénom que celui de la figure centrale de sa tétralogie, prenant ainsi le contre-pied de l'usage romanesque qui veut qu'on ne nomme pas pareillement deux personnages d'un même roman, par souci de lisibilité : « je faisais clairement la distinction entre Marie et Marie – Marie n'était pas Marie – » (*VM*, p. 38). En faisant converger son propre vécu avec celui de son ancienne compagne, le narrateur ne cherche ni à restituer leur histoire respective (comme pourrait le faire croire la profusion de détails qu'il apporte quant à l'heure ou à l'atmosphère, mais dont l'excessive précision mine au contraire l'illusion référentielle, dénonçant le récit pour ce qu'il est : une extrapolation sortie de son imagination), ni à colmater la brèche qui résulte de sa séparation avec Marie en rétablissant la présence de cette dernière à ses côtés (puisque le rapprochement opéré a à l'inverse pour effet de souligner le manque). Il s'agit plutôt de restaurer par le recours à l'imaginaire l'intimité du lien qui l'unit à Marie, et d'apaiser de la sorte la peur qui surgit lorsqu'il fait l'expérience de l'écart irréductible qui lui barre l'accès à ses pensées, à ses désirs et à ses agissements, c'est-à-dire la peur qui surgit de la prise de conscience du fait que l'Autre est troué (il n'y a pas de réponse), laquelle trouve son expression dans la distance qui coupe irrémédiablement le sujet d'autrui. Le fantasme figure comme une solution du sujet pour contrer l'énigme de l'Autre.

Dans *La Vérité sur Marie*, la coupure qui sépare le sujet d'autrui est rendue tangible par l'éloignement physique de ces deux personnages (ce « kilomètre » quasi insignifiant, qui rend pourtant imperméable leur vécu respectif, *VM*, p. 11) ; il s'agit toutefois d'un thème décliné tout au long du cycle sur Marie. Toussaint met par exemple habilement en scène cette distance dans *Faire l'amour*, lors de l'épisode qui rassemble le narrateur et Marie dans une chambre d'hôtel à Tokyo (*FA*, p. 26–36). Leurs corps sont unis à travers l'étreinte sexuelle, mais leurs consciences demeurent étrangères l'une à l'autre. Symboliquement, la distance qui sépare le narrateur de Marie est représentée par le masque de soie qu'elle porte sur les yeux : il empêche toute communication (« son visage dont les yeux bandés me voilaient l'expression », *FA*, p. 30–31), rendant chacun hermétique au désir de l'autre. Lorsqu'une larme s'échappe soudain du masque pour glisser le long de la joue de Marie, le narrateur entrevoit dans ce micro-événement une occasion d'établir un contact avec son amante et de restaurer l'intimité du lien qui les a unis autrefois, mais le scénario imaginaire qu'il élabore demeure à l'état de potentialité :

> J'aurais pu boire cette larme à même sa joue [...] J'aurais pu me jeter sur elle pour embrasser ses joues, son visage et ses tempes, arracher ses lunettes de tissu et *la regarder dans les yeux*, ne fût-ce qu'un instant, *échanger un regard et se comprendre, communier avec elle* dans cette détresse que l'exacerbation de nos sens aiguisait [...] Mais je n'ai rien fait (*FA*, p. 31–32, je souligne).

Le désir du narrateur – désir de fusionner avec Marie – est exprimé sans pouvoir se réaliser. Il fonctionne ici comme « désir de l'autre », syntagme qu'il faut entendre à la fois comme génitif objectif (le désir que le sujet entretient vis-à-vis d'autrui) et comme génitif subjectif (le désir qui appartient à autrui), car le fantasme du narrateur vise l'accomplissement de son désir pour Marie, mais en tant que celui-ci passe par la rencontre avec son désir à elle. Cet extrait donne ainsi sens à la sentence lacanienne selon laquelle « Le désir est désir de désir, désir de l'Autre[32] » : c'est de la perte à laquelle consent le sujet lors de son entrée dans le symbolique que surgit le manque dont s'institue le désir ; le sujet désire donc du lieu de l'Autre, son désir se confond avec le désir de l'Autre. C'est ainsi qu'on peut lire l'expression du désir du narrateur de *Faire l'amour* à travers ses tentatives pour entrer en communion avec Marie, et fusionner son désir au sien.

---

32   Jacques Lacan, « Du "Trieb" de Freud et du désir du psychanalyste », dans *Écrits I, op. cit.*, p. 332.

En tant que tel, ce désir ne peut trouver de satisfaction autre qu'imaginaire, puisque ce détour obligé par l'Autre ne peut produire que le ratage de l'objet de la jouissance. Ainsi, poursuivant leur étreinte, le narrateur et Marie ne parviennent pas à cette communion dont il rêve un instant plus tôt :

> nous faisions l'amour dans l'obscurité de la chambre [...] je l'entendais gémir dans le noir à mesure que je bougeais en elle, mais je ne sentais guère ses mains contre mon corps, ses bras s'enrouler autour de mes épaules. Non, c'était comme si elle évitait soigneusement tout contact superflu avec ma peau, tout attouchement inutile, toute jonction entre nos corps autre que sexuelle. [...] J'avais le sentiment [...] qu'elle frottait sa détresse contre mon corps pour se perdre dans la recherche d'une jouissance délétère, incandescente et solitaire (*FA*, p. 32–33).

La proximité physique des personnages est à son paroxysme, pourtant ils demeurent irrévocablement coupés l'un de l'autre. L'union des corps ne permet pas la rencontre avec autrui ; elle laisse le désir du sujet insatisfait. Cet échec est d'ailleurs thématisé un peu plus tard, lorsque le narrateur interrompt leur relation sexuelle, frustrant par cet abandon Marie de la jouissance vers laquelle elle tendait.

Il est intéressant de comparer cette scène de *Faire l'amour* avec l'*incipit* de *La Vérité sur Marie*, car, tandis que l'étreinte physique rate la réalisation du désir du sujet, ce désir trouve paradoxalement son accomplissement lorsque les corps s'absentent l'un à l'autre, parce que l'éloignement rend possible leur *ré-union* dans l'imaginaire du narrateur. C'est de l'absence de Marie à ses côtés que surgit la rencontre du désir du narrateur avec le désir de l'Autre, par le biais de la superposition de leur vécu respectif dans le fantasme. Le détour par l'imaginaire orchestré par les élucubrations fantasmatiques du narrateur permet une communication transparente entre leurs individualités, alors que, dans la réalité diégétique, l'accès à l'autre demeure irrémédiablement barré. Le fait que cette symbiose de leur conscience respective soit un leurre n'empêche pas le désir du sujet d'être provisoirement satisfait. En effet, la fonction du fantasme telle que la définit la logique lacanienne est précisément d'organiser, par un recours à l'imaginaire, la rencontre – impossible – du symbolique et du réel[33] : « Une logique du fantasme : définir donc la fonction – logique – du fantasme. La fonction du fantasme, c'est de nouer deux éléments hétérogènes,

---

33   Dans le langage commun, le terme « fantasme » renvoie au registre de l'imaginaire ; Freud, lorsqu'il s'est appliqué à définir ce phénomène psychique, a d'emblée placé le fantasme au point d'achoppement du réel et du structurel. C'est cette soudure que vient éclairer Lacan

le symbolique et le réel. Nouer le versant de l'Autre, du désir et de la représentation du sujet d'une part, et le versant de la satisfaction pulsionnelle, de la jouissance et du réel d'autre part[34] ».

Le fantasme donne ainsi au sujet humain un accès à une jouissance qui lui serait refusée en dehors du scénario fantasmatique. C'est par exemple le cas pour le narrateur de *Football* lorsqu'il s'imagine être l'attaquant ou le gardien menant son équipe à la victoire :

> La nature de l'émerveillement que le football suscite provient des fantasmes de triomphe et de toute-puissance qu'il génère dans notre esprit. [...] Ce sont les célébrations, les congratulations, l'agenouillement sur la pelouse, les coéquipiers qui se jettent sur moi et m'entourent, m'étreignent, m'oignent et m'encensent, que je savoure le plus, non pas l'action elle-même, c'est mon triomphe narcissique qui m'apporte la jouissance, et nullement le fait que cela puisse un jour se produire dans le réel (*Fo*, p. 11-12).

Il n'est pas nécessaire que le fantasme trouve une forme d'actualisation pour que l'accomplissement du désir qu'il met en scène satisfasse le sujet.

Une des scènes les plus marquantes de *Fuir*[35] est également révélatrice de cette capacité du fantasme à satisfaire illusoirement la pulsion désirante du sujet, en lui donnant accès à la conscience de l'autre. Comme dans *La Vérité sur Marie*, le scénario fantasmatique émerge du manque creusé par l'absence du personnage féminin auprès du narrateur : ce dernier se trouve dans un train de nuit qui relie Shanghai à Pékin lorsqu'il reçoit un appel téléphonique de Marie, qui erre dans le musée du Louvre et dans les rues de Paris sous un soleil éclatant ; le contraste entre le décor dans lequel évolue chacun des personnages est ainsi poussé à son paroxysme, rendant palpable la distance physique qui les sépare. Ils sont littéralement à l'autre bout du monde l'un par rapport à l'autre. Le téléphone portable abolit pour un temps cette distance, mais s'il rétablit un semblant de communication entre les personnages, le dispositif apparaît

---

lorsqu'il développe la logique du fantasme (Christine Le Boulengé, « Désir et jouissance dans le fantasme », *Quarto*, 42 : fantasme, délire et toxicomanie, décembre 1990, p. 4).

34   *Ibidem*.
35   Piret démontre d'ailleurs habilement comment ce roman, par un double processus de décomposition des cadres romanesques et de recomposition par surdétermination métaphorique, parvient à relancer la dialectique du désir (Piret Pierre, « Le dispositif minimaliste et la dialectique du désir (Echenoz, Toussaint) », *op. cit.*, p. 325-343).

en même temps comme un moteur de l'angoisse que suscite chez le sujet la brutale abolition du manque de l'Autre[36] :

> c'était le téléphone portable qu'on m'avait offert qui sonnait dans mon sac à dos, et je sentis mon cœur battre très fort, je ressentis de la terreur, un mélange de panique, de culpabilité et de honte. J'avais toujours eu des relations difficiles avec le téléphone, une combinaison de répulsion, de trac, de peur immémoriale, une phobie irrépressible que je ne cherchais même plus à combattre [...] J'avais toujours plus ou moins su inconsciemment que cette peur du téléphone était liée à la mort – peut-être au sexe et à la mort – mais, jamais avant cette nuit, je n'allais avoir l'aussi implacable confirmation qu'il y a bien une alchimie secrète qui unit le téléphone et la mort. (*F*, p. 44)

En effet, cet appel qui réveille une peur viscérale chez le narrateur s'avère porteur de mort, puisqu'il apprend au protagoniste le décès du père de Marie. Cependant, la corrélation qui rattache mort et téléphone portable dans cet épisode de *Fuir* ne se limite pas à cette nouvelle brutale ; il désigne plus largement la pulsion de mort qui saisit soudain le narrateur, et que l'annonce téléphonique de la disparition du père de Marie ne viendrait *in fine* que thématiser, servant en quelque sorte à Toussaint de prétexte pour introduire la longue scène au cours de laquelle le narrateur accompagne Marie par la pensée lors sa fuite hébétée dans les salles du Louvre (*F*, p. 47–58).

En réunissant le narrateur et Marie le temps d'un échange vocal dont la fragilité et l'insuffisance n'apparaissent que trop bien, le téléphone portable révèle l'étendue de leur éloignement :

> j'écoutais la voix de Marie qui parlait à des milliers de kilomètres de là et que j'entendais par-delà les terres infinies, les campagnes et les steppes, par-delà l'étendue de la nuit et son dégradé de couleurs à la surface de la terre, par-delà les clartés mauves du crépuscule sibérien et les premières lueurs orangées des couchants des villes est-européennes (*F*, p. 51).

L'immensité de l'espace physique dépeint par le narrateur s'inscrit comme une métaphore de l'intervalle qui sépare irrémédiablement le sujet de l'Autre, que le dispositif technique donne l'illusion d'abolir en superposant les points de vue perceptif du narrateur et de Marie. C'est cette conscientisation de la

---

[36] Nous développerons plus avant la relation ambiguë que le narrateur de Toussaint entretient vis-à-vis des dispositifs techniques dans la troisième partie de notre étude (*cf.* 3.1.1).

possibilité pour le sujet de fusionner avec l'objet de son désir qui cause l'angoisse du sujet, dont rend ici compte l'appréhension que déclenche chez le narrateur la sonnerie du dispositif. La manière dont il décrit sa peur du téléphone (« un mélange de panique, de culpabilité et de honte », « une combinaison de répulsion, de trac, de peur immémoriale, une phobie irrépressible ») fait d'ailleurs significativement écho à une angoisse originelle, constitutive du rapport que le sujet entretient avec le monde qui l'entoure. Ce sentiment est lié à la mort, en tant qu'il résulte de l'impossible jouissance du sujet : puisque le désir du sujet est désir de l'Autre, et qu'en tant que tel ce désir ne peut jamais être satisfait, l'accès du sujet à la jouissance lui est toujours refusé ; toute poussée désirante du sujet est donc motivée par cet interdit d'un immédiat jouir de soi, tout en visant précisément l'endroit de ce manque. « C'est cette visée de sa propre perte qui fait que toute pulsion est tendanciellement ou virtuellement pulsion de mort[37] » : la pulsion est liée à la mort en tant qu'elle ne se réalise que là où le sujet est absent à lui-même. Le téléphone portable est porteur de mort pour le narrateur de *Fuir*, dans le sens qu'il permet au narrateur de « se faire entendre » – soit une des quatre activités pulsionnelles identifiées par Lacan – par Marie, mais que dans le même temps il donne l'impression d'extraire leur voix respective de leur contexte d'articulation, rendant de la sorte palpable le point d'impossible (à dire, à voir) que vise la pulsion désirante.

Décrochant le téléphone, le narrateur se met à imaginer, à partir des bribes de conversation téléphonique qu'il échange avec Marie, des silences et des rumeurs qui lui parviennent à travers le combiné et qui agissent comme autant de traces (*cf. supra*), les déplacements de celle qu'il aime dans le Louvre et les émotions qui la traversent. Le scénario imaginaire qu'il élabore vise à apaiser la peur provoquée à la fois par la prise de conscience du manque de l'Autre et la possibilité de son abolition – toutes deux condensées dans la sonnerie du téléphone portable – en relançant la mécanique du désir. Dans le schéma lacanien du fantasme, le point de désir vient contrebalancer le point d'angoisse[38]. La voix de Marie fonctionne comme un objet partiel, destiné à combler provisoirement le manque creusé par l'objet *a* et à permettre le surgissement du fantasme. La longue paralepse des pages 47 à 49 donne l'impression que le narrateur s'absente un instant de son corps pour rejoindre Marie en pensées et l'accompagner dans sa fuite dans le Louvre. Distant de plusieurs milliers de kilomètres, il décrit pourtant les émotions de Marie, l'agencement des

---

37 Zenoni, à propos de la pulsion de mort telle qu'elle a été développée par Lacan à partir des écrits de Freud (Alfredo Zenoni, *Le corps de l'être parlant, op. cit.*, p. 107).

38 Jacques Lacan, « Subversion du sujet et dialectique du désir dans l'inconscient freudien », *op. cit.*, p. 295.

différentes salles qu'elle traverse, la vitesse de ses déplacements, etc. avec une précision qui va à l'encontre de la perspective de focalisation qui devrait être la sienne en tant que narrateur homodiégétique. Comme dans *La Vérité sur Marie*, il recourt au registre de l'imaginaire pour combler les blancs d'un réel qui lui échappe. Le scénario fantasmatique qu'il élabore de la sorte lui permet de se projeter aux côtés de Marie et d'adopter son point de vue focalisant, résorbant l'écart qui les maintient à distance l'un de l'autre par le biais de l'illusion.

À la suite de ce passage au cours duquel les consciences de Marie et du narrateur semblent fusionner, ce dernier détaille le phénomène de projection dans lequel il est pris par la voix de Marie :

> j'écoutais [...] la faible voix de Marie qui me transportait littéralement, comme peut le faire la pensée, le rêve ou la lecture, quand [...] le corps reste statique et l'esprit voyage, se dilate et s'étend, et que, lentement, derrière nos yeux fermés, naissent des images et resurgissent des souvenirs, des sentiments et des états nerveux, se ravivent des douleurs, des émotions enfouies, des peurs, des joies, des sensations, de froid, de chaud, d'être aimé, de ne pas savoir, dans un afflux régulier de sang dans les tempes, une accélération régulière des battements du cœur, et un ébranlement, comme une lézarde, dans la mer de larmes séchées qui est gelée en nous. (*F*, p. 51–52)

Il est intéressant de noter que le narrateur de *Fuir* compare déjà le mécanisme du fantasme à celui du rêve, comme ce sera le cas plus longuement dans *La Vérité sur Marie* (*cf. supra*). En outre, cet extrait a également l'avantage de souligner l'effectivité du scénario imaginaire : bien qu'il s'agisse d'un leurre, le fantasme exerce un effet tangible sur le sujet ; il produit des émotions et des sensations bien réelles, que le narrateur n'aurait pas éprouvées sans son entremise. C'est en cela qu'il figure comme le lieu d'accomplissement du désir du sujet et comme une alternative capable de voiler le défaut inhérent à l'ordre symbolique.

Néanmoins, la fin de l'appel téléphonique rappelle que cette satisfaction n'est jamais que provisoire et qu'elle n'a jamais lieu en acte. Une longue phrase de plus de deux pages porte à son paroxysme le fantasme d'identification du narrateur à Marie par la superposition des points de vue – confusion que la narration rend d'ailleurs explicite : « je ou elle –, je ne sais plus » (*F*, p. 54) – en multipliant les ruptures de construction et les énumérations pour accélérer le rythme de l'énoncé et brouiller sa linéarité, avant de s'achever par une brutale interruption de la conversation téléphonique. Un blanc assure ensuite la transition vers un nouveau paragraphe dans lequel le narrateur reprend durement contact avec ce qui l'entoure : son immobilité et l'état aphasique dans lequel il se décrit s'opposent à la rapidité de la scène précédente, dans laquelle les images se succédaient à la vitesse de la fuite de Marie dans les rues parisiennes ; privé de la voix de celle-ci et projeté dès lors hors de son fantasme, il se retrouve brusquement seul dans le vestibule d'un train chinois. La première partie du roman s'achève tandis qu'il pleure dans la nuit, en prenant conscience de son incapacité à partager et à consoler la détresse de Marie. Dans la réalité diégétique, l'accès absolu du narrateur à la conscience de Marie est toujours mis en échec ; la rencontre du sujet avec l'Autre n'est possible que dans le fantasme et ne survient donc que momentanément, le temps que dure pour le sujet qui s'y complaît l'illusion qu'il a élaborée.

Le fantasme ne vise donc pas l'objet réel – si ce n'est en tant que celui-ci est toujours irrémédiablement perdu – mais il est élaboré à partir de cette castration originelle pour permettre au sujet de voiler l'inconsistance de l'ordre symbolique, autrement dit l'autoriser à occulter la conscience qu'il possède de sa propre incomplétude et du manque de l'Autre, de sorte qu'il puisse investir la scène de son désir. Au cours du cycle « Marie Madeleine Marguerite de Montalte », ce défaut structurel transparaît dans chacune des scènes où le narrateur constate l'écart irréductible qui le sépare de Marie, lequel se fait d'autant plus perceptible que leur proximité physique est grande. Dans *L'amour de la langue*, Jean-Claude Milner évoque cette distance du sujet à autrui en ces termes : « deux êtres parlants sont nécessairement et réellement distincts, et d'aucun point de vue, leur *différence* ne peut être comblée – pas même pour le concept – : ils ne cessent pas de s'écrire comme discernables, et aucun réel ne peut exister où ils se symétrisent[39] ». La « différence » qui sépare irrémédiablement deux êtres ne peut être abolie, mais elle exhorte pourtant à être « comblée », participe passé qui a le mérite de suggérer, littéralement, l'inclination de cette distance à être supprimée entièrement, dans le but, au sens figuré, de satisfaire un désir. Les fantasmes du narrateur de Toussaint prennent naissance au cœur de ce défaut structurel ; ils surgissent de l'absence de Marie aux côtés du narrateur, pour le projeter sur la scène de son désir en restaurant la puissance du lien qui unit ces deux personnages par le biais de l'imaginaire. David Le Breton affirme que « d'un homme à l'autre règne une distance que seul l'imaginaire *semble* pouvoir combler[40] » ; dans cette citation, l'auxiliaire a toute son importance : le fantasme a fonction de leurre. Il n'y a pas de rencontre possible avec le désir de l'Autre en dehors du scénario fantasmatique.

---

39   Jean-Claude Milner, *L'amour de la langue*, Lagrasse, Verdier, 2009, p. 101, (je souligne).
40   David Le Breton, *Des Visages. Essai d'anthropologie*, Paris, Métailié, 1992, p. 107.

La troisième et dernière partie de *La Vérité sur Marie*, qui renoue avec la narration autodiégétique auquel Toussaint a précédemment habitué son lecteur, fait clairement apparaître cet impossible. Lorsque le narrateur rejoint Marie à l'île d'Elbe à l'occasion de l'enterrement du père de cette dernière, les deux personnages ne cessent de se *tourner autour*, c'est-à-dire de maintenir entre eux la brèche nécessaire pour préserver le point inaccessible autour duquel leur désir gravite. Un instant, cet écart donne l'impression de s'effacer pour laisser place à la rencontre :

> Marie et moi avions passé une semaine ensemble à la Rivercina, multipliant les jeux d'approche invisibles pour essayer de nous retrouver, [...] entrelaçant nos trajectoires dans les jardins de la propriété, ne nous éloignant un instant l'un de l'autre que pour nous rejoindre au plus vite. Au fil des jours, la distance qui séparait nos corps se réduisait inexorablement, devenait de plus en plus ténue, s'amenuisait d'heure en heure, comme si elle allait nécessairement devoir un jour se combler. [...] ce soir-là dans la cuisine, pris d'une subite impulsion, sans avoir rien prémédité, rien prévu et ignorant où cela nous mènerait, [je tendis] la main vers elle dans la cuisine et la regardant dans les yeux, la main et le regard un instant suspendus dans le temps. [...] Une ombre de gravité traversa le regard de Marie, elle devint songeuse et fit un pas vers moi, se laissa glisser contre mon corps, et nous restâmes un instant enlacés dans la cuisine contre le réchaud, bercés par le bruit délicieux de la sauce tomate qui continuait de mijoter à gros bouillons derrière nous sur le feu. Ce fut un simple instant de tendresse isolé, mais je compris alors que *nous n'avions peut-être jamais été aussi unis que depuis que nous étions séparés*. (*VM*, p. 180–182, je souligne)

Cette scène semble momentanément abolir la distance qui sépare le narrateur et Marie à la faveur d'une étreinte fugace. Le commentaire que le narrateur émet en fin d'extrait contrecarre toutefois cette interprétation : ce n'est que dans l'absence que Marie et lui-même peuvent se rejoindre ; ce bref instant où les deux personnages se tiennent enlacés ne révèle *in fine* que l'irréductible abîme qui les sépare. La rencontre n'existe que comme un idéal vers lequel *tendent* les protagonistes mais qui ne peut être atteint car la faille ne peut être qu'« en train de se combler », c'est-à-dire qu'elle ne le sera jamais tout à fait : « nous nous enlacions dans la pénombre pour apaiser nos tensions, l'ultime distance qui séparait nos corps était *en train de* se combler » (*VM*, p. 205, je souligne). Les corps se rapprochent, se serrent sans que leur union ne puisse jamais être synonyme de victoire ou de possession.

Ainsi, bien que cette troisième partie réunisse le couple le temps d'une semaine sur l'île d'Elbe (et établisse dans le même temps le retour du narrateur au cœur des événements diégétiques), la proximité physique de Marie et de son amant ne leur permet pas d'entrer en communion l'un avec l'autre. Une fois de plus, le partage de leurs pensées respectives ne s'opère que dans le fantasme du narrateur. Dans sa chambre de la Rivercina, il imagine Marie se mouvoir à l'étage supérieur, gagner son lit et se mettre à rêver :

> J'entendais Marie entrer dans son lit, et, au bout d'un moment, fermant un instant les yeux dans le noir pour me concentrer davantage, je finissais par l'entendre dormir. Cela n'avait rien de physique ou de matériel, je n'entendais pas les infimes gémissements qu'elle laissait parfois échapper dans son sommeil, pas plus que les violentes tempêtes de draps qu'il lui arrivait de déchaîner vers trois heures du matin [...], mais j'entendais *le murmure de ses rêves qui s'écoulait dans son esprit. Ou bien était-ce dans mon propre esprit que s'écoulaient maintenant les rêves de Marie*, comme si, à force d'invoquer sa présence, à force de vivre sa vie par procuration, j'en étais venu, la nuit, à *imaginer que je rêvais ses rêves*. (VM, p. 183–184, je souligne)

Le narrateur insiste sur le fait que ce ne sont pas des indices matériels qui lui permettent d'élaborer une représentation de la nuit de Marie ; il ne convoque que son imagination pour se figurer « le murmure de[s] rêves » de celle qu'il aime. En s'interrogeant, après cet aveu, sur l'origine de ce flux de pensée (les rêves en question s'écoulent-ils dans l'esprit de Marie ou dans son propre esprit ?), le narrateur dénonce son fantasme pour ce qu'il est : une projection imaginaire, qui met en scène l'accomplissement de son désir – l'identification totale à l'autre féminin –, en même temps qu'elle laisse celui-ci *réellement* inassouvi. « C'est dans le rêve seulement que peut se faire cette rencontre vraiment unique[41] ».

À nouveau, la texte présente le désir du sujet comme entretenu par l'absence de l'autre :

> je savais qu'elle dormait au-dessus de moi, et cette distance qui nous séparait, cet étage qu'il y avait entre nous était comme un infime empêchement, l'aiguillon subtil qui me la rendait encore plus désirable. Ne

---

41 Jacques Lacan, *Le séminaire, livre XI : les quatre concepts fondamentaux de la psychanalyse, op. cit.*, p. 69 ; c'est en cela que le fantasme figure au point d'achoppement du Symbolique et du Réel.

> pouvant tendre la main vers elle et lui caresser doucement le bras au réveil, il me fallait imaginer sa présence à l'étage supérieur et le faire naître dans mon esprit. (*VM*, p. 183–184)

La mince paroi qui maintient le narrateur à distance de Marie matérialise le manque constitutif de la dialectique du désir, tout en venant signifier l'accès irrémédiablement barré à l'Autre, une fois sorti du registre fantasmatique. Il n'existe aucun rapport de porosité entre les rêves de Marie et ceux du narrateur en dehors de son fantasme, mais cet impossible est en même temps un incitant, qui génère l'élaboration du scénario imaginaire. Cette coupure dévoile le rapport structurellement défaillant du sujet à son être, et c'est en cela que le fantasme soutient, tout en la voilant, sa condition de sujet : le scénario fantasmatique permet à l'être humain d'occulter un instant la conscience du manque de l'Autre et de relancer la dynamique désirante en faisant miroiter à l'horizon de cette perte l'objet de son accomplissement, mais cet objet, parce qu'il est par nature un leurre, une illusion, préserve l'incomplétude du sujet, en empêchant que sa demande soit jamais satisfaite.

La valeur de vérité prêtée au fantasme par le narrateur de Toussaint transparaîtrait donc dans cette mise en scène de l'accomplissement du désir humain qu'il orchestre : cette vérité a trait à la jouissance du sujet, à laquelle il ne peut se confronter autrement que par le biais du fantasme. En ce sens, rendre apparent le rôle du scénario fantasmatique équivaut à en révéler les limites. En effet, le fantasme figure une réponse du sujet pour nommer la jouissance, c'est-à-dire pour ramener celle-ci du côté du symbolique, ce qui s'avère impossible en dehors du détour par l'imaginaire que le fantasme autorise : la jouissance ne peut être dite, car elle est du côté du Réel, il n'y a donc aucun signifiant capable de l'exprimer ; le fantasme parvient à figurer l'accomplissement du désir du sujet parce qu'il met un signifiant imaginaire à la place de cet impossible à dire. Cependant, le propre de la vérité est de résister au savoir : toute mobilisation fantasmatique du savoir se heurte en définitive à l'impossibilité d'épingler cette vérité d'un signifiant qui la dirait toute. De sorte que, tout en résistant au savoir, la vérité le suscite : cette vérité, qui sans cesse échappe au sujet, le contraint à tisser infiniment un savoir fantasmatique. L'intérêt du fantasme réside donc dans le fait qu'il assure une représentation du sujet capable de relancer la dialectique du désir en occultant la prise de conscience du manque de l'Autre, mais cette représentation n'aura jamais que valeur d'illusion : elle fonctionne comme un leurre qui soutient le désir du sujet en dissimulant le fait que l'objet véritable de ce désir ne pourra jamais être atteint. Le fantasme est à la fois un leurre et un savoir, qui soutient, en même temps qu'il la voile, l'incomplétude du sujet, propre à sa condition d'être de langage : seul le sujet en tant qu'il est barré – « schizé, divisé » dit Lacan – accède à l'acte même de représenter, précisément en vertu du désir qui le mobilise ; c'est à la place où il interroge la forme de sa propre coupure qu'intervient le fantasme, pour lui permettre de se constituer comme sujet dans l'échange symbolique.

Le recours à la conceptualisation lacanienne de la logique du fantasme situe ainsi « la vérité sur Marie » dans l'ineffable jouissance qui résulte de la rencontre – illusoire, certes, mais néanmoins effective – du narrateur avec le désir de l'Autre. Dans *Pourquoi la fiction ?*, Schaeffer conçoit la vérité comme la « condition spécifique qui est satisfaite lorsque la représentation "correspond" aux choses, c'est-à-dire lorsqu'elles sont comme la représentation "dit" ou "montre" qu'elles sont[42] » : cette définition envisage la vérité sous un angle référentiel, ce qui est considéré comme avéré étant le résultat d'une validation expérimentale. Or, là où le sens commun conçoit la vérité comme un savoir sur le réel, la psychanalyse considère que le propre de la vérité est de ne jamais pouvoir être dite toute, c'est-à-dire de ne jamais pouvoir être complètement épinglée par un savoir. Le fait de reconnaître comme fantasmes les élucubrations fictionnelles du narrateur de Toussaint permet de comprendre que ces scénarios ne se réfèrent pas à la réalité extérieure (celle du monde sensible), mais qu'ils sont le reflet de la réalité de l'univers intérieur du narrateur, et que, en tant que tels, ils sont porteurs d'une certaine vérité, une vérité de l'ordre de l'indicible et qui a trait à la relation que le sujet entretient avec le désir. Autrement dit, cette vérité découle de l'effectivité que possède la fiction à l'égard du monde ! Pour tenter d'exprimer ce qui échappe aux mots, pour contourner l'insuffisance du langage à dire le Réel, le narrateur de Toussaint fait délibérément le choix d'une vérité qui s'affirme comme mensongère, qu'il peut qualifier de « vérité idéale », au sens qu'elle préserve sa nature même – c'est-à-dire son indicibilité –, en résistant à tout savoir qui entreprendrait de la cerner. L'écriture du fantasme s'inscrit dès lors comme une stratégie *poétique*, ainsi que la définit Milner à partir de la conception lacanienne de la vérité : « l'acte de poésie consiste à transcrire [...] un point de cessation du manque à s'écrire. C'est en quoi la poésie a affaire à la vérité, puisque la vérité est, de structure, ce à quoi la langue manque, et à l'éthique, puisque le point de cessation, une fois cerné, commande d'être dit[43] ».

---

42   Jean-Marie Schaeffer, *Pourquoi la fiction ?, op. cit.*, p. 111.
43   Jean-Claude Milner, *L'amour de la langue, op. cit.*, p. 38–39.

3.2 Raconter un roman

3.2.1 *Un monde à part*

Chez Viel, la diégèse sert de fondation à un univers secondaire qui introduit toujours un jeu de faire-semblant vis-à-vis de l'univers premier : les locataires du Black Note s'identifient aux musiciens du quartette de Coltrane, les machinations ourdies dans *L'Absolue perfection du crime* et *Insoupçonnable* reposent chacune sur un jeu de rôle minutieusement orchestré, le narrateur de *Paris-Brest* et celui de *La Disparition de Jim Sullivan* font le récit du roman dont ils sont les auteurs, tandis que celui de *Cinéma* raconte le film *Sleuth* de Mankiewicz (dont le scénario met également en scène dédoublements identitaires et jeux de dupes). Dans la plupart des cas, le narrateur a conscience de cette interpénétration : en même temps qu'il décrit l'univers fictionnel second, il le révèle comme tel et établit les limites entre réalité diégétique et fiction. Même lorsqu'il relate les moments où cette distinction n'était plus efficiente pour lui en tant que personnage, il la fait apparaître clairement dans le temps de la narration. Il ne s'agit pas de confondre réalité et fiction, mais de mettre en évidence cette dernière ; faire semblant, sans jamais basculer du côté de l'illusion[44]. Comme chez Toussaint, la fiction intradiégétique expose sa nature fictionnelle plutôt qu'elle ne cherche à la gommer, mettant en avant la capacité de la fiction à outrepasser sur un certain plan l'univers référentiel.

C'est le cas de *Paris-Brest*. Les deux mondes y sont liés par une relation de correspondance : ils gravitent autour des mêmes personnages, des mêmes lieux, des mêmes événements. Parallèlement au récit de sa propre existence, le narrateur détaille quelques scènes de ce qu'il appelle son « roman familial », dans lequel il s'est permis certaines transgressions par rapport à la réalité de l'univers diégétique premier. L'effet d'emboîtement de la fiction dans la fiction est souligné par le narrateur, au moment où il pénètre avec son manuscrit dans la maison de ses parents : « c'est comme des poupées russes, maintenant dans la maison familiale il y a l'histoire de la maison familiale » (*PB*, p. 59). Chaque objet de la fiction intradiégétique seconde est à la fois distinct de et semblable à son équivalent dans l'univers diégétique premier ; ce n'est que par rapport à celui-ci que la particularité de cet univers fictionnel second peut être saisie par le lecteur. C'est dans cet écart ténu entre l'univers diégétique et la fiction intradiégétique que réside l'enjeu de cet enchâssement : le roman familial élaboré par le narrateur ne prend sens qu'en vertu de la valeur transgressive qu'il acquiert lorsqu'il est comparé à la réalité de l'univers référentiel.

---

44   *Le Black Note* fait toutefois exception ; sa spécificité sera étudiée ultérieurement.

Par exemple, la fiction intradiégétique de *Paris-Brest* s'ouvre sur la scène de l'enterrement de la grand-mère du narrateur, alors qu'elle n'est pas encore décédée au moment où celui-ci rédige la scène :

> Un roman familial sans enterrement, ai-je pensé en l'écrivant, ce n'est pas *un vrai roman familial*. Alors il avait fallu qu'il y ait un enterrement dans son cimetière, dans le cimetière où je m'étais promené des après-midi entiers avec elle. En vérité, mon roman s'ouvrait exactement là-dessus, sur la mort de ma grand-mère et plus exactement encore sur son enterrement […] Et maintenant quand je la voyais en face de moi, bien vivante dans la maison, je voyais ça, son corps allongé dans le cercueil et ma mère avec ses lunettes noires jetant la première poignée de terre dans la fosse, et le silence qui avait suivi, le silence infernal là, dans la concession familiale […] ça et l'absence de larmes, parce que personne n'a pleuré à *cet enterrement-là* de ma grand-mère. (*PB*, p. 71–72, je souligne)

Viel souligne une nouvelle fois les exigences que le narrateur prête aux codes génériques : aux yeux de ce personnage, la scène de l'enterrement est une nécessité requise par le genre du roman familial. Sa conscience du caractère construit de la fiction qu'il élabore, c'est-à-dire de sa facticité, n'empêche toutefois pas le narrateur d'investir affectivement davantage l'univers du faire-semblant que celui de la réalité diégétique. La fiction intradiégétique vient se superposer à – voire supplanter – l'univers premier qui se révèle décevant comparé à son équivalent fictionnel. L'enterrement imaginaire de la grand-mère du narrateur parasite la perception qu'il a désormais d'elle, puisque, tandis qu'il l'observe bien vivante en face de lui, il ne peut s'empêcher de se la représenter morte, conformément à la réalité du roman dont il est l'auteur.

Ce phénomène de contagion atteste l'impact réel de la fiction sur l'univers cognitif du narrateur. L'expression « cet enterrement-là » va à l'encontre du principe de réalité pour suggérer que la grand-mère du narrateur a été inhumée à plusieurs reprises, de sorte que ses obsèques fictives et réelles sont présentées comme dotées d'une valeur herméneutique équivalente. Le narrateur accuse en outre ces dernières de platitude :

> Personne n'a pleuré non plus au véritable enterrement de ma grand-mère qui a eu lieu depuis […] personne n'y a plus pleuré qu'à l'autre enterrement mais enfin il y avait quelque chose de plus banal : un enterrement normal sous la pluie fine, un jour d'avril, et le sermon normal du prêtre, tandis que dans mon roman familial, non, il y avait seulement les proches posant hiératiquement devant la tombe, tout de noir vêtus, et le soleil

qui fabriquait des contre-jours d'autant plus noirs, d'autant plus vernis par la lumière que les pierres tombales faisaient comme des escaliers qui dégageaient aux morts une vue qu'on aurait dit prévue par Dieu lui-même. (*PB*, p. 72-73)

L'enterrement imaginaire de la grand-mère est valorisé au détriment de ses véritables funérailles. L'agencement et l'intensité de la lumière, les effets de contraste et de brillance qui s'en dégagent ainsi que l'organisation spatiale des pierres tombales décrits par le narrateur confèrent à la scène fictive des allures de tableau gothique. Il y a dans cette représentation un sentiment de transcendance qui échappe à celle de l'événement réel, dont le narrateur déplore la banalité. Cette accusation est également présente chez Toussaint lorsque son narrateur affirme en adressant un clin d'œil ironique au lecteur que « La réalité est presque toujours décevante, cela ne vous aura pas échappé » (*Fo*, p. 13), parce que « la vie, dans le réel, est intraitable, [elle] nous résiste, nous contrarie, nous trahit, nous humilie » (*Fo*, p. 13-14). La fiction a l'avantage de conférer aux événements un ton plus « énigmatique » et « romanesque », de l'aveu du narrateur de Viel (*PB*, p. 73). Elle autorise une réalité à laquelle la représentation de l'univers sensible reste hermétique.

Ce type de valorisation de la fiction intradiégétique au détriment de l'univers référentiel incite à une réflexion sur le rôle de la fiction. L'univers imaginaire second paraît *a priori* pallier l'insuffisance de la réalité diégétique, conformément à la thèse communément partagée selon laquelle la fiction constitue un moyen privilégié d'évasion pour tout individu qui éprouverait la nécessité de se soustraire à l'insignifiance de sa propre existence. Serait-ce sa seule fonction ? Schaeffer fait de cette question l'objet de *Pourquoi la fiction ?* Il commence par distinguer fiction et feintise, dans le but de démontrer que toute élaboration imaginaire n'a pas nécessairement pour but de tromper son destinataire. Contrairement à la feinte, la fiction s'efforce de donner au spectateur accès à un univers fictionnel identifié comme tel et de susciter son immersion en son sein :

> la fiction procède certes à travers des leurres préattentionnels, mais son but n'est pas de nous leurrer, d'élaborer des semblants ou des illusions ; les leurres qu'elle élabore sont simplement le vecteur grâce auquel elle peut atteindre sa finalité véritable, qui est de nous amener à nous engager dans une activité de modélisation, ou pour le dire plus simplement : de nous amener à entrer dans la fiction[45].

---

45   Jean-Marie Schaeffer, *Pourquoi la fiction ?, op. cit.*, p. 199.

Schaeffer propose dès lors, bien qu'il nuance cette étiquette dans un second temps, de considérer la fiction comme une « feintise ludique partagée » : son rôle est de créer un univers imaginaire dans lequel le récepteur puisse s'immerger, sans chercher à le convaincre que cet univers correspond au réel[46]. La fiction suscite l'immersion – consciente – de son récepteur. Schaeffer démontre que la fiction est un opérateur cognitif, parce qu'elle produit des représentations qui, bien qu'elles ne soient pas référentielles, permettent d'appréhender le monde au même titre que celles qui émergent de la perception sensible. Cela implique selon lui que les fictions entretiennent une série de fonctions, liées à la manière dont elles interagissent avec notre vie réelle.

Tout en reconnaissant que ces fonctions sont multiples et ne peuvent être identifiées de manière exhaustive, Schaeffer entend cerner le rôle principal de la fiction, qui ne se limite pas selon lui à un mécanisme visant à compenser un réel jugé insatisfaisant : « on ne saurait réduire la fonction de la fiction – même lorsqu'il s'agit de simples rêveries diurnes – à celle d'une compensation, d'un correctif de la réalité, ou d'une décharge pulsionnelle d'ordre cathartique[47]. » Cette sentence amorce la critique de la conception freudienne de la fiction à laquelle se livre l'essai : tout en reconnaissant l'apport indéniable de la théorie psychanalytique, Schaeffer l'accuse de limiter la fiction à un mécanisme compensatoire et de passer de la sorte à côté de son essence. Ce jugement repose sur une mécompréhension de la conception psychanalytique de la fiction et des enjeux cognitifs et identitaires qui s'y rattachent, notamment en ce qui concerne la portée du rôle que la psychanalyse attribue à la fiction dans l'établissement de la réalité psychique du sujet humain, ainsi que le chapitre précédent s'est employé à le rappeler à propos du fantasme. Freud ne réduit pas le recours à la fiction à un processus de soupape, dont le but serait de relâcher la pression éprouvée par un sujet éternellement aux prises avec le caractère insaisissable du réel. Il envisage rêves, fantasmes et fictions conscientes autrement que comme des actes manqués ou des « rejetons de l'inconscient[48] », selon une expression qu'utilise Widlöcher pour critiquer une tendance de la pratique psychanalytique actuelle. D'emblée, *L'interprétation des rêves* introduit les élaborations imaginaires fomentées par le sujet comme des représentations qui structurent son univers intérieur et qui, en tant que telles, participent activement à la perception que le sujet se forge du monde. C'est

---

46   *Ibidem*, p. 156.
47   *Ibidem*, p. 321.
48   Daniel Widlöcher, « Neuropsychologie de l'imaginaire », communication lors du colloque *Neurosciences et psychanalyse : une rencontre autour de l'émergence de la singularité*, 27 mai 2008, Collège de France, captation vidéo URL : http://www.canal-u.tv/video/college_de_france/neuropsychologie_de_l_imaginaire.4085, consulté le 5 juin 2014.

ce sur quoi insiste le neurologue Lionel Naccache dans *Le Nouvel Inconscient*, en affirmant, alors même qu'il démontre l'incompatibilité de la conception freudienne de l'inconscient avec celle de l'inconscient cognitif qui l'occupe, que le père de la psychanalyse a été un « explorateur de notre capacité à imaginer[49] » : Freud a mis en évidence la nécessité humaine de produire des modélisations imaginaires pour donner sens au réel et, dès lors, a établi l'importance de la fiction dans l'économie psychique de l'être humain[50]. Pour lui, la fiction ne sert ni de correctif du réel ni de décharge pulsionnelle cathartique, fût-elle sublimée, mais joue un rôle essentiel dans l'activité désirante du sujet.

Cette réticence mise entre parenthèses, l'essai de Schaeffer fait apparaître l'état d'« immersion fictionnelle » qui résulte de la capacité de la fiction à susciter l'engagement attentionnel et affectif de son récepteur. Cet état

> présuppose l'efficacité de leurres de nature préattentionnelle, mais exclut tout état d'illusion au niveau de la conscience et des croyances. Dès lors qu'un mimème induit de fausses croyances, dès lors que notre conscience elle-même est leurrée, nous ne nous trouvons plus dans un état d'immersion fictionnelle, mais dans l'illusion au sens commun du terme. Mais du même coup nous ne nous trouvons plus dans le champ de la fiction[51].

En tant que « feintise ludique partagée », la fiction parvient à immerger dans son univers imaginaire le récepteur qui accepte d'y adhérer, tout en lui permettant de conserver une attitude critique : il accepte de se laisser prendre par la fiction, tout en ayant conscience qu'il s'agit d'une feintise. Pour Schaeffer, même lorsque le récepteur n'est pas apte à percevoir directement les leurres fictionnels, il sait qu'il est du côté de l'illusion. L'état d'immersion fictionnelle a pour effet de faire coexister aux yeux du récepteur deux mondes – l'univers extérieur auquel il appartient et le monde imaginaire dans lequel il est pris – tout en inversant le rapport hiérarchique qui les régit normalement : pour le sujet immergé dans la fiction, le monde imaginaire est davantage investi subjectivement que l'univers dans lequel il est ancré corporellement[52].

Cet engagement du récepteur dans l'univers fictionnel peut également s'appliquer dans le cas du sujet qui élabore la fiction, même si ce dernier est

---

49   Jacques Galinier, « Lionel Naccache, *Le Nouvel Inconscient. Freud, Christophe Colomb des neurosciences* », *L'Homme. Revue française d'anthropologie*, octobre 2008, p. 500.
50   Lionel Naccache, *Le Nouvel Inconscient. Freud, Christophe Colomb des neurosciences*, Paris, Odile Jacob, 2006, p. 439.
51   *Jean-Marie Schaeffer, op. cit.*, p. 192.
52   *Ibidem*, p. 180–185.

responsable des leurres qu'il met lui-même en place pour susciter son adhésion ; Schaeffer parle dans ce cas d'« auto-affection » :

> Dans le cas du créateur d'une fiction, l'immersion ne peut être que le résultat d'une auto-affection : le créateur d'une fiction crée lui-même les amorces susceptibles de le mettre en situation d'immersion. Le récepteur en revanche se trouve face à des amorces déjà constituées dans lesquelles il lui suffit de « glisser », de se « laisser prendre »[53].

Chez Viel, c'est notamment le cas du narrateur de *Paris-Brest* qui est non seulement le créateur de la fiction intradiégétique, mais aussi son récepteur : ce personnage s'immerge dans sa propre fiction au point d'inverser les relations hiérarchiques entre perception du monde extérieur et activité imaginative. Dans la scène de l'inhumation de la grand-mère, le narrateur fait bien la différence entre l'univers auquel il appartient et le scénario de son roman familial, et il rappelle régulièrement les éléments qui relèvent de l'une ou de l'autre de ces réalités – aussi entremêlées soient-elles. Cependant, sa lucidité n'empêche pas son investissement affectif maximal à l'égard de la fiction. En comparaison avec le récit que le narrateur fait des événements « réels », les passages où il décrit son roman familial donnent lieu à des représentations saturées d'affects (soit une autre des propriétés de l'immersion fictionnelle selon Schaeffer[54]) :

> Alors dans mon roman familial, à l'enterrement de ma grand-mère, quand ma mère a lancé la première poignée de terre sur l'ébène, au moment même où la terre a frappé le bois du cercueil, à cet instant précis et sombre et solennel, on a entendu derrière nous le crissement d'une silhouette sur le gravier, tous on a senti que quelqu'un arrivait derrière nous, quelqu'un qui n'aurait pas dû être là. Et ma mère comme par réflexe s'est retournée et elle a vu, se tenant là debout comme sorti de nulle part, elle a vu en arrière de nous tous, l'œil noir et la silhouette rocailleuse, elle a vu, oui, le fils Kermeur. Et elle a eu peur, ma mère, oui très peur, parce que le fils Kermeur, ce jour-là dans mon roman familial, venait régler des vieilles histoires. (*PB*, p. 74–75)

À aucun moment le roman familial n'est jamais présenté sous sa forme (prétendument) originale, dont le narrateur de *Paris-Brest* citerait par exemple certains passages ; l'œuvre n'est livrée que par le biais des descriptions et des

---

53   *Ibidem*, p. 195.
54   *Ibidem*, p. 185.

commentaires de son auteur. Celui-ci raconte longuement la fiction qu'il a lui-même inventée et dans laquelle il est totalement immergé. Ce dispositif de reformulation permet à Viel de rendre tangible l'investissement du narrateur dans la fiction. Il en va de même dans *Cinéma* et *La Disparition de Jim Sullivan*, qui ont en commun avec *Paris-Brest* de rapporter les commentaires du narrateur à propos d'une œuvre cinématographique ou littéraire[55]. Dans chacun de ces textes, répétitions, gradations et figures de dislocation, notamment, attestent la présence de l'énonciateur dans le récit de la fiction intradiégétique et, plus encore, l'emprise émotionnelle de cette dernière sur le narrateur. Son immersion fictionnelle surpasse largement son investissement dans la réalité extérieure, ainsi que l'avoue à diverses reprises le narrateur de *Cinéma* : « je n'ai pas de vie à côté du film » (C, p. 96), « tout ce que vous faites à Sleuth [sic], c'est à moi que vous le faites » (C, p. 117). Le narrateur de Viel confère à la fiction dans laquelle il a pénétré une valeur dramatique maximale. Il est émotionnellement impliqué dans l'univers fictionnel.

La fiction possède ainsi la faculté de scinder l'attention du sujet qui y adhère, de manière à ce que coexistent pour lui deux réalités – celle du monde extérieur et celle du monde élaboré par son activité imaginative – qui, malgré leur différence ontologique, sont amenées à s'interpénétrer[56]. Le sujet pris dans la fiction éprouve un sentiment de dépossession de soi, contrebalancé par la conscience qu'il possède de l'état dans lequel il est plongé. Schaeffer voit dans cette distance que le sujet est ainsi amené à prendre vis-à-vis de lui-même la preuve que la spécificité de la fiction n'est pas tant d'ordre sémantique que pragmatique : « Ce qui caractérise de manière propre les représentations fictionnelles, ce n'est pas tant leur statut logique (qui en fait peut être des plus divers) que l'usage qu'on peut en faire[57]. » Pour le démontrer, il analyse dans *Pourquoi la fiction ?* les différentes définitions sémantiques de la fiction, arguant qu'aucune d'entre elles ne permet de comprendre le fonctionnement intrinsèque de ce produit de l'imagination. Il défend alors l'idée selon laquelle la fiction se distingue de toutes les autres modalités de la représentation par son usage spécifique des modélisations imaginaires qui la constituent. Selon lui, sa principale fonction réside dans son aptitude à délimiter, pour celui qui s'y laisse immerger, ce qui relève du réel et ce qui appartient à l'univers intérieur du sujet[58] : la fiction permet d'acquérir le sens des réalités, il s'agit

---

55   Le film *Sleuth* dans le cas de *Cinéma* et le roman américain du narrateur dans *La Disparition de Jim Sullivan* ; tandis que dans les autres romans de Viel, la fiction intradiégétique prend la forme d'une mise en scène ou d'un jeu de rôles.
56   Jean-Marie Schaeffer, *op. cit.*, p. 182.
57   *Ibidem*, p. 200.
58   *Ibidem*, p. 326.

d'une compétence humaine qui joue un rôle essentiel dans l'acquisition de la connaissance. L'essai valorise la disposition mentale particulière dont le sujet pris dans la fiction fait l'expérience, mais il ne souligne cet état de scission que dans le but de faire l'apologie du rôle développemental de la fiction. Or, les enjeux de l'état d'immersion fictionnelle dans lequel plonge le destinataire de la fiction outrepassent cette seule fonction.

La fiction suscite l'engagement attentionnel et affectif du sujet qui accepte de se laisser prendre par les leurres fictionnels ; elle sollicite de la sorte l'activité imaginative de son récepteur. L'implication qu'elle requiert amène le sociologue Johan Huizinga à apparenter la fiction à un jeu, tout comme Schaeffer lorsqu'il définit la fiction comme une « feintise ludique » (*cf. supra*). Pour souligner l'activité de création qui est aux fondements de toute fiction, Huizinga fait référence à l'étymologie du mot « poésie » (« du grec *poiein* faire, créer, fabriquer avec les mots[59] ») : « La *poièsis* est une fonction ludique. Elle se situe dans un espace ludique de l'esprit, dans un univers propre que l'esprit se crée, où les choses revêtent un autre aspect que dans la "vie courante", et sont reliées entre elles par des liens différents de ceux de la logique[60] ». Dans *Homo ludens*, Huizinga prête aux éléments et aux procédés poétiques une fonction ludique. Celle-ci est due selon lui au fait que la mise en fiction est la réalisation humaine d'une exigence ludique au sein de la communauté. Huizinga impute à la poésie, outre ses compétences mimétiques, une capacité de réinvention. Il envisage le jeu fictionnel comme un moyen de s'affranchir des contraintes de l'intelligence logique en donnant priorité à l'imagination : « Elle [la poésie] réside au delà du sérieux dans ce domaine original propre à l'enfant, à l'animal, au sauvage et au visionnaire, dans le champ du rêve, de l'extase, de l'ivresse et du rire[61] ». La valeur transgressive de la poésie la rapproche de l'origine.

Homo ludens repose ainsi sur une vision romantique de l'activité fictionnelle, envisageant le poète comme le dépositaire d'une vérité transcendante, qu'il est chargé de transmettre à sa communauté. Outre l'identification de cette valeur transgressive, l'essai de Huizinga dépasse l'opposition peu fructueuse entre univers imaginaire et univers référentiel en considérant la fonction ludique de la fiction, puisqu'il fait de la sorte de la poésie une activité « située en dehors de la vie courante[62] ». Sa définition du jeu – qui servira notamment d'ébauche

---

[59] Edmundo Gómez Mango, Jean-Bertrand Pontalis, « Note sur le *Dichter* », dans *Freud avec les écrivains*, Paris, Gallimard, 2012, (« Connaissance de l'Inconscient »), p.17.
[60] Johan Huizinga, *Homo ludens. Essai sur la fonction sociale du jeu*, Paris, Gallimard, 1951, p. 197.
[61] *Ibidem*, p. 198.
[62] *Ibidem*, p. 35.

à l'essai sociologique de Caillois auquel la première partie de cette étude faisait référence – insiste sur son caractère « séparé », arguant qu'il s'agit d'une activité qui suspend provisoirement les lois du monde extérieur et qui ne peut dès lors être évalué selon celles-ci : le jeu fait pénétrer celui qui s'y livre dans un univers indépendant, régi par ses propres règles ; les repères spatio-temporels, identitaires ou encore sociaux propres au monde extérieur n'y sont plus nécessairement efficients.

Dans *Paris-Brest*, en dépit de la relation de correspondance qui relie univers diégétique et univers intradiégétique, ce dernier demeure indépendant. Le cadre fictionnel autorise par exemple le narrateur à se jouer des contraintes de temps et d'espace, anticipant des événements qui ne sont pas encore survenus dans la réalité sensible (l'enterrement de la grand-mère) ou déplaçant certains personnages dans des lieux qu'ils n'ont jamais fréquentés (le séjour du fils Kermeur en prison). De plus, le roman familial n'obéit pas aux mêmes règles que celles qui organisent le niveau diégétique premier. Alors que la mère du narrateur ne réussit pas, faute de preuves, à faire accuser le fils Kermeur du cambriolage que les deux garçons ont commis chez la grand-mère, elle parvient à ses fins dans la fiction : « Dans la réalité aussi ma mère a essayé de convaincre le procureur de la République mais ça n'a pas marché tandis que dans mon livre ça a marché. Mais la vie est tellement faite de hasards, dit ma mère dans le livre, d'incroyables hasards, insiste-t-elle quand rien *en vérité* n'est le fruit du hasard mais celui du calcul et de la manigance » (*PB*, p. 177, je souligne). Dans le roman familial, l'absence de preuves ne suffit pas pour éviter au fils Kermeur d'être incriminé. La toute-puissance de la figure maternelle est magnifiée. La fiction révèle de la sorte une vérité que l'univers de référence ne permet pas de mettre en exergue : sous l'hypocrisie de la réponse de la mère, l'élaboration fictionnelle du narrateur dénonce la logique conspiratrice qui anime les agissements de celle-ci.

D'autres passages dans l'œuvre de Viel expriment plus explicitement cet affranchissement de l'espace fictionnel à l'égard du monde réel. Dans *Le Black Note*, l'identification des musiciens aux membres du célèbre quartette fondé par John Coltrane projette ces personnages dans un passé qui les coupe de la temporalité du monde auquel ils appartiennent. Leur isolement se marque également sur le plan spatial : sous l'œil méfiant de leurs voisins, ils s'installent dans cette maison qu'ils nomment le Black Note, elle-même située sur une petite île depuis laquelle le continent ne peut être rejoint que par bateau. La fiction identitaire dans laquelle ils se laissent absorber les confine dans un temps et un espace autres. Cette sortie du monde sensible par l'entremise de la fiction est tout aussi tangible dans *Cinéma* : le narrateur a presque complètement déserté la diégèse au profit de la fiction ; il ne vit que pour Sleuth[63] (« sa vie ne tient qu'à un film », *C*, quatrième de couverture), au travers du commentaire perpétuellement renouvelé qu'il en donne et qu'il consigne méthodiquement dans un cahier. Son immersion fictionnelle le coupe presque totalement de la réalité extérieure. De son propre aveu, ses connaissances, ses goûts, sa capacité de discernement et jusqu'à ses amis lui sont dictés par Sleuth (notamment : « La plupart des choses que je sais, je les ai apprises dans le film », *C*, p. 95).

La (con)fusion du narrateur de *Cinéma* avec l'univers fictionnel intradiégétique le soustrait par ailleurs à la conception linéaire du temps qui ordonne son monde extérieur pour le plonger dans une temporalité cyclique. Le visionnage de l'œuvre est ainsi appelé à être indéfiniment réitéré. Quant à la fin du film, elle prend aux yeux du narrateur des allures de Déluge :

> Je sais qu'un chat est un chat, et Sleuth Sleuth, et que fini c'est fini, quand c'est écrit au milieu de l'écran, en énorme, savoir qu'*à partir de là* il n'y a déjà plus rien à faire pour personne, pour les meilleurs comme pour les pires, plus rien à espérer, *déjà le jugement clos et la faute sans retour*, quand il y a écrit *The End* c'est trop tard, *The End* aussi dans la tête de chacun. (*C*, p. 124, je souligne)

Le rythme de *Sleuth* régit l'existence du narrateur. Les moments critiques du film agissent comme des « rupture[s] », des « onde[s] de choc », des « séisme[s] » (*C*, p. 87) auxquels il doit se soumettre. La fin, sur laquelle s'achève également le roman, figure le point culminant de ces moments de césure. *The End* proclame la fin d'un monde, celui de l'univers fictionnel : le caractère apocalyptique que le narrateur prête à cette fin lui confère une valeur de révélation quasi divine (« pour les meilleurs comme pour les pires, plus rien à espérer, déjà le jugement clos et la faute sans retour ») qui, tout en se présentant comme un dénouement inexorable, annonce déjà un recommencement (« à partir de là »). Le cycle est amené à se répéter, identique à lui-même. La fin n'est pas seulement induite par ce qui la précède, elle induit elle-même ce qu'elle précède : la répétition du film, que le narrateur de *Cinéma* est exhorté à revoir indéfiniment. Le visionnage du film fait l'objet d'une ritualisation : il prend les allures d'une liturgie, dont les quelques variations (le nombre de spectateurs, par exemple) n'altèrent pas le caractère sacré, lequel confine *Sleuth* dans une sphère transcendante inviolable, coupée du monde des vivants, conformément au caractère séparé qu'Huizinga confère à la fiction en l'apparentant à un jeu.

---

63   Le titre perd ses italiques à partir du moment où l'œuvre est personnifiée (*C*, p. 96–97, 105, 117).

Attribuer à la création fictionnelle une fonction ludique en la plaçant dans le prolongement du jeu d'enfant insiste sur l'investissement particulier du sujet dans la fiction : comme le jeu, la fiction extrait momentanément le sujet du monde auquel il appartient en le faisant pénétrer dans un espace-temps autre. Une fois reconnu le caractère autonome de la fiction à l'égard du monde extérieur, l'opposition entre réel et fiction est rendue caduque : la fiction n'est plus envisagée comme contraire au monde extérieur, mais comme une réalité qui s'en détache tout en y participant. Bien qu'elle soit dépourvue de valeur référentielle ou démonstrative, l'expérience fictionnelle est réelle et, en tant que telle, elle peut posséder une valeur épistémique forte.

3.2.2 *Jeu, fiction et fantasme*

Les travaux de Donald Winnicott consacrés aux rapports entre jeu et réalité reconnaissent eux aussi que l'univers ludique participe à l'expérience réelle, tout en revendiquant son autonomie par rapport au monde extérieur : « *le jeu a une place* et un temps propres. Il n'est pas *au dedans* [...] Il ne se situe pas non plus *au dehors*, c'est-à-dire qu'il n'est pas une partie répudiée du monde[64] ». Winnicott envisage la fiction comme une des expériences culturelles qui constituent le prolongement du jeu d'enfant à l'âge adulte « dans le monde d'expérimentation interne qui caractérise les arts, la religion, la vie imaginaire et le travail scientifique créatif[65] ». Identifiant de la sorte un point de convergence entre création fictionnelle, jeu et fantasme, Winnicott[66] s'inscrit dans la lignée de Freud, lequel

> englobe dans un seul geste l'activité d'halluciner, de désirer, de fantasmer, de rêvasser, de rêver, de produire des symptômes et de produire des fictions littéraires. Le jeu enfantin est pris dans la même série – on pourrait dire le même paradigme – puisque le jeu enfantin (chose tout à fait sérieuse) sert de modèle pour penser à la fois les fantaisies de l'adolescent,

---

64 Donald Woods Winnicott, *Jeu et réalité : l'espace potentiel, op. cit.*, p. 59, (l'auteur souligne).
65 *Ibidem*, p. 25.
66 Winnicott juge cependant que l'opposition freudienne établie entre réalité psychique et réalité extérieure ne suffit pas à rendre compte des différents modes de perception du sujet. Il définit la réalité extérieure comme un objet fixe, sur lequel le sujet n'a pas de prise directe, et la réalité psychique intérieure comme ce qui constitue l'identité personnelle du sujet humain, pour autant que celui-ci ait acquis une représentation unifiée de soi. Entre ces deux réalités, il postule l'existence d'une troisième aire, propre à l'expérience culturelle et au jeu créatif, qu'il nomme « aire d'expérience potentielle ». Il situe dans cette aire indépendante le jeu, en vertu du fait que, à la différence du fantasme, il constitue une activité non contrainte du sujet (*Ibidem*, p. 140–148).

les fantasmes des adultes et des névrosés, la création de mots d'esprit et toutes les créations culturelles[67].

Rêves, fantasmes, hallucinations, jeux et créations fictionnelles ont en commun d'immerger le sujet qui s'y livre dans un monde provisoirement affranchi des lois de l'univers référentiel, pour le figurer aux prises avec son désir.

Ce glissement de la création fictionnelle à l'activité fantasmatique, autour duquel gravite la présente recherche, souligne la dimension *poïétique* que la psychanalyse freudo-lacanienne reconnaît au fantasme en le définissant comme un *scénario* imaginaire : « Le fantasme [...] est à penser à la fois comme une *matière scénique* séduisante, séductrice – et comme *l'écriture* active, têtue, inlassable de scènes [...] où le matériel associatif-transférentiel à la fois se donne et se transforme dans un même mouvement[68] ». Le postulat selon lequel « *La création poétique* appartient à ce même champ d'action du fantasme[69] » traverse ainsi l'ensemble de l'enseignement freudien. C'est ce qu'illustre *Der Dichter und das Phantasieren*, dans lequel Freud interroge l'origine de l'inspiration du *Dichter* (le « créateur littéraire » ou poète) et la capacité de l'œuvre à susciter l'intérêt et l'émotion de ceux qui s'y plongent. Pour désigner la production poétique, Freud utilise le mot allemand *Dichtung*, dont le propre est de souligner « le caractère fictif, imaginatif[70] » de l'activité créatrice du poète, ce qui a pour effet d'assimiler « création littéraire » et « activité fantasmatique », qui constituent selon lui pareillement un accès privilégié à l'intime de la vie psychique du sujet. Le « créateur littéraire » (*Dichter*) est assimilé au « rêveur diurne[71] ». Cet amalgame donne l'occasion à Freud de faire du fantasme « la continuation et le substitut du jeu d'enfant d'autrefois[72] », en vertu de la valeur ludique de la création fictionnelle qu'il présente comme une modalité de l'activité fantasmatique :

---

67 Jean Florence, « Comment se transmet l'expérience analytique ? Lecture d'une "case-history" de D.W. Winnicott », *Natureza humana*, 10 / 2, décembre 2008, p. 162.
68 Jean Florence, « Théories du fantasme dans la clinique freudienne », *Esquisses psychanalytiques*, automne 1991, p. 126, (l'auteur souligne).
69 *Ibidem*, p. 128, (l'auteur souligne).
70 Bertrand Féron, « Note liminaire », dans Sigmund Freud, *L'inquiétante étrangeté et autres essais, op. cit.*, p. 32.
71 Sigmund Freud, « Le créateur littéraire et la fantaisie », dans *L'inquiétante étrangeté et autres essais, op. cit.*, p. 43.
72 *Ibidem*, p. 44.

chaque enfant qui joue se comporte comme un poète, dans la mesure où il se crée un monde propre, ou, pour parler plus exactement, il arrange les choses de son monde suivant un ordre nouveau, à sa convenance. [...] L'enfant distingue très bien son monde ludique, en dépit de tout son investissement affectif, de la réalité [...] Le créateur littéraire fait donc la même chose que l'enfant qui joue ; il crée un monde de fantaisie, qu'il prend très au sérieux, c'est-à-dire qu'il dote de grandes quantités d'affects, tout en le séparant nettement de la réalité[73].

Pour Freud, le caractère séparé du jeu et l'investissement affectif qu'il requiert se retrouvent non seulement dans la création fictionnelle, mais aussi dans l'activité fantasmatique dans son ensemble. Rêve, jeu, fantasme et fiction apparaissent bien inextricablement liés :

Du rêve, du jeu de l'enfant, en passant par la rêverie éveillée et la fantasmatique de la vie psychique ordinaire des hommes et des femmes, jusqu'à la création imaginative du poète, se déroule un ample spectre de significations de cette activité, le *Phantasieren*, le fantasmer ou la production des fantasmes psychiques, source permanente de l'intérêt de Freud[74].

L'expression « activité fantasmatique » (*das Phantasieren*) englobe donc toute une série de phénomènes psychiques qui ont en commun de transposer les sensations intérieures du sujet humain en images langagières, c'est-à-dire de forger des représentations de l'ordre de l'intime (par opposition aux représentations qui relèvent de l'expérience du monde sensible).

Il ne s'agit toutefois pas de confondre fiction et fantasme. Si l'on peut considérer que tout fantasme implique une mise en fiction, en tant qu'il constitue nécessairement un produit de l'imagination, la réciproque n'est pas vraie : la fiction n'est fantasme que pour le sujet qui se l'approprie comme espace de mise en scène de son désir. Pour qu'il y ait fantasme, il faut que l'activité créatrice du sujet soit sollicitée. Dans l'œuvre de Viel, *Sleuth* par exemple ne constitue pas en soi un fantasme ; c'est le récit qu'en fait le narrateur de *Cinéma* qui revêt un caractère fantasmatique, parce qu'il témoigne de l'investissement de ce personnage à l'égard du film de Mankiewicz et du fait que cette réappropriation vise la satisfaction d'un désir personnel (*cf.* 3.1.4). Mettre le texte littéraire à l'épreuve des définitions psychanalytiques du jeu, de la fiction

---

73   *Ibidem*, p. 34.
74   Edmundo Gómez Mango, Jean-Bertrand Pontalis, « Note sur le *Dichter* », *op. cit.*, p. 19.

et du fantasme conduit dès lors à une reformulation de l'hypothèse formulée initialement : Viel ne vise pas tant à élaborer dans chacun de ses romans une fiction intradiégétique qu'à figurer l'engagement du sujet dans une modélisation fictionnelle qui le captive ; l'auteur attire notre attention sur les enjeux de l'immersion fictionnelle dont son narrateur fait l'expérience, plutôt que sur la fiction en tant que telle. C'est pourquoi même dans ces deux romans où le narrateur est présenté comme l'auteur de la fiction intradiégétique, celle-ci n'est jamais citée dans sa version originale (que ce soit dans sa totalité ou sous forme d'extraits) : le roman familial de *Paris-Brest* et le roman américain de *La Disparition de Jim Sullivan* demeurent des œuvres virtuelles (même au niveau diégétique, puisque le premier n'a jamais été édité et qu'on ignore le sort du second) ; le lecteur n'y a accès qu'au travers du récit, éminemment subjectif, que le narrateur en donne. C'est précisément cette activité de mise en récit qui constitue le fantasme du narrateur de Viel : elle témoigne de la manière dont le sujet s'engage dans l'univers de la fiction. L'immersion fictionnelle doit être entendue comme un processus actif, qui sollicite les capacités imaginatives du sujet qui s'engage dans la fiction. Qu'il en soit ou non l'auteur, l'investissement maximal du narrateur de Viel à l'égard de cet univers fictionnel fait de lui non un simple spectateur (ou « récepteur » selon Schaeffer[75]) mais un *sujet-fabulateur*. Il s'agit dès lors non pas d'interroger la présence de la fiction intradiégétique en tant que telle, mais le pouvoir de l'attraction qu'elle exerce sur le narrateur qui s'y engage pour donner naissance à son fantasme.

En vertu de l'importance de la création fictionnelle dans l'économie psychique du sujet, Winnicott déplore les comportements humains qui entretiennent « une relation de complaisance soumise envers la réalité extérieure : le monde et tous ses éléments sont alors reconnus mais seulement comme étant ce à quoi il faut s'ajuster et s'adapter. [...] comme s'ils étaient pris dans la créativité de quelqu'un d'autre ou dans celle d'une machine ». Cette « relation de complaisance soumise envers la réalité extérieure » va à l'encontre d'un « mode créatif de perception[76] », lequel s'exerce dans l'aire intermédiaire du jeu, située à la jonction entre la réalité psychique interne, d'une part, et la réalité du monde extérieur, d'autre part. Cette posture soumise semble initialement être celle du narrateur de Viel, lequel s'avère bien « pris dans la créativité de quelqu'un d'autre » – le personnage manipulateur présent dans chacun des romans de l'auteur – « ou dans celle d'une machine » – la mécanique fictionnelle qui s'impose comme un système qui ne peut être transgressé (*cf.* 1.1.3 et 1.1.5). Toutefois, à la lumière du rapprochement opéré par l'intermédiaire de la

---

75   Jean-Marie Schaeffer, *Pourquoi la fiction ?, op. cit.*
76   Donald Woods Winnicott, *Jeu et réalité : l'espace potentiel, op. cit.*, p. 91.

sociologie et de la psychanalyse entre jeu et fiction, l'immersion fictionnelle du narrateur de Viel en vient à apparaître comme une porte d'entrée créative dans l'existence, une manière pour le personnage de réinvestir subjectivement une réalité sur laquelle il semblait *a priori* n'avoir aucune prise. Ainsi, lorsqu'il plonge au cœur de la fiction, le narrateur de *Paris-Brest* s'approprie la réalité du monde imaginaire : « Dans *ma* version *à moi* des faits [celle de son roman familial], qui n'est pas une version *partagée par tous* et d'abord [...] pas du tout par ma mère, le fils Kermeur occupe une place de choix. Il est même le déclencheur de toute l'histoire. » (*PB*, p. 76, je souligne) La fiction donne au narrateur accès à une réalité autre que celle imposée par la mère.

Sur le plan de la diégèse, la figure maternelle impose en effet sa loi à tous : elle dicte la conduite de son entourage, choisissant la carrière adéquate pour chacun de ses fils, niant l'homosexualité du frère du narrateur, humiliant le père en lui rappelant sans cesse l'opprobre qu'il a jeté sur sa famille, saisissant le cambriolage de la grand-mère comme une opportunité pour revenir à Brest et s'arroger la gestion de la fortune dont sa propre mère a hérité, etc. Constamment, elle les surveille (*PB*, p. 96–97). Ce n'est que dans la fiction intradiégétique que cette faculté de la mère du narrateur à régir l'existence de tous ceux qui l'entourent est mise en échec, par l'entremise du fils Kermeur. Ce personnage, seul actant capable de résister à l'emprise de la mère (sans s'opposer à elle de manière frontale, il adopte une attitude qui lui permet de contourner sans cesse son autorité), devient alors la figure emblématique du roman familial :

> C'est pour ça que dans mon roman familial, le fils Kermeur débarquait dès les premières pages de manière menaçante et inattendue le jour même de l'enterrement de ma grand-mère, parce que c'est comme ça que je pouvais lancer toute l'intrigue, [...] parce que tout le suspens reposait sur le début, à savoir qu'on se demandait tout le temps : mais qui est le fils Kermeur et qu'est-ce qu'il vient faire là ? (*PB*, p. 76)

Dans la fiction intradiégétique, le fils Kermeur incarne dès l'*incipit* un danger pour la mère, une présence capable de faire vaciller l'édifice qu'elle a patiemment construit pour plier son entourage à ses désirs. Il est celui qui est chargé de faire « payer » la mère du narrateur (*PB*, p. 179).

Une nouvelle fois empruntée aux codes du polar[77], la scène de la revanche clôture de manière stéréotypée le roman familial du narrateur de *Paris-Brest* :

---

77   *L'Absolue perfection du crime* ainsi que les fictions intradiégétiques décrites dans *Cinéma* et *La Disparition de Jim Sullivan* s'achèvent sur un épisode similaire.

> le fils Kermeur débarque [...] avec deux revolvers chargés, et il a bien l'intention d'en finir. [...] il demande à toute la famille de sortir, sauf à moi pour que je puisse continuer à raconter l'histoire, sauf à ma mère pour qu'il puisse la punir. [...] il s'assied en face d'elle, il pointe son arme sur son front et en même temps il est à bout de nerfs et il essaie de se contenir et il essaie de ne pas s'énerver et il a la tête qui dodeline un peu dans tous les sens et on voit bien qu'il hésite à tirer alors qu'elle est là complètement tétanisée mais qu'elle ne peut rien dire [...].
>
> Et les secondes sont longues alors, c'est comme si pour chacun toute l'histoire se concentrait là, à ce point d'hésitation, au moment où il va la tuer. Et puis là, juste là, il relève la crosse de son revolver, il se recule sur sa chaise, et il fait non de la tête. Il porte la main à sa poche et il en sort un sac plastique qu'il lui donne en souriant. La dernière image de ma mère, c'est ça, un sac plastique qui lui couvre le visage. Et pour tout le monde évidemment, pour tout le monde c'est lui qui a gagné, le fils Kermeur, même si la police l'attend en bas des marches, même s'il part menotté la tête basse, dans mon livre, c'est toi qui as gagné. (*PB*, p. 179-180)

Le fils Kermeur parvient à renverser le rapport de force entre la mère du narrateur et les autres : elle est à sa merci, réduite à l'immobilité et au silence. L'influence du genre policier transforme le fils Kermeur en une caricature de l'agresseur ; ce personnage devient l'adversaire d'une mère reléguée à la place de victime. Sous le couvert des traits du fils Kermeur, il semble toutefois que ce soit le narrateur qui investit cette inversion des rôles : le mécanisme d'immersion fictionnelle dont il fait l'expérience ménage un effet de *désidentification partielle* qui lui permet de vivre ce renversement depuis sa position de témoin.

L'expression « désidentification partielle » est introduite par Schaeffer, lorsqu'il affirme que davantage que le contenu de la représentation imaginaire dans le dispositif fictionnel importe le passage d'un contexte réel à un contexte fictionnel :

> Une des fonctions principales de la fiction sur le plan affectif résiderait ainsi dans le fait qu'elle nous permet de réorganiser les affects fantasmatiques sur un terrain ludique, de les mettre en scène, ce qui nous donne la possibilité de les expérimenter sans être submergés par eux. L'effet de cette réélaboration fictionnelle n'est pas celui d'une purge, mais plutôt celui d'une désidentification partielle[78].

---

78   Jean-Marie Schaeffer, *Pourquoi la fiction ?, op. cit.*, p. 324.

Cette citation fait une nouvelle fois le procès de la théorie freudienne, que Schaeffer conçoit comme confinant la fiction à un rôle de « purge » ou d'expédient. À condition de passer outre cette dimension réductrice de la valeur prêtée à la fiction par la psychanalyse, l'attribution par Schaeffer de la fonction de « désidentification partielle » à l'état d'immersion fictionnelle s'avère intéressante par l'effet de distanciation qu'elle produit : « il s'agit d'un état mental scindé : il nous détache de nous-mêmes, ou plutôt il nous détache de nos propres représentations, en ce qu'il les met en scène selon le mode du "comme-si", introduisant ainsi une distance de nous-mêmes à nous-mêmes[79] ». Le spectateur immergé dans la fiction éprouve un sentiment de dépossession, contrebalancé par la possibilité d'un regard de soi sur soi : d'une part, l'emprise de la fiction sur son être le plonge dans un état second qui le prive de ses facultés de perception sensible (ses sens sont provisoirement anesthésiés par son investissement dans la fiction), et, d'autre part, la conscience qu'il conserve de son état d'immersion fictionnelle le maintient à une distance critique qui lui permet de se représenter « jouant ».

Caillois établissait déjà un constat similaire, différenciant à ce propos le « jeu réglé » du « jeu fictif », en expliquant que, dans le premier, c'est la règle qui crée la distance et empêche le joueur de se laisser complètement aliéner par le jeu (*cf.* le recours de Monsieur à la règle du jeu, 1.1.4), tandis que, dans le cas du jeu fictif, il revient à celui qui le vit d'établir cette juste distance pour ne pas basculer entièrement du côté de l'univers fictionnel. Il en va ainsi d'une semblable expérience de dédoublement pour le joueur, le rêveur, mais aussi pour le lecteur, ainsi que Michel Picard l'a mis en évidence dans sa théorie de la lecture[80] : à la manière du joueur, le lecteur s'abandonne partiellement au plaisir de la fiction, tandis qu'une partie de lui-même reste ancrée dans le monde extérieur, ménageant une distance qui lui permet de faire simultanément retour sur sa propre activité de lecture.

Cette distance de soi à soi que ménage l'immersion fictionnelle permet au narrateur de *Paris-Brest* de mettre en scène sa propre activité désirante dans le roman familial, sous les traits du personnage intradiégétique du fils Kermeur. En effet, le « roman familial » n'est pas seulement un genre littéraire qui, en tant que tel, possède un registre, une forme et des critères de construction particuliers, ainsi qu'il est présenté dans *Paris-Brest* ; il s'agit également d'une forme récurrente de scénario fantasmatique identifiée par Freud dans un texte

---

79 *Ibidem*, p. 325.
80 Michel Picard, *La lecture comme jeu*, Paris, Minuit, 1986, (« Critique »).

intitulé « Le roman familial des névrosés[81] ». Pour parvenir à se détacher de l'autorité absolue dont il a jusque-là investi ses parents, c'est-à-dire devenir tout à la fois « semblable » et « étranger » à eux, le petit enfant est amené à « corriger l'existence telle qu'elle est[82] » en imaginant que son père et / ou sa mère ne sont pas ses parents biologiques mais un couple qui l'a recueilli ou auquel il a été confié, et qu'il descend de géniteurs plus prestigieux (un couple royal, noble, célèbre, puissant d'une quelconque façon).

Cette activité fantasmatique poursuit selon Freud deux objectifs, érotique et ambitieux, qui participent à l'évolution de l'enfant; il s'agit d'une étape importante de son développement psychique qui le conduit à s'affirmer en tant que sujet indépendant, libre de penser et d'agir de manière autonome. À l'âge adulte, le scénario est refoulé et sombre dans l'oubli. Le fantasme du roman familial constitue donc une fiction à laquelle la psychanalyse reconnaît une fonction qui outrepasse sa seule valeur cathartique (contrairement au reproche que Schaeffer adresse à la théorie psychanalytique) : en figurant la satisfaction d'un désir qui permet notamment à l'enfant de se détacher de l'autorité parentale et de se forger ses propres aspirations, ce scénario fantasmatique joue un rôle essentiel dans l'économie psychique du sujet humain. Il est particulièrement intéressant que Freud, pour décrire cette fiction élémentaire, ait choisi le terme de « roman » : il dote ainsi le phénomène psychique d'une dimension littéraire, l'envisageant tel « un morceau de littérature silencieuse, un texte non écrit qui, quoique composé sans mots et privé de tout public, n'en a pas moins l'intensité et le sens d'une authentique création[83] ». L'enfant *s'invente une histoire* pour parvenir à faire face à un réel qui lui déplaît ; fantasme, fiction et création littéraire sont ici étroitement liés.

Chez Viel, qui utilise peut-être l'expression « roman familial » en ayant connaissance de son référent freudien[84], le narrateur de *Paris-Brest* ne s'invente pas exactement une nouvelle généalogie, mais la fiction qu'il élabore vise toutefois bien à mettre en défaut l'autorité absolue de la mère, de manière à ce qu'il parvienne à ne plus être totalement possédé par son discours. Sur le plan diégétique, le narrateur est aliéné aux mots de la mère : les signifiants

---

81 Sigmund Freud, « Le roman familial des névrosés », dans *Névrose, psychose et perversion*, introduction de J. Laplanche, trad. de l'allemand sous la direction de J. Laplanche, Paris, PUF, 1978, (« Bibliothèque de psychanalyse »), p. 157–160 ; voir également le célèbre essai de Marthe Robert sur ce sujet : Marthe Robert, *Roman des origines et origines du roman*, Paris, Grasset, 1972.

82 *Ibidem*, p. 157–158.

83 Marthe Robert, *Roman des origines et origines du roman, op. cit.*, p. 42.

84 À défaut de pouvoir attester la validité de cette hypothèse, il est en tout cas certain que Viel est un lecteur de Freud (voir Tanguy Viel, « Iceberg #2 "Dans les abysses" », *op. cit.*).

de celle-ci le déterminent, au détriment de sa propre singularité (*cf.* 1.1.3). La toute-puissance de la mère se nourrit par ailleurs de la place qui est déniée au père, soumis lui aussi à la volonté matriarcale en raison de l'opprobre qu'il a jeté sur sa famille en détournant les fonds du club de football dont il était autrefois le gestionnaire. Lebrun attribue en effet au père la charge d'instituer l'altérité[85] dans le couple mère-enfant, c'est-à-dire de désigner le point où la mère vient à manquer, afin de permettre à l'enfant d'advenir de manière autonome dans le langage :

> Si le premier des représentants de l'Autre, la mère, fournit des signifiants à un sujet, l'épingle de « ses premiers mots » et donne à penser que le sujet pourrait être identifié à l'un ou l'autre de ces signifiants, l'intervention du père consiste à en relativiser la portée, en quelque sorte, à soutenir que le sujet n'est nullement à mettre sous la bannière de tel ou tel signifiant, mais qu'il se situe plutôt « entre » tous ces signifiants, et mieux encore, d'attester que la mère manque du signifiant qui dit qui est le sujet[86].

Lorsque le père n'est pas reconnu comme tiers, rien n'empêche que la parole de la mère entre en adéquation parfaite avec ce que l'enfant constitue comme sujet : il devient les mots de la mère. *A contrario*, l'effet de *désidentification* ménagé par son immersion dans la fiction permet au narrateur de *Paris-Brest* d'instituer la mère comme manquante et de défaire le rapport d'aliénation qui le lie à elle. Dans son roman familial, la mère ne lui dicte plus sa conduite ; il est à son tour libre de faire agir comme bon lui semble ce substitut fictionnel (« la mère dans-le-roman-familial »), de le présenter comme une figure acculée, déchue de la position toute-puissante qu'elle occupe dans la réalité diégétique. Ce renversement est rendu possible parce que le scénario fantasmatique permet au narrateur d'investir un point de vue sur lequel le discours de la mère n'a pas prise, celui du fils Kermeur. En effet, tandis que la présence du narrateur de *La Vérité sur Marie* se dessine dans l'ombre du personnage de Jean-Christophe de G., l'implication du narrateur de *Paris-Brest* se devine à travers le substitut intradiégétique du fils Kermeur (« le fils Kermeur dans-le-roman »), et des agissements qu'il prête à ce personnage. Cette instance lui permet de se retrancher dans les marges de son roman familial, faisant rarement mention du personnage qu'il y incarne et, lorsque c'est malgré tout le cas, se présentant comme relégué dans une posture de témoin (« il demande à toute la famille de sortir, sauf à moi pour que je puisse continuer à raconter l'histoire »). Cette

---

85 Jean-Pierre Lebrun, *Un monde sans limite, op. cit.*, p. 40.
86 *Ibidem*, p. 46.

mise à distance du narrateur vis-à-vis de lui-même lui permet de s'engager pleinement dans la fiction, ce dont témoigne son investissement affectif maximal à l'égard du roman familial : la fiction est toujours valorisée au détriment de la réalité diégétique et composée de représentations saturées d'affect. Seule importe, en définitive, sa « version des faits ». Lorsqu'il affirme que le fait que le fils Kermeur suspende ultimement son geste de tuer la mère ne change rien au succès de son entreprise, il insiste « pour tout le monde évidemment, pour tout le monde c'est lui qui a gagné ». Or, de son propre aveu, il est le seul lecteur d'un manuscrit qui n'a jamais été édité, jusqu'à ce que sa mère entreprenne de le lire à son tour : « On n'attend qu'une chose : c'est le duel final entre le fils Kermeur et ma mère. Je dis on, mais c'est surtout moi qui attends ce moment, puisque personne n'a jamais lu cette version, disons, romanesque, des faits. » (*PB*, p. 177–178) Sur le plan diégétique, le narrateur est le seul à avoir accès à sa fiction et à pouvoir, dès lors, s'y plonger. Contrairement à ce qu'il affirme, il ne livre pas une opinion partagée par « tout le monde », mais un sentiment personnel. Dès lors, de victoire – s'il en est une –, il n'est question qu'à ses yeux. La scène de la revanche illustre ainsi le fait que ce qui se joue dans le roman familial a trait à la relation que le narrateur entretient avec sa mère, dont il lui importe de se libérer.

Dans *Paris-Brest*, la fiction élaborée par le narrateur semble de la sorte acquérir une portée libératrice. Certes, le narrateur renonce à tuer l'*ersatz* fictionnel de sa mère. Cependant, il clôture son roman familial sur l'image de celle-ci coiffée d'un sac plastique : il s'agit d'un objet que la mère utilise de manière récurrente dans la réalité diégétique pour exercer un chantage affectif sur son entourage et contrôler de la sorte celui-ci ; or, dans la dernière scène du roman, le sac plastique devient un symbole de l'angoisse aux prises avec laquelle le narrateur abandonne sa mère, signifiant de la sorte ironiquement le renversement du rapport de force sur lequel s'achève le roman familial. De plus, sur le plan diégétique, la nécessité qu'éprouve la mère de brûler le manuscrit de son fils une fois sa lecture achevée atteste la valeur outrancière que l'œuvre revêt à ses yeux. Par cet acte de destruction, elle reconnaît l'atteinte que son fils porte à la suprématie de son ascendance sur les autres. Enfin, le roman de Viel se termine sur la promesse d'une certaine libération : une fois son manuscrit détruit, le narrateur quitte la maison familiale en répétant « chaque mouvement [de son arrivée] à l'envers », comme s'il détricotait tous les liens qui le rattachent à sa famille, et, lors de leur arrivée à la gare, son père décide brusquement de sortir de la voiture et d'accompagner son fils jusqu'au train, s'exposant au regard des autres pour la première fois depuis l'épisode du détournement de fonds. Sous son apparence anodine, cet acte symbolise l'émancipation de la figure paternelle hors de la logique tyrannique de la mère : en avançant « comme à découvert » (*PB*, p. 190) sur le quai de la gare, il se libère de celle qui a contraint sa famille à l'exil et à l'isolement par peur du scandale. La place du père est ainsi (partiellement) restaurée.

Dans *Paris-Brest*, le roman familial devient un moyen de figurer l'accomplissement d'un désir qui ne peut être satisfait sur le plan diégétique. L'implication du narrateur de Viel dans la fiction occulte provisoirement son appartenance au monde extérieur, donnant en apparence du lest aux liens qui l'y ancrent fermement. Illusoirement libéré de son existence sensible, il investit par l'immersion fictionnelle un autre niveau de réalité, non référentielle mais néanmoins réelle : réalité psychique ou intérieure, au cœur de laquelle la satisfaction de son désir trouve une voie de représentation.

3.2.3   *Réflexivité du fantasme*

Pris dans le faisceau de l'enseignement freudien, fantasme et création fictionnelle (ou plutôt la création fictionnelle comme l'une des modalités de l'activité fantasmatique) réalisent le travail psychique incessant du sujet humain pour retrouver quelque chose de l'ordre de l'origine : « La visée du fantasme est le retour d'une scène inégalable, la réminiscence toujours reconstruite d'une expérience de satisfaction : création de la Chose, du Désirable, en tant que le signifiant en organise l'absence[87] ». Pour Freud, création littéraire et fantasme incarnent des régressions vers la petite enfance du rêveur, ils en sont la reviviscence ; c'est pourquoi il envisage ces deux activités comme un développement du jeu d'enfant (*cf. supra*). Tous ces phénomènes psychiques, dont le point commun est d'appartenir au champ d'action du « fantasmer » (*Das Phantasieren*), œuvrent à la reconstitution d'une expérience de satisfaction originaire – celle de la dépendance absolue du nourrisson à la mère – dont l'objet constitue désormais un reste (*Das Ding*) qui échappe au sujet humain. La tension vers cette scène primitive dont l'objet est irrémédiablement perdu est donc au principe de l'activité désirante du sujet humain. Chez Freud, « La perte de la Chose engendre sa fable[88] » ; autrement dit, création littéraire et élaboration fantasmatique découlent de la nécessité de pallier la perte de l'objet originaire, de figurer cette énigme du commencement qui se dérobe continuellement.

Tout en reconnaissant la validité structurelle de la thèse freudienne, Lacan prête une valeur *mythique* à cette expérience de satisfaction originaire[89]. Selon

---

87   Jean Florence, « Théories du fantasme dans la clinique freudienne », *op. cit.*, p. 138.
88   *Ibidem*, p. 124.
89   Pour Lacan, le mythe est la forme la plus adéquate pour « mi-dire » la vérité originaire (Jacques Lacan, *Télévision*, Paris, Seuil, 1974, (« Champ freudien »), p. 51).

lui, l'objet qui soutient l'activité désirante du sujet n'existe que comme pur manque. Dans la relation indissociable qui lie l'enfant à sa mère, l'objet est déjà manquant. Lacan situe la perte elle-même à l'origine, en vertu de quoi il n'y a pas d'autre source d'expression de l'accomplissement d'un désir que l'expérience fantasmatique. Lorsqu'il développe sa logique du fantasme, Lacan conceptualise le lien que l'activité fantasmatique entretient avec l'origine : la formule « $\$\Diamond a$ » fait du fantasme un scénario qui à la fois relie et sépare le sujet de son manque originaire (cf. 2.1.1 « Logique du fantasme »). Pour le dire autrement, le fantasme, selon Lacan, figure l'impossible rencontre du sujet avec l'objet a, il met en scène l'accomplissement d'un désir impossible à satisfaire[90]. Il est une porte ouverte sur une expérience originaire qui fait absolument défaut au sujet. Puisque cette perte originaire ne peut être dite « toute », la seule manière de l'énoncer est le « mi-dire » de la scène fantasmatique[91].

Chez Viel, les fictions intradiégétiques dans lesquelles s'immerge le narrateur gravitent précisément autour d'une expérience originaire, non pas qu'elles mettent en œuvre une représentation mythique du monde, mais parce qu'elles rejouent la condition de l'avènement du sujet-fabulateur dans le discours. Le roman familial du narrateur de *Paris-Brest*, par l'effet de *désidentification* qu'il ménage pour son créateur qui s'y investit totalement, retrouve quelque chose de la réflexivité du dispositif ludique répété par l'enfant, dont un des prolongements n'est autre que le fantasme du « roman familial », selon Freud (cf. supra). Par l'entremise de son immersion dans la fiction intradiégétique, le narrateur de Viel rejoue l'émergence de sa propre parole ; il ne s'institue pas seulement spectateur du renversement du rapport de force entre sa mère et le fils Kermeur, mais, plus essentiellement, spectateur de la possibilité pour lui d'advenir de manière autonome dans le langage, de se libérer des mots de la mère. Il figure bien de la sorte l'accomplissement d'un désir qui ne peut trouver de satisfaction en dehors de la scène fantasmatique.

Ce chapitre a commencé par démontrer que l'enterrement fictif de la grand-mère du narrateur de *Paris-Brest* est doté d'un effet de transcendance qui échappe à son correspondant du « monde réel-dans-le-roman ». Avant même que le décès du personnage n'ait lieu dans l'univers diégétique de référence, ses funérailles sont sublimées dans la fiction : elles s'inscrivent dans un temps en suspension, affranchi de la dimension linéaire qui organise l'univers référentiel ; l'organisation de l'espace, le « silence infernal » qui pèse sur l'assemblée,

---

90   Jacques Lacan, « Subversion du sujet et dialectique du désir », *op. cit.*, p. 273–308.
91   Jacques Lacan, *Le séminaire, livre XVII : l'envers de la psychanalyse* (1969–1970), Paris, Seuil, 1991, (« Le champ freudien »), p. 127.

la pénétration de la lumière et les effets de contraste qui en résultent[92], notamment, achèvent de conférer à la scène un caractère absolu (*PB*, p. 71–73). Cet épisode ouvre le roman familial du narrateur de *Paris-Brest* ; s'il thématise une fin – la mort de la grand-mère –, il présage dans le même temps la genèse d'une nouvelle configuration des rapports familiaux. La scène de l'enterrement qui sert d'*incipit* à la fiction intradiégétique rassemble en effet tous les acteurs du drame autour du point où la mère se met à manquer : « ma mère [...] s'est retournée et elle a vu, se tenant là debout comme sorti de nulle part, elle a vu en arrière de nous tous, l'œil noir et la silhouette rocailleuse, elle a vu, oui, le fils Kermeur. Et elle a eu peur, ma mère, oui très peur, parce que le fils Kermeur, ce jour-là dans mon roman familial, venait régler des vieilles histoires » (*PB*, p. 75). D'emblée, le roman familial expose une mère déchue, par la présence vengeresse du fils Kermeur, de la position toute-puissante qu'elle occupe au niveau diégétique premier. C'est une figure prophétique, voire christique, que le narrateur dessine dès les premières lignes de son roman : l'arrivée du fils Kermeur lors des funérailles de la grand-mère annonce déjà la dissolution de l'autorité maternelle que le roman familial va orchestrer.

Ce renversement devient manifeste lorsque la mère se tient muette sous la menace du pistolet de Kermeur, dans la scène finale qui confère également une dimension sacrificielle à ce personnage : la suspension de son geste, dans le but d'épargner la mère avant de se livrer à la police, fait du fils Kermeur un sauveur qui endosse la culpabilité du casse (lui et le narrateur ont dérobé plusieurs milliers d'euros à la grand-mère) et préserve de la sorte la famille de l'éclatement, tout en ayant considérablement modifié la donne de leurs rapports familiaux. Libéré de l'ascendance de la mère par l'entremise de cette figure vengeresse auquel il donne vie dans sa fiction, le narrateur devient alors lui-même *témoin* de la scène (« [le fils Kermeur] demande à toute la famille de sortir, sauf à moi pour que je puisse continuer à raconter l'histoire », *PB*, p. 179). Autrement dit, il s'institue par le biais de son roman familial dans son propre rôle de narrateur. Cet avènement est rendu possible parce que la fiction met en scène le manque de la mère. Le narrateur de *Paris-Brest* répète – et transforme – dans son roman familial un événement (le cambriolage chez la grand-mère et ses répercussions sur l'ordre familial) qui lui permet de signifier sa rupture avec la mère et d'émerger distinctivement. La fiction ainsi fantasmée est constituante pour son auteur. Elle rejoue une coupure que le narrateur n'est pas parvenu à rendre effective sur le plan diégétique : bien qu'il choisisse

---

92   « le soleil qui fabriquait des contre-jours d'autant plus noirs, d'autant plus vernis par la lumière que les pierres tombales faisaient comme des escaliers qui dégageaient aux morts une vue qu'on aurait dit prévue par Dieu lui-même » (*PB*, p. 73).

de demeurer à Brest avec sa grand-mère lorsque ses parents sont contraints de s'exiler, le narrateur reste longtemps aliéné à la loi maternelle (cela se traduit notamment par le rôle de victime délaissée dans lequel se complaît la mère, qui empêche de la sorte son fils de se détacher d'elle en lui faisant porter la culpabilité de cet abandon) ; ce n'est qu'une fois qu'il a achevé son roman familial qu'il peut quitter une seconde fois la maison parentale, avec le sentiment de s'être libéré de l'ascendance maternelle.

Ainsi, le récit fantasmé du narrateur de *Paris-Brest* actualise le moment de la perte originaire, autrement dit l'entrée du sujet dans le symbolique. Cette représentation n'a toutefois que valeur d'illusion ; la narration ne constitue pas la première parole de ce personnage – celui-ci était déjà investi dans le monde du langage, ainsi qu'en témoigne son assujettissement aux signifiants de la mère (*cf.* 1.1.3). Inévitablement, le fantasme rate son objet : « le fantasme n'est jamais que l'écran qui dissimule quelque chose de tout à fait premier[93] ». Il ne libère pas le narrateur de l'emprise de l'Autre, mais constitue un mode de traitement du réel de la jouissance, c'est-à-dire une manière pour ce personnage de se réapproprier la scène énonciative, dont il était *a priori* évincé par la présence totalisante de l'Autre (dont la figure maternelle est le premier représentant).

Cet enjeu n'est pas spécifique à *Paris-Brest*, mais anime toute l'œuvre de Viel. Conformément à la thèse de Freud, le fantasme du roman familial organise pour le regard du narrateur-spectateur de *Paris-Brest* la représentation de la sortie de la fusion originelle avec la mère. Chez Viel, toutefois, ce n'est pas spécifiquement le scénario fantasmatique récurrent du roman familial qui est en jeu, mais l'activité de création fictionnelle dans son ensemble. En vertu du parallèle étroit qu'il tisse entre jeu, fantasme et création littéraire, Freud envisage le fantasme du roman familial comme une des premières expériences de création *littéraire* (d'où le choix du terme « roman ») par lesquelles l'enfant interroge le lieu de sa propre coupure signifiante. Le roman familial, en tant que *Dichtung*, soutient en même temps qu'il la voile la perte qui préside l'entrée du sujet dans l'ordre symbolique. Partant de ce même postulat, Marthe Robert va jusqu'à affirmer dans *Roman des origines, origines du roman* que le fantasme du roman familial constitue la matrice du genre romanesque dans sa totalité :

> le roman peut tout parce que le schéma dont il dérive lui communique son caractère convaincant, tout en le laissant libre de jouer sur tous les registres, de prendre tous les tons et tous les goûts [...] Tout au long de

---

[93] Jacques Lacan, *Le séminaire, livre XI : les quatre concepts fondamentaux de la psychanalyse, op. cit.*, p. 70.

son histoire, le « roman familial » lui communique la force de ses désirs et son irrépressible liberté, en ce sens on peut dire que ce roman des origines ne révèle pas seulement les origines psychiques du genre [...] : il est le genre lui – même avec ses virtualités inépuisables et son infantilisme congénital, le genre faux, frivole, grandiose, mesquin, subversif, cancanier dont tout homme est fils en effet [...], mais qui rend aussi à tout homme quelque chose de sa première passion et de sa première vérité[94].

Selon elle, quels que soient la forme adoptée ou le thème abordé, l'objet du roman est toujours de rejouer les désirs inconscients qui animent l'être humain ; toute fable est une réactualisation du fantasme originaire du roman familial. Simultanément, cependant, Robert annonce la faillite de ce qu'elle appelle « la grande aventure du Bâtard dans le roman occidental[95] » : Kafka, Joyce et Proust en sont, à ses yeux, les derniers chantres ; leurs œuvres mettent déjà en scène les ultimes soubresauts de la figure de « l'Enfant trouvé », dont la prépondérance s'efface chez ces auteurs au profit de l'accroissement de la valeur accordée à l'appareil formel[96]. L'essai de Robert date de 1972, il est contemporain des expérimentations littéraires des Nouveaux Romanciers et de la génération Tel Quel et précède de quelques années la chute du mur et celle des statues de Moscou[97], et cette fin du genre romanesque qu'il annonce (« une fois vidé du mythe immémorial dont il tenait jusqu'à présent sa seule vraie autorité, le roman lui-même aura[-t-il] encore de quoi justifier son nom [?][98] ») n'est autre que celle qui justifie qu'on parle de « retour du récit » en littérature contemporaine. En effet, bien qu'il faille nuancer cette étiquette (cf. 1.3), Viel – ainsi que Toussaint, d'ailleurs – réhabilite le personnage « faiseur d'histoires ». Certes, celui-ci ne s'est pas affranchi des « doutes quant à ses chances de convertir la vie en écrit[99] » ; héritant du *soupçon* qui continue à peser sur les rapports entre littérature et réel, l'écriture du fantasme mobilise, chez Viel, la figuration d'une parole qui fait retour sur ses propres conditions d'avènement et interroge de la sorte, tout en dénonçant sa nature d'illusion, l'activité de création fictionnelle en tant que telle.

Le travail d'hétérogénéisation tout à fait spécifique à l'écriture de Viel participe à ce mouvement de remontée vers le point d'émergence du discours, en tant qu'il s'efforce de témoigner d'un véritable élan discursif, inlassablement

---

94   Marthe Robert, *Roman des origines, origines du roman, op. cit.*, p. 61–62.
95   *Ibidem*, p. 361.
96   *Ibidem*, p. 362–363.
97   Lionel Ruffel, *Le dénouement, op. cit.*, p. 14.
98   Marthe Robert, *Roman des origines, origines du roman, op. cit.*, p. 364.
99   *Ibidem*, p. 362–363.

réitéré. Cela apparaît très nettement dans *Le Black Note*, notamment, roman dans lequel la voix narratoriale interroge inlassablement son lieu d'émission : elle vacille, affirme une chose puis son contraire, cherche la paternité des phrases qu'elle reprend, bascule de toutes parts dans la confusion. Le narrateur espère parvenir de la sorte à « être neuf » (*BN*, p. 11), c'est-à-dire à trouver dans le ressassement fantasmatique une poussée régressive capable de faire émerger un discours vierge, non altéré par les « grandes phrases mégalomaniaques » (*BN*, p. 25) de Paul. Il aspire à recouvrer un lieu d'énonciation qui ne soit pas celui de l'Autre, qui ne soit pas envahi par la présence signifiante de l'Autre (*cf.* 2.2.2). C'est cet enjeu que pressent Faerber, bien qu'il ne l'étaye pas de l'éclairage psychanalytique, lorsqu'il déclare que, chez Viel, il s'agit toujours de « rejouer une grande scène indéfiniment reculée et fantasmée, première parce que primitive, ultime parce qu'indicible[100] ».

Quant à *La Disparition de Jim Sullivan*, il ne consiste pas – ou en tout cas pas seulement – en un roman américain à la française, ainsi que certains critiques l'ont constaté (*cf.* 1.1.5), mais en la mise en scène de l'attrait du narrateur pour cette forme romanesque et, plus largement, pour l'activité de création fictionnelle dans son ensemble. En ce sens, considérer que ce roman donne une nouvelle dimension à la réflexion sur l'inclination du sujet humain à générer de la fiction (thématique qui traverse toute l'œuvre de l'auteur) est justifié : la fiction intradiégétique ne dépend plus d'un niveau diégétique premier qui conditionnerait son existence comme cela semble être le cas dans les romans précédents, c'est l'histoire de sa propre genèse qui occupe le devant de la scène. Viel fait ainsi de l'acte de création littéraire ou, pour le dire autrement, des compétences fictionnelles du narrateur-fabulateur l'objet de *La Disparition de Jim Sullivan*, ce qui confirme que, chez cet auteur, l'acte de mise en récit importe davantage que l'action configurée. Plus encore, cette focalisation sur l'expérience de création du narrateur subordonne l'individualité de ce personnage à son activité fabulatrice : il ne peut être appréhendé qu'en tant que narrateur du processus d'élaboration d'une fiction dont il se présente l'auteur ; il ne possède pas d'existence discursive en dehors de sa position de fabulateur.

Rétrospectivement, un tel constat peut déjà être établi à propos des précédents romans de Viel, et *La Disparition de Jim Sullivan* n'en serait qu'une nouvelle actualisation. C'est particulièrement évident dans *Le Black Note* et dans *Cinéma*, au sein desquels l'obsession du narrateur pour l'univers fictionnel thématise clairement le rapport de dépendance vis-à-vis de celui-ci, mais il en

---

100   Johan Faerber, « Vers une mélancolie des premiers romans ? Entretien avec Tanguy Viel », dans Marie-Odile André, Johan Faerber, (s.l.d.), *Premiers romans, 1945–2003*, Paris, Presses Sorbonne Nouvelle, 2005, p. 97.

va de même pour les narrateurs de *L'Absolue perfection du Crime*, *Insoupçonnable* et *Paris-Brest* qui, une fois sortis de leur état d'immersion fictionnelle, paraissent condamnés à l'errance ou abandonnés à la vacuité de leur existence (*cf.* 1.1.3 et 1.1.5). Cette posture énonciative *limite* du narrateur de Viel – lequel ne possède d'existence discursive qu'au travers de la fiction – confirme que, chez cet auteur, l'activité fantasmatique a une fonction constituante : elle rejoue les conditions d'avènement du sujet dans le discours et rend possible l'émergence d'une parole à laquelle ne s'offre nulle autre voix d'expression. En vertu de ce constat, la désignation des narrateurs de Viel comme « herméneutes[101] » par Anne Sennhauser prend sens : l'élaboration fictionnelle constitue pour ces locuteurs un moyen de rassembler les bribes de discours qui les traversent, de s'emparer du registre de la signification (même si celle-ci demeure toujours provisoire, parce que sujette à la reformulation et à la contradiction), de s'approprier, par le biais de l'illusion, le procès d'énonciation.

3.2.4 *Fascination versus mise en récit*

Les romans de Viel ont en commun de creuser une fiction au cœur de la diégèse. Outre le clin d'œil d'ordre métafictionnel qu'adresse immanquablement ce type de mise en abyme au lecteur, le processus d'enchâssement interroge la tendance du sujet humain à s'immerger dans la fiction. Qu'il en soit l'auteur ou qu'il y figure à titre de spectateur ou de simple figurant, le narrateur de Viel est toujours puissamment *captivé* (il est à la fois séduit et retenu captif) par l'univers fictionnel dont il entreprend de faire le récit. Un constat similaire amène Jeanne-Marie Clerc et Monique Carcaud-Macaire à parler, à propos de *Cinéma*, de « la *fascination* irrationnelle d'un narrateur subjugué par les images[102] ». Le présent chapitre a commencé par confirmer ce pouvoir *fascinant* de l'image et par étendre cette thèse à l'ensemble de l'œuvre de Viel, en faisant apparaître que, dans chacun des romans de l'auteur, le narrateur pénètre dans ou se laisse pénétrer par un univers fictionnel qui lui permet de s'affranchir des repères – spatio-temporels, identitaires, sociaux, etc. – qui organisent le monde diégétique auquel il appartient, latitude en vertu de laquelle ce personnage s'engage totalement dans cette fiction secondaire, au point d'accorder davantage de crédit aux événements fictionnels qu'à ceux qui surviennent dans sa réalité première. Son engagement affectif vis-à-vis du « monde à part » de la

---

101   Anne Sennhauser, « Présences paradoxales du romanesque dans la fiction contemporaine. Les cas de Jean Echenoz, de Patrick Deville et de Tanguy Viel », *Itinéraires : littérature, textes, cultures*, 1, 2013, p. 72.

102   Jeanne-Marie Clerc, Monique Carcaud-Macaire, *L'adaptation cinématographique et littéraire*, Paris, Klincksieck, 2004, (« 50 questions »), p. 183, (je souligne).

fiction est maximal. Cette valorisation du « faire-semblant », qui témoigne de la puissance de l'immersion fictionnelle du narrateur, permet-elle de conclure que le rapport que ce personnage entretient avec l'univers fictionnel relève de la *fascination* ?

Dans « Psychologie des foules et analyse du moi », Freud identifie la fascination comme une opération que partagent l'état hypnotique et l'état amoureux : le sujet est immobilisé, charmé, par le regard de l'autre, qui devient à ses yeux « le seul objet digne d'attention », de sorte qu'il est amené à remplacer son idéal du moi par cet autre qui le fascine.

> De l'état amoureux à l'hypnose la distance n'est pas grande. Les points de ressemblance entre les deux sont évidents. On fait preuve à l'égard de l'hypnotiseur de la même humilité dans la soumission, du même abandon, de la même absence de critique qu'à l'égard de la personne aimée. On constate le même renoncement à toute initiative personnelle ; nul doute que l'hypnotiseur n'ait pris la place de l'*idéal du moi*[103].

L'objet fascinant vient se substituer à l'idéal du moi de l'hypnotisé ; autrement dit, l'idéal du moi est projeté à l'extérieur du sujet. La fascination implique à la fois une léthargie et un assujettissement de l'ordre de la dépossession de soi, qui n'est pas sans rappeler l'état de *désidentification* engendré par l'immersion fictionnelle. Adoptant une approche sensiblement différente, *Le Sexe et l'Effroi* définit le terme en partant de son étymologie : Pascal Quignard explique que le mot fascination est un dérivé de *fascinus*, terme que les Romains utilisaient pour désigner le phallus, ce qui permet à l'auteur d'affirmer que la fascination résulte de la pétrification du sujet humain face à un sentiment d'effroi[104]. Dans les deux cas, fascination rime avec stupéfaction ; il s'agit d'un état qui prive le sujet d'une partie de ses facultés motrices et cognitives.

Chez Viel, l'immobilisme des personnages résulte d'un rapport de sujétion à la mécanique fictionnelle (*cf.* 1.1.5) : ils apparaissent comme statufiés, privés de toute perspective future, incapables de s'extraire de leur condition et entièrement régis par l'archétype qu'ils incarnent. Au même titre que les autres personnages, le narrateur subit l'emprise du modèle fictionnel, tout en occupant vis-à-vis de celui-ci une position marginale : il est le témoin des événements, il est celui qui a la charge de raconter. De telle sorte que l'immersion du narrateur du Viel dans la fiction, aussi puissante et aliénante puisse-t-elle être, possède la faculté de remettre le narrateur – ou, du moins, le discours narratif – en

---

103   Sigmund Freud, « Psychologie des foules et analyse du moi », *op. cit.*, p. 138.
104   Pascal Quignard, *Le Sexe et l'Effroi*, Gallimard, Paris, Gallimard, 1996, p. 11.

mouvement, quand bien même ce mouvement serait celui du ressassement (*cf.* 2.2.2). Discuter l'étymologie et le sens du terme *fascination* n'a d'autre but que de souligner cette capacité du dispositif d'immersion fictionnelle à susciter l'activité fantasmatique du narrateur de Viel et à lui restituer une position énonciative singulière. En effet, en vertu de sa position de narrateur, ce personnage n'est pas seulement inextricablement pris dans les rouages de la mécanique fictionnelle qui l'obsède, il est aussi celui qui se l'approprie et la réinvente. Voilà ce que fait apparaître le dispositif de fiction dans la fiction à l'œuvre dans chacun des romans de Viel.

Si le canevas générique de *Paris-Brest* impose ses impératifs – « Un roman familial sans enterrement [...] ce n'est pas un vrai roman familial » (*PB*, p. 71) –, il figure également comme une tentative du narrateur de se soustraire à l'autorité toute-puissante de la mère. La plongée au cœur de l'univers fictionnel engendre un effet de *désidentification* : le sujet pris dans la fiction éprouve un sentiment de dépossession de soi, que contrebalance la possibilité d'un regard de soi sur soi. De sorte que l'immersion du narrateur dans la fiction devient aussi un moyen de se réapproprier subjectivement le procès d'énonciation. Certes, ce personnage demeure toujours assujetti à la fiction, mais c'est son attraction qui implique qu'il se retrouve aussi en charge de son récit : il n'est pas seulement le spectateur passif, pétrifié par le pouvoir de fascination de la fiction, mais aussi le *Dichter*, le créateur de l'activité fantasmatique (*das Phantasieren*). La réflexivité du discours narratif construit par Viel, conséquence de l'effet de *désidentification* ménagé par l'élaboration de la fiction intradiégétique, rend visible le point d'articulation entre l'immersion du personnage dans une fiction qui le captive – le discours du narrateur de Viel est pétri de son obsession pour la fiction intradiégétique, travaillé, voire hanté, par la toute-puissance de la mécanique fictionnelle dans laquelle il est pris (*cf.* 1.1.5) – et, simultanément, la possibilité pour ce personnage de forger une parole qui fait retour sur ses propres conditions d'avènement, en faisant précisément le récit du fantasme qu'il élabore.

La restitution d'une position d'énonciation singulière au narrateur de Viel, que l'élaboration fantasmatique rend possible, libère-t-elle ce personnage de l'emprise de l'Autre ? Dans *Paris-Brest*, le roman familial figure comme une tentative du narrateur pour renverser l'autorité toute-puissante de la mère ; de manière plus générale, le travail d'hétérogénéisation de l'énonciation pratiqué par Viel tout au long de son œuvre présente la mise en récit comme un moyen, pour le narrateur qui en a la charge, de lutter contre le cortège de discours et d'images qui le hantent. La parole du narrateur se fait polyphonique, tortueuse et équivoque pour défaire toute interprétation unilatérale, totalisante, qui se prétendrait en adéquation avec elle. Cette thèse appuie celle de Faerber lorsqu'il déclare que, chez Viel, « La dramaturgie est celle de l'affranchissement du spectral ». Mais là où Faerber semble envisager cette dramaturgie depuis son point d'aboutissement, parlant d'une « *méthode* [...] qui accomplira la *catharsis* de l'écrire contre toute mimèsis[105] », il faut y voir un projet d'écriture qui appelle à être sans cesse *renouvelé* (dans le double sens de « remplacé » et de « transformé »). Les narrateurs de Viel sont bien, ainsi que l'annonce Faerber, « les spectateurs interdits des mots puissants de l'autre[106] », mais, paradoxalement, le fait d'être relégués dans cette posture marginale et *a priori* passive, dans cet assujettissement résigné aux mots de l'autre, assigne à ces personnages une tâche pragmatique. La prise en charge de l'acte de raconter restitue aux narrateurs de Viel une voie possible de résistance : ils deviennent des *spect-acteurs* qui, tout en rejouant le film d'une histoire qui les fascine, occupent une position énonciative différée depuis laquelle ils peuvent se manifester subjectivement. C'est ce qui explique que la narration se trouve saturée de la présence de ces narrateurs qui font pourtant dans le même temps l'expérience de leur inaptitude à se libérer de l'emprise de l'Autre.

Il s'agit donc, chez Viel, de mettre en scène le rapport proprement dialectique que le narrateur entretient avec la fiction intradiégétique, ce qui implique aussi d'en révéler les écueils : si le discours narratif est suscité par l'immersion fictionnelle du narrateur, toute parole n'est toutefois jamais qu'une actualisation de la perte originaire qu'elle cherche à figurer ; elle rate inévitablement son objet. L'élaboration du fantasme ne libère pas le narrateur de l'emprise de l'Autre, elle constitue un mode de traitement du réel de la jouissance, c'est-à-dire une manière pour ce personnage de se réapproprier la scène énonciative, dont il était *a priori* évincé par la présence totalisante du représentant de l'Autre. Cette réponse n'est jamais définitive, elle appelle à être sans cesse réitérée. Le chapitre suivant entreprendra de rendre apparent le mouvement de ressassement auquel l'échec de la représentation condamne le discours narratif tant chez Viel que chez Toussaint, dans une forme particulière du fantasme : le délire.

---

[105] Johan Faerber, « Écrire : verbe transitif ? », *op. cit.*, p. 30 ; il faut cependant noter que Faerber présente, dans d'autres travaux, la réitération et la répétition de la parole dans l'œuvre de Viel comme un moyen d'interroger la capacité de l'écriture à dire le monde.

[106] Johan Faerber, « Le livre aveugle ou la passion anthologique dans l'œuvre de Tanguy Viel », *op. cit.*, p. 87.

CHAPITRE 4

Soupçonner l'Autre : le délire fantasmatique

4.1 Un délire qui tourne en rond

4.1.1 *Effet de distorsion*

Il arrive que les fantasmes du narrateur confinent à la folie : plutôt que d'être reconnus et assumés comme des constructions fictionnelles qui travestissent le réel, ils prennent la forme d'un délire. C'est manifestement le cas dans *La Réticence* de Jean-Philippe Toussaint et *Le Black Note* de Tanguy Viel, deux romans qui mettent en scène un discours narratif qui, ne disposant ni d'arguments convaincants ni de preuves tangibles, va à l'encontre de la cohérence et du sens, tout en se réclamant de la vérité. Le quatrième roman de Jean-Philippe Toussaint, *La Réticence*, est souvent considéré comme un tournant dans l'œuvre de l'auteur. La critique justifie cet effet de scission par le changement de ton qui distingue ce roman des trois qui l'ont précédé : bien que l'écriture de Toussaint y demeure teintée de cette ironie qui la singularise si bien, force est de constater que le comique s'estompe au profit d'une atmosphère romanesque sombre, qui contraste avec l'apparente légèreté de *La Salle de bain*, *Monsieur* et *L'Appareil-photo*. La nonchalance du narrateur de Toussaint semble dans ce roman en effet progressivement remplacée par une inquiétude croissante à l'égard d'un événement relativement anodin, qu'il surinterprète sur un mode psychotique.

La Réticence relate les quelques jours que le narrateur passe avec son fils dans la ville de Sasuelo, où il a pour intention de rendre visite à d'anciennes connaissances, les Biaggi. Il renonce toutefois rapidement à ce projet, pris d'une réticence dont le motif lui échappe. Au gré de ses errances dans la ville, il découvre dans le port le cadavre d'un chat. Il mène alors une enquête à travers les rues du village dans le but de découvrir l'auteur de ce qu'il envisage presque immédiatement comme un meurtre. D'emblée, il délaisse les hypothèses les plus rationnelles au profit de scénarios criminels alambiqués, qui relèvent davantage de la divagation que du raisonnement logique. Ses élucubrations l'amènent ainsi à s'imaginer en proie au regard d'un inconnu qui le traque, individu que le narrateur identifie comme étant ce Biaggi auquel il avait initialement prévu de rendre visite.

Ce projet de visite avorte par ailleurs à plusieurs reprises : le narrateur tergiverse, passe plusieurs fois devant la maison des Biaggi sans se présenter à eux, vole le courrier présent dans leur boîte aux lettres, visite leur maison une nuit où ils sont absents, replace le courrier dans leur boîte aux lettres, etc. Il est pris d'une « réticence » qu'il ne s'explique pas. Toussaint précise, dans un entretien avec Roger-Michel Allemand, avoir mené

> une réflexion sur le mot « réticence », qui a plusieurs sens. Le premier, habituel, c'est de ne pas avoir très envie, ne pas être très chaud, très partant, bref une sorte de mollesse dans le refus. Ce sens-là, il est évident, il me plaît – il me convient bien et va bien avec mes personnages –, mais il y en a aussi un autre qui m'intéresse : le manque, la chose qui n'est pas dite, l'omission[1].

Cette citation de Toussaint confirme que la réticence désigne l'hésitation du narrateur qui ne cesse de postposer sa visite aux Biaggi (« j'avais éprouvé cette réticence initiale à aller les trouver », R, p. 25), mais elle suggère que le terme évoque également tout ce qui, dans le roman, a trait au vide, au non-dit, à tout ce qui fait défaut. En effet, le discours et les agissements du narrateur gravitent autour d'un manque : aux yeux de ce personnage, la présence du cadavre du chat dans le port s'impose comme un indice énigmatique tendu par le réel, un signe auquel il entend donner sens à coup d'explorations tâtonnantes de la ville, d'investigations secrètes et d'hypothèses alambiquées. Mais ce manque est-il réellement le corrélat d'un crime qui appelle à être élucidé ou bien procède-t-il du regard biaisé que le narrateur pose sur les objets et les événements qui l'entourent, ainsi que, rapidement, sur lui-même ?

La dérision suscitée par le détournement subversif des codes du récit policier – le narrateur enquête à propos de l'assassinat supposé d'un chat – est contrebalancée par le ton oppressant de *La Réticence*. Certes, le comportement incongru du narrateur, déambulant de nuit dans la maison de connaissances en imaginant les hypothèses les plus farfelues pour expliquer leur absence, prête à rire. Quelque chose empêche toutefois le roman de verser dans la pure parodie. Cette impression peut être imputée en partie à l'immuabilité du cadre spatial : contrairement aux autres textes de Toussaint, *La Réticence* cloisonne l'action romanesque dans un lieu unique – la petite ville, vraisemblablement corse, de Sasuelo – qui est décrit comme complètement isolé du reste du monde. On retrouve l'oisiveté caractéristique des narrateurs de Toussaint. Le personnage erre dans la ville, multiplie les promenades, passe de longs moments couché sur son lit d'hôtel en se demandant s'il va rendre visite aux Biaggi :

---

[1] Jean-Philippe Toussaint, dans Roger-Michel Allemand, « Jean-Philippe Toussaint : la forme et la mélancolie », *analyses.org*, 1, hiver 2011, p. 40.

> j'occupais mes journées à de longues promenades, tantôt le long des routes étroites qui montaient vers les hameaux voisins, et tantôt à la découverte de la plage sauvage qui s'étendait derrière le village sur plusieurs kilomètres. Le bruit des vagues et du vent se mêlaient dans mon esprit, et je progressais lentement sur le rivage. [...] De retour dans la chambre d'hôtel, je passais des heures allongé sur le lit à barreaux qui occupait le centre de la pièce. Je ne faisais rien, je n'attendais rien de particulier. (*R*, p. 13-15)

Cet état d'indolence extrême rappelle la prostration du narrateur de *La Salle de bain* dans sa baignoire. Cependant, à la différence des autres romans de Toussaint, *La Réticence* est un récit statique : contrairement au protagoniste de *La Salle de bain* qui s'exile brusquement à Venise, le narrateur de *La Réticence* ne voyage pas, il est confiné dans cet espace géographique clos sur lui-même. Cette délimitation de l'espace engendre un effet d'enfermement oppressant, accentué par le fait que la bourgade de Sasuelo et ses environs sont largement abandonnés en hiver (« Tous les magasins étaient fermés dans le village, et la place était déserte », *R*, p. 30). La description que le narrateur donne du port suggère que son activité est complètement à l'arrêt : des mâts dépourvus de voilure, ancrés à des bateaux bâchés ou en réfection, composent une scène morne et désertique. La combinaison de brume et de grisaille qui semble recouvrir en tout temps l'endroit et, plus particulièrement, les lieux abandonnés que le narrateur se plaît à décrire systématiquement (bancs en mauvais état, église en ruine, maisons silencieuses, etc.), achève de conférer au roman une tonalité lugubre.

La lourdeur de l'atmosphère romanesque est toutefois principalement le fait de l'identité mouvante du narrateur, qui tergiverse entre son rôle de père aimant et une attitude exagérément suspicieuse à l'égard de la réalité qui l'entoure. Le texte est encore ponctué de parenthèses humoristiques selon un procédé cher à l'auteur : « J'attendis de l'avoir installé dans sa poussette pour lui passer la cagoule (c'était toujours la corrida, la cagoule) » (*R*, p. 82). Peu à peu, le ton change toutefois sensiblement, et l'innocente promenade familiale bascule dans la parodie de roman noir :

> mon fils se tenait devant moi, la tête bien droite dans la poussette comme si je l'avais chargé de quelque mission particulière de vigie à l'avant du convoi, tâche dont il s'acquittait avec le plus grand sérieux d'ailleurs, l'œil aux aguets sous la cagoule – un seul œil, car sa cagoule n'était pas très bien remontée sur son front et lui éborgnait un peu l'autre œil –, à l'affût de tout ce qui pouvait bouger devant lui (*R*, p. 83).

La cagoule de l'enfant devient un accessoire de gangster, qui transforme le fils du narrateur en une sorte de guetteur borgne. Bien entendu, le contraste entre l'attitude du narrateur et la trivialité de la situation produit un effet comique. Le regard que le personnage porte sur une situation anodine et sereine, la manière dont il interprète le comportement de son fils, ne manquent pas de faire sourire. Cependant, la façon qu'a le narrateur de prêter aux choses les plus banales une dimension incongrue crée également un certain malaise : la narration isole certains objets ou personnes de leur cadre familier, rassurant, pour leur conférer un aspect inquiétant, une gravité dont leur ancrage contextuel les privait. La fonction ludique du jeu de rôle, que souligne la présence de l'enfant, est de la sorte partiellement annulée par le processus d'altération – ou, pour rester dans le champ scopique, de distorsion – dont il procède. L'impression de trouble qui en résulte doit être imputée au point de vue focalisant du narrateur qui, plutôt que de transmettre une représentation fidèle de son environnement immédiat, le transforme radicalement.

Ce processus de distorsion du réel est manifeste dans la double description que le narrateur donne de la maison des Biaggi (p. 86–87) : la perception maussade, voire sinistre, qu'il a de la demeure lors de sa visite illicite contraste avec l'image lumineuse qu'il a conservée d'un séjour précédent (opposition dont témoignent les adjectifs « lourd », « humide », « désert », « abandonné », « silencieux », « mortes », « flasques », etc., d'une part, contre « ensoleillée », « limpide », « ouverte », « accueillantes », etc., d'autre part). La première description comporte une allusion transparente au vingt-huitième poème des *Fleurs du Mal*, « Spleen » : la phrase « le ciel était de nouveau bas et lourd au-dessus de la maison » (*R*, p. 86) fait écho au vers « Quand le ciel bas et lourd pèse comme un couvercle » par lequel commence le poème de Baudelaire. Cette référence renforce l'impression angoissante qui se dégage de la scène et suggère l'hypothèse d'un sujet délirant : à la manière du spleen baudelairien, le mauvais temps reflète l'abattement psychologique du personnage et la démence aux prises avec laquelle il se trouve ; le climat menaçant et l'atmosphère malsaine du lieu figurent comme des projections du délire intérieur du sujet. L'univers psychique de ce dernier influence sa perception de l'espace géographique, qui devient un reflet du mal-être du personnage. Par ailleurs, les marqueurs discursifs de subjectivité dont la description de Toussaint est chargée confirment que la métamorphose spatiale est davantage due au regard que le narrateur pose sur la maison des Biaggi qu'à une véritable altération du lieu. La nature de celui-ci n'a vraisemblablement pas subi de transformation notable, seuls le contexte et la saison ont changé, de sorte que la maison se présente sous un jour moins avenant. La juxtaposition de ces descriptions (celle de la maison telle qu'elle est perçue aujourd'hui et celle de la maison telle que le narrateur s'en souvient), toutes deux saturées d'affects, indique que le sentiment de malaise qui se dégage désormais du lieu est le fait du travail d'interprétation du narrateur, du passage par son point de vue focalisant. C'est son regard qui isole un élément de la sphère de ce qui est connu, familier, et cette mise à l'écart, cette opération de sélection dans le réel, confère à la chose un caractère inquiétant, à partir duquel sont élaborés les fantasmes délirants du narrateur.

Délirants, car il ne s'agit plus pour le narrateur de laisser libre cours à son imagination pour exposer quelques rêveries, ainsi qu'il s'y emploie dans les autres romans de Toussaint ; *La Réticence* fait basculer le scénario imaginaire du côté de la psychose. Le délire du narrateur prend naissance autour d'un événement particulier : la découverte d'un cadavre de chat dans le port ou, plus exactement, la constatation qu'une ligne de pêche entrave la gueule de l'animal.

> Le cadavre était là, qui flottait dans la pénombre à quelques mètres de la jetée [...] ce n'est que lorsque le courant fit légèrement pivoter le corps sur lui-même que je me rendis compte qu'une tête de poisson pendait hors de sa gueule, de laquelle dépassait un fragment de fil de pêche cassé [...] Et c'est précisément la présence de ce fragment de fil de pêche dans sa gueule qui me fit penser, un peu plus tard dans la soirée – sur le moment, je l'avais simplement examiné distraitement, ce fragment de fil de pêche –, que le chat avait été assassiné. (*R*, p. 36-37)

Ultérieurement, le souvenir de ce détail annule la première réaction du narrateur, une indifférence distraite dont l'aveu a pour effet de souligner l'extraordinaire de son comportement. Le narrateur de *La Réticence* crie au meurtre. Dans le paragraphe qui suit, au cours d'une série de questions purement rhétoriques censées attester l'incongruité de l'événement et la légitimité de la thèse de l'assassinat, le narrateur accuse Paul Biaggi du forfait :

> Pourquoi, surtout, l'extrémité du fil était-elle coupée aussi proprement, comme sectionnée net par une lame, si ce n'est parce qu'une fois le chat pris au piège que Biaggi lui avait tendu la nuit dernière [...] il avait lentement rembobiné sa ligne tandis que l'animal se débattait [...] et que, le sortant de l'eau vivant et se convulsant de toutes ses forces au bout de la ligne morte, il avait tranché net le fil avec un petit couteau, le chat retombant alors dans le port dans un fracas brutal, qui alla peu à peu en s'apaisant, quelques dernières vaguelettes venant mourir doucement contre ses flancs ? (*R*, p. 37-38)

Aucune preuve tangible ne permet au narrateur d'imputer le meurtre du chat à Biaggi, ni même de garantir qu'il s'agit bien d'un assassinat. La scène qu'il décrit dans cet extrait est uniquement le fruit de son imagination. Son caractère aberrant est par ailleurs immédiatement renforcé lorsque le narrateur poursuit en évoquant sa première interprétation de l'événement, qu'il a d'abord pris pour un accident, hypothèse à laquelle il dit avoir renoncé sans que rien, toutefois, ne justifie ce changement d'opinion. De son propre aveu, « À première vue, en effet, rien ne pouvait mettre en doute qu'il se fût agi d'un accident » (R, p. 39), et il n'apportera par la suite aucun indice qui puisse nous convaincre du contraire. Pourtant, à aucun moment le narrateur ne présente la scène qu'il vient de décrire comme une supposition. En outre, le fait qu'il investisse d'emblée cette création fictionnelle d'une valeur de certitude ne l'empêchera pas, au fil du roman, de remplacer cette interprétation par d'autres tout aussi insolites et qui entrent parfois en contradiction avec la première. L'épreuve de réalité, c'est-à-dire le processus qui permet au sujet de distinguer les stimuli qui proviennent du monde extérieur de ses perceptions internes, n'est plus efficiente : le narrateur ne reconnaît ni les suppositions qu'il élabore ni les hallucinations auxquelles il est confronté comme procédant de son propre univers intérieur. Les hypothèses par lesquelles il cherche à expliquer la mort du chat qu'il a retrouvé dans le port, bien qu'elles soient construites en dépit de toute logique, ne souffrent à ses yeux d'aucune incohérence. Il ne conçoit pas qu'elles puissent être incompatibles avec la réalité qui l'entoure.

Ce rapport perturbé du sujet vis-à-vis de son environnement correspond à une expérience de « perte de réalité », que la clinique psychiatrique identifie, selon Alexandre Stevens, comme spécifique au délire psychotique[2]. Dès « La perte de la réalité dans la névrose et la psychose » publié en 1924, Freud a cependant battu en brèche l'authentification de cette perte comme étant propre à la psychose, en démontrant qu'il s'agit d'une expérience qui intervient à la fois chez le sujet névrotique et chez le sujet psychotique, mais dont le déroulement du processus diffère pour chacun d'eux. Il assimile la fonction du délire paranoïaque à celle qui motive le reste des manifestations fantasmatiques : « Le but de la paranoïa [est] de chasser une idée que le moi ne tol[ère] pas et qu'il fa[ut] expulser[3] ». Il s'agit pareillement d'un mécanisme de défense du sujet vis-à-vis d'un réel auquel il ne parvient pas à faire face. Ce qui distingue,

---

[2] Alexandre Stevens, « Délire et suppléance », Quarto, 42 : Fantasme, délire et toxicomanie, décembre 1990, p. 14–15.
[3] Sigmund Freud, « Manuscrit H », dans La naissance de la psychanalyse. Lettres à Wilhelm Fliess, Notes et Plans (1887–1902), trad. de l'allemand par A. Berman, Paris, PUF, 1956, (« Bibliothèque de psychanalyse et de psychologie clinique »), p. 100.

selon Freud, le délire des fantasmes de type névrotique est qu'il « est caractérisé par le fait qu'en lui des « fantaisies » [traduction de *Phantasie*, autrement dit « fantasmes »] ont pris le dessus, c'est-à-dire qu'elles ont trouvé *créance* et influent sur les actes[4] ». De sorte que, tandis que le fantasme du névrosé fait coexister deux niveaux de réalité – celle du monde extérieur et celle de l'univers intérieur du sujet (*cf.* 2.1.2) –, la psychose supplée à l'expérience de perte un second niveau de réalité : « le délire est construction d'une nouvelle réalité[5] ».

L'élaboration de cette nouvelle réalité constitue un mécanisme de réparation du rapport du sujet à la chaîne signifiante. Pour le comprendre, Stevens rappelle ce que Freud identifie comme le moment de déclenchement du délire : le sujet reçoit de l'extérieur « une signification énigmatique, sous la forme d'une voix, d'un phénomène interprétatif[6] » ; pour le dire autrement, un pur signifiant fait irruption dans le réel et le sujet s'avère incapable de rapatrier celui-ci du côté de l'ordre symbolique. Cette irruption a pour conséquence de dissoudre les rapports imaginaires du sujet au monde et au corps. Il peut en résulter un éclatement de la perception que le sujet a de l'univers qui l'entoure, ainsi que de l'image du corps.

On peut lire de la sorte l'expérience que fait le narrateur de *La Réticence* : un élément de la réalité extérieure lui fait signe, qu'il n'arrive pas à rapatrier du côté de la signification et de l'échange signifiant. L'exemple le plus significatif de ce phénomène est lié à la découverte du cadavre du chat dans le port. Aux yeux du narrateur, la présence de la ligne de pêche dans la gueule de l'animal n'a rien d'anodin ; l'objet ne fait pas – ou plutôt il fait trop – sens, il est un indice énigmatique qui lui est tendu par le réel : quelqu'un a coupé la ligne, et il importe au narrateur d'identifier ce quelqu'un. L'effet de distorsion découle de ce rapport biaisé au réel : le point de vue focalisant du narrateur agit comme un filtre qui effectue une sélection dans le réel, de sorte que les éléments désormais saillants ne s'inscrivent plus au sein d'un réseau signifiant qui permet de leur conférer un sens commun. Le délire psychotique remédie à cette dissolution, en rapatriant l'objet énigmatique du côté de la chaîne signifiante : « Le délire a pour fonction, premièrement, de reconstruire, avec la chaîne signifiante, la chaîne des significations du monde, sur le mode : "il y a une explication à ce qui s'est passé". Deuxièmement, il a pour fonction d'assurer au sujet une certaine identification avec la place qu'il lui donne dans le monde[7] ».

---

4 Sigmund Freud, *Le délire et les rêves dans la* Gradiva *de W. Jensen, op. cit.*, p. 185–186.
5 Alexandre Stevens, *op. cit.*, p. 15.
6 *Ibidem*, p. 17.
7 *Ibidem*.

Ainsi, il ne restaure pas seulement l'échange signifiant, il joue aussi de la sorte un rôle dans le processus d'identification du sujet parce qu'il rend à celui-ci une place au sein de la communauté. La mention de cette deuxième fonction du délire suggère que non seulement les élucubrations délirantes élaborées par le narrateur de *La Réticence* après sa découverte du cadavre du chat dans le port de Sasuelo visent à ramener l'objet du côté du sens, en produisant un discours à partir d'un événement qui se présente à ses yeux *a priori* comme indéchiffrable, mais qu'il s'agit également d'une tentative du sujet pour établir sa place dans le système d'échange des signifiants. L'analyse confirmera que, dans *La Réticence*, le délire participe au processus d'identification du narrateur : en illustrant la méfiance que ce personnage manifeste à l'encontre de l'Autre, le délire sert d'expédient qui voile le défaut signifiant auquel le sujet refuse de faire face, en même temps qu'il révèle l'évanescence de ce personnage.

4.1.2 *Cet Autre qui le regarde*

Pour Freud, dans le délire, les fantasmes « ont trouvé *créance* et influent sur les actes[8] » du sujet : celui-ci sombre dans l'imaginaire, en accordant *crédit* aux représentations fantasmatiques forgées à partir de son univers psychique, lesquelles se mettent à prévaloir sur son expérience perceptive du monde sensible. Le choix du terme « créance » s'avère *a priori* déconcertant, car Freud place justement aux fondements de la psychose paranoïaque un processus de rejet de la croyance, ainsi que l'explique Nicolas Guérin dans un article qui traite de « La notion d'incroyance en psychanalyse ». Dans le but de réhabiliter la notion d'incroyance dans le champ psychanalytique, Guérin commence par rappeler l'utilisation du terme *Unglauben* (qu'il traduit par « incroyance ») dans l'enseignement freudien, pour exposer ensuite la relecture qu'en a donnée Lacan, auquel Guérin attribue le mérite d'avoir « exhumé » la notion d'*Unglauben* théorisée par Freud pour l'ériger au rang de concept. Selon Guérin, la théorisation des mécanismes de la croyance dans les troubles d'ordre psychique conduit Freud à identifier un processus spécifique de rejet de la croyance comme caractéristique de la paranoïa : le sujet paranoïaque est celui qui refuse d'accorder créance à la condamnation qui frappe l'expérience originaire de la jouissance[9].

En effet, dans ses lettres à son ami le docteur berlinois Wilhelm Fliess, Freud rapproche paranoïa et névrose obsessionnelle, gageant que « les idées

---

[8] Sigmund Freud, *Le délire et les rêves dans la* Gradiva *de W. Jensen, op. cit.*, p. 185-186, (je souligne).
[9] Nicolas Guérin, « La notion d'incroyance en psychanalyse : origine, réhabilitation et perspective », *L'Évolution Psychiatrique*, 71 / 3, juillet 2006, p. 545-557.

délirantes doivent être rangées à côté des idées obsessionnelles » car ces deux phénomènes psychiques consistent pareillement en « des perturbations purement intellectuelles » attribuables à un conflit affectif[10]. Plus tard, dans ces mêmes lettres, il reprend ce parallèle pour se servir du comportement du sujet obsessionnel comme d'un contrepoint capable d'éclairer la spécificité du mécanisme de rejet de la croyance propre à la paranoïa. De manière analogue, l'obsessionnel et le paranoïaque cherchent à faire face à « l'incident primaire qui s'est accompagné de plaisir » (soit la première rencontre du sujet avec la jouissance) ; mais, chez le premier, cet événement produit un sentiment de déplaisir et donne lieu à un blâme que le sujet s'adresse à lui-même lorsque l'incident revient par la suite à sa mémoire[11]. L'obsessionnel passe tout d'abord par une phase d'acceptation de cette croyance (*Bejahung*) pour la refouler dans un second temps (*Verneinung*), tandis que Freud parle de « retrait » ou de « rejet de toute croyance » vis-à-vis du sentiment de déplaisir dans le cadre de la paranoïa[12].

La leçon du 10 décembre 1958 du *Séminaire VI* de Lacan présente d'ailleurs cette articulation de la *Bejahung* primitive avec la *Verneinung* comme le chemin par lequel le névrosé « s'introduit à la dialectique de l'Autre[13] », contre laquelle il est par la suite en mesure de s'ériger. Dans la névrose, le rejet n'intervient que dans un second temps ; le fait que le sujet commence par accepter d'être introduit dans la chaîne signifiante rend possible le mécanisme de refoulement. Le psychotique, au contraire, se coupe immédiatement du réel. Dans *L'Éloge du rien*, Henri Rey-Flaud a habilement démontré comment le névrosé obsessionnel refuse d'accorder du crédit aux signifiants hérités du lieu de l'Autre, remettant de la sorte en question l'effectivité du langage ainsi que la loi de l'échange qui supporte le lien social. Cependant, à la différence du psychotique[14], l'obsessionnel doit pour cela accepter d'en passer par la phase de *Bejahung*. C'est ce qu'atteste Rey-Flaud lorsqu'il rappelle que le personnage d'Alceste – que le théoricien choisit comme figure de l'obsessionnel pour sa démonstration – « pour subvertir une société à laquelle il appartient, avoue [...] qu'il a bel et bien été introduit à la loi phallique qu'il conteste[15] ». Cette

---

10   Sigmund Freud, « Manuscrit H », *op. cit.*, p. 98.
11   Sigmund Freud, « Manuscrit K », dans *La naissance de la psychanalyse, op. cit.*, p. 132.
12   *Ibidem*, p. 136.
13   Jacques Lacan, *Le séminaire, livre VI : le désir et son interprétation, op. cit.*, p. 107.
14   Freud identifie comportements obsessionnel et paranoïaque comme deux mécanismes de défense *psychotiques*. Il faut attendre Lacan pour que la logique obsessionnelle soit reconnue comme un trouble d'origine *névrotique*. Voir notamment à ce propos Henri Rey-Flaud, *L'Éloge du rien, op. cit.*, p. 100.
15   Henri Rey-Flaud, *L'Éloge du rien, op. cit.*, p. 100.

distinction établie entre la logique de la névrose obsessionnelle et celle de la paranoïa permet à Guérin d'affirmer que, en ce qui concerne la première, la « croyance est effective mais déplacée », sa négation intervient dans un temps ultérieur à son acceptation, alors que, pour le paranoïaque, le « reproche primaire » (c'est-à-dire le déplaisir que sanctionne la rencontre originaire avec la jouissance) est d'emblée frappé d'incroyance ; divergence que le psychanalyste résume en opposant « l'incrédulité obsessionnelle » à « l'incroyance paranoïaque »[16].

Ainsi, à la suite de Freud, Lacan situe également la paranoïa du côté de l'incroyance. Il évoque à ce sujet la rencontre primordiale du sujet avec cet Autre auquel il doit accepter de faire « crédit[17] » du noyau de son être, crédit que récuse la logique psychotique : « Ce premier étranger par rapport à quoi le sujet a à se référer d'abord, le paranoïaque n'y croit pas[18] ». Cette incroyance du sujet psychotique en l'Autre équivaut à rejeter l'altérité du signifiant à lui-même : dans la psychose,

> il n'y a pas l'intervalle entre S_1 et S_2, [...] le premier couple de signifiants se solidifie, s'holophrase [...] Cette solidité, cette prise en masse de la chaîne signifiante primitive, est ce qui interdit l'ouverture dialectique qui se manifeste dans le phénomène de la croyance. Au fond de la paranoïa [...] règne ce phénomène de l'*Unglauben*. Ce n'est pas le *n'y pas croire*, mais l'absence d'un des termes de la croyance, du terme où se désigne la division du sujet[19].

Pour Lacan, la structure de l'incroyance implique l'incapacité du sujet psychotique à admettre sa propre division : à ses yeux, S_1 ne renvoie à aucun S_2 ; il s'agit d'une unité isolée de la chaîne des signifiants, qui se suffit à elle-même. L'incroyance du paranoïaque a donc pour conséquences, d'une part, de l'exclure de ce que Rey-Flaud désigne comme « la communauté des croyants » et « le système des échanges[20] » et, d'autre part, de le conduire à imputer au lieu de l'Autre cette jouissance première qu'il refuse de prendre à sa charge. En

---

16   Nicolas Guérin, « La notion d'incroyance en psychanalyse », *op. cit.*
17   « dans la langue du XVIIe siècle, *c'est un même mot : la "créance", qui désigne la "croyance" et la "dette"* », Henri Rey-Flaud, *L'Éloge du rien, op. cit.*, p. 15 (l'auteur souligne).
18   Jacques Lacan, cité par *Nicolas Guérin, « La notion d'incroyance en psychanalyse », op. cit.*, p. 549.
19   Jacques Lacan, « Du sujet supposé savoir, de la dyade première, et du bien », dans *Le séminaire, livre XI : les quatre concepts fondamentaux de la psychanalyse, op. cit.*, p. 264–265.
20   Henri Rey-Flaud, *L'Éloge du rien, op. cit.*, p. 15.

effet, Freud affirme d'emblée que dans la paranoïa, « contenu et affect de l'idée intolérable [l'incident primaire accompagné de plaisir, *cf. supra*] sont maintenus, mais se trouvent alors projetés dans le monde extérieur[21] » : le sujet rejette la responsabilité de la jouissance sur l'Autre. Guérin résume ce processus de projection en expliquant que « La jouissance désarrimée de la croyance colonise désormais le champ de l'Autre et y trouve son gîte[22] ». Pour en revenir à la citation de Freud tirée de la *Gradiva*, l'incroyance paranoïaque engendre de la sorte paradoxalement une certitude : le sujet psychotique admet comme certains les fantasmes qui témoignent de sa méfiance envers cet Autre qu'il soupçonne de jouir. C'est ainsi qu'on peut comprendre qu'au sein de l'univers délirant engendré par le processus de distorsion que le narrateur de *La Réticence* fait subir au réel, ce personnage apparaît « exposé en permanence à la persécution des signes que l'Autre ne cesse de lui adresser[23] » : dans l'impossibilité de reconnaître son propre défaut signifiant, ce personnage se fantasme comme la proie du regard d'un Autre qui devient le support de projection de la partie de lui-même qu'il expulse.

Le processus de distorsion par lequel le narrateur de *La Réticence* transforme radicalement son environnement immédiat ne s'applique pas uniquement aux objets qui l'entourent mais également à son Moi. La perception qu'il a de lui-même est déformée au point qu'il ne se reconnaît pas et qu'il soupçonne sa propre représentation d'appartenir à un autre. À plusieurs reprises dans le roman, il ne discerne pas son reflet, soit parce que celui-ci est absent, soit parce qu'il l'identifie comme l'image d'autrui. Il constate par exemple brusquement la désertion de son reflet : « je me rendis compte alors qu'au centre de la flaque miroitait le reflet argenté de la vieille Mercedes grise, autour duquel, cependant, par je ne sais quel jeu de perspectives et d'angle mort, il n'y avait aucune trace de ma présence » (*R*, p. 35). L'agencement des objets forme un dispositif qui empêche la flaque de jouer fidèlement son rôle de réflecteur. Le vide dans l'image, au lieu où devrait se trouver le reflet du narrateur, met le personnage face à sa propre absence, conférant à son corps un caractère spectral. Ce moment de ratage de la représentation se répète plus tard dans le roman, lors de la première visite nocturne du narrateur dans la maison des Biaggi. Le miroir présent dans le vestibule de l'entrée ne reflète pas la silhouette du narrateur qui lui fait pourtant face :

---

21   Sigmund Freud, « Manuscrit K », *op. cit.*, p. 102.
22   Nicolas Guérin, « La notion d'incroyance en psychanalyse », *op. cit.*, p. 547.
23   À propos du paranoïaque, Henri Rey-Flaud, *L'Éloge du rien*, *op. cit.*, p. 39.

> juste en face de moi, à côté d'un portemanteau où pendaient les formes inquiétantes d'un pardessus et de deux imperméables, se trouvait un grand miroir en bois dont la surface était si sombre que, bien que je me fusse trouvé à moins de trois mètres de lui, on ne distinguait aucun reflet de mon corps dans la glace, seulement l'obscurité dense et immuable du vestibule désert. (*R*, p. 58–59)

À nouveau, le défaut du dispositif de réflexion – dû, cette fois, à l'éclairage insuffisant de la pièce – absente le sujet à lui-même, en ne faisant pas apparaître son image corporelle. Le narrateur scrute la surface du miroir à la recherche d'une infime trace de soi et se heurte à une obscurité insondable ; l'image de son corps se fond dans le néant.

Dans la suite du roman, cette distanciation du narrateur vis-à-vis de son reflet prend la forme d'un dédoublement identitaire. Le narrateur observe son image dans l'obscurité de la chambre d'hôtel et se perçoit comme étranger à lui-même : « Je me regardais pourtant moi-même, sans animosité sans doute, mais c'était un regard terriblement inquiet qui me regardait là dans la pénombre, comme si c'était de moi que je me méfiais, comme si c'était moi en réalité que je craignais – je traversai la pièce et sortis de la chambre. » (*R*, p. 113) L'inquiétude que le narrateur lit dans les yeux de son reflet crée un effet de dissociation entre le point de vue perceptif et l'objet perçu. L'image que le miroir renvoie acquiert un semblant d'autonomie qui lui permet, paradoxalement, de transformer le narrateur : il devient cet autre menaçant dont le reflet se méfie. Cette impression de dédoublement de soi se renforce lorsque le narrateur aperçoit furtivement sa silhouette dans un miroir de la maison des Biaggi lors de sa seconde visite et qu'il ne reconnaît pas cette ombre comme son propre reflet : « Y avait-il donc quelqu'un dans la maison en ce moment qui savait que j'étais là ? Je ressortis de la pièce aussitôt, et, au moment où je repassais devant le grand miroir en bois du vestibule, je vis fugitivement passer devant moi dans le noir une silhouette en manteau sombre et cravate. » (*R*, p. 118) Le narrateur ne se trouve plus sur le trajet de son propre regard. À la place du Moi, à la place où le « je » pense pouvoir se reconnaître, il ne distingue que l'étranger, l'inconnu. En lieu et place de ce défaut dans la trame de la représentation, le narrateur identifie alors un Autre tout-puissant : cette image de lui-même dont le sujet ne peut que scruter l'absence, c'est l'Autre qui la dérobe.

L'effet de dédoublement qui résulte du face-à-face avec son (absence de) reflet conduit le narrateur à fantasmer l'identité d'un autre qui le guette dans l'obscurité. Confronté à son propre défaut signifiant, il en vient à halluciner qu'un autre l'observe, qu'il est constamment traqué par le faisceau d'un regard tapi dans l'ombre. Cette suspicion occupe l'essentiel de ses pensées, ainsi qu'en atteste le nombre d'occurrences des verbes « guetter », « surveiller », « observer » et « épier » dans le roman. Le narrateur est certain d'être suivi. Freud parle à ce propos de « mésusage » du mécanisme psychique du déplacement ou de la projection : dans la logique paranoïaque, le processus de « transformation intérieure [...] qui donne lieu à l'idée normale d'être observé et à la projection normale » (c'est-à-dire un mécanisme psychique commun à tous les sujets humains, selon Freud) n'est plus reconnu comme le résultat des propres modifications intérieures du sujet[24], mais imputé à une réalité extérieure. Dès la fin de la première partie de La Réticence, le narrateur se convainc à plusieurs reprises que cet inconnu dont il se méfie n'est autre que Paul Biaggi. Par exemple :

> quelqu'un [...] qui venait m'épier pendant que je me trouvais dans le port et qui était peut-être encore en train de m'épier maintenant, quelqu'un qui sortait vraisemblablement de chez lui toutes les nuits et qui m'avait peut-être aperçu une de ces nuits dernières marchant sur la jetée sous le même clair de lune que celui de cette nuit, le même exactement, avec les mêmes nuages noirs qui glissaient dans le ciel, et qui, ce soir encore, avait guetté ma sortie [...], et qui se trouvait là maintenant, à quelques mètres de moi, immobile dans la nuit derrière le tronc d'un arbre de la terrasse. Biaggi, ce quelqu'un, c'était Biaggi. (R, p. 51)

Cet extrait illustre la logique délirante déployée par le narrateur : ce qui n'est initialement qu'une supposition devient rapidement une conviction qui est étayée par la surinterprétation d'une progressive accumulation de détails, jusqu'à ce que le narrateur imagine localiser exactement le voyeur, qu'il déclare enfin être Paul Biaggi. Cette identification ne sera pas remise en cause : le narrateur en vient même à penser que Biaggi a quitté sa maison pour prendre une chambre à l'hôtel, d'où il peut surveiller à loisir les agissements du narrateur. L'impression d'être constamment épié se répète et s'intensifie pour le narrateur dans la deuxième partie du roman : il imagine que Biaggi le suit et le photographie lorsqu'il sort errer dans les rues du village la nuit. La logique que le protagoniste déploie fait ainsi fi des suppositions les plus vraisemblables et du principe de réalité pour se persuader de la véracité de son hypothèse. Aussitôt énoncé, son fantasme confine à la certitude.

Cette conviction inébranlable – mais néanmoins toujours susceptible d'être modifiée ou remplacée par une certitude nouvelle tout aussi forte – du narrateur vis-à-vis de son fantasme est induite par la logique délirante qu'il déploie.

---

24   Sigmund Freud, « Manuscrit H », *op. cit.*, p. 100.

En psychanalyse, « la certitude est [...] consubstantielle de l'incroyance » paranoïaque : « C'est parce que le sujet paranoïaque ne croit pas, au sens de l'incroyance, au premier reproche et à la jouissance qu'il désigne, qu[e le sujet] en est sûr[25]. » À l'inverse de la croyance qui repose sur une créance accordée vis-à-vis de quelque chose qui n'est pas de l'ordre de l'exactitude – « on ne peut croire que ce dont on est [sic] pas sûr[26] » –, l'incroyance engendre la certitude :

> la certitude résulte d'un moins et pas d'un plus. Elle se fonde du retranchement de la croyance du champ de la représentation. [...] Elle se maintient hors du champ de la croyance et permet de penser en quoi une représentation rejetée d'un registre exerce son action dans un autre sous une forme nouvelle : ce qui est forclos du symbolique reparaissant dans le réel, selon la formule consacrée[27].

En vertu de quoi la psychanalyse explique que le sujet psychotique, du fait même de son incroyance, est convaincu de devoir se méfier de cet Autre auquel il a imputé la responsabilité de la jouissance (*cf. supra*). L'Autre auquel le paranoïaque refuse d'accorder créance est un Autre qui jouit, le sujet en est certain, et c'est ce qui explique sa méfiance à son égard. Il soupçonne en outre d'être l'objet de la jouissance de l'Autre. Le délire, parce qu'il restaure du signifiant, figure ainsi comme une tentative du sujet pour localiser cette jouissance qu'il refuse de prendre à sa charge. Il s'agit de réparer le rapport du sujet avec la chaîne signifiante, que la brutale confrontation du sujet avec le réel, par l'irruption de signes dont il ne parvient pas à déterminer le sens, a mise à mal. En vertu de quoi, la certitude qu'a le narrateur de *La Réticence* d'être épié et les accusations que ce personnage développe à l'encontre de Paul Biaggi résultent de la logique délirante à laquelle est soumis son discours. Dans cet Autre qu'il affirme reconnaître – et dont Paul Biaggi figure l'incarnation fantasmatique – est projetée cette part de lui-même à laquelle il ne parvient pas à faire face.

Le narrateur de *La Réticence* invente un Autre pour éviter la confrontation avec son propre défaut signifiant, qu'est venu révéler son face-à-face avec l'image spéculaire de son absence. De sorte que, en dépit du caractère indubitable qu'il prête à son hypothèse, le narrateur ne pourra jamais vérifier celle-ci formellement. L'ombre qui le guette échappe inlassablement à tout regard qui prétendrait l'épingler, car elle surgit au lieu de l'Autre : en quête d'une réponse,

---

25 Nicolas Guérin, « La notion d'incroyance en psychanalyse », *op. cit.*, p. 547–548.
26 Jacques Lacan, cité par Nicolas Guérin, *ibidem*.
27 *Ibidem*.

le sujet ne rencontre que le « creux », le « vide », car « Il n'y a pas d'Autre de l'Autre[28] ». C'est ce manque que le narrateur entreprend de combler par le recours au délire, dont la fonction est, selon Lacan, d'instaurer des « signifiants que le sujet tire de sa propre substance pour soutenir devant lui le trou, l'absence du signifiant au niveau de la chaîne inconsciente[29] ». Cette citation confirme que le délire se conforme à la logique du fantasme (*cf.* 2.1.1) ; il fonctionne comme une réponse du sujet face à l'énigme angoissante de la demande qu'il adresse à l'Autre. Il est intéressant d'insister sur le fait que le sujet « tire de sa propre substance » les signifiants qui soutiennent son fantasme : « le sujet fait venir d'ailleurs, à savoir du registre imaginaire, quelque chose d'une partie de lui-même [...] Ce quelque chose est le petit *a*. Il surgit très exactement à la place où se pose l'interrogation du S sur ce qu'il est vraiment, sur ce qu'il veut vraiment[30] ».

Le fantasme figure la confrontation permanente du sujet avec l'objet *a* ; il vise à pallier la carence au niveau de la chaîne signifiante, mais ce faisant, il révèle quelque chose qui constitue le sujet. C'est la fonction assumée par la forme *spectrale* que convoque le narrateur de *La Réticence* pour occulter le manque de l'Autre. L'adjectif « spectrale » désigne sa nature de simulacre, mais aussi le fait qu'elle affleure à partir de l'absence, du vide : c'est « une figure de rêve, ou de cauchemar, un spectre spontanément apparu du néant, qu'il paraissait n'avoir quitté qu'un instant pour y retourner à jamais, [...] comme cré[é] *ex nihilo* de la substance même de la nuit » (*VM*, p. 70–71). L'apparition qui guette le narrateur de *La Réticence* peut être qualifiée de spectre, non seulement parce qu'elle semble bien hanter celui qui l'imagine, mais également parce que son évanescence fait d'elle, conformément à la définition que Jacques Derrida donne du spectre, « ce non-objet, ce présent non présent, cet être-là d'un absent ou d'un disparu [...] l'intangibilité tangible d'un corps propre sans chair, mais toujours quelqu'un comme quelqu'un d'autre[31] ». Dans le quatrième roman de Toussaint, l'individu imaginaire qui épie le narrateur est à la fois absent (il n'existe qu'en tant que projection issue de l'imagination du narrateur) et présent (son abstraction ne l'empêche pas d'exister aux yeux du narrateur et de posséder, de la sorte, une véritable effectivité) ; un jeu de lumière ou de miroir le révèle un instant pour le faire disparaître aussitôt. C'est à cette position paradoxale, entre présence et absence, que le narrateur doit le sentiment d'être

---

28   Jacques Lacan, *Le séminaire, livre VI : le désir et son interprétation, op. cit.*, p. 446.
29   *Ibidem*, p. 453.
30   *Ibidem*, p. 446.
31   Jacques Derrida, *Spectres de Marx : l'état de la dette, le travail du deuil et la nouvelle Internationale*, Paris, Galilée, 1993, (« La philosophie en effet »), p. 26–27.

observé, car, ajoute Derrida, « ce quelqu'un d'autre spectral nous regarde, nous nous sentons regardés par lui, hors de toute synchronie, avant même et au-delà de tout regard de notre part, selon une antériorité [...] et une dissymétrie absolues, selon une disproportion absolument immaîtrisable[32] ». Le propre du spectre est de regarder celui qui le regarde, « avant même » que celui-ci ne l'ait vu, c'est-à-dire d'incarner, aussi peu palpable soit sa forme, le regard extérieur dans lequel le sujet est pris dès son entrée dans le registre symbolique et dont le sujet paranoïaque a conscience de manière pathologique. Ce regard fantomatique renvoie au sujet sa propre position perceptive, le confrontant indirectement à l'image de lui-même, de la même manière que s'y employait déjà le reflet angoissé du miroir de l'hôtel dans les yeux duquel le narrateur se percevait lui-même comme menaçant. De sorte que, lorsque ce personnage, à mesure que son sentiment d'être traqué se fait plus oppressant, en vient à se cacher aux coins des murs et à épier derrière les rideaux l'ombre dont il se méfie, il adopte lui-même la position du voyeur et du criminel, car il est cet autre qu'il a lui-même élaboré.

Le narrateur finit d'ailleurs par se désigner explicitement comme tel: en dépit des explications rationnelles que lui fournissent les autres personnages du roman et ses propres investigations, le narrateur formule des élucubrations de plus en plus invraisemblables. Il confond le cadavre du chat avec celui de Biaggi, imaginant que c'est le corps de ce dernier qui flotte dans le port. Si bien que, poursuivant cette hypothèse, il imagine l'assassinat de Biaggi, la manière dont son agresseur l'a étranglé et, en fin de paragraphe, s'accuse du meurtre. Une longue phrase détaille toute l'agression et s'achève sur ces mots : « jusqu'au moment où, presque simultanément, la cravate avait cédé, ne laissant plus qu'un moignon d'étoffe déchirée au col de la chemise de l'agresseur, et que Biaggi avait lâché prise, tombant sur le quai avec autour du cou ce qui restait de *ma* cravate – un coup de pied suffisait pour faire basculer le corps dans le port » (*R*, p. 99, je souligne). L'utilisation du déterminant possessif transforme soudain le narrateur en « agresseur » et en meurtrier. Le lapsus aurait pu être tout à fait insignifiant dans un autre contexte, il possède ici la puissance d'une révélation. Quand bien même la fin du roman contredit cet aveu et innocente le narrateur en apprenant au lecteur la banale raison de l'absence d'un Paul Biaggi bien vivant (*R*, p. 152), le dérapage langagier expose brutalement toute la violence du désir du narrateur, que son fantasme est chargé d'exprimer. L'auto-désignation confirme que cet Autre dont le narrateur répète devoir se méfier n'existe qu'en tant qu'espace de projection du sujet: il est cette part du Moi que le sujet n'accepte pas de reconnaître, cette part liée à la rencontre

---

32   *Ibidem*, p. 27.

initiale du sujet avec la jouissance, et qui fait dès lors retour par le fantasme, projetée dans le monde extérieur.

4.1.3 *Le ressassement*
Elle fait retour, car le fait que l'incroyance du paranoïaque empêche tout processus de refoulement de cette expérience originaire n'annule pas sa répétition : selon Guérin, le rejet de « la croyance au reproche primaire et, à travers lui, à la jouissance, ne fait pas disparaître l'un et l'autre. Bien au contraire, leur positivation s'en déduit et leur champ d'application n'est plus le même ». Le délire s'impose dès lors comme un mécanisme de défense qui permet au reproche primaire de faire retour, non pas de manière refoulée, car le refoulement lui est refusé par l'incroyance du sujet psychotique, mais « sous forme hallucinatoire[33] ». Cette thèse s'inscrit dans la continuité directe des enseignements freudiens, qui ont toujours conçu le délire comme le résultat du combat entre une pulsion qui s'efforce de s'exprimer et les forces de censure qui la combattent, c'est-à-dire comme le substitut d'un souvenir auquel une résistance ne permet pas de faire retour autrement[34]. Au même titre que le rêve, il est la manifestation nouvelle d'un événement qui a déjà eu lieu, mais qui ne peut apparaître à la conscience comme tel.

La propension de l'expérience originaire auquel le paranoïaque refuse d'accorder du crédit à faire retour à travers le fantasme délirant engendre un mouvement de répétition, semblable à celui qui anime le discours du narrateur de *La Réticence*. Celui-ci commence en effet par inventer divers scénarios pour expliquer l'absence de Paul Biaggi et la présence du cadavre de chat qu'il a trouvé dans le port au début du roman ; ces événements deviennent les prétextes à partir desquels s'élaborent toute une série de fantasmes de plus en plus aberrants, jusqu'à ce que l'une de ces hypothèses délirantes parvienne à conjoindre les deux motifs en une seule et même histoire. Ainsi, dès la première partie du roman, le « meurtre » du chat est attribué à Paul Biaggi.

> Pourquoi, surtout, l'extrémité du fil était-elle coupée aussi proprement, comme sectionnée net par une lame, si ce n'est parce qu'une fois le chat pris au piège que Biaggi lui avait tendu la nuit dernière – car Biaggi se trouvait dans le village, j'en avais la conviction maintenant –, il avait lentement rembobiné sa ligne tandis que l'animal se débattait dans l'eau (*R*, p. 37).

---
33 Nicolas Guérin, « La notion d'incroyance en psychanalyse », *op. cit.*, p. 547.
34 Sigmund Freud, *Le délire et les rêves dans la* Gradiva *de W. Jensen*, *op. cit.*, p. 203.

L'identification du coupable, qui survient assez tôt dans le texte, ne met toutefois pas fin au ressassement auquel se livre le narrateur. Les motifs de la disparition du chat et de Paul Biaggi continuent d'être déclinés sur un mode paranoïaque sur l'ensemble du roman, en dépit de toutes les règles de logique et de vraisemblance.

Toujours sur le plan de la structure romanesque, la fin de la deuxième partie forme une boucle avec le début du roman : les lettres, que le narrateur avait subtilisées dans la boîte aux lettres des Biaggi, ont été remises en place et le cadavre du chat a disparu du port. La concordance de ces deux événements permet au narrateur de qualifier ce moment de « retour à une situation initiale » (*R*, p. 102). Le retour du même mime le « flux et le reflux » des vagues auquel est soumis le corps du chat dans l'*incipit*, « un très lent mouvement de va-et-vient, tantôt vers la gauche et tantôt vers la droite, suivant le flux et le reflux imperceptible du courant à la surface de l'eau » (*R*, p. 12). Le temps romanesque abolit la linéarité classique du récit, ponctuée de progressions ou, à tout le moins, d'une séquentialité établie en vue d'un quelconque dénouement, au profit d'une certaine circularité. Le rythme répétitif de la mer imprime un pareil mouvement de ressassement à la suite du roman. La ré-initialisation que le narrateur enclenche à la fin de la deuxième partie n'apporte qu'une brève accalmie dans son délire, qui tempête de plus belle dans la dernière partie de l'œuvre. Le narrateur s'introduit une seconde fois dans la maison des Biaggi, il imagine à nouveau à plusieurs reprises que Paul Biaggi l'observe, il renouvelle ses hypothèses sur le meurtre supposé du chat-Biaggi, dont le cadavre est désormais supposé avoir dérivé jusqu'à l'île où se trouve le phare de Sasuelo :

> [l'homme] qui avait pris la mer en direction de l'île de Sasuelo, avait dû arriver sur l'île à présent, et [...], ayant laissé sa barque dans une petite crique protégée du rivage, il avait dû monter à pied jusqu'à la cabine du phare en suivant le chemin sinueux qui s'élevait le long de la paroi rocheuse, et [...] là, lorsqu'il était entré dans la cabine, abandonné devant lui sur le sol – raide et les yeux ouverts –, il avait découvert le cadavre du chat. (*R*, p. 137)

Cet extrait illustre le mouvement de réitération dans lequel est engagée la narration : le narrateur revient sans cesse sur les mêmes motifs – le cadavre du chat et l'absence de Biaggi – pour les décliner en diverses hypothèses plus invraisemblables les unes que les autres. Quelque chose se répète, mais jamais à l'identique. C'est là, selon Derrida, un caractère éminemment spectral : le propre du spectre est qu'il *ré-apparaît*, c'est-à-dire qu'il représente quelque chose d'ancien, de connu, en même temps qu'une différence constitutive, parce que son retour orchestre une « réapparition comme apparition pour la première fois[35] ».

Outre le travail de surinterprétation fantasmatique auquel se livre inlassablement le narrateur, il existe d'autres procédés, poétiques cette fois, qui impriment au roman un mouvement circulaire. Le texte produit divers jeux d'échos que le lecteur est invité à reconnaître. Tout d'abord, même une première lecture identifie aisément la rengaine que le narrateur entonne à intervalles réguliers à propos du « clair de lune » et des « nuages noirs ». Ceux-ci sont décrits à dix reprises dans le roman, sous la forme d'un thème soit répété à l'identique à de nombreuses reprises[36], soit décliné en de légères variations[37]. Cette description fonctionne comme un refrain, repris inlassablement par le narrateur, jusqu'à la fin du roman, au moment où il découvre la vérité, la banale vérité, sous une averse qui laisse ensuite le « ciel limpide », enfin débarrassé de ces longs nuages noirs qui l'obscurcissaient depuis l'*incipit* du roman.

Le mouvement de répétition est également imprimé par la figure du chat noir, que le narrateur aperçoit à intervalles réguliers : le chat noyé dans le port, bien sûr, que le narrateur retourne voir plusieurs fois, mais aussi, à trois reprises, un chat noir errant, dont la présence fonctionne aux yeux du narrateur comme un indice destiné à lui rappeler (et à mettre en doute?) celle du cadavre du premier. Ces rencontres répétées avec ces figures félines provoquent un effet de déjà-vu qui confine au malaise. Cette impression s'intensifie lorsque, à la fin du roman, le narrateur observe un pêcheur préparer des palangres dans le port : « Vous allez pêcher maintenant ? lui demandais-je. Demain, dit-il, et il glissa un nouvel appât dans le crochet d'un de ses hameçons » (*R*, p. 155). Ce passage fait directement écho à une scène du début de *La Réticence*, lors de laquelle le narrateur observe le même pêcheur apprêter ses lignes pour la pêche :

---

[35] Jacques Derrida, *Spectres de Marx*, op. cit., p. 22.

[36] « sous le même clair de lune que celui de cette nuit, le même exactement, avec les mêmes nuages noirs qui glissaient dans le ciel » (*R*, p. 48–49, p. 51, p. 64, p. 124) ; « sous le même clair de lune toutes les nuits identique, toujours le même exactement, avec les mêmes nuages noirs qui glissaient dans le ciel » (*R*, p. 76, p. 98).

[37] « La lune était presque pleine dans le ciel, que voilaient en partie de longues volutes de nuages noirs qui glissaient dans son halo comme des lambeaux d'étoffes déchirées » (*R*, p. 47) ; « il y avait un clair de lune sur la jetée, toujours le même exactement, avec les mêmes nuages noirs qui glissaient dans le ciel » (*R*, p. 94) ; « Le ciel était immense et sombre dans la nuit, et quelques longs nuages noirs glissaient lentement dans le halo de la lune » (*R*, p. 118) ; « Le ciel était très gris au-dessus du village, et quelques longs nuages noirs flottaient à l'horizon au-dessus de l'île de Sasuelo » (*R*, p. 126).

« Vous allez pêcher maintenant ? lui demandais-je. Il ne répondit pas tout de suite, acheva d'appâter un de ses hameçons. Demain, finit-il par dire sans me regarder et notre conversation s'en tint là, qui avait *fait le tour* de la question somme toute » (R, p. 29, je souligne). Le roman revient une fois de plus sur ses traces, sans que le narrateur semble avoir conscience du caractère répétitif de la scène. Elle *ré-apparaît*, comme si c'était la première fois. Par ce procédé de reprise, la fin du roman se replie sur ses premières pages et achève de la sorte de conférer au texte une circularité annoncée par les multiples jeux d'échos et de répétitions qui le traversent. Si le pêcheur a le sentiment d'avoir fait « le tour de la question », le lecteur est quant à lui invité à faire une boucle dans le cours de sa lecture plutôt de nature à lui laisser une impression d'inachèvement ou, à tout le moins, de relative perplexité.

Ce retour elliptique mime le mouvement du phare de Sasuelo, décrit à plusieurs reprises par le narrateur de *La Réticence*, notamment dans ce passage marquant :

> La nuit dernière déjà, le long faisceau lumineux du phare de l'île de Sasuelo avait tourné toute la nuit dans mon sommeil. Il avait tourné dans mon sommeil avec une régularité lancinante, balayant les ténèbres pour s'éloigner et réapparaître aussitôt sous mes yeux sans me laisser de répit. C'était toujours le même cône fulgurant de clarté qui surgissait à l'improviste devant mes yeux et grandissait à pleine vitesse dans le noir pour venir m'aveugler brutalement, et j'attendais alors avec effroi le prochain passage de la lumière, ne voyant bientôt plus que mon propre regard affolé à la surface de mon sommeil, mes yeux à l'affût dans la pénombre dont les pupilles s'élargissaient et se rétrécissaient sans cesse à chaque passage de la lumière du phare, mes yeux fixes devant moi, démunis et inquiets, écarquillés dans la nuit. (R, p. 123–124)

Figures de redondance et allitérations visent à reproduire le rythme scandé par la lumière du phare. Le narrateur est saisi, hypnotisé par cette lumière comme un chat pris au piège par les phares d'une voiture. Il apparaît comme une bête traquée, une victime hantée par des tourments qui l'empêchent de trouver le sommeil. Cette lumière, aux yeux du narrateur, symbolise le regard de Paul Biaggi, le regard accusateur du cadavre de Biaggi qu'il imagine, dans les lignes qui précèdent cet extrait, s'être échoué sur l'île de Sasuelo où se dresse le phare : même mort, l'autre continue de l'épier et de l'acculer ; pire, son regard se fait désormais éblouissant, il engendre un trouble qui se manifeste dans l'extrait sous forme d'une perturbation visuelle, et qui traduit la répercussion de ce regard sur le sujet, de l'ordre d'une certaine révélation. La lumière aveuglante du phare rappelle aussi celle que l'on braque sur le suspect lors d'un interrogatoire ou le faisceau lumineux au moyen duquel on traque un fugitif. Elle regarde le narrateur et le révèle comme voyeur, comme criminel, en même temps qu'elle lui renvoie son propre regard, empli d'effroi, ainsi que s'y employait déjà son reflet un peu plus tôt dans le roman (*cf. supra*). Depuis sa position entre absence et présence (puisque le cadavre de Biaggi ne se trouve sur l'île de Sasuelo que dans le fantasme du narrateur), le spectre donne à voir dans les yeux du narrateur qu'il reflète un sentiment des plus intimes : il rend visible l'inquiétude paralysante du narrateur, aux prises avec quelque chose qui le dépasse, un événement qui a trait au vide et à l'origine.

Les fantasmes du narrateur, ses tentatives pour voir au-delà, pour s'approprier les signes que semble lui adresser le réel (le cadavre du chat noir dans le port de Sasuelo, l'absence des Biaggi à leur domicile) sans qu'il puisse *a priori* leur conférer un sens, lui renvoient *in fine* son propre défaut d'identité. La narration mêle jusqu'à les confondre le vrai et le faux ; parallèlement, les limites du sujet s'estompent. Qui est ce personnage ? Père attentionné, flâneur à l'imagination débordante, paranoïaque, voyeur, criminel ? Le ressassement d'un délire verbal toujours en train de se transformer empêche de saisir la moindre constante de son identité. *La Réticence* multiplie les jeux d'échos et de répétitions, contraignant le lecteur à jeter un regard rétrospectif sur le roman, à la recherche d'un sens caché qui ne se révélerait que dans le mouvement de clôture du texte sur lui-même. Si elle brise la linéarité traditionnelle du récit, la circularité de l'écriture n'apporte pourtant ici pas de signification claire, sinon l'impression lancinante que quelque chose hante la narration. Des mots et des motifs sont repris de manière récurrente à travers tout le roman, de sorte qu'ils forment une rengaine qui confère au texte une musicalité particulière, comme un thème qui serait inlassablement décliné en une pluralité de variations. Cette répétition d'un même à chaque fois nouveau est la manifestation de quelque chose qui cherche à faire retour, un événement qui a déjà eu lieu et qui tente de surgir sous une forme autre, à travers le fantasme. Qualifier de délirantes les élucubrations du narrateur de *La Réticence* permet de démontrer que cet événement qui fait retour a trait à la rencontre originaire du sujet avec l'objet de son désir, jouissance que le paranoïaque refuse de prendre à sa charge et dont il accuse l'Autre. De sorte que la figure insaisissable qui le hante, ce spectre à la fois présent et absent dont il se méfie, n'est autre qu'une projection destinée à renvoyer au narrateur son propre défaut signifiant et à rendre ainsi visible le sentiment d'effroi qui résulte de ce face-à-face du sujet avec lui-même.

4.2 Une voix en délire

4.2.1 *Incendie, cendre, survivance*

> Le feu : ce qu'on ne peut pas éteindre dans cette trace parmi d'autres qu'est une cendre. Mémoire ou l'oubli, comme tu voudras, mais du feu, trait qui rapporte encore à de la brûlure. Sans doute le feu s'est-il retiré, l'incendie maîtrisé, mais s'il y a là cendre, c'est que du feu reste en retrait[38].

Dans la majorité des romans de Viel, le narrateur établit toujours une distinction entre ce qui relève, d'une part, de l'univers fictionnel intradiégétique et, d'autre part, du monde réel auquel il appartient. Même quand ce personnage se fond dans la fiction au point de s'apparenter à ses personnages – par exemple, lorsqu'il personnalise le film de Mankiewicz pour faire de *Sleuth* et des acteurs qui l'interprètent des amis chers – ou de se laisser complètement déterminer par le rôle qui lui est attribué – comme lorsque Lise fait de lui son frère dans *Insoupçonnable* et que leurs rapports acquièrent de la sorte un caractère incestueux –, sa position de narrateur l'empêche de confondre la fiction dans laquelle il est pris et son univers de référence. En même temps qu'il témoigne de son aliénation, il la révèle comme telle et rétablit les limites entre réel et fiction. Il faut distinguer deux niveaux de perception qui coexistent : celui du personnage qui se laisse leurrer par la fiction dans laquelle il pénètre et qui, au plus fort de son immersion, semble avoir perdu toute conscience du caractère imaginaire de la modélisation qui l'aliène, et celui du narrateur, aux yeux duquel l'élaboration fictionnelle intradiégétique apparaît clairement, puisqu'il se présente délibérément soit comme son auteur (*Paris-Brest*, *La Disparition de Jim Sullivan*), soit comme le créateur du fantasme que cet univers fictionnel second lui permet de construire.

Le Black Note fait toutefois exception à la règle. Le narrateur du premier roman de Viel semble d'abord bien reconnaître l'assimilation de ces comparses aux musiciens du quartette de Coltrane comme une fiction. Il souligne d'ailleurs à plusieurs reprises le comportement aberrant de Paul, lequel va selon lui trop loin dans son identification à John Coltrane : « J'ai pensé : il y a des limites même dans le respect de ses idoles, tu n'as pas le droit, ai-je pensé » (*BN*, p. 29–30). Cette conscience de la nature fictionnelle de la projection identitaire dans laquelle tous les quatre se complaisent n'empêche pas que le narrateur s'y implique comme les autres entièrement, au point que, reclus dans cette

---

38   Jacques Derrida, *Feu la cendre*, Paris, Des femmes–Antoinette Fouque, 1987, p. 45.

maison qu'ils ont appelée Le Black Note, ils désertent le plus souvent la réalité diégétique pour vivre dans la fiction : « on s'aimait avec des noms de scène, et se croire d'un autre temps avec le jazz, croire qu'on n'avait rien à faire en vrai, et seulement s'estimer à hauteur d'autrefois, disait Paul, à hauteur de la *vraie vie* » (*BN*, p. 22, je souligne). À leurs yeux, le rêve a plus de valeur que le monde extérieur, ainsi qu'en témoigne l'utilisation des surnoms qu'ils se sont donnés. Leur prénom d'origine et leur surnom se confondent. Pour le lecteur, le fait que le narrateur appelle indifféremment les autres personnages par leur nom ou par celui du musicien auquel chacun s'identifie (Paul est aussi John, Georges est Jimmy, Christian est Elvin) est source de confusion. Dès le début de son témoignage, le narrateur évoque par exemple dans la même phrase Georges et Elvin (*BN*, p. 12) ; cette manière de recourir sans distinction au prénom de l'un et au surnom de l'autre a pour but de donner au lecteur l'impression que les personnages tout à la fois se multiplient et se confondent : les noms se mélangent indistinctement, de sorte que le quartette semble paradoxalement compter sept membres (le narrateur étant le seul auquel est contestée l'identification à un alter ego) dont la nature – fictive ou réelle – demeure relativement trouble, à tout le moins dans la première partie du roman. Le narrateur, au contraire, ne se méprend jamais quant à l'identité double de ses amis ; il appelle par exemple le contrebassiste à la fois Georges et Jimmy sans que cela semble le perturber ou transformer leur relation. Pour lui, l'identification à un alter ego va de soi, elle fait naturellement sens en vertu de la puissance de leur immersion dans la fiction secondaire. Cet amalgame n'empêche pas le narrateur de distinguer clairement le plan de l'identification imaginaire des membres du Black Note au groupe de Coltrane des effets de contamination qu'elle exerce sur la réalité diégétique. Comme dans les autres romans de Viel, en tant que personnage, il s'abandonne complètement à cet univers fantasmagorique imprégné de jazz et de drogue, mais, depuis son point de vue de narrateur, il perçoit bien la frontière qui sépare les deux univers et il discerne clairement l'aliénation que leur immersion dans l'univers fictionnel engendre : « les marques qu'on peut faire avec des surnoms et des genres, quelquefois ce n'est pas mesurable à échelle humaine. On aurait dû s'arrêter avant » (*BN*, p. 71).

Il existe toutefois dans *Le Black Note* un effet de confusion qui n'atteint pas seulement le niveau de perception du personnage mais également celui du narrateur et dont le lecteur n'est cette fois pas dupe : suite à l'incendie de la maison, événement déclencheur de l'altération que subit l'épreuve de réalité, univers tangible et fantasmatique se confondent dans le chef du narrateur. Depuis le lieu d'où il raconte (la hiérarchie de l'endroit, la présence des infirmières, les séances de discussion auxquelles participe le narrateur, son souhait réitéré d'y « devenir neuf » suggèrent qu'il s'agit d'un hôpital psychiatrique), le narrateur scrute en compagnie d'Elvin l'horizon, imaginant les ruines dévastées de la maison qu'ils habitaient tous les quatre :

> Avec Elvin, on monte sur le solarium avec des jumelles, sur le toit du bâtiment il y a un solarium, mais ce n'est pas le soleil, c'est autre chose qu'on cherche, avec Elvin tous les jours, alors on croit qu'on arrive à voir notre île par-dessus la distance, par-dessus le port de la ville qu'on surplombe, et l'étendue bleue derrière, c'est une vue magnifique d'ici, et on cherche le sol de l'île depuis l'incendie, les dunes avec les ruines noires de la maison, et les grillages qui sûrement brûlent encore sous les regards las, avec la suie qui s'accroche aux volets sur les baraques d'en face. Au moins on croit qu'on arrive à voir, et on regarde [...] notre passé calciné par les flammes. Mais d'où on est, sur le toit, on arrive à être lucide des fois, on se rend compte qu'on est trop loin pour voir vraiment : les grillages montés si vite pour protéger les cendres, et la tache noire au milieu du hameau, la rue qui a pris feu comme ils disent, eux, les habitants de l'île (*BN*, p. 12–13).

Admettre que la distance qui les sépare du lieu où ils vivaient autrefois annule toute possibilité de discerner l'étendue du désastre ne les empêche pas de se figurer la scène. Les monceaux de cendres, les débris, la noirceur de l'endroit existent dans leur imaginaire. Ils « croient » qu'ils « arrivent à voir » : le crédit est du côté du fantasme plutôt que de la perception. Le narrateur dit que, sur le solarium, lui et Elvin ne cherchent pas le soleil : ils ne sont pas en quête d'une vérité éclatante, absolue ; leurs pensées, leur regard, sont tendus vers le lieu de la catastrophe, un ailleurs hors de portée qu'ils aspirent à circonscrire, un point d'inconnu qu'ils désirent ardemment connaître, épingler d'un savoir, mais qui se dérobe à leurs facultés sensibles. C'est à cet impossible que le fantasme entend se substituer, projeté tel un mirage à l'horizon de ce réel qui leur résiste.

Le narrateur ravive l'image de la maison calcinée, à partir du souvenir qu'il a conservé du drame. Il en donne plusieurs descriptions dans le roman, en spécifiant tout d'abord qu'il n'était pas sur place au moment de l'accident pour affirmer le contraire par la suite, de sorte qu'on ne peut jamais affirmer avec certitude si ce souvenir est véridique ou s'il est lui aussi le fruit de son imagination. Le désastre apparaît visuellement, dans les teintes chromatiques du ciel, des pierres et des cendres de la maison ; il s'exprime également à travers le caractère déserté de l'endroit et le silence qui soudain y règne : réduits en poussière par le feu, les instruments se sont définitivement tus, leur musique a cédé la place au bruit du vent qui s'engouffre dans les ruines du Black Note (*BN*, p. 38). Au centre de la grisaille ambiante, protégée par les grillages qui l'entourent, la maison – ou plutôt ce qu'il en reste – fait « tache » (*BN*, p. 13) : couverte de la suie dont les flammes ont imprégné ses briques, elle forme une empreinte noire au centre de l'île. Le narrateur ajoute que les murs rayonnent encore de l'odeur et de la chaleur du feu (*BN*, p. 38). Les stigmates de l'incendie apparaissent comme des signes qui appellent à être déchiffrés, mais jamais de manière univoque, comme c'est le cas de la déduction inébranlable à laquelle doit mener l'empreinte (digitale, par exemple) dans la perspective du roman noir traditionnel. Ici, « L'empreinte dit l'absence, la poussière dit la destruction[39] » ; ce sont des traces qui témoignent simultanément d'une disparition et du fait que quelque chose de l'ordre de la perte, un reste, perdure. La scène relève de cet « état de survivance » que Didi-Huberman prête à l'image lorsqu'il pense le rapport que celle-ci entretient avec la brûlure et la cendre : « l'*image*, mieux que tout autre chose, probablement, manifeste cet état de *survivance* qui n'appartient ni à la vie tout à fait, ni à la mort tout à fait, mais à un genre d'état aussi paradoxal que celui des spectres qui, sans relâche, mettent du dedans notre mémoire en mouvement[40] ». La « tache noire au centre du hameau » (*BN*, p. 13) devient le symbole d'un passé calciné, mais non encore révolu. La maison est en ruines, mais quelque chose y brûle encore, quelque chose refuse de disparaître, qui émane à partir de ses monceaux de cendres : ce sont les os de Paul, seules traces de son corps incandescent, preuves de sa consumation.

La cendre possède un pouvoir de hantise particulièrement puissant. Réduit à l'état de résidus, Paul n'en est pas moins envahissant. Ses restes incarnent une menace qui pousse Georges et Elvin (et sans doute également le narrateur – peut-être même l'idée est-elle de lui ? – mais il ne l'avoue jamais) à les faire disparaître, à tenter de les réduire à néant :

> quand on a vu le désastre en rentrant le soir, le feu qui avait tout ravagé, et nous trois dehors par miracle, alors on a pris peur, Elvin et Georges ils ont pris peur plus que moi, ils sont devenus fous un moment. Ils ont voulu qu'on ramasse les os brûlants dans la maison, le corps en cendres de Paul, et qu'on le mette dans une boîte au fond de la mer, qu'on remplisse une boîte avec son squelette et qu'on le fasse disparaître, que personne ne sache jamais quoi que ce soit de lui. (*BN*, p. 57)

Enfermer les os de Paul dans la boîte métallique où ils rangeaient autrefois leurs diverses drogues et la jeter dans l'océan pour que son existence se dissipe dans les flots, puisque « c'est l'endroit du vide, la mer, [...] l'endroit où on va

---

[39] Georges Didi-Huberman, *Génie du non-lieu. Air, poussière, empreinte, hantise*, Paris, Minuit, 2001, p. 53.
[40] *Ibidem*, p. 16 (l'auteur souligne).

quand on n'a plus rien à faire ailleurs » (*BN*, p. 65), voilà l'ultime effort de ces personnages pour lutter contre la prédiction de persécution formulée par Paul de son vivant : « Il l'avait dit souvent, Paul, il avait dit souvent : même mort je ferai partie de vous, et vous composerez avec moi » (*BN*, p. 59). Vaine tentative, car « la poussière », ainsi que l'affirme Didi-Huberman à propos des œuvres de Claudio Parmiggiani, « réfute le néant[41] ». Les os de Paul reposent désormais dans la mer, mais sa *présence* ne s'est pas estompée.

> Quelqu'un est mort, quelque chose a brûlé, et voilà que partout se propage, puis se dépose « sa présence », manière de dire la menace psychique que son absence fait peser. Manière de dire que la survivance (le reste impersonnel, les cendres de la brûlure) menace directement les survivants eux-mêmes (les personnes qui ont réchappé de l'incendie)[42].

Effectivement, mort, Paul est plus menaçant que jamais. L'incendie a transformé le personnage en « spectre » (*BN*, p. 71). Son souvenir hante désormais les membres du quartette. Son ombre poursuit le narrateur et ses paroles résonnent dans sa tête, tandis qu'Elvin l'entend jouer du saxophone depuis le fond de l'océan (« il colle l'oreille sur le grillage, et il dit que du fond de la mer il entend Paul jouer, qu'il entend John ressusciter dans sa boîte en fer », *BN*, p. 68). Cette présence spectrale témoigne de l'impuissance de ces personnages à faire table rase du passé, à « devenir neuf » ainsi que le souhaite le narrateur (*BN*, p. 11), c'est-à-dire à se libérer du modèle identitaire aliénant qui a régi les dernières années de leur vie. Ce sont des drogués qui n'ont pas seulement à se sevrer des injections quotidiennes qu'ils s'administraient, mais surtout à s'affranchir de la domination d'un Autre dont ils ont proclamé la souveraineté.

Tant que Paul est en vie, il incarne en effet une autorité qui régit la totalité de l'univers au sein duquel gravitent les quatre personnages.

> Comme il disait : le monde se joue là, dans cette maison, c'est comme un réverbère au milieu de partout, et les autres, c'est des papillons autour qui cognent sur le globe, mais personne ne peut entrer dans le globe où on est, dehors ça n'existe pas, disait Paul. Alors pour nous trois autour de lui, c'était plein, sans failles, et lumineux partout à l'intérieur. (*BN*, p. 24)

Sous sa tutelle, la maison constitue un monde clos, coupé de l'univers extérieur par son illusion de plénitude, de perfection. Paul personnifie un Autre qui

---

41   *Ibidem*, p. 55.
42   *Ibidem*, p. 123.

n'est pas barré, c'est-à-dire dont le sujet ne discerne pas l'incomplétude. Selon Lacan, pour advenir comme sujet qui parle, le sujet doit nécessairement en passer par le lieu de l'Autre : le sujet se constitue par rapport à l'Autre ; il interroge l'Autre en tant que sujet et cette interrogation le fait à son tour apparaître en tant que sujet pour cet Autre. Le sujet

> a à se repérer dans la stratégie fondamentale qui s'instaure dès qu'apparaît la dimension du langage, et qui ne commence qu'avec cette dimension. Du fait que l'Autre s'est structuré dans le langage, il devient sujet possible d'une tragédie, par rapport à laquelle le sujet peut lui-même se constituer comme sujet reconnu dans l'Autre, comme sujet pour un sujet[43].

Cette demande adressée à l'Autre, première étape définie par Lacan de la constitution du sujet comme tel, va révéler au sujet le manque de l'Autre : après avoir reconnu qu'une part de son être échappe à la connaissance, c'est-à-dire avoir admis la barre qui le divise primordialement de lui-même, le sujet désormais barré va chercher au lieu de l'Autre une réponse à cette perte ; de cette rencontre, l'Autre ressort à son tour barré, car le sujet prend conscience que « quelque chose au niveau de l'Autre fait défaut[44] ». L'Autre, en effet, n'est pas une entité transcendante, mais le lieu où le sujet se constitue en tant que sujet qui parle[45] ; sa défaillance s'explique par le fait qu'il n'existe aucun signifiant capable de garantir l'authenticité de la chaîne signifiante[46].

Or, au cœur de l'univers fictionnel dans lequel évolue le narrateur, Paul incarne une figure toute-puissante qui n'admet pas ce creux structurel. Les membres du quartette sont dans l'incapacité de renvoyer à ce personnage son propre manque et l'autorisent de la sorte à incarner un Autre investi d'une souveraineté absolue, chargé de garantir le fonctionnement de l'univers fictionnel dans lequel ils sont immergés, ainsi que de rendre légitime la place qu'ils y occupent. Cela apparaît très nettement lorsque Paul refuse que le narrateur s'identifie à Miles Davis : son assentiment est une condition indispensable à la constitution d'une identité au sein de ce microcosme. Paul acquiert ainsi une mainmise totale sur les autres habitants de la maison. Il devient le détenteur de cette part d'eux-mêmes qu'ils ont admise comme manquante, le garant qui leur permet de se constituer comme sujet imaginaire. Cette dépendance

---

43   Jacques Lacan, *Le séminaire, livre VI : le désir et son interprétation*, op. cit., p. 444.
44   *Ibidem*, p. 443.
45   *Ibidem*, p. 445.
46   *Ibidem*, p. 446.

annule l'autonomie des membres du quartette, qui viennent se fondre dans le désir de cet Autre tout-puissant :

> l'impression, tout ce temps passé, d'avoir habité non pas une maison, non pas une cave avec de la musique la nuit, mais seulement un corps, pendant tant d'années, seulement avoir habité le corps de Paul, être devenu ses yeux, sa bouche et sa peau [...] [Paul] commandait de son fauteuil rouge [...] et nous étions pour lui ses déplacements de corps, sa parole en actes (*BN*, p. 124).

Georges, Elvin et le narrateur deviennent le corps et la voix de Paul, au détriment de leur identité propre. Cette logique permet à Paul d'agir comme une entité omnipotente, apte à déterminer les lois de l'univers fictionnel dans lequel évoluent les quatre musiciens. Outre leur identité, il est également en mesure de bouleverser le rapport linéaire au temps qui régit le monde extérieur, en inversant passé et futur : « il persistait à lancer le soir, Paul, à dire : je me fous de mon avenir parce que je le connais déjà, à dire : nous sommes le quartette de jazz de la prochaine décennie, nous sommes immortels. » (*BN*, p. 69) S'identifier au quartette le plus célèbre de l'histoire du jazz est pour Paul un moyen de « s'oublier soi-même » pour « rejoindre l'origine des choses » (*BN*, p. 31). Il s'agit de télescoper les différences entre les époques, de faire fi des couleurs de peau, pour devenir « instantanément mort et vivant » (*BN*, p. 45). L'autorité absolue dont l'ont investi les autres personnages l'autorise à abolir les lois qui régissent le monde ordinaire pour en fixer de nouvelles, à la mesure de son rêve.

L'incendie de la maison, parce qu'il cause à la fois la destruction matérielle du lieu et la mort de son despote, ouvre une brèche dans ce microcosme : « L'incendie, c'est le premier trou qu'on a connu dans nos vies, et dans la mienne propre, une faille comme jamais, c'est tout ce que je déteste » (*BN*, p. 67). Du fait de l'incendie, l'Autre vient à manquer : en lieu et place de cet Autre tout-puissant auquel Paul servait d'incarnation, il n'y a désormais que le vide. Ou plutôt, pas tout à fait le vide justement, mais la cendre. Elle est tout ce qui reste de la projection fictionnelle qui régissait la vie du quartette ; elle dit la dispersion de cet ordre, des valeurs et des codes qui le structuraient, ainsi que la dissémination du sens qu'il conférait à l'existence de ceux qui s'y référaient. Parce qu'elle témoigne que quelque chose n'est plus, la cendre possède aussi un extraordinaire pouvoir d'attraction. Elle est un petit rien insignifiant, un peu de poussière incapable de ne révéler rien d'autre que la destruction, mais ce statut lui confère simultanément un caractère énigmatique qui aimante le regard du narrateur. Dans *Feu la cendre*, une voix affirme : « la cendre n'est pas, elle n'est pas ce qui est. Elle reste de ce qui n'est pas, pour ne rappeler au fond friable d'elle que non-être ou imprésence. L'être sans présence n'a pas été et ne sera pas plus là où il y a la cendre et parlerait cette autre mémoire. Là, où cendre veut dire la différence entre ce qui reste et ce qui est, y arrive-t-elle, là[47] ? » Cette nature ambiguë, qui tient à l'impossibilité de la cendre de restituer la présence dont elle atteste la disparition, explique l'irrésistible attrait du narrateur pour la scène de la maison calcinée. Les décombres forment une « tache noire au milieu du hameau » (*BN*, p. 13) et cette empreinte captive le narrateur. Ils constituent la trace, tenace, envahissante mais pourtant illisible, d'un reste qui refuse de sombrer dans l'oubli alors qu'il est déjà perdu.

Les pensées du narrateur font incessamment retour sur ce lieu du désastre, chaque description des débris étant accompagnée d'une nouvelle version détaillant le déroulement des événements de la nuit de la mort de Paul. Ces diverses tentatives d'interprétation avortent : les explications du narrateur se contredisent, entremêlent réalité diégétique et fantasme, sèment le doute dans l'esprit du narrateur lui-même. La cendre ne livre jamais son secret : « même les oreilles sont muettes devant les cendres » (*BN*, p. 29). Le narrateur lui-même ne sait plus si la mort de Paul est un accident, un suicide ou un meurtre, et, peut-être même, un meurtre dont il serait l'auteur. Sa confusion à l'égard de l'incendie et de la « cérémonie » qui les a conduits à jeter les restes de Paul dans la mer est manifeste : « Je ne peux plus dire maintenant, le brouillard, si c'était dans ma tête à moi ou la vérité sur la mer » (*BN*, p. 58). La disparition de Paul ne cède pas place au néant ; en lieu et place du ciel limpide auquel rêvent les trois survivants règnent les cendres et le brouillard, qui parasitent leurs facultés de perception. Réel et fantasme se confondent.

« Potentiellement », les quatre comparses sont « le meilleur quartette du monde ». « Potentiellement, oui, mais pas réellement » (*BN*, p. 43), ajoute le narrateur : l'affirmation ne vaut qu'au sein de la fiction à laquelle ils s'identifient, elle ne possède pas d'équivalent en dehors de leur microcosme. Toutefois, le fait qu'elle ne soit pas actualisée dans le monde extérieur ne l'empêche pas d'être considérée comme vraie et efficiente par ceux qui partagent cet univers de référence ; à l'état virtuel, elle possède valeur de vérité. « Faire comme si » (*BN*, p. 44) suffit pour transformer leur être authentique, pour scinder durablement leur identité, en vertu de la valeur que leur petite communauté reconnaît au masque dont chacun se pare (*cf.* 1.1.5). À George auquel il reproche d'avoir proposé qu'ils s'enferment tous les quatre dans une même maison pour reconstituer le quartette le plus célèbre de l'histoire du jazz et d'avoir ainsi posé les bases de la fiction aliénante de laquelle ils ne parviendraient bientôt

---

47   Jacques Derrida, *Feu la cendre*, op. cit., p. 23.

plus à s'extraire, le narrateur du *Black Note* assène : « Toi tu as vu ça comme un film » (*BN*, p. 62) : l'univers dans lequel ils évoluent prend les allure d'une fiction cinématographique dont ils seraient, à la manière du narrateur de *Cinéma*, les spectateurs fascinés. La réalité de l'univers fictionnel vient se superposer à celle de l'univers réel, de sorte que virtuel et actuel se confondent – « on est instantanément mort et vivant, disait Paul souvent » (*BN*, p. 45) –, au point que les quatre personnages finissent par déserter le champ perceptif et basculer du côté de l'écran : « c'est comme un monde qui se substitue à notre regard, et quand tu regardes de près, [...] alors tu te substitues au cinéma, et tu deviens l'image » (*BN*, p. 40).

Commentant *L'instant de ma mort* de Maurice Blanchot, Derrida théorise, à partir de la valeur du faux témoignage, la fiction comme un mode de dépassement de l'opposition entre « le réel et l'irréel, l'actuel et le virtuel, l'effectif et le fictif[48] » :

> dans l'hypothèse d'un faux témoignage, fût-il même faux de part en part, et même dans l'hypothèse d'un mensonge ou d'une hallucination phantasmatique, voire d'une pure et simple fiction littéraire, eh bien, l'événement décrit, l'événement de référence aura eu lieu, fût-ce dans sa structure d'expérience « inéprouvée », comme mort sans mort qu'on ne pourrait ni dire ni entendre autrement, c'est-à-dire au travers d'une *phantasmaticité*, donc selon une spectralité (phantasme, c'est le spectre en grec) qui en est la loi même. [...] Cette nécessité spectrale permet dans certaines conditions, les conditions du *phantasma*, à ce qui n'arrive pas d'arriver, à ce dont on croit que cela n'arrive pas d'arriver à arriver. Virtuellement, d'une virtualité qu'on ne saurait plus opposer à l'actuelle effectivité. C'est là que le faux témoignage et la fiction littéraire peuvent encore témoigner en vérité, au moins à titre de symptôme[49].

Le fantasme[50], parce qu'il préserve la virtualité de l'événement, exprime une vérité qui n'aurait pas pu être dite autrement, une vérité qui ne s'appréhende qu'à condition de dépasser l'opposition binaire réel versus imaginaire. C'est le cas du discours narratif du *Black Note*, placé dans son ensemble sous le signe de la potentialité. Ce discours frénétique, qui semble ne jamais s'interrompe, mimant le flux d'une parole qui ne cesse de revenir sur elle-même pour se répéter, se contredire et se corriger, préserve simultanément une affirmation et

---

48   Jacques Derrida, *Demeure. Maurice Blanchot*, Paris, Galilée, 1998, (« Incises »), p. 122.
49   *Ibidem*, p. 122–124.
50   Derrida recourt à la graphie « ph- » pour respecter l'étymologie grecque du terme.

sa négation : « je l'aurais tué sans le tuer » (*BN*, p. 44), « Même si je l'avais fait, ce ne serait pas moi » (*BN*, p. 53), « Potentiellement c'est moi, mais réellement, je t'assure, je suis étranger au crime » (*BN*, p. 102).

Ici, la logique de la dénégation dans laquelle s'inscrit le témoignage ambigu du narrateur ne ramène pas, conformément à la lecture freudienne qui pourrait en être faite, la négation de la négation à une affirmation, mais souscrit à une « logique du X sans X » derridienne, qui « ne dit plus l'unicité du sens, mais la dissémination, l'oscillation infinie entre les possibles[51] » : lorsque le protagoniste de Viel affirme « ce n'est pas moi qui l'ai tué », il ne faut pas seulement entendre « c'est moi qui l'ai tué », mais ni l'un ni l'autre, et pourtant les deux à la fois. Les contradictions de son discours[52] gravitent autour d'un manque à dire, d'une vérité qu'aucune d'elles ne parvient à signifier pleinement. Il ne s'agit pas d'achever le roman sur la révélation du coupable ainsi que l'horizon d'attente du genre y invite – « on se moque de qui a tué » (*BN*, p. 99) –, mais de souligner l'indicible de l'événement à travers la multiplicité des représentations fantasmatiques auquel il donne lieu. L'enjeu n'est pas pour le lecteur de déterminer la véracité ou la fiabilité des propos du narrateur – il apparaît en effet clairement que, quoi qu'il en dise, ce personnage a assumé un rôle déterminant dans la mort de Paul – mais de deviner que derrière ce témoignage polyphonique[53] se cache une instance à l'identité puissamment diffractée par son immersion au sein de l'univers fictionnel et qui, en raison de cette aliénation à un ordre imaginaire, se révèle incapable d'actualiser dans le monde sensible une unique lecture de l'événement. Dès lors, le film que le narrateur rejoue inlassablement dans sa tête, tandis qu'il « fouill[e] du regard les vestiges » de l'incendie (*BN*, p. 46) à la recherche d'une vérité qui transparaîtrait à travers l'écran de fumée que distillent encore les cendres, fait en définitive endosser la responsabilité de l'incendie aux quatre personnages, c'est-à-dire y compris à celui qui a payé ce désastre de sa vie.

Le lecteur, en effet, devine, bien qu'il ne puisse jamais ériger en certitude aucune des hypothèses qu'il formule, que la vérité tient précisément au cœur des contradictions du discours du narrateur. Il pressent que celui-ci a sans doute mis le feu avec Georges, tandis que Paul, assis dans un canapé rouge du

---

51   Michel Lisse, « Comment ne pas dire le dernier mot ? ou "Le pas au-delà de la dénégation" », *op. cit.*, p. 69.

52   Tandis que le narrateur affirme tout d'abord avoir été absent le soir du drame, il se pose ensuite en témoin direct de la scène, admettant, par endroits et avant de dénier aussitôt cet aveu, la part active qu'il a prise dans l'incendie et l'escapade en bateau destinée à faire disparaître au fond de l'océan les ossements de Paul.

53   Rappelons que le spectre de Paul s'exprime à travers le narrateur : « il y a Paul plus que jamais, il parle pour moi [...] mon corps en entier, Paul se glisse dessous » (*BN*, p. 98).

salon, a laissé les flammes le dévorer. Il sait qu'il ne s'agit pourtant ni tout à fait d'un meurtre ni d'un suicide, mais d'une tentative de ces personnages pour se libérer de l'ascendance de l'univers fictionnel dans lequel ils se sont profondément immergés, car les revirements incessants des aveux du narrateur, s'ils empêchent d'établir le déroulement exact des événements qui ont entouré la mort de Paul, esquissent aussi la complexité des relations qui unissent ces personnages entre eux et au microcosme fictionnel dans lequel ils s'imaginent vivre. Les élucubrations délirantes du narrateur disent l'ambiguïté de la dépendance absolue à l'Autre en attestant, d'une part, la nécessité pour tous ces personnages de s'affranchir de ce rapport aliénant et, d'autre part, leur inaptitude à faire face au vide qui résulte de cette émancipation. Ils sont prêts à payer le prix ultime – la mort – pour se libérer de l'emprise totalitaire de l'Autre, mais, une fois ce rapport de dépendance dissous, ils se retrouvent complètement démunis.

> C'était question de survie de quitter Paul, en cela c'était bien, mais ne pas quitter la maison. À tous les quatre elle appartenait, et notre histoire tous ensemble, j'aurais trouvé autre chose. Pas le feu. Paul, je l'aurais poussé d'en haut de la falaise, d'un rocher à l'ouest de l'île, je l'aurais fait s'écraser dans l'eau et s'éventrer. Il avait besoin de ça, besoin de mourir pour comprendre comme sa vie, on pouvait s'en passer. (*BN*, p. 53)

La mort de Paul est perçue par le narrateur comme une nécessité. Elle porte la promesse de la libération de la tutelle de ce personnage. Mais avec lui, c'est la maison, autrement dit la totalité de l'univers dans lequel évoluait le quartette, qui disparaît dans les flammes. Le discours du narrateur témoigne, par sa syntaxe chaotique, ses répétitions, ses procédés de correction, ses contradictions, etc., de l'état duel dans lequel il pénètre suite à l'incendie du Black Note. « Moi je vais mieux, beaucoup mieux, ou pire, oui je vais pire, je deviens liquide maintenant, perméable à toutes substances, à toutes paroles » (*BN*, p. 99) : le narrateur est à la fois libéré de l'asservissement à cet Autre tout-puissant dont Paul représentait l'incarnation et en proie à une hantise qui résulte de cet affranchissement. L'éviction de la figure censée garantir à ses yeux le fonctionnement de l'ordre symbolique laisse la porte ouverte à toutes les intrusions : puisque nul ne détient plus la vérité, puisqu'il n'existe plus d'autorité capable d'attester l'authenticité de la chaîne signifiante, tous les signifiants se mettent à avoir la même valeur et envahissent le narrateur. Le décès de Paul porte la promesse d'une vie nouvelle (« je serai neuf », *BN*, p. 11), mais il signe aussi la fin d'un monde, celui de l'univers fictionnel dans lequel le quartette s'est confiné. Or, pour les quatre personnages du *Black Note*, cette projection imaginaire prévalait sur le monde réel, de sorte que lorsqu'elle vole en éclats après la mort de Paul, c'est leur univers de référence qui disparaît, comme se l'avoue le narrateur enfermé dans la clinique : « Ce n'est pas la vie réelle ici, n'est-ce pas ? Elle s'est arrêtée dehors, je sais cela. La vie réelle a cessé au milieu de la mer » (*BN*, p. 75). « Au milieu de la mer » désigne le moment où Georges, Elvin et le narrateur ont fait disparaître les ossements de Paul dans l'océan. Ce geste acte la fin de l'univers fictionnel sur lequel Paul régnait de manière despotique. À l'effondrement de la maison coïncide celui de la fiction intradiégétique.

4.2.2   *La faille, le spectre*
Délivré de l'ascendance de Paul, le narrateur se retrouve privé des référents qui lui permettaient de penser son identité et son inscription dans le groupe. Sans Paul, la « communauté » (*BN*, p. 107) à laquelle il appartenait se dissout, les identifications imaginaires qui définissaient les membres du quartette s'effritent. Le narrateur ne rencontre plus personne pour soutenir son défaut signifiant. Cette brusque disparition de l'Autre a pour conséquence de dissoudre les rapports imaginaires qui permettaient au narrateur d'interagir avec son environnement et de se forger sa propre image de soi. Il n'est plus en mesure de se constituer désormais comme sujet de la parole. Le délire survient pour faire face à cette perte. Au sens freudien, l'incendie constitue le moment de déclenchement du délire, parce qu'il révèle une béance à laquelle le narrateur n'est pas prêt à faire face. Cet événement est la « faille » (*BN*, p. 67) qui confronte ce personnage au manque de l'Autre, que l'emprise totalitaire de Paul avait jusque-là masqué. Le délire intervient comme processus de réparation : il entreprend d'occulter cette brèche pour restaurer la place du narrateur dans la chaîne signifiante[54]. Il s'agit de convoquer, par le biais du fantasme, une nouvelle figure pour assumer la fonction d'un Autre sans défaut : c'est ce rôle qui est dévolu au « spectre » (*BN*, p. 71) de Paul, chargé de réfuter le néant.

À travers la « faille » creusée dans l'existence du narrateur par l'incendie (*cf. supra*), s'insinue un hôte étranger venu habiter à l'intérieur de son corps, parler à sa place, dicter ses aveux : « J'ai dit que c'était moi qui avais mis le feu, mais ce n'est pas vrai. Ce n'est pas moi, c'est Paul qui essaie de me faire dire ça. C'est Paul qui parle en moi, le même Paul qui est mort, c'est à cause du poids qu'il occupe dans mon crâne, alors il remonte à la surface, et je dis n'importe quoi […] je divague pour de vrai » (*BN*, p. 101–102). Le spectre est une projection imaginaire du narrateur, l'objet *a* de son délire. Toutefois, le pouvoir manifeste de cette présence qui s'invite en dedans de ce personnage, dont il conditionne les pensées et module le discours, incite à le considérer autrement que comme

---

[54]   Alexandre Stevens, « Délire et suppléance », *op. cit.*, p. 17.

une pure projection de l'esprit. Il semble véritablement s'incarner dans le corps du narrateur, détenir une certaine consistance : il possède un poids, il « occupe [s]on crâne », il « remonte à la surface ». Son effectivité empêche de le reléguer au rang de simple simulacre. Derrida, relisant Valéry, voit dans cette difficulté à établir sa nature le propre du spectre ; celui-ci « devient […] quelque "chose" qu'il reste difficile à nommer : ni âme ni corps, et l'une et l'autre[55] ». Le spectre se manifeste entre présence et absence, entre vivant et mort, ombre « à mi-chemin entre une inexistence et une insistance[56] ». Il dit le disparu que son apparition entend faire renaître : il est un *revenant*, c'est-à-dire le retour d'un élément du passé qui ne peut plus se présenter comme tel, mais qui réapparaît en tant qu'il est déjà irrémédiablement perdu. Il atteste la survivance de ce qui a été.

Dans *Le Black Note*, le spectre est convoqué pour exprimer la rémanence d'une puissance signifiante sans laquelle le narrateur ne peut plus vivre, puisque de cette autorité dépendait l'ordre fictionnel qui régissait son expérience du monde. Selon cette hypothèse, la citation de Tristan l'Hermite qui sert d'épigraphe au roman, « Car je meurs en ta cendre et tu vis en ma flamme », peut être lue comme la confirmation que l'incendie de la maison cause l'éviction du narrateur de la chaîne signifiante au sein de laquelle la disparition de Paul ne lui permet plus de s'inscrire, éviction qui correspond dès lors à une certaine forme de mort, à laquelle vient suppléer la résurrection de la figure disparue dans l'imaginaire du narrateur. Le spectre émerge en effet à partir de la cendre, de la poussière, dont il possède les propriétés ; réduit à l'état de déchet impalpable par l'incendie de la maison, le personnage de Paul est désormais capable de s'élever dans les airs et de s'insinuer dans les plus petits interstices, de s'immiscer dans les moindres recoins de la pensée du narrateur. La hantise devient de la sorte la preuve que le narrateur n'est pas passé par une phase d'acceptation du manque de l'Autre : la figure spectrale est perçue comme une entité capable d'investir tout son être et de tout connaître de lui, elle incarne un Autre omniscient. Prenant possession de ces espaces intérieurs où le narrateur n'admet pas qu'advienne le néant, le spectre investit son corps tout entier. L'invasion psychique du spectre se manifeste physiquement :

> j'ai cru que c'était fini, son pouvoir sur moi, j'ai cru vraiment que c'était fini. Mais plus tard, deux jours après peut-être, plus tard il est revenu me voir […] Alors le plomb est retombé sur moi encore plus lourd, encore plus énorme autour de ma bouche, et autour de ma chair autour, et j'ai

---

55   Jacques Derrida, *Spectres de Marx, op. cit.*, p. 25.
56   Georges Didi-Huberman, *Génie du non-lieu, op. cit.*, p. 105.

regretté. J'ai pensé à ce moment-là : c'est pire encore, quand tu veux te libérer d'un poids sur le cœur, mais quand il revient c'est pire. (*BN*, p. 106)

Le fait que ce soit le narrateur lui-même qui convoque par l'entremise du délire cette figure spectrale, c'est-à-dire qu'il en soit l'instigateur, n'empêche pas qu'il perçoive ce fantôme comme un Autre persécuteur. Le propre du sujet psychotique est d'attribuer la responsabilité de la jouissance qu'il refuse de prendre à sa charge au lieu de l'Autre : pour le paranoïaque, l'Autre est un Autre qui jouit, et qui jouit de lui, d'où la nécessité de s'en méfier (*cf.* 2.2.1). Pris dans la logique délirante qu'il a édifiée pour faire face au vide laissé par la mort de Paul, le narrateur du *Black Note* craint, comme celui de *La Réticence*, cette ombre menaçante qu'il imagine le traquer sans répit.

Le délire du narrateur dévoile l'objet de la hantise de ce personnage en même temps qu'il a pour objectif d'y faire face : le spectre de Paul apparaît pour remplacer la figure déchue qui personnifiait un grand Autre tout-puissant ; ce retour spectral exprime tout à la fois la perte et l'indigence du narrateur confronté à celle-ci. En vertu de son ambiguïté, cette forme spectrale concrétise en quelque sorte l'aboutissement du rêve de Paul, faisant de lui une entité entre la vie et la mort, n'appartenant plus à aucune temporalité et parvenue, dans la tête du narrateur, à changer jusqu'à sa couleur de peau : « Paul déguisé en fantôme et qui vient me voir la nuit, vivant pour de faux après sa vrai mort clinique, et vivant pour de vrai quand il utilise ma mémoire pour survivre. [...] Si tu voyais son visage maintenant, le peu qui reste d'avant, et même la couleur a changé, oui, Georges, même la couleur : il a réussi, il court sous ma peau pour être noir » (*BN*, p. 72–73). L'incendie de la maison a fait disparaître un ordre que le délire entend rétablir, voire magnifier. Le fantasme du narrateur restaure l'emprise de Paul et célèbre la victoire – imaginaire – de ce personnage sur le réel. Significativement, cette figure change de nom lorsqu'elle acquiert le statut de spectre : le narrateur dit que, du fond de la mer, Elvin « entend *Paul* jouer, qu'il entend *John* ressusciter dans sa boîte en fer » (*BN*, p. 68, je souligne). L'incendie permet à Paul de devenir John ; il dote la fiction élaborée par Paul d'une puissance supérieure à celle qu'elle possédait du vivant de celui-ci.

Le délire est donc la réponse destinée à obstruer la « faille » qui a fait s'ébranler le monde imaginaire établi par Paul et dans laquelle s'engouffre la voix du spectre, revenue persécuter le narrateur. En effet, ce n'est pas tant le personnage de Paul que sa voix qui hante le narrateur ; des phrases hachées, déstructurées, des morceaux de discours recomposés selon les souvenirs qu'il en a conservés. Une rumeur spectrale envahit le narrateur, qui dote cette voix imaginaire d'une puissance et d'une matérialité capables d'influencer son comportement et sa perception de l'univers sensible : elle « se cass[e] sur les vitres le matin » (*BN*, p. 21), elle « pénètre à l'intérieur » de son être pour « respirer à [s]a place » (*BN*, p. 60), elle décolle ses lèvres pour parler « tout haut dans [s]a bouche » (*BN*, p. 70). Déjà, du vivant de Paul, la corporéité de ce personnage s'effaçait au profit de ses « grandes phrases mégalomaniaques » (*BN*, p. 25). Le narrateur parle d'un « brouhaha incessant », « infatigable », du « moteur qu'il [Paul] avait toujours dans la gorge » (*BN*, p. 16). Les paroles de Paul le « transpercent », elles « vibrent à l'intérieur de [lui] » (*BN*, p. 17), se « distille dans [s]es veines » (*BN*, p. 27). Même la couleur de peau de ce personnage était censée être transformée par la puissance de son discours : il suffisait qu'il se proclame l'alter ego de John Coltrane pour qu'il devienne noir (*cf. supra*).

La voix de Paul, oppressante parce qu'omniprésente et totalitaire, assujettit les autres personnages en les empêchant de se départir de son emprise, de s'énoncer en dehors des signifiants de Paul :

> elle se colle dans les interstices, dans les plissements de ton front, et doucement tu ne la regardes plus [...], tu crois qu'elle s'est évanouie, en vrai elle est déjà à l'intérieur de toi ; à ce moment c'est victoire pour lui, c'est des injections à très petites doses répétées, et c'est pire que toutes les cocaïnes du monde, tellement c'est moins violent, tellement c'est plus destructeur, ses grandes phrases, si petites. (*BN*, p. 27)

Preuve que l'ascendance que ce personnage exerce sur les autres passe par sa voix, le narrateur du *Black Note* avoue avoir ardemment désiré que Paul cesse de parler : « je voulais que Paul se taise pour toujours, je voulais le voir dans une boîte en fer, hermétique au son, hermétique à la lumière » (*BN*, p. 85). Cette phrase laisse entendre que le narrateur a bien joué un rôle actif dans l'incendie de la maison et la décision d'enfermer les cendres de Paul dans une boîte avant de les faire disparaître dans l'océan. Elle suggère aussi que l'autorité dont ce personnage est investi réside du côté de sa prise de parole, et même plus précisément que son emprise a trait à la manière dont il surinvestit – dont il envahit – le champ des signifiants. « Paul il décidait toujours pour les morceaux qu'on jouait, pour tout il avait le dernier mot, et pour ça on l'aimait plus que tout, et moi aussi, on croyait qu'on l'aimait plus que tout, à cause de ses paroles, de son accent sur les mots, et sa façon finale de prendre le dessus dans l'échange, et dire : maintenant ! » (*BN*, p. 24) : cet extrait illustre bien le fait que Paul assoit son ascendance sur les autres membres du quartette en privilégiant le registre des signifiants. Il s'agit pour ce personnage d'avoir « le dernier mot », d'imprimer au champ verbal « son accent », c'est-à-dire d'entretenir un rapport au langage qui privilégie la matière acoustique des mots, pour donner à son discours une force de frappe effective, quasi physique (« sa façon de prendre le dessus dans l'échange »). La véhémence de ses paroles ne laisse pas de place aux discours des autres : « il parlait si bien, et la tonalité de sa voix toujours, le tremblement qu'il effectuait pour pondérer si bien le discours, la prophétie de langage qui se dégageait, avec ce droit qu'on a, quand on est l'aîné, de poser ses lèvres avec l'intention d'émouvoir, alors on y croyait » (*BN*, p. 41).

Le microcosme au sein duquel évolue le quartette est saturé des énoncés de Paul, au risque de sacrifier la dimension signifiante de ceux-ci (*cf. infra*). Cet envahissement du champ verbal explique la dépendance des trois autres musiciens à l'égard de ce discours – le narrateur parle d'amour, « on l'aimait plus que tout, [...] on croyait qu'on l'aimait plus que tout », mais la figure de correction dénonce toute l'ambiguïté de cet attachement. Entre amour et haine, la dualité des sentiments du narrateur traduit le caractère aliénant de la relation : « Je n'aurais jamais tué Paul, je l'aimais aussi, même en le détestant, même en voulant le tuer » (*BN*, p. 54). Les membres du quartette sont profondément attachés à la présence signifiante de Paul dont ils dépendent pour advenir dans le champ verbal, en même temps qu'ils éprouvent le besoin de répudier cette ascendance.

Une fois accomplie l'aspiration du narrateur à ce que Paul se taise, une fois les ossements de ce dernier disparus au fond de la mer, le silence « troue le langage » : « Il y a des lieux où on ne tient plus, où nulle part le corps ne tient [...] là-haut sur le solarium, avec le silence qui continue de sévir au loin sur la mer, ça fait *un trou dans le langage* » (*BN*, p. 93, je souligne). La métaphore spatiale, en situant le silence au lieu où les cendres de Paul furent immergées, l'identifie comme procédant de la perte. Le silence n'apporte toutefois pas la sérénité escomptée par le narrateur, mais creuse un « trou », un manque. Ce « trou dans le langage », le narrateur l'évoque dès le début du roman, lorsqu'il cite pour la première fois les « grandes phrases » (*BN*, p. 25) de Paul après avoir évoqué sa disparition :

> Tous les jours disait : c'est une journée particulière aujourd'hui. Et d'ajouter, la voix très haute qui se cassait sur les vitres le matin : tu ne trouves pas que ça rappelle Rome ici ? sans plus savoir, ni lui ni moi, si Rome il y était allé, ou quelquefois ailleurs, c'était question de la teinte du sol en regardant le soleil, tu ne trouves pas que ça rappelle Prague ? Ça fait un trou dans le langage, quand il faut se redire la phrase tout seul maintenant, et ne jamais savoir où on est vraiment. (*BN*, p. 21)

Lorsque l'incendie oblige enfin Paul à se taire, le silence n'engendre ni la quiétude à laquelle aspire le narrateur, ni le retour à une langue épurée, débarrassée des signifiants de Paul. Au contraire, les survivants sont contraints de composer avec « l'impureté de ce silence de suie[57] », un silence entaché de l'absence des mots de l'instance qu'ils avaient reconnue comme détentrice de l'ensemble des signifiants composant leur petit univers. Sa disparition « troue le langage », parce que le silence qui résulte de sa perte dévoile le défaut sur lequel repose le système symbolique. Paul possédait la mainmise sur le champ verbal, il en était le garant ; le trou que sa mort creuse dans le langage cause la défaillance des personnages dont l'existence était régie par cette emprise. Dans les deux citations qui précèdent, cette défaillance se manifeste sous la forme du vacillement, lorsque le narrateur, s'efforçant de rétablir la parole de Paul, de se souvenir des sentences qui structuraient leur microcosme, constate qu' « Il y a des lieux où on ne tient plus, où nulle part le corps ne tient » (*BN*, p. 93), et évoque l'impression de « ne jamais savoir où on est vraiment » (*BN*, p. 21). Le « trou » que la disparition de Paul creuse dans le langage coïncide avec un trouble d'ordre physique : le narrateur vacille face à la difficulté de trouver une position d'énonciation stable, un lieu à partir duquel reconquérir une place dans le monde.

4.2.3 *La voix comme forme de la coupure*

Le délire intervient pour faire face à cette béance. Révélateurs du fait que l'autorité absolue dont est investi le personnage de Paul réside avant tout dans son rapport au langage, les fantasmes du narrateur ne visent pas tant à rétablir la présence corporelle de cette figure que la puissance de ses « grandes phrases ». Il s'agit de prétendre restituer le ton, le rythme et parfois même le volume des paroles de ce personnage, restauration qui se fait le plus souvent au détriment du sens de son discours :

> ne jamais reculer, avait-il dit, revenir en arrière vers l'intérieur des terres, jamais. Il disait : ne redoute ni ne souhaite le jour suprême, mais pourvu qu'il surgisse de lui-même, alors il ne faut pas résister, et l'accompagner quand on peut […] comme toujours il disait : s'oublier soi-même, et tu fais le premier pas vers l'origine des choses, disait-il, et comme ça tu sauras ce que tu veux. (*BN*, p. 30–31)

La syntaxe chaotique des énoncés met à mal le registre des signifiés au profit de celui des signifiants : les paroles rapportées de Paul ont la particularité de se présenter comme un discours morcelé, souvent laissé en suspens et généralement sorti de son contexte d'énonciation, ce qui a pour conséquence

---

[57] Georges Didi-Huberman, *Génie du non-lieu, op. cit.*

de nuire aux efforts qui visent à en appréhender le sens. *A priori*, ce constat peut sembler contrecarrer la toute-puissance de cet Autre absolu dont Paul est le représentant. Il est malaisé de déterminer si cet achoppement du sens est directement imputable au personnage de Paul ou s'il est le fait de l'effet de filtre que suppose, inévitablement, son passage par l'instance en charge de la narration. Viel excelle à conférer à la narration l'apparence de la spontanéité de la langue orale, notamment par son traitement du discours rapporté. Les différentes voix s'entremêlent et finissent par se confondre les unes avec les autres : le point d'origine de leur énonciation n'est pas toujours identifiable ; répétitions, emprunts, glissements lexicaux minent l'authentification d'un discours qui serait véritablement propre à tel personnage. La confusion qui résulte de cette superposition de voix empêche d'établir ce qui relève du discours cité et ce qui procède de l'intervention du narrateur sur ce discours. Quoi qu'il en soit, c'est-à-dire qu'on attribue la responsabilité de cette dissémination du sens au narrateur ou à son énonciateur d'origine, ce n'est que sous cette forme tronquée que le délire du narrateur restitue les énoncés de Paul.

Le procédé attire l'attention sur le ton de ce discours rapporté, dont il n'empêche de percevoir ni l'apparente grandiloquence ni l'impétuosité, et insiste sur son aspect irrégulier, haché. Viel privilégie la musicalité de la phrase ; les paroles de Paul apparaissent comme une rengaine, incessamment ressassée, assenée aux autres personnages. Ceux-ci sont complètement imprégnés par cette complainte, quand bien même ils resteraient – ne serait-ce que partiellement – hermétiques à son sens. « Il disait : je suis profondément immortel, immortel à vingt mille lieues sous les mers, disait-il, et vous mortels en surface, il faut vous ménager, disait-il. Mais à cause de sa voix qui tremblait si bien, si parfaitement maîtrisé le ton qu'il composait sans le vouloir, ou en le voulant, et sans réaliser à quel point on était capables d'y croire » (*BN*, p. 44). L'écriture de Viel mime le registre oral de la langue ; dans *Le Black Note*, cette tendance est renforcée par les emprunts que l'auteur opère dans les codes sémiotiques du jazz. Le narrateur donne l'impression d'improviser autour d'un même thème – l'incendie de la maison et la mort de Paul – qu'il décline en une série de variations, sous l'influence de la structure rythmique et des changements d'intensité qui distinguent la musique jazz. Figures de dislocation, de reformulation, de répétition, etc., concourent à faire « jazzer » la voix narrative[58]. Il s'agit, dès le début du roman, de conférer à celle-ci l'apparence d'un délire verbal (spontanéité, ressassement, phrases déstructurées, effritement du sens, etc.).

---

58   Voir à ce sujet Alice Richir, « Faire jazzer la voix narrative », *Relief*, 6 / 2, décembre 2012, p. 71–79.

Cette impression est largement renforcée par le traitement du discours rapporté du personnage de Paul, venu parasiter la narration pour la fragmenter de l'intérieur. La voix de Paul s'impose au narrateur dans son délire ; il est contraint de se rappeler de ses « grandes phrases » interrompues, d'énoncer à son tour ces maximes farfelues et ces contre-sens extravagants, à la limite de l'absurdité, dont Paul semble avoir fait sa spécialité : « Il disait : séparer l'image et le son, mais quand tu ne vois pas tu n'entends pas, disait-il » (*BN*, p. 17) ; « Ma vie se mesure en musique, disait-il, et en couleur de peau, en cela je suis immortel, parce que j'ai perdu ma date de naissance » (*BN*, p. 31). Cette voix qui s'impose au narrateur au point de sembler causer son effacement en tant que sujet-énonciateur, de donner l'impression que ce personnage disparaît derrière les mots de Paul, est donc paradoxalement une voix brisée, constamment interrompue par la répétition des verbes introducteurs du discours direct (« disait-il » ou « il disait ») ou les points de suspension, et dont le sens, en vertu de ce morcellement, se dissémine ou, à tout le moins, ne s'appréhende pas clairement. À bien y regarder, les énoncés que cette voix présente comme des vérités et qu'elle assène de manière implacable possèdent peu de consistance sur le plan du signifié. Le lecteur peut s'étonner de la capacité des phrases de Paul à assaillir les trois autres personnages, à envahir complètement leur intériorité, alors qu'elles n'érigent aucun objet de connaissance stable, qu'elles ne débouchent sur aucune certitude ; tout au plus engendrent-elles une croyance vague, l'espoir insensé de devenir le quartette de jazz le plus célèbre de la décennie. La force de frappe de ce discours ne réside pas dans les savoirs qu'il dispense, mais dans la capacité de ses signifiants à envahir le champ verbal.

La fascination du sujet pour une voix dont l'essence est d'être fragmentaire, équivoque, fait partie de la logique délirante. Lacan explique que la fonction de la voix dans le délire est d'intervenir au niveau de l'objet *a*, c'est-à-dire à la place de l'objet qui soutient le fantasme en tant que celui-ci vise la mise en scène de la satisfaction d'un désir[59]. La logique du fantasme, telle qu'elle a été formalisée par Lacan par le mathème $\$ \lozenge a$, exprime l'« affrontement perpétuel du S barré et du petit a[60] » : dans le fantasme, le sujet marqué de la barre qui le divise primordialement, ne trouvant rien dans l'Autre qui garantisse sa

---

[59] Dans *Le désir et son interprétation*, c'est-à-dire à ce moment de l'enseignement lacanien, l'objet *a* est le représentant de ce résidu de lui-même dont le sujet éprouve primordialement la perte. Sa fonction est de supporter cette défaillance structurelle du sujet, autrement dit le fait que celui-ci ne peut se situer dans l'ordre symbolique sans perdre une part essentielle de lui-même. En tant que tel, il est envisagé comme l'objet vers lequel tend le désir. Dans la suite de l'enseignement lacanien, l'objet *a* deviendra non plus la visée mais l'objet-cause du désir.

[60] Jacques Lacan, *Le séminaire, livre VI : le désir et son interprétation, op. cit.*, p. 446.

position dans l'échange signifiant (*cf. supra*), fait appel au registre imaginaire pour élaborer à partir de sa propre substance un objet chargé de soutenir cette part de lui-même dont son entrée dans l'ordre symbolique le prive. Cet objet est l'objet *a*. Il surgit au lieu où le sujet tente de se constituer comme sujet du discours inconscient, là où il interroge la nature de son être authentique[61]. Sa nécessaire présence témoigne du fait que « Dans toute la mesure où [le sujet] essaye d'aborder à [la] chaîne [symbolique] et de s'y nommer, de s'y repérer, précisément il ne s'y trouve pas. Il n'est là que dans les intervalles, dans les coupures. Chaque fois qu'il veut se saisir, il n'est jamais que dans un intervalle[62] ». L'objet *a* intervient pour supporter la méconnaissance fondamentale du sujet vis-à-vis de lui-même. Cette tâche à laquelle il est préposé explique que les objets destinés à jouer le rôle du petit *a* se distinguent par leur structure, dont la particularité est de « s'offrir à la fonction de la coupure[63] ». Dans *Le désir et son interprétation*, Lacan identifie trois espèces d'objets en mesure de s'acquitter de cet office : l'objet prégénital, le phallus ou la mutilation castrative et, enfin, la voix hallucinatoire qu'il associe au délire[64].

Selon lui, la voix du délirant « répond tout spécialement aux exigences formelles du petit *a*, en tant qu'il peut être élevé à la fonction signifiante de la coupure, de l'intervalle comme tel[65] ». Autrement dit, la voix joue le rôle de l'objet petit *a* lorsqu'elle s'offre à la fonction de la coupure, soit quand son lieu d'émission est travaillé, modulé, par « quelque chose qui se coupe, qui se scande[66] ». Ce n'est toutefois pas le cas, nous dit Lacan, de tout type de voix. Dans le délire, le sujet peut paraître s'effacer au profit des voix qui le hantent, mais l'invasion de celles-ci atteste en définitive sa propre intention de se signifier, soit la condition du fantasme (*cf.* 2.1.1). Le délirant s'inscrit en filigrane des voix qui l'interpellent ; convoquées par lui seul, elles témoignent de son investissement, du fait que le scénario imaginaire qu'il élabore ne vise rien d'autre que la mise en scène de la satisfaction de son désir.

Pour qu'il en soit ainsi, selon Lacan, ces voix hallucinatoires doivent nécessairement prendre la forme de l'intervalle, de la coupure. La voix du délirant est une voix scandée, rythmée, coupée, où le sens achoppe pour que surgisse un « appel à la signification » qui mobilise le sujet, c'est-à-dire qui configure le lieu de son investissement sur le plan symbolique :

---

61   Jacques Lacan, « La forme de la coupure », dans *ibidem*, p. 443-462.
62   *Ibidem*, p. 451.
63   *Ibidem*, p. 457.
64   *Ibidem*, p. 443-462 et « Coupure et fantasme », dans *ibidem*, p. 463-480.
65   *Ibidem*, p. 458.
66   *Ibidem*, p. 454.

> Dans le délire, la voix se présente bel et bien comme articulation pure, et
> c'est bien ce qui fait le paradoxe de ce que nous communique le délirant
> quand nous l'interrogeons sur la nature des voix. Ce qu'il a à communi-
> quer paraît toujours se dérober de la façon la plus singulière, alors que
> rien de plus ferme pour lui que la consistance et l'existence de la voix
> comme telle. Bien sûr, c'est justement parce que la voix est pour lui ré-
> duite à sa forme la plus tranchante et la plus pure, que le sujet ne peut la
> prendre que comme s'imposant à lui[67].

En vertu de sa structure elliptique, fragmentaire, hachée, la voix du délirant tout à la fois s'impose et se dérobe au sujet, ambivalence qui l'autorise à assumer dans le délire la fonction de l'objet *a*. Elle devient le support imaginaire au moyen duquel le sujet supporte sa propre défaillance signifiante. « Si le sujet se sent éminemment intéressé dans le délire par les voix, par les phrases sans queue ni tête, c'est [...] au niveau de la coupure, de l'intervalle, qu'il se fascine, qu'il se fixe, pour se soutenir – à cet instant où il se vise et il s'interroge – comme être, comme être de son inconscient[68] ». Ces voix qui semblent *a priori* causer la disparition du sujet délirant, son effacement en tant que sujet de l'énonciation, sont en réalité sollicitées pour soutenir l'inscription de celui-ci au cœur du délire. L'articulation morcelée de ces voix, la propension de leur structure à échapper à tout effet de lecture immédiatement assignable, ménagent une place au sujet. Leur existence dépend de l'élaboration fantasmatique dont il est l'auteur, de l'impérative nécessité qu'il éprouve de puiser dans le registre imaginaire pour générer un objet de nature à le supporter là où il interroge sa propre coupure, c'est-à-dire à l'endroit où il cherche à se constituer comme sujet de la parole. En tant que telles, ces voix énigmatiques permettent au sujet délirant de participer à l'échange verbal, elles attestent sa présence sur la scène de l'accomplissement de son désir.

La voix prêtée au spectre dans *Le Black Note* revêt précisément la forme de la coupure. Les paroles de Paul qui hantent le narrateur ne témoignent pas seulement de l'assujettissement de ce personnage aux mots de l'Autre, de son incapacité à trouver une position d'énonciation stable en dehors des signifiants hérités de Paul ; leur présence envahissante révèle également que c'est par l'entremise du délire, parce que seul le fantasme a le pouvoir de rendre vie à ces sentences tronquées, pleines de contre-sens et d'ambiguïtés lexicales et sémantiques, que le narrateur parvient à recouvrer sa place au sein de l'échange verbal. Si cette réhabilitation ne lui permet jamais de s'affranchir

---

67   *Ibidem*, p. 459.
68   *Ibidem*, p. 460.

de l'emprise du spectre (puisque cette autorité conditionne justement son inscription dans l'ordre symbolique), le délire autorise néanmoins le narrateur à s'approprier le réseau signifiant dans lequel il est pris. La structure fragmentée, équivoque, des voix qui le hantent mobilise ses facultés discursives et interprétatives ; obligé de laisser Paul s'exprimer à travers lui, il devient en même temps le témoin de cette emprise : il est simultanément contraint de répéter les « grandes phrases » de Paul et en mesure de rapporter ce discours, de le révéler, et même, à certains moments, de le critiquer et de se positionner par rapport à celui-ci. Sans cette voix qui l'habite, le narrateur serait comme Elvin : réduit au silence et condamné à vivre dans le mirage de l'univers fictionnel qui a disparu avec l'incendie du Black Note, tout entier tendu vers un ailleurs imaginaire tombé en déliquescence. Elvin incarne un personnage définitivement coupé du monde qui l'entoure, arraché à l'ordre symbolique. Contrairement à ce personnage, le narrateur restaure par le biais du délire sa place dans le réseau signifiant. La voix qui le persécute a pour fonction de soutenir le processus de réparation qui lui permet d'assurer sa participation à l'échange verbal. Sa structure fragmentaire la rend à même de supporter le lieu où le narrateur interroge sa propre coupure, la place où il cherche à se constituer comme sujet de la parole, là où la disparition de la figure de Paul le laissait tout à fait démuni face à cette question puisqu'elle le privait de tout référent en mesure de l'authentifier comme tel. Paradoxalement, en ressuscitant l'ascendance de l'instance totalitaire sur le champ signifiant par l'entremise du spectre, la voix fantasmée devient la condition de l'investissement de ce personnage sur la scène de son désir. Cette voix spectrale est la réponse apportée par le délire obsidional du narrateur pour rendre supportable le manque de l'Autre, pour contrebalancer la peur que suscite chez ce sujet le face-à-face avec le défaut structurel. Elle est le souffle sans lequel la mécanique désirante ne pourrait se remettre en marche.

CHAPITRE 5

Écriture du fantasme et vérité littéraire

L'écriture du fantasme n'est pas l'apanage des romans de Jean-Philippe Toussaint et de ceux de Tanguy Viel. De tout temps, la fiction littéraire s'est employée à livrer une représentation des rêveries, des songes ou encore des hallucinations élaborés par les personnages qu'elle mettait en scène. De surcroît, Toussaint et Viel ne sont bien évidemment pas les seuls, ni les premiers, à amorcer par le biais d'une mise en abyme du processus de création fictionnelle une réflexion sur les compétences fictionnelles de l'être humain ou sur la place dévolue à l'expérience fantasmatique dans l'économie psychique du sujet. L'écriture du fantasme n'est pas définitoire du projet esthétique respectif de Toussaint et Viel (par ailleurs très différents l'un de l'autre), mais tous deux se démarquent dans le champ littéraire contemporain par leur disposition à faire du fantasme une dynamique d'écriture, en valorisant et en exploitant la force de potentialité de la fiction. Chez eux, le fantasme n'est pas seulement envisagé comme un motif introspectif à partir duquel ménager un accès à l'univers intérieur d'un personnage ou composer une scène en marge de la réalité diégétique ; il devient un processus capable de générer la mise en récit.

L'élaboration fantasmatique permet à une instance narratoriale éminemment diffractée, tant par l'inconsistance de son identité que par l'hétérogénéité de sa parole, de se constituer une position d'énonciation originale à partir de laquelle la narration est rendue possible. L'accent est mis sur l'engagement du narrateur : écrire le fantasme implique, dans les romans de Toussaint et de Viel, de présenter le narrateur comme le créateur (*Dichter*) d'une fiction dans laquelle il est en même temps profondément immergé. Il en résulte un récit passablement déstructuré, construit à l'encontre de la conception normative de la fable et des règles élémentaires de la communication, et qui se dénonce comme produit de l'imaginaire du narrateur (c'est-à-dire qui trahit le rapport non transparent qu'il entretient vis-à-vis du réel, en insistant notamment sur les déformations qu'il lui fait subir), mais qui, paradoxalement, revendique sa légitimité pour dire quelque chose du monde. Car les narrateurs de Toussaint et de Viel ont ceci de particulier qu'ils présentent toujours leurs fantasmes – qu'il s'agisse d'élucubrations conscientes ou de délires – comme une recherche active de la vérité : lorsqu'ils déforment, reformulent ou hallucinent le réel, ces personnages ont le souci de transcender la perception commune de l'univers sensible, de révéler par le biais de l'imaginaire quelque chose de l'ordre de l'insu.

On pourrait être tenté de reconnaître dans cette valorisation de l'imaginaire un retour à un idéal romantique, celui du poète promu réceptacle d'une vérité qui échappe au commun des mortels et qu'il est dès lors chargé de leur transmettre. La fiction ne débouche plus sur une représentation qui s'oppose à la réalité extérieure, mais qui au contraire la transcende. Goethe, par exemple, défend l'idée selon laquelle le caractère imaginatif de la fiction outrepasse la réalité du monde sensible en l'orientant vers « une vérité plus haute[1] » que seule la poésie serait en mesure d'atteindre. Cette hypothèse est particulièrement séduisante dans le cas de l'œuvre de Toussaint, où cette tentation pour l'absolu, cette « ivresse anarchisante suscitée par les tentations du chaos[2] » dont Mondzain fait le propre de la pensée romantique allemande, transparaît dans les efforts répétés du narrateur de *La Vérité sur Marie* pour se présenter comme le forgeron d'une « vérité idéale », à même de saisir la « quintessence du réel » (*VM*, p. 166).

Sans affirmer que cet idéal du poète romantique éclairé n'exerce pas un certain pouvoir de fascination dont ces œuvres se feraient le reflet (*a fortiori* chez Toussaint, qui semble avoir une attirance forte pour ce modèle), le travail de sape de la logique romanesque et de l'identité actantielle classiques auquel se livrent les deux auteurs incite à affirmer que le rapprochement entre l'écriture de Toussaint et celle de Viel, d'une part, et l'esthétique romantique, de l'autre, ne résiste pas à l'analyse. Certes, les scénarios imaginaires élaborés par les narrateurs respectifs de Toussaint et de Viel ne s'opposent pas à la réalité du monde extérieur (comme le suggérerait une acception d'« imaginaire » dans le sens d'« irréel »), mais sont envisagés comme des expériences réelles, qui participent à l'économie mentale du personnage au même titre que des représentations sensibles (auditives, visuelles, etc.). Souvent même, dans leurs romans, le fantasme prend le pas sur la perception. Cependant, si le fait de se démarquer de l'approche positiviste l'apparente à la pensée romantique, à aucun moment la vérité que la narration prétend délivrer ne revêt une portée universelle. Reformulations, corrections, polysémies, ambiguïtés sémantiques, flous énonciatifs, banalité des propos, court-circuit narratifs, etc., empêchent le sens de se fixer, et aussi « idéale » que puisse être proclamée la fiction intradiégétique, elle ne l'est jamais que depuis le point de vue de son énonciateur. Chez Toussaint et Viel, la vérité esquissée par le fantasme est d'ordre intime. Contrairement à la vérité romantique, il s'agit d'une vérité incommunicable, qui se soustrait à toute production de savoir. Elle est une dimension de l'être,

---

[1] Johann Wolfgang von Goethe, cité par Edmundo Gómez Mango, Jean-Bertrand Pontalis, « Note sur le Dichter », *op. cit.*, p. 16.
[2] Marie-José Mondzain, *Images (à suivre)*, *op. cit.*, p. 399.

étroitement liée au rapport que celui-ci entretient avec l'Autre dans la dialectique du désir.

Désigner comme fantasmes, au sens psychanalytique du terme, les projections imaginaires qui peuplent les romans de Toussaint et de Viel permet de comprendre que la valeur de vérité du travail de déformation du réel mené par leur narrateur réside dans le lien étroit qui unit fantasme et désir. La psychanalyse freudo-lacanienne envisage le fantasme comme un ensemble de représentations illusoires qui ne mobilisent pas les facultés de perception du sujet (c'est-à-dire celles destinées à élaborer une représentation aussi fiable que possible de la réalité sensible), mais qui participent néanmoins à la conception que celui-ci se forge du monde qui l'entoure ainsi qu'à la manière dont il interagit avec lui. D'emblée, l'approche psychanalytique accorde de l'intérêt à un phénomène qu'elle considère comme façonnant la réalité psychique du sujet, et valorise de la sorte un champ d'expérience généralement déprécié au profit de la seule réalité matérielle. Estimer que le fantasme est une expérience psychique complexe plutôt qu'une construction gratuite ou absurde amène la psychanalyse à s'interroger sur la logique qui sous-tend ce phénomène, laquelle réside, selon ses praticiens, dans le rapport qu'il entretient avec le désir. En tant que réponse apportée au questionnement sur la place qu'occupe l'expérience fantasmatique dans l'économie psychique de l'être humain, la logique du fantasme telle qu'elle a été développée par la psychanalyse freudo-lacanienne apporte un éclairage particulièrement intéressant lorsqu'il s'agit d'interroger les liens qui unissent, chez Toussaint et chez Viel, fantasme et vérité, et de déterminer les enjeux d'une écriture qui institue le fantasme comme principe générateur de la narration.

Ce chapitre, en dépliant les différents temps de la conceptualisation du fantasme chez Freud et chez Lacan, a effectivement établi que l'élaboration fantasmatique est motivée par la satisfaction hallucinatoire d'un désir. Le désir humain est généré à partir de la perte d'un objet dont le sujet demeure irrémédiablement coupé dès le moment de son introduction dans le langage ; lorsque la mécanique désirante est mise à mal par la confrontation du sujet avec un réel qui lui pose problème (parce qu'il lui échappe, parce qu'il ne parvient pas à l'interpréter ou parce qu'il le juge insatisfaisant, selon les exemples romanesques étudiés), la fonction du fantasme est de rétablir la place du sujet sur la scène de l'accomplissement de son désir, en lui permettant de faire appel au registre imaginaire pour élaborer un objet chargé de soutenir cette perte originaire. Il s'agit de privilégier l'hallucination, le délire ou le rêve – que Freud catégorise comme autant de manifestations d'un même phénomène psychique – au détriment du principe de réalité, car ce sont les lieux de réalisation du principe de plaisir. Le fantasme intervient de la sorte comme un mécanisme réparateur, qui garantit la position du sujet dans l'échange signifiant. Tout fantasme consiste en un scénario qui recèle le manque originaire du sujet et figure comme une tentative de ce dernier pour renouer avec cette part de lui-même initialement refoulée. Cette satisfaction demeure toutefois illusoire : le scénario fantasmatique relance la dynamique désirante en faisant miroiter à l'horizon de cette perte l'objet de son accomplissement, mais cet objet, parce qu'il est par nature un leurre, une illusion, préserve l'incomplétude du sujet, en empêchant que sa demande soit jamais satisfaite.

Envisager les élucubrations des narrateurs de Toussaint et de Viel à l'aune de cette conception psychanalytique du fantasme a tout d'abord eu pour conséquence de révéler la présence de ces énonciateurs sur la scène fantasmatique. L'implication du sujet-fabulateur est effectivement un trait définitoire du fantasme : qu'il y soit représenté directement ou au titre de simple spectateur, qu'il apparaisse sous sa propre apparence ou sous celle d'un tiers, le sujet figure toujours au cœur du scénario imaginaire qu'il élabore. Là où l'évanescence des narrateurs de Toussaint et de Viel semble *a priori* les éclipser ou les faire disparaître derrière la puissance discursive d'un tiers, ces personnages sont en réalité éminemment présents. Leur position énonciative ne se limite pas à celle du scripteur passif, fasciné par le pouvoir de la fiction qu'il est en train de raconter ; chacun d'eux est également le *Dichter*, le créateur de l'activité fantasmatique dont il livre le récit. En tant que tel, ce personnage imprègne de son point de vue l'intégralité de la narration, quand bien même il est occupé à détailler son immersion profonde au cœur de la fiction ou à souligner son absence lors des événements racontés. Pour paraphraser une citation de Foucault, dans le fantasme, « tout dit je ». Les déformations, les travestissements, les inventions, que le narrateur fait subir à l'épreuve de réalité lui sont directement imputables et trahissent sa propre subjectivité. Il est celui qui est intéressé par la satisfaction – illusoire – du désir dont le scénario fantasmatique met en scène la réalisation.

La plongée de ce personnage au cœur de l'univers fictionnel qu'il élabore devient ainsi un moyen pour lui de se réapproprier le procès d'énonciation. Il est profondément investi dans son fantasme, puissamment impliqué sur la scène de l'accomplissement de son désir, et en même temps en mesure de faire retour sur les conditions d'avènement de cette fiction dont il entreprend de livrer le récit. Certes, il arrive que le fantasme du narrateur prenne le pas sur son expérience du monde sensible, et que l'univers fictionnel supplante complètement ce dernier. Dans *Le Black Note, Cinéma, La Disparition de Jim Sullivan*, ainsi que dans *La Réticence* et *La Vérité sur Marie* (c'est moins vrai pour les autres romans de Viel et de Toussaint, où cette primauté de la fiction n'apparaît que dans certains passages), le narrateur semble presque ne pas avoir d'existence en dehors de cet univers fictionnel. Il ne vit qu'au travers de son fantasme. Cependant, chez Toussaint comme chez Viel, la fiction intradiégétique n'est pas présentée comme un univers qui s'oppose au monde réel et dont le sujet revient (comme dans le cas du Pays des Merveilles de Lewis Carroll, par exemple, auquel Alice accède en traversant le miroir ou en plongeant dans le tunnel). Au contraire, l'activité fantasmatique du narrateur est envisagée comme une réalité à part entière (son caractère « séparé », selon la définition que Huizinga donne du jeu), mais qui participe toujours pleinement au champ d'expérimentation de ce personnage. Celui-ci se trouve à la fois dans le monde réel et dans la fiction, présentés comme deux réalités qui coexistent. Un tel don d'ubiquité est concédé au narrateur par l'effet de *désidentification* partielle engendré par son immersion dans la fiction : le sujet-fabulateur fait l'expérience d'un sentiment de dépossession de soi, simultanément contrebalancé par la possibilité d'un regard de soi sur soi ; il ne plonge pas seulement au cœur de l'univers fictionnel créé par son fantasme, il est aussi celui qui s'approprie et invente cet univers depuis sa position de créateur et qui accède de la sorte à la figuration de sa propre présence sur la scène de l'accomplissement de son désir. En même temps qu'il est profondément immergé dans son fantasme, il observe son propre moi accéder, au cœur de cette fiction, à une jouissance qui lui serait refusée en dehors de l'expérience fantasmatique.

En vertu de cet état dissocié, on peut affirmer que, chez ces deux auteurs, le fantasme génère la mise en récit : pour instituer leur protagoniste dans leur rôle de narrateur, Toussaint et Viel se servent de la position réflexive que l'expérience fantasmatique permet au sujet d'adopter en le confrontant à la représentation de sa propre présence sur la scène de son désir. L'écriture du fantasme devient un moyen de mettre en scène un personnage évanescent, diffracté par la somme des discours qui le traversent, et pourtant capable de se constituer, par le biais du fantasme, une position d'énonciation originale à partir de laquelle il peut réinvestir subjectivement l'échange symbolique. Il s'agit de mettre en scène un personnage tout à la fois confronté au manque de l'Autre, c'est-à-dire au fait qu'il n'existe aucun point en mesure de garantir l'authenticité de la chaîne signifiante et que celle-ci est toujours en inadéquation avec le réel auquel elle fait référence (ce que révèle par exemple la distance inexorable qui sépare les pensées de Marie de celles du narrateur de Toussaint, en dépit de ses efforts répétés pour résorber cet écart), et pourtant dans l'impossibilité de s'affranchir des mots de l'Autre (ainsi que le fait apparaître l'aliénation du narrateur de Viel à une instance tierce chargée de signifier ce rapport de dépendance), et qui va dès lors faire appel au registre imaginaire pour voiler l'inconsistance de l'ordre symbolique de sorte qu'il puisse investir la scène de son désir. Ainsi, le recours à l'imaginaire institue ce personnage comme sujet de la parole, il l'autorise à advenir en tant que narrateur d'un discours dont il était *a priori* dépossédé (à cause de son absence au moment des événements, chez Toussaint, ou de son assujettissement à un Autre tout-puissant, chez Viel).

Il ne faut toutefois pas en déduire que le fantasme doit être exclusivement imputé à l'imagination du sujet ; au contraire, il entretient un rapport dynamique avec le réel dont il s'origine. Le fantasme ne surgit pas du néant, il s'élabore à partir de la trace qu'un événement a laissée dans la conscience du sujet fabulateur, un point de réel auquel il ne parvient pas à donner sens. L'événement fait tache et celle-ci fonctionne comme un reste énigmatique qui, en raison de l'incomplétude inhérente à sa nature, génère le fantasme. C'est la fonction de la tache de sang menstruel dans *La Vérité sur Marie* ou des cendres de la maison incendiée dans *Le Black Note*. La logique fantasmatique, contrairement à la logique déductive, n'interprète pas la tache de sang ou de suie de manière rationnelle dans le but de produire un quelconque effet de révélation. Dans le fantasme, la tache est envisagée comme le rebut d'une réalité indicible, qui peut, en vertu de son imperméabilité, être mise en relation avec d'autres événements, réels ou imaginaires, en dépit de toutes les règles de temporalité, de concordance, de causalité, etc. qui organisent la communauté humaine. Elle autorise ainsi des sauts interprétatifs qui auraient été sanctionnés par la logique déductive. En tant que reste, la tache rend possible l'élaboration d'un fantasme qui se révèle porteur d'une vérité, incontestablement différente de celle qui tend à se conformer à la réalité diégétique, mais dont la virtualité (*cf.* 3.2.2) n'enlève rien à sa valeur signifiante.

Cette vérité a trait au rapport que le sujet entretient avec la jouissance. En mettant en scène l'accomplissement d'un désir humain, l'expérience fantasmatique organise, par un détour par l'imaginaire, la rencontre – impossible – du Symbolique et du Réel. Elle permet au sujet de faire l'expérience d'une satisfaction qui lui est refusée en dehors du fantasme. Identifier la fonction du fantasme implique ainsi d'en révéler aussitôt les limites : le fantasme assure une représentation du sujet en mesure de relancer la dialectique du désir en occultant la prise de conscience du manque de l'Autre ; il constitue de la sorte une réponse du sujet pour nommer la jouissance et la ramener dans le champ symbolique, mais cette tentative n'a jamais que valeur d'illusion. La représentation fantasmatique fonctionne comme un leurre qui soutient la dynamique désirante en dissimulant le fait que la satisfaction du désir ne peut être atteinte. Lacan situe en effet la jouissance du côté du Réel pour signifier qu'il n'existe aucun signifiant capable de l'exprimer. Elle ne peut être dite. Le fantasme ne parvient à figurer l'accomplissement du désir du sujet qu'à condition de placer un signifiant imaginaire à la place de cet impossible à dire. Il s'agit donc de produire un savoir fantasmatique pour pointer vers une vérité dont l'essence est de résister à toute forme de savoir. Cette vérité « idéale » (*VM*, p. 166) évoquée par le narrateur de Toussaint, le fantasme la rate inévitablement, mais il est en même temps le seul à prétendre pouvoir l'épingler.

Les romans de Jean-Philippe Toussaint et de Tanguy Viel déjouent ce faisant une logique qui considère la vérité comme l'exact opposé du mensonge. Tandis que, du point de vue de l'énoncé, le récit peut s'avérer faux, sujet à l'erreur ou à la fabulation, du point de vue de l'énonciation, la mise en récit se met à valoir en tant que telle et à constituer l'objet premier de l'œuvre. L'essentiel n'est pas de déterminer si un événement a eu lieu ou non, c'est-à-dire d'évaluer la fiabilité ou la compétence du narrateur (« je ne peux pas dire aujourd'hui si je m'en souviens ou bien si j'invente », *PB*, p. 87) ; la vérité n'est pas à chercher dans le rapport entre les signifiés et l'événement réel auquel ils se réfèrent, elle réside dans l'acte même de raconter. Les fantasmes du narrateur n'ont en effet pas pour but d'entrer en adéquation avec un réel qui leur est par nature inaccessible, mais fonctionnent comme des leurres qui viennent soutenir le sujet dans le lieu de sa propre perte et permettre son implication dans la chaîne signifiante, c'est-à-dire la seule chose dont témoigne en définitive le roman. Le récit qu'ils génèrent n'est pas une représentation de l'expérience du temps conforme à la succession des événements survenus dans la réalité diégétique, il est l'acte par lequel le narrateur atteste sa présence subjective en regard de l'ordre symbolique dans lequel il est pris. Il s'agit pour ces auteurs de construire un discours narratif qui montre délibérément les procédés par lesquels il altère la réalité diégétique, de manière à ce que la mise en intrigue devienne un moyen pour le narrateur de transformer sa position dans l'échange signifiant et de se réapproprier une place en tant que sujet de la parole, tout en préservant son évanescence et en dépit du fait qu'il ne peut jamais s'énoncer qu'à partir des mots de l'Autre.

D'un point de vue métafictionnel, ce désamorçage de l'idéal de transparence qui unit récit et réalité diégétique malmène la *captatio illusionis*, c'est-à-dire le pacte tacite traditionnellement établi entre un auteur et son lecteur, qui permet à ce dernier d'adhérer à l'histoire racontée en vertu de l'autorité dont est investie l'instance en charge de la narration. Chez Toussaint et chez Viel, la mise en évidence des déformations que le narrateur fait subir au réel mine, par effet miroir, l'illusion référentielle et l'impératif de vraisemblance qui conditionnent l'adhésion du lecteur à l'univers diégétique. La première partie de la présente étude a démontré qu'il existe d'autres procédés esthétiques qui participent à ce travail de sape dans l'œuvre de nos deux auteurs (profusion de détails descriptifs qui exagère jusqu'au paroxysme l'effet de réel, juxtaposition d'événements présentés sans lien logique entre eux, évanescence de l'identité de la figure en charge de la narration, etc.), mais qu'il ne s'agit à aucun moment pour eux de rompre avec le primat mimétique (*cf.* 1.3). Ici encore, en peuplant l'univers fictionnel de représentations imaginaires, Toussaint et Viel jouent avec les codes romanesques classiques, les faisant apparaître explicitement, sans toutefois jamais complètement les invalider. Le critère du vraisemblable continue à être effectif et le lecteur, bien que lui soit constamment rappelée la distance à laquelle il se tient, peut se laisser prendre au jeu de l'univers fictionnel.

Depuis cette position ambiguë entre distance et adhésion, le dispositif de fiction dans la fiction attire l'attention du lecteur non seulement sur l'activité fabulatrice du narrateur et sur son degré d'implication dans l'univers fantasmatique, mais aussi sur le processus d'élaboration de la fiction en tant que telle. Les déformations que les narrateurs de Toussaint et Viel font subir à la réalité diégétique reflètent ce que Robert appelle les « privilèges exorbitants » du roman : « De la littérature, le roman fait rigoureusement ce qu'il veut [...] Quant au monde réel avec lequel il entretient des relations plus étroites qu'aucune autre forme d'art, il lui est loisible de le peindre fidèlement, de le déformer, d'en conserver ou d'en fausser les proportions et les couleurs, de le juger[3] ». Les libertés que ces personnages prennent vis-à-vis de leur univers de référence ne peuvent manquer de renvoyer à la posture auctoriale qui les leur a accordées, de sorte que, chez ces auteurs, l'écriture du fantasme, parce qu'elle présente l'expérience fantasmatique comme générant le récit, débouche sur un effet de surlignage de la mise en fiction romanesque. Poser le narrateur comme créateur (*Dichter*) du scénario imaginaire dans lequel il est profondément investi conduit à interroger les enjeux de la création et de l'immersion fictionnelles en général. En multipliant les scénarios imaginaires au cœur de l'univers diégétique tout en court-circuitant les conventions qui régissent d'ordinaire la fiction romanesque, ces auteurs répercutent un questionnement intradiégétique sur le plan métafictionnel : dans quelle mesure le savoir produit à partir de la fiction peut-il s'avérer porteur de vérité ?

Une telle interrogation se lit à la lumière de la contemporanéité de ces œuvres. L'écriture du fantasme s'inscrit comme une réponse originale aux questions soulevées à leur époque sur la place et la fonction de la création fictionnelle, notamment en tant que celle-ci est définitoire du genre romanesque[4]. Face au réel de la science, dont la modernité s'est employée à cerner l'immuabilité par des formules, l'œuvre de Toussaint et celle de Viel

---
3   Marthe Robert, *Roman des origines et origines du roman*, op. cit., p. 15.
4   Le roman moderne était nécessairement un roman « feint » (Marthe Robert, *Roman des origines et origines du roman*, op. cit., p. 19).

privilégient un champ de l'expérience qui donne voix à une vérité dont le propre est précisément d'échapper à toute production de savoir. Là où le discours scientifique s'emploie à distinguer ce qui existe de ce qui n'existe pas, le fantasme ménage une place au non-existant ; il met en scène une réalité autre que celle qui se conforme à l'univers référentiel. Ainsi, à une époque où la formalisation de la science a entraîné l'effondrement d'une croyance en l'existence d'une garantie autre que la science elle-même, écrire le fantasme a pour but de rendre tangible le malaise d'un sujet contemporain confronté à la faillite des repères fondateurs au regard desquels penser son identité (dont l'autorité a été sapée par l'hégémonie du discours de la science, ainsi que la conclusion du premier chapitre de cette étude a entrepris de le rappeler ; *cf.* 1.2.1), mais également d'invalider l'idée selon laquelle tout événement ou tout phénomène est réductible en termes de connaissances. Il s'agit de faire valoir qu'il existe un champ de l'expérience humaine qui résiste à la production de savoir, un endroit où le sujet s'interroge sur sa propre coupure, et que le fantasme, parce qu'il est par nature un leurre, est seul à même de révéler.

À contre-pied du discours véhiculé par la science, la création fictionnelle qui se désigne comme artifice devient un moyen de renouer avec cette dimension de l'être qui échappe à tout savoir, en vertu d'une parenté entre *Dichtung* (création romanesque) et *Wahrheit* (vérité) que Lacan encense par exemple dans le livre que Jean Delay a consacré à la jeunesse d'André Gide : « Il y a si peu d'opposition entre cette *Dichtung* et la *Wahrheit* dans sa nudité, que le fait de l'opération poétique doit plutôt nous arrêter à ce trait qu'on oublie en toute vérité, c'est qu'elle s'avère dans une structure de fiction[5] ». Il existe une vérité que la science demeure impuissante à épingler : une « vérité littéraire[6] » ou, plus largement, fictionnelle. Pour lui ménager une place, la fiction n'a pas besoin de coller au réel, d'agencer le récit selon une chronologie linéaire, de dérouler le sens dans une seule direction. Au contraire, en bouleversant les cadres qui structurent la fable classique (Toussaint) ou en exhibant jusque dans sa trame les codes auxquels elle est tenue de se plier (Viel), en donnant voix aux fantasmes du narrateur, elle restitue une place au singulier, au point de vue subjectif d'un sujet pourtant pris dans le discours de la science, soumis à l'omniprésence du savoir, idéologie dont le XXe siècle a démontré les limites sans qu'aucun autre modèle ne vienne s'y substituer. Chez Toussaint et chez Viel, l'écriture du fantasme dit la difficulté pour l'homme de conserver une identité stable à l'heure où l'Autre n'est plus, et propose l'immersion fictionnelle comme un moyen de restaurer ce point de garantie, à condition d'en révéler

---

5 Jacques Lacan, *Écrits II, op. cit.*, p. 220.
6 Marthe Robert, *La vérité littéraire*, Paris, Grasset, 1981.

simultanément le manque. Au questionnement que l'époque contemporaine, encore nourrie par la « crise de la représentation », pose sur la capacité de la fiction à dire quelque chose du réel, la logique narrative mise en place par ces deux auteurs apporte une réponse nuancée : dans leurs romans, la narrativité est en mesure de produire du sens, si et seulement si celui-ci n'est jamais ni transparent ni univoque, mais toujours soumis à des désajustements, et qu'il ne témoigne en définitive d'aucune vérité transcendante et immuable, mais de la vérité intime du sujet dont il autorise la présence sur la scène énonciative et que le lecteur a la charge de construire.

Que répondre, enfin, à Nicolas Xanthos lorsqu'il affirme que, chez Toussaint, l'effacement du narrateur constitue un moyen d'accéder au réel[7], et à Johan Faerber pour qui les narrateurs de Viel sont « les spectateurs interdits des mots puissants de l'autre[8] » ? Que cette position de retrait n'est qu'une manière pour ces personnages de faire valoir l'impossibilité de mettre en mots le réel sans en passer par les mots de l'Autre – ce qui implique d'en rater la singularité – et de la contourner. L'évanescence du narrateur de Toussaint ou de celui de Viel ne vise pas le réel, elle est la condition d'avènement du fantasme. C'est parce que la réalité à laquelle se heurte le narrateur le met en défaut qu'il fait appel au scénario fantasmatique. L'image à laquelle celui-ci donne alors vie n'est jamais conforme au réel ; au contraire, elle se revendique comme le produit du filtre que le narrateur pose sur les choses.

---

7   Nicolas Xanthos, « Le souci de l'effacement : Insignifiance et poétique narrative chez Jean-Philippe Toussaint », *Études françaises*, 45 / 1, 2009, p. 67.
8   Johan Faerber, « Le livre aveugle ou la passion anthologique dans l'œuvre de Tanguy Viel », *op. cit.*, p. 87.

PARTIE 3

Image littéraire et virtualité

∴

Il existe une autre porte d'entrée pour rapprocher l'œuvre de Toussaint et celle de Viel : la prépondérance dans l'écriture de ces deux auteurs des dispositifs de captation et des techniques de montage de l'image qui participent – soit en étant explicitement thématisés et décrits, soit de manière sous-jacente – à l'élaboration de la scène romanesque. Ces deux auteurs écrivent au sein d'une société dont la pratique photographique et cinématographique fait partie intégrante au point d'envahir toutes les dimensions du quotidien. « With the rise of modern forms of mechanical and, now, digital reproduction, contemporary culture has been subjected to an unstoppable invasion of visual signs that bombard us from all angles, emanating from numerous sources, at all hours of the day[1] ». Ce flux endémique d'images, poursuit Ari Blatt, ne peut manquer d'avoir des répercussions sur la production culturelle qui lui est contemporaine. L'image, en effet, impacte les mots de Jean-Philippe Toussaint et ceux de Tanguy Viel, convoquée parfois comme un thème, mais plus essentiellement comme un dispositif structurel autour duquel s'organise leur écriture.

Les romans de Toussaint et ceux de Viel manifestent surtout une inclination prononcée pour la forme cinématographique. Celle-ci serait due, selon Viel, « à l'identification […] mythique de ce[t] art avec le XXe siècle, comment il démarre avec lui et le traverse d'un bout à l'autre, et comment il semble du même coup porter avec lui une généalogie mystérieuse, un début du monde ». Si Viel reconnaît volontiers la filiation de sa pratique d'écriture avec le cinéma, Toussaint se montre quant à lui plus réticent vis-à-vis de la comparaison de ses romans avec le septième art : « Quand on me dit que mes livres sont cinématographiques, je modère, je dis : "Certes, ils sont très visuels, mais sont-ils pour autant cinématographiques ? Le cinéma, cela ne se fait pas avec des mots – au contraire même, quand on parvient à faire naître des images dans l'esprit du lecteur à l'aide de mots, c'est éminemment littéraire."[2] » Cette remarque annonce la difficulté de penser les rapports de transposition entre les différents arts de la représentation. N'en déplaise à Toussaint, ces deux auteurs partagent une attirance incoercible pour les arts modernes de l'image, principalement le cinéma. Chez Viel, l'univers cinématographique constitue un ancrage thématique évident et revendiqué. Alfred Hitchcock et d'autres grands maîtres du soupçon sont cités comme sources d'inspiration et une œuvre cinématographique peut même servir de trame à la réécriture, comme dans le cas de *Cinéma*. Les codes du film noir servent à agencer une mécanique fictionnelle

---

[1] Ari J. Blatt, *Pictures into Words. Images in Contemporary French Fiction*, University of Nebraska Press, Lincoln and London, 2012, p. 1.
[2] Jean-Philippe Toussaint, *La main et le regard. Livre / Louvre*, Paris, Louvre éditions et Le Passage, 2012, p. 18–19.

qui corsette le récit, lui conférant une gamme chromatique, une vitesse, une structure actantielle, notamment, définitoires de ce genre cinématographique (*cf.* 1.1.5). Toussaint, quant à lui, a toujours revendiqué un lien fort avec le cinéma, en présentant par exemple dans « Le jour où j'ai commencé à écrire » sa propre pratique d'écriture comme un moyen de contourner les entraves financières et techniques qui lui barraient l'accès à la carrière de cinéaste (vocation qu'il a par ailleurs embrassée par la suite) : « j'aurais bien voulu, si l'entreprise n'avait pas été aussi difficile à mettre sur pied, pouvoir faire un film, je me serais bien vu cinéaste, oui (je ne me voyais pas du tout homme politique, par exemple). Alors, je me suis attelé à la tâche, j'ai écrit le petit scénario d'un court-métrage muet, en noir et blanc[3] ». Contrairement à Viel, ses romans ne font pas explicitement allusion à un univers graphique déterminé (que ce soit par l'intermédiaire d'un cinéaste, d'un genre ou plus simplement dans le vocabulaire utilisé ; exceptés une allusion ponctuelle à Robert Mapplethorpe, *FA*, p. 37, et les considérations du narrateur de *La Télévision* sur le Titien), mais ils empruntent bien des procédés propres à la photographie et au cinéma pour faire advenir l'image littéraire (mouvements de travelling, disposition de la lumière, délimitation du cadre, etc.). Indubitablement, les romans de Toussaint et de Viel ont en commun d'être profondément imprégnés de modèles figuratifs empruntés à la photographie et au cinéma, en conséquence de quoi leur écriture respective est souvent qualifiée de « visuelle ».

---

[3] Jean-Philippe Toussaint, « Le jour où j'ai commencé à écrire », *Bon-a-tirer*, 1, 15 février 2001, URL : http://www.bon-a-tirer.com/volume1/jpt.html, consulté le 19 juin 2015.

CHAPITRE 6

Dispositifs optiques et écrans

6.1 L'appareil photo

> Encore qu'aux mots il lui confia qu'il préférait la lumière[1]

Au début du XIXe siècle, la découverte d'un matériau suffisamment sensible pour réagir sous l'action de la lumière donne une nouvelle dimension au phénomène de la chambre noire connu depuis des siècles : l'appareil photographique est désormais capable d'enregistrer et de reproduire l'image des objets qui se présentent devant son objectif. À la différence de la peinture, la technicité de ce processus de captation de l'image donne l'impression qu'il entretient un rapport de transparence absolue à l'égard de son référent : l'image photographique semble figer un segment dans le cours du temps et offrir la possibilité de répéter l'événement à travers les époques. Ce faisant, l'appareil donne accès à une nouvelle représentation du temps que l'œil humain ne peut appréhender sans l'intervention du dispositif[2]. Simultanément, l'action que le dispositif exerce de la sorte sur le registre perceptif tend à être évacuée et l'outil relégué dans son rôle de médiateur. La photographie s'apparente à un calque, l'empreinte d'un instant passé, capable de répéter un fragment de réel dans toute son exactitude. Cet idéal de transparence du dispositif photographique vis-à-vis de son référent s'accentue avec l'évolution technologique de l'outil et la démocratisation du numérique : l'apparition du mode « automatique » de prise de vue popularise l'appareil et occulte encore davantage la place du geste créateur (réduit à une simple pression du doigt sur un bouton); la *camera obscura* disparaît et le processus de révélation de l'image devient instantané. Ainsi que le remarque Muriel Berthou Crestey, depuis le numérique, l'image latente s'affiche aussitôt sur l'écran de l'appareil[3], donnant l'impression que tout peut être vu et montré dans une temporalité de l'immédiateté. L'invention de la photographie et, plus tard, du cinéma, de la télévision et d'Internet plonge ainsi notre civilisation dans un nouveau régime de visibilité, au sein

---

1 Jean-Philippe Toussaint, *La main et le regard. Livre / Louvre, op. cit.*, p. 142–143 et p. 190.
2 Jean-Pierre Montier, « Avant-propos », dans Jean-Pierre Montier, Liliane Louvel, Danièle Méaux, Philippe Ortel, (s.l.d.), *Littérature et photographie, op. cit.*, p. 10.
3 Muriel Berthou Crestey, « De la transparence à la "disparence" : le paradigme photographique contemporain », *Appareil*, 7, 2011, p. 2, URL : http://appareil.revues.org/1212, consulté le 25 juin 2015.

duquel l'image produite par le dispositif technique est envisagée comme une ouverture directe sur le monde.

L'œuvre de Toussaint reflète les effets de cette révolution photographique. Les procédés de capture automatique de l'image sont convoqués comme des moyens de ramener du côté du visible ce qui par nature échappe à l'œil humain, de donner à voir l'invisible. L'installation « Lire / live : lire la pensée » réalisée par Toussaint à l'occasion de son exposition au Louvre en 2012 illustre parfaitement cette tentation de souscrire à l'exacerbation du visible :

> En jouant avec les mots « lire » et « *live* » – lire en direct –, j'ai imaginé un figurant assis dans une cabine de douche qui serait en train de lire avec un casque d'électrodes sur la tête, le casque étant relié à un amplificateur, lui-même relié à un écran qui diffuserait ce qui est censé se passer dans son esprit. Lorsque le spectateur entre dans la salle, il est entouré d'un environnement médical, ce qui lui fait penser qu'il est en train de voir ce qui se passe dans la tête du lecteur[4].

L'instrumentalisation du procédé donne l'illusion que tout peut être vu et montré, dans un temps de l'instantanéité et sans que rien ne vienne s'interposer entre l'image et la chose qu'elle représente. Cependant, à peine Toussaint a-t-il exposé son projet dans l'ouvrage qui accompagne l'exposition Livre/Louvre qu'il dément le pouvoir de révélation du dispositif technique en mettant à nu la machination sur laquelle repose l'installation :

> Mais en réalité c'est un leurre, il s'agit d'une vidéo que j'ai spécialement créée pour l'occasion et qui est diffusée en boucle sur l'écran. [...] Je commence avec des images scientifiques, des images plausibles, et, petit à petit, j'y intègre toutes sortes d'autres images, que je transforme, retravaille, truque, agrandis, ralentis, décolore, sature, éclaire ou densifie[5].

Il ne faut pas nécessairement être en possession du catalogue de l'exposition pour comprendre que cette installation prétendument capable de donner à voir les mouvements de pensée d'un lecteur lambda n'est mise en scène que pour aussitôt être déjouée : les photographies personnelles que Toussaint a ajoutées aux images prises par encéphalogramme divulguent le fait qu'il s'agit d'un montage. La représentation diffusée sur l'écran qui jouxte la cabine procède de

---

4   Jean-Philippe Toussaint, « Lire/live : lire la pensée », dans *La main et le regard. Livre / Louvre, op. cit.*, p. 172.
5   *Ibidem*, p. 172–175.

« la main » et du « regard » – pour reprendre le titre du catalogue – de celui qui agence les images. L'autonomisation du dispositif technique est démentie et le geste de l'artiste réhabilité.

Contrairement à ce que l'apparente idéalité de l'outil voudrait faire croire, nulle photographie n'est jamais le réceptacle parfait du réel qu'elle prétend représenter. Le produit de l'opération photographique rapporte non seulement au présent une image figée du passé, mais isole, par des opérations techniques qui lui sont propres (cadrage, profondeur de champ, focalisation …), un fragment de réel qui s'offre au regard de l'opérateur, réduisant la « vision » à une « vue[6] » :

> j'allai regarder dehors par la vitre, commençai à dessiner pensivement des rectangles avec mon doigt sur le carreau, des rectangles superposés comme autant de cadrages différents de photos imaginaires, avec tantôt un angle très large qui découpait dans l'espace la perspective des immeubles vis-à-vis, tantôt un cadrage très serré qui isolait une seule voiture, une seule personne qui marchait sur le trottoir. (*AP*, p. 110)

Cet extrait de *L'Appareil-photo*, en restituant à l'énonciateur le geste du cadrage dans le tracé de son doigt sur la vitre, rend visible le processus d'élaboration de l'image et suggère que le travail de sélection auquel se livre le cadre exclut toujours une part de ce qui se présente au regard du narrateur. L'action de découpage transforme le réel. Toute photographie représente un objet tel qu'on aurait pu le voir ou tel qu'on l'a vu et, en même temps, elle le montre comme toujours partiellement autre, puisque dépouillé de sa matérialité comme du temps et de l'espace au sein desquels il s'inscrivait. Elle donne à voir « l'ectoplasme de ce qui avait été : ni image, ni réel, un être nouveau, vraiment : un réel qu'on ne peut plus toucher[7] ». Ainsi, l'appareil photo absente le réel tout en produisant à partir de celui-ci quelque chose d'inédit.

Dans le roman éponyme de Toussaint, l'appareil photo est tout d'abord un objet des plus communs, dérobé par le narrateur sur le bateau qui le ramène d'Angleterre en France (*AP*, p. 102–103). Angoissé par le vol de ce boîtier dont, confie-t-il au lecteur, il n'avait pas eu l'intention de s'emparer et qu'il emporte presque malgré lui, le narrateur adopte un comportement suspect, courant dans les escaliers du bateau en ayant l'impression d'échapper à quelqu'un, tout en prenant de manière désordonnée quelques photos de sa fuite. Plus tard,

---

6 Philippe Ortel, *La littérature à l'ère de la photographie. Enquête sur une révolution invisible*, Nîmes, Éditions Jacqueline Chambon, 2002, p. 56.
7 Roland Barthes, *La chambre claire : note sur la photographie*, Paris, Gallimard, 1980, (« Cahiers du cinéma »), p. 136.

sur le pont du navire, il range précipitamment l'appareil dans la poche de son manteau en voyant approcher un autre passager. La scène déploie tous les artifices du roman à suspense, intensifiant l'effet d'attente jusqu'à atteindre un climax où l'action en devient risible, tant le narrateur apparaît excessivement soupçonneux et empressé au regard de la futilité de son acte. De la même manière que la sonnerie du téléphone portable provoque à deux reprises dans *Fuir* « une combinaison de répulsion, de trac, de peur immémoriale, une phobie irrépressible » (*F*, p. 44 ; *cf.* 2.1.1), l'appareil photo engendre tout d'abord un sentiment d'angoisse extrêmement puissant.

Du point de vue de la tonalité narrative, cette première évocation du dispositif photographique dans le roman contraste fortement avec l'épisode dans lequel le narrateur évoque à nouveau le même appareil, une dizaine de pages plus loin. L'angoisse a cédé la place à une certaine sérénité, et le recours au dispositif technique va, comme dans le cas du téléphone portable (*cf.* 2.1.1), servir de support à la scène fantasmatique. Alors qu'il voyage en avion, le narrateur de Toussaint découpe virtuellement l'étendue du ciel. La transparence qu'il dit faire apparaître de la sorte évoque en lui une autre image, qu'il imagine avoir saisie dans sa fuite sur le bateau. Cette fois, le roman délaisse l'action au profit d'une description qui ne lui est plus subordonnée, mais qui constitue son propre objet. La réalité qui y est détaillée n'est plus supposée comme préexistante ; elle s'élabore au contraire au fur et à mesure des énoncés qui la dévoilent :

> L'avion semblait immobile dans les airs [...] si j'avais gardé l'appareil-photo, j'aurais pu prendre quelques photos du ciel à présent, cadrer de longs rectangles uniformément bleus, translucides et presque transparents, de cette transparence que j'avais tant recherchée quelques années plus tôt quand j'avais voulu essayer de faire une photo, une seule photo, quelque chose comme un portrait, un autoportrait peut-être, mais sans moi et sans personne, seulement une présence, entière et nue, douloureuse et simple, sans arrière-plan et presque sans lumière. [...] je me rendais compte maintenant que c'est sur le bateau que j'avais fait cette photo, que j'avais soudain réussi à l'arracher à moi et à l'instant en courant dans la nuit dans les escaliers du navire, [...] je comprenais à présent que je l'avais saisie dans la fulgurance de la vie, alors qu'elle était inextricablement enfouie dans les profondeurs inaccessibles de mon être. C'était comme la photo de l'élan furieux que je portais en moi, et pourtant elle témoignait déjà de l'impossibilité qui le suivrait, du naufrage de ses retombées. Car on me verrait fuir sur la photo, je fuirais de toutes mes forces, [...] la photo serait floue mais immobile, le mouvement serait

> arrêté, rien ne bougerait plus, ni ma présence ni mon absence, il y aurait là toute l'étendue de l'immobilité qui précède la vie et toute celle qui la suit [...] (*AP*, p. 112-113).

Cette description est rendue possible par la présence de l'appareil photo, qui n'est plus, comme dans la scène précédente, un objet inanimé au service de l'action, mais un dispositif technique capable de révéler[8] l'image tant recherchée par le narrateur. La photographie découpe un instant infime de la course du narrateur dans les escaliers du bateau, « arraché » – c'est le mot de Toussaint – au protagoniste et à l'instant. Elle *capte* un fragment de réel : Jean-Benoît Gabriel rappelle combien ce verbe, spécifique aux médias de l'image, suggère que « quelque chose risque bien d'échapper si on ne l'attrape pas[9] ». En recourant à l'appareil photographique, Toussaint réalise donc une sélection – un découpage – de l'événement premier que constitue la fuite du narrateur, revenant sur l'image d'un passé qui n'aurait pas pu être saisi sans la présence du dispositif : « profitant de son action instantanée, la Photo immobilise une scène rapide dans son temps décisif » ; le mécanisme qui lui est inhérent pallie les manquements du regard humain, pour figer « un geste saisi au point de sa course où l'œil normal ne peut l'immobiliser[10] ».

L'acte photographique rend donc possible l'élaboration d'une image qui serait demeurée imperceptible à l'œil, et ce malgré le fait que le cliché soit en réalité inexistant : « Aucune des photos que j'avais prises moi-même cette nuit-là n'avait été tirée, aucune, et, examinant les négatifs avec attention, je me rendis compte qu'à partir de la douzième photo, la pellicule était uniformément sous-exposée, avec çà et là quelques ombres informes comme d'imperceptibles traces de mon absence. » (*AP*, p. 116) Toussaint n'est pas dupe, le sujet ne peut être *mis en boîte* ; le dispositif optique ne peut qu'échouer à le saisir. « L'essence de la photographie est de manquer le réel[11] ». En témoigne notamment la difficulté qu'éprouve le narrateur de *L'Appareil-photo* à se reconnaître dans les images spéculaires que lui renvoient miroir ou photographie (*cf.* 1.1.2), comme ces photomatons qu'il détaille, accoudé à la rambarde du bateau, avant de les laisser sombrer – du moins la narration laisse au lecteur le loisir de l'imaginer – dans les flots :

---

8   Dans son double sens de « faire connaître » une chose inconnue et de « rendre visible » par un procédé chimique propre à la photographie (*Petit Robert*, 2001).
9   Jean-Benoît Gabriel, « Fuir l'image avec désinvolture », *Textyles*, 38, 2011, p. 50.
10 Roland Barthes, *La chambre claire, op. cit.*, p. 58.
11 Jan Baetens, « Comment parler de la photographie ? », TEXTE, 15-16, 1994, p. 108.

C'était quatre photos en noir et blanc, mon visage était de face, on voyait le col entrouvert de ma chemise, les épaules sombres de mon manteau. Je n'avais aucune expression particulière sur ces photos, si ce n'est une sorte de lassitude dans la manière d'être là. Assis sur le tabouret de la cabine, je regardais devant moi, simplement, la tête baissée et les yeux sur la défensive – et je souriais à l'objectif, enfin je souriais, c'est comme ça que je souris. (*AP*, p. 96–97)

La parembole à la fin de cet extrait insiste sur la nécessité de commenter une image qui ne se suffit pas à elle-même. Tentative du narrateur pour combler la déficience du portrait, elle exprime l'aporie du regard qui se pose sur la photographie, qui la scrute sans s'y retrouver, sans s'y reconnaître. Ces quatre photographies sont closes sur elles-mêmes, ce sont des images sans reste. A leur exact opposé, la photographie que le narrateur imagine avoir prise dans sa fuite sur le bateau tire parti du fait que « Pour révéler ce qu'il y a d'apparence dans le caractère satisfaisant de [l'image spéculaire], [...] il suffit d'apporter une tache dans le champ visuel pour voir où s'attache vraiment la pointe du désir[12] » ; elle procède de la faillite du dispositif afin de figurer, à travers la silhouette floue d'un corps sur le point de déserter le cadre, une image par laquelle le narrateur se sente regardé.

La mise en scène de l'irreprésentabilité du réel est sans doute, suggère Jean-Louis Hippolyte, ce qui confère à l'œuvre de Toussaint sa contemporanéité, la rapprochant de celles de bien d'autres auteurs actuels conscients du fait que « la totalité de l'être, la totalité de l'espace, sont inépuisables, et toute tentative de représentation s'inscrit de facto dans l'incomplétude[13]. » Toussaint se singularise en doublant ce constat d'une réflexion sur le caractère aliénant des techniques de représentation modernes. Comme l'ont démontré divers travaux critiques qui lui sont consacrés – tout particulièrement ceux qui traitent de *La Télévision* –, son œuvre dénonce l'intervention d'une technologie qui circonscrit le réel, mais qui gomme également les bords du cadre qu'elle pose. Ainsi, la télévision devient chez lui un objet qui « non seulement [...] détermine la perception de la réalité mais [...] la remplace, et devient autonome à son égard[14] ».

---

12   Jacques Lacan, *Le séminaire, livre X : l'angoisse (1962–1963)*, Paris, Seuil, 2004, (« Le champ freudien »), p. 292.
13   Jean-Louis Hippolyte, « A Tokyo comme à Bastia : le "non-lieu" chez Jean-Philippe Toussaint », dans Mirko F. Schmidt, (s.l.d.), *Entre parenthèses. Beiträge zum Werk von Jean-Philippe Toussaint, op. cit.*, p. 117.
14   Pascale McGarry, « T(itien) V(ecellio) / TV : défense et illustration de la culture dans *La télévision* », dans Mirko F. Schmidt, (s.l.d.), *Entre parenthèses. Beiträge zum Werk von Jean-Philippe Toussaint, op. cit.*, p. 93.

Pour déjouer le travail de réduction opéré par le dispositif technique, Toussaint affectionne les captures d'images ratées ou biaisées. Soit ces représentations révèlent l'appareillage qui rend possible leur surgissement : ainsi, la photographie de Toussaint pour l'exposition *Livre/Louvre* qui le représente en compagnie de quelques écrivains contemporains exhibe délibérément l'appareil photo, l'ordinateur portable et le boîtier déclencheur[15] ; ou encore la description des premiers matchs retransmis en couleurs à la télévision dans *Football*, qui donnent au narrateur l'impression que « le joueur, dans sa course sur la pelouse, par sa vitesse et la vivacité de son dribble, réussissait à sortir de son enveloppe corporelle et poursuivait son action en noir et blanc, en laissant derrière lui la couleur de son maillot qui ne parvenait à le suivre qu'avec un temps de retard. » (*Fo*, p. 21) Soit ces images tentent au contraire de se départir de tous les paramètres techniques propres au medium photographique : dans *L'Appareil-photo*, le narrateur cherche à réaliser un « autoportrait [...] sans personne, [...] sans arrière-plan et presque sans lumière », dans l'intention « d'aller vers le lieu où les images sont absentes, de cadrer le hors-champ, de ne montrer que des traces, des indices, voire l'absence de trace[16] ».

Dans la scène de la description de la photographie captée par le narrateur de *L'Appareil-photo* sur le bateau, Toussaint contourne l'incapacité de la représentation à saisir la « transparence » du réel (cette transparence que le narrateur regrette un peu plus tôt de ne pouvoir saisir dans l'étendue du ciel, *cf. supra*) en faisant avorter la réalisation des clichés. C'est la photographie non actualisée qui se met à valoir comme objet, sa description créant et remplaçant celui-ci. Le texte est hanté par une photographie virtuelle, une photographie qui ne se laisse pas voir autrement que sur la scène imaginaire. Le dispositif technique est mis en échec, en même temps qu'il demeure un outil indispensable au surgissement de l'image. Sa présence au creux de la main du narrateur engendre une série de photographies ratées, « uniformément sous-exposée[s] » (*AP*, p. 116), qui font tache et suscitent la représentation fantasmée du narrateur. Comme dans *L'image fantôme* d'Hervé Guibert, « le texte n'aurait pas été si l'image avait été prise[17] ». Là où le narrateur de Guibert photographie « à vide », « à blanc[18] », celui de Toussaint enregistre du noir, « quelques ombres informes comme d'imperceptibles traces de [s]on absence » (*AP*, p. 116), et c'est parce que le dispositif fait défaut que le regard du narrateur se retrouve activement impliqué dans le surgissement de l'image : irrésistiblement attiré

---

15   Jean-Philippe Toussaint, *La main et le regard. Livre / Louvre, op. cit.*, p. 125.
16   Jean-Benoît Gabriel, *op. cit.*, p. 54.
17   Hervé Guibert, *L'image fantôme*, Paris, Minuit, 1981, p. 17.
18   *Ibidem*, p. 16.

par cette tache qui le regarde[19], le voilà qui plonge au cœur de la représentation et cadre, sélectionne, transforme le réel pour élaborer une image au sein de laquelle c'est lui qui voit et qui donne à voir.

L'autoportrait fantasmé de *L'Appareil-photo* rend ainsi compte de la dimension créatrice du geste du narrateur : le fait que le cliché n'existe pas en dehors de la description qu'en donne le narrateur souligne que celui-ci est l'instigateur de la représentation de sa propre trace ; il est celui qui esquisse sa silhouette sur la pellicule de son fantasme et inscrit de la sorte sa fragile présence à l'égard du monde. Tandis que la présence du dispositif photographique matérialise l'idéal de transparence et d'immédiateté prôné par l'industrie de la communication visuelle, la déréalisation de l'image photographique restaure le mur infranchissable du réel : le développement des clichés pris par le narrateur sur le bateau ne révèle que des ombres, seul le fantasme s'avère en mesure de livrer une représentation authentique du narrateur. Toutefois, il ne faut pas s'attendre à ce que la photographie fantasmée livre une image pleinement signifiante du narrateur. Au contraire, elle n'esquisse qu'une trace de sa furtive présence, la forme floue d'une silhouette saisie alors qu'elle était en train de fuir. Il s'agit donc non pas d'une image lisse, omnipotente et se suffisant à elle-même (parce que dépourvue de hors-champ comme de temporalité), qui répondrait aux exigences de la culture audio-visuelle à l'époque de la mondialisation, mais, à l'inverse, d'une image qui échappe au narrateur, qui l'empêche d'adhérer pleinement à la représentation de soi qu'elle lui présente. La représentation souscrit à la nécessité « de ne jamais pouvoir saisir tout être vivant dans le champ pur du signal visuel que comme [...] une apparence[20] ». En forgeant ce cliché sur le point d'être déserté, le narrateur donne à voir « l'élan furieux » qu'il dit savoir porter en lui, ainsi que « l'impossibilité qui le suivrait », une tension entre accélération et permanence, entre « présence » et « absence », entre vie et mort ; il accède à quelque chose de l'ordre de « la fulgurance de la vie » (*AP*, p. 113), tout en préservant le caractère irréductible de cette expérience. À l'individu contemporain devenu consommateur passif d'images à force d'être happé par ce que Mondzain appelle « l'industrie du spectacle[21] » ou « de l'apnée visuelle[22] », Toussaint oppose un sujet qui peine à se voir et à se reconnaître dans une société du tout-visible (*cf.* sa perplexité face aux photos d'identité) et qui se réapproprie la scène de sa propre apparition subjective par le biais d'une image fantasmée qui convoque

---

19 Jacques Lacan, *Le séminaire, livre X : l'angoisse, op. cit.*, p. 293.
20 *Ibidem*, p. 294.
21 Marie-José Mondzain, *Homo spectator*, Paris, Bayard, 2007, p. 12.
22 *Ibidem*, p. 43.

l'imaginaire non pour occulter la brèche signifiante (*cf.* 2.1.1, notamment), mais au contraire pour figurer le point où le visible vient à manquer.

6.2 La baie vitrée

> la ville qu'on voit quand on se penche au bord du plateau à l'heure où les lumières s'allument[23]

Dans la très emblématique scène de la piscine de *Faire l'amour*, la baie vitrée assume une fonction similaire à celle de l'appareil photo. Tandis qu'appareil photo et caméra prétendent incarner la transparence de la fenêtre pour se faire ouvertures directes sur le monde, chez Toussaint, la baie vitrée emprunte aux outils de captation leurs caractéristiques techniques pour devenir une focale à travers laquelle le point de vue perceptif du narrateur construit un panoramique fantasmé de la ville. Ayant pénétré dans la piscine intérieure de l'hôtel dans lequel il séjourne avec Marie, le narrateur observe Tokyo à travers les larges fenêtres du complexe[24]. Surplombant la ville à plus de deux cents mètres de hauteur, il détaille en contrebas les lumières de la capitale qui forment des traînées ou des pointillés de couleurs, ainsi que des zones d'ombres qu'il qualifie d'« illisible[s] » (*FA*, p. 48). La description de Tokyo de nuit cède la place à la représentation d'une ville anéantie : le narrateur avoue désirer ardemment qu'un tremblement de terre destructeur secoue la capitale, « réduisant là Tokyo en cendres, en ruines et en désolation » (*FA*, p. 49), avant d'effectuer paisiblement quelques brasses dans la piscine. Progressivement, la scène, qui occupe une petite dizaine de pages (*FA*, p. 45–52), semble basculer de l'illusion réaliste au fantasme assumé : si le narrateur prétend dans un premier temps restituer l'image de la capitale endormie, le tableau qu'il en dresse procède d'un travail de composition qui fait la part belle au champ de l'imaginaire. Comme dans *L'Appareil-photo*, le lecteur perçoit clairement que la description n'est pas mise au service de l'action, mais qu'elle constitue un événement en soi. C'est la vision qui prédomine, non pas en tant que préliminaire à l'action ou en tant que valeur ajoutée, mais parce qu'elle remplace l'action elle-même.

---

23   Italo Calvino, cité par Tanguy Viel, *Icebergs #1 « La vie aquatique »*, *op. cit.*
24   Toussaint esquisse déjà un semblable portrait de la ville dans *La Télévision*, lorsque le narrateur, survolant Berlin à plusieurs centaines de mètres d'altitude, dépeint l'espace de la capitale à travers « la verrière » (*T*, p. 181) du petit avion touristique dans lequel il se trouve. Là aussi, le narrateur semble construire par petites touches de couleurs l'agencement géométrique de la ville, qui émerge sous son regard à travers une fenêtre.

Il n'est pas anodin qu'au cours de cette longue description, le narrateur insiste à plusieurs reprises sur la présence de la vitre qui le sépare de l'extérieur de l'hôtel (les pages quarante-cinq à cinquante-deux comptent pas moins de six occurrences des syntagmes « baie vitrée », « grande verrière » ou « paroi de verre »). Plutôt que de simplement laisser communément transparaître le dehors, la fenêtre constitue chez Toussaint un cadre qui fait d'elle, conformément à la définition qu'Alberti a donnée du tableau au sens moderne, une ouverture sur le visible[25]. Sa surface devient l'écran sur lequel le narrateur projette l'image du monde ; elle est la condition du regard : « les multiples ouvertures de la baie vitrée [...] offr[ent] au regard des perspectives illimitées » (*FA*, p. 51). Dans *Faire l'amour*, la présence du dispositif architectural de la fenêtre préside à l'avènement de la scène fantasmatique.

6.2.1   *La fenêtre*

> la fenêtre [...] cette place singulière où on se fait son cinéma, d'où le monde se regarde et se rêve, d'où il se désire, et où on l'attend. Où parfois il manque. Et par où, aussi, il nous invite et nous entraîne, parfois[26].

La fonction architecturale de la fenêtre, explique Gérard Wajcman, est de laisser passer la lumière (quand la *photo-graphie* s'emploie à en livrer la représentation, à coucher la lumière sur le papier). Cette réduction de la fenêtre à « un instrument optique » implique que l'objet entretienne un rapport ambigu avec l'obscurité : « Une fenêtre, la nuit, n'est plus vraiment une fenêtre puisqu'elle ne peut remplir sa fonction qui est de " donner le jour ". La fenêtre aurait une existence intermittente. [...] La nuit, il y aurait *fading* de la fenêtre, qui se dissipe, s'évanouit, disparaît selon sa définition architecturale, ou se métamorphose[27] ». Pour l'architecte, la fenêtre permet d'amener la lumière du jour à l'intérieur du bâtiment. La nuit la libère de ce rôle ; lorsque le soleil se couche, les volets tombent ou de lourds rideaux viennent occulter l'ouverture par laquelle pourrait filtrer par effet de contraste l'intimité du dedans vers le dehors. Or, cette aptitude de la fenêtre à « donner à voir » est, selon Wajcman, une dimension essentielle de l'objet que sa définition architecturale élude. La fenêtre ne laisse pas seulement passer la lumière, elle est un moyen

---

25 Gérard Wajcman, « Ouvrir », dans *Fenêtre : chroniques du regard et de l'intime*, Lagrasse, Verdier, 2004, (« Philia »), p. 81–120.
26 *Ibidem*, p. 12.
27 *Ibidem*, p. 32.

de « gagner le monde[28] » : elle instaure une distance qui permet au sujet qui se tient sur son seuil de nouer une relation avec ce qui l'entoure, de considérer l'univers sans être immédiatement pris dans sa masse. Avant l'appareil photo et la caméra, qui prétendent justement incarner une ouverture semblablement immédiate sur le réel, « la fenêtre est […] un appareil qui sépare et qui relie[29] », elle est simultanément obstacle et transparence.

Dans *Faire l'amour*, la baie vitrée de la piscine sert effectivement d'interface entre le narrateur et la ville, elle est la structure qui s'interpose entre le regard de ce personnage et le spectacle du monde. Cotea reconnaît cet effet de mise à distance attribué à la fenêtre dans l'œuvre de Toussaint : « le monde rejette l'individu mais celui-ci ne peut pas vivre sans, se situant en quelque sorte à la frontière entre le dedans et le dehors, d'où les multiples occurrences des mots comme "fenêtre", "vitre", "écran", "baie vitrée", qui créent un effet de sourdine, d'atténuation du contact avec les autres[30] ». Toussaint met d'autant plus en évidence l'interface qu'il construit la scène de nuit, en jouant sur le peu de lumière que la surface translucide révèle : la fenêtre, alors, « se métamorphose » ; elle n'est plus, ainsi que l'envisage selon Wajcman l'architecte, l'ouverture par laquelle se livre la lumineuse clarté du jour, mais l'écran sur lequel s'impriment les énigmatiques – « mystérieuses » écrit Toussaint – lumières nocturnes de la mégapole, lueurs artificielles de réverbères, de phares de voiture, d'enseignes, d'instruments de signalisation.

> L'image que Tokyo donnait d'elle-même à présent derrière la baie vitrée de la piscine [était] celle d'une ville endormie au cœur de l'univers, parsemée de lumières mystérieuses, néons et réverbères, enseignes, éclairages des rues et des artères, des ponts, des voies ferrées, autoroutes métropolitaines et réseau d'avenues surélevées enchevêtrées, miroitement de pierreries et bracelets de lumière piquetée, guirlandes et lignes minuscules, stables ou scintillants, proches et lointains, signaux rouges des balises aériennes qui clignotaient dans la nuit aux sommets des antennes et aux angles des toits. (*FA*, p. 46–47)

Cette vision nocturne exclut toute source de lumière naturelle ; seule la technique et les ombres qu'elle dessine transparaissent à travers l'écran de la baie vitrée. De nuit, la fenêtre se met au service d'un œil-caméra qui enregistre tout, qui capte et retransmet le film des clignotements, des taches et des traînées

---

28 *Ibidem*, p. 13.
29 *Ibidem*, p. 21.
30 Lidia Cotea, *À la lisière de l'absence*, op. cit., p. 77.

lumineuses qui animent la cité. L'impression que le narrateur est provisoirement coupé du mouvement du monde qu'il observe en contrebas – effet de césure que Wajcman attribue à la nature même de la fenêtre (*cf. supra*) – est renforcée par l'opacité du paysage. Le point de vue surplombant que l'interface vitrée offre au narrateur depuis la piscine de l'hôtel l'institue spectateur du grouillement incessant qui anime Tokyo, même la nuit. La baie vitrée, toile translucide tendue entre le narrateur et le dehors, devient ainsi le lieu où advient le portrait d'une ville « endormie » (*FA*, p. 46) et néanmoins envahie par une technologie dont les témoins lumineux parcourent à son corps défendant l'entrelacs de ses cheveux, les courbes de ses membres.

La ville personnifiée est décrite comme une figure féminine éclairée par le scintillement des bijoux qui l'ornent et dont la chevelure est constituée par l'enchevêtrement étroit du réseau routier de la capitale. Cet assemblage d'objets lumineux hétéroclites en un subtil portrait de la ville confirme la thèse de Piret selon laquelle l'écriture de Toussaint emprunte à l'esthétique arcimboldesque le processus de décomposition / recomposition qui fait la spécificité de cette œuvre picturale. À partir d'une analyse croisée de *Fuir* de Toussaint et de *Je m'en vais* d'Échenoz, Piret démontre que l'ébranlement des cadres perceptif et représentatif dont le narrateur de Toussaint fait l'expérience est contrebalancé par un processus de recomposition minutieusement réglé par l'auteur[31]. Il ne s'agit pas seulement de déconstruire, mais de faire de la décomposition narrative la condition d'une recomposition du côté de l'ordre symbolique. Il identifie deux procédés qui participent à cette entreprise de recomposition : le minutieux travail de montage auquel se livre l'auteur, d'une part, et l'extrême densité du réseau métaphorique et métonymique qui tisse la trame du roman, d'autre part. L'écriture de Toussaint supplée de la sorte au versant de l'épuisement des cadres de la représentation en exhibant, simultanément, l'emprise du dispositif symbolique sur le monde et sur le sujet qui entend le penser. L'enjeu de ce projet littéraire réside, selon Piret, dans la capacité de ce mouvement de décomposition / recomposition à relancer la dialectique du désir, en assumant le défaut constitutif de l'ordre symbolique (le fait que le sujet ne puisse intégrer le monde de la représentation qu'à condition d'accepter de passer par le lieu de l'Autre, *cf. supra*) pour tirer parti de la capacité du manque à générer du signifiant.

Dans la description de Tokyo endormie, l'énumération des différentes sources de lumière disséminées dans la capitale met en évidence le

---

[31] Piret Pierre, « Le dispositif minimaliste et la dialectique du désir (Echenoz, Toussaint) », *op. cit.*, p. 339–343.

travail d'élaboration de l'image littéraire : la baie vitrée sert au narrateur de focale pour *réagencer* le réel, et figurer de la sorte non pas une représentation fidèle de la ville mais la scène de son fantasme. Le narrateur déploie effectivement la ville « aux limites de l'acuité visuelle et de l'imagination » (*FA*, p. 48) : l'image fantasmatique revendique son statut de simulacre, elle se dénonce comme étant le produit d'un montage. Comme la photographie imaginaire de *L'Appareil-photo*, la baie vitrée circonscrit le réel par le cadre qu'elle pose et agit à la manière d'une interface, permettant au narrateur de composer une scène qui outrepasse la réalité du monde sensible. La fenêtre fonctionne ainsi à la fois en tant que dispositif de captation et en tant qu'écran[32] : elle laisse transparaître le réel, mais confère simultanément une certaine autonomie au champ visuel qu'elle délimite, témoignant de la subjectivité du regard qui s'y pose.

6.2.2 *Le triptyque*

Pour rendre légitime l'importance accordée au dispositif de la baie vitrée dans le processus d'élaboration de l'image panoramique de la ville dans *Faire l'amour* et justifier son accointance avec l'outil caméra, il convient d'opérer un bref détour par l'adaptation cinématographique du roman, réalisée par Pascal Auger et Jean-Philippe Toussaint lui-même[33]. Une grande partie de ce film montre l'auteur lisant son propre roman dans une chambre d'hôtel, devant une baie vitrée derrière laquelle se dessinent les sombres silhouettes des immeubles de Tokyo. Les images de la ville qui se succèdent derrière l'écrivain se révèlent toutefois être le fruit d'un montage tout à fait spécifique : Toussaint et Auger ne se sont pas contentés de filmer le point de vue sur lequel donnait la chambre dans laquelle ils avaient choisi de tourner leur film, ils ont agencé les images enregistrées de manière à former un dispositif particulier : le triptyque. Auger détaille le procédé de la façon suivante :

> S'il fallait expliquer la formule magique du triptyque c'est celle-ci : l'espace d'un triptyque n'est pas divisé en trois volets, il est multiplié par trois et la totalité de l'espace d'une œuvre polyptyque est ainsi supérieure à la somme de l'espace des volets qui le composent.

---

32   Gabriel notait déjà que « les grandes baies vitrées de la piscine font office d'écran large sur la ville » : le choix du terme « écran » désigne la baie vitrée non plus comme une ouverture qui permet la vision vers l'extérieur, mais comme ce qui s'interpose entre le regard et l'objet et dissimule ce dernier, tout en étant également la surface sur laquelle est projetée l'image qui s'offre au regard du spectateur (Jean-Benoît Gabriel, *op. cit.*, p. 53).

33   L'intégralité de ce film est disponible sur le site de l'auteur : www.jptoussaint.com.

> Notre intention est [...] moins d'agrandir un espace préexistant en le représentant, que de *créer un espace qui ne préexiste pas à sa figuration*. Nos triptyques sont bien des agrandissements de l'espace représenté, mais comme de l'intérieur, comme si l'espace était déplié par multiplication[34].

Les images du triptyque se répondent effectivement entre elles : chaque volet expose une captation qui est un agrandissement ou un renversement vertical des deux autres projections. Comme dans le cas du portrait de la ville endormie, le triptyque implique un travail de déchiffrage de la part du spectateur, qui est amené à reconnaître, à associer et à décoder les combinaisons d'images qui se présentent à lui à la manière d'un kaléidoscope. Ce détournement de la fonction de la baie vitrée possède un effet double : d'une part, le triptyque dénonce le caractère construit de toute représentation, et, d'autre part, il autorise le surgissement d'une image virtuelle et plurielle, qui transcende la somme des captations effectives qui la constituent. Le recours à ce procédé fait véritablement la force de la transposition du roman au film, parce qu'il permet de pallier l'insuffisance de l'image réelle de la ville telle qu'Auger a pu la filmer depuis la fenêtre de la chambre d'hôtel dans laquelle lui et Toussaint se trouvaient. Par effet miroir, l'adaptation cinématographique met en évidence le rôle de révélateur attribué à la baie vitrée dans le roman, désignant celle-ci comme le dispositif qui préside à la naissance d'une image nouvelle, qui « ne préexiste pas à sa figuration ». De la même manière que pour les clichés imaginaires de *L'Appareil-photo*, l'image qui émerge de la présence du dispositif optique se met à valoir comme objet et devient de la sorte l'écran capable d'exposer le passage même du temps sur le sujet qui la scrute.

Dans le film, cette fonction apparaît très nettement : le plan fixe sur l'auteur lisant son roman tandis que s'anime sans discontinuer la ville derrière lui montre un sujet inclus dans le mouvement du monde. Le contraste entre la relative immobilité de Toussaint et le grouillement incessant de Tokyo accentue le caractère inexorable du passage du temps, dont le sujet ne peut se départir. L'auteur insiste par ailleurs lui-même sur cette aptitude de la baie vitrée à révéler l'écoulement du temps par le biais de la captation cinématographique, lorsqu'il explique, dans le journal de tournage, que lui et Auger sont restés pendant près de dix heures à filmer cette lecture de *Faire l'amour* sur fond d'une ville qui ne cessait de se transformer à mesure que le temps passait :

---

34   Pascal Auger, « Le triptyque », document téléchargeable sur le site de Toussaint : www.jptoussaint.com, consulté le 10 mai 2012, (je souligne).

> Dehors, tous les climats se succèdent derrière les vitres, toutes les saisons, un ciel gris d'abord, pendant que je lis un passage qui évoque « une grisaille affreuse de lendemain de nuit blanche », puis un orage, brutal, violent, avec des lueurs mauves qui entrent dans la chambre sur le coup de seize heures, puis la nuit, la vraie, la belle, la sublime nuit de Tokyo, quand, un à un, les immeubles s'illuminent en face de nous et composent lentement le féerique assemblage des lumières de la nuit de Tokyo[35].

Les changements atmosphériques deviennent ainsi les signes du mouvement ininterrompu du temps, à la conscience duquel accède le sujet par l'entremise de la baie vitrée.

Dans la scène de la piscine, l'obscurité de la nuit ne laisse pas place à ce genre d'analogie entre le temps qu'il fait et le temps qui passe. Cependant, la perspective qu'offre au narrateur la baie vitrée devient également le lieu d'une réflexion sur la temporalité. Comme pour *L'Appareil-photo*, la scène semble d'emblée s'inscrire hors de l'espace et du temps traditionnels, mais tandis que la photographie de la fuite du narrateur sur le bateau donnait à voir l'angoisse d'un sujet prenant conscience de sa propre finitude, cette peur irrépressible fait progressivement place, dans l'épisode de la piscine, à un profond sentiment de syncrétisme :

> Vue de haut pendant la nuit, la terre semble parfois retrouver quelque chose de sa nature d'origine, davantage en accord avec l'état sauvage de l'univers primitif, proche des planètes inhabitées, des comètes et des astres perdus dans l'infini des espaces cosmiques [...] Je regardais l'immense étendue de la ville derrière la baie vitrée, et j'avais le sentiment que c'était la terre elle-même que j'avais sous les yeux, dans sa courbe convexe et sa nudité intemporelle, comme si c'était depuis l'espace que j'étais en train de découvrir ce relief enténébré, et j'eus alors fugitivement conscience de ma présence à la surface de la terre, impression fugace et intuitive qui [...] me fit me représenter concrètement que je me trouvais à l'instant quelque part dans l'univers. (*FA*, p. 46–47)

Comme dans la description que le narrateur de *L'Appareil-photo* livre *a posteriori* de la photographie prise sur le bateau, le narrateur de *Faire l'amour* entretient ici un rapport avec le réel qui n'est pas envisagé de manière

---

35 Jean-Philippe Toussaint, document téléchargeable sur le site de l'auteur : www.jptoussaint.com, consulté le 10 mai 2012.

« prospective[36] » : il ne s'agit plus d'agir ou de transformer la réalité ; l'action est délaissée au profit d'un moment purement contemplatif.

Ce changement d'impératif narratif opère une sortie de la conception linéaire et normée selon laquelle la société contemporaine envisage l'espace et le temps. Délaissant la perspective chronologique, le narrateur accède, par le biais de la vision qui s'offre à lui à travers la baie vitrée, à un temps « primitif », de l'ordre de l'« origine ». Quant aux limites qui circonscrivent ordinairement l'espace, elles volent en éclats pour découvrir l'infinité du cosmos. La présence du dispositif crée un espace de médiation entre le narrateur et la vue qui s'offre à lui, à travers lequel il accède à l'image de sa propre corporéité au sein de l'univers. Paradoxalement, ce n'est qu'une fois qu'il parvient à s'extraire momentanément du monde auquel il appartient, contemplant celui-ci « comme [...] depuis l'espace », qu'il se saisit comme faisant partie intégrante de celui-ci. Marie rend cette distance qui permet au narrateur de « se déprendre de soi » tout à fait palpable, lorsqu'elle avoue à son amant l'avoir reconnu derrière la baie vitrée de la piscine, tandis qu'elle « errait au hasard » dans la nuit :

> elle avait levé la tête pour regarder l'hôtel de l'extérieur [...] lorsque son regard avait été attiré par la rotonde vitrée de la piscine au dernier étage, où il lui avait semblé voir quelqu'un se mouvoir furtivement. [...] au moment de rejoindre l'hôtel, elle avait de nouveau levé la tête, et elle m'avait vu alors, elle m'avait vu distinctement derrière la vitre, elle était sûre que c'était moi, cette silhouette immobile dans la nuit parmi les gratte-ciel illuminés. (*FA*, p. 59)

L'observant en contrebas depuis la rue, Marie incarne cet Autre par qui le narrateur se sent regardé à travers la vitre et dont le regard l'attire au cœur de l'image. À ses yeux, la « silhouette immobile » du narrateur « parmi les gratte-ciel illuminés » apparaît tout à la fois coupée du temps et de l'espace dans lesquels elle-même évolue, et pourtant étroitement imbriquée dans l'ordre cosmologique du monde. La totale asymétrie de leur position dans l'espace – dedans / dehors, immobilité / errance, obscurité / lumière artificielle, plongée / contre-plongée, regardé / regardant – métaphorise une fois de plus l'écart inéluctable qui sépare ces deux êtres (*cf.* 2.1.1).

L'expérience du narrateur dans la piscine de l'hôtel s'accompagne de la révélation de la corruption qu'impose le passage immuable du temps, comme

---

36 C'est l'adjectif qu'utilise Xanthos pour qualifier le comportement des personnages « classiques » vis-à-vis du réel et, par opposition, identifier la façon dont le narrateur de Toussaint régit sa relation avec celui-ci (Nicolas Xanthos, « La poétique narrative et descriptive de Jean-Philippe Toussaint : le réel comme oubli de soi », *@nalyses*, 4 / 2, 2009, p. 4).

en témoigne la soudaine aspiration du narrateur à la destruction apocalyptique de Tokyo. Son impuissance à quitter Marie – que résume parfaitement la première phrase de *Fuir*, « Serait-ce jamais fini avec Marie ? » (p. 11) – trouve une échappatoire sublime dans cette brusque prise de conscience de la finitude de leurs existences et du monde qui les entoure :

> Et, jouissant de ce point de vue imprenable sur la ville, je me mis alors à l'appeler de mes vœux, ce grand tremblement de terre tant redouté, souhaitant dans une sorte d'élan grandiose qu'il survînt à l'instant devant moi, à la seconde même, et fît tout disparaître sous mes yeux, réduisant là Tokyo en cendres, en ruines et en désolation, abolissant la ville et ma fatigue, le temps et mes amours mortes. (*FA*, p. 49)

C'est en cela que cet épisode se démarque de celui de *L'Appareil-photo* : alors que la photographie expose la tourmente que suscite pour le narrateur la reconnaissance du caractère éphémère de l'instant, la scène de la piscine voit cette même prise de conscience aboutir à la sublimation de cette angoisse. La sensation de dépossession de soi qui culmine dans ces quelques pages de *Faire l'amour* rend brusquement possible l'expression du désir du narrateur, qui jaillit hors de lui-même dans « une sorte d'élan grandiose » qui évoque l'orgasme – le participe présent de « jouir » introduisant cette dernière phrase à dessein. Cette pulsion de mort exaltée émerge de la capacité du dispositif optique mis en place à abolir un instant l'immuable effervescence du quotidien et de ses contingences, pour rendre visible le cours du temps, car « saisir le passage de toutes choses, c'est saisir le passage ultime, la mort[37] ».

Il existe dans l'œuvre de Toussaint d'autres scènes dans lesquelles la fenêtre préside à l'élaboration de l'image. La baie vitrée de *Faire l'amour* rappelle notamment la vitre de la cabine téléphonique dans laquelle s'est retranché le narrateur à la fin de *L'Appareil-photo* :

> Je finis par regagner la cabine et, refermant la porte derrière moi, je me laissai glisser lentement contre la paroi et m'assis par terre. [...] assis à même le sol, je regardais à travers la vitre la campagne déserte dans la nuit. Des voitures passaient encore à l'occasion, qui éclairaient violemment mon visage au passage du carrefour, puis ne subsistait plus dans l'obscurité qu'une traînée de phares que je regardais s'éloigner lentement dans la nuit. (*AP*, p. 124–125)

---

37   Christine Buci-Glucksmann, *Esthétique de l'éphémère*, Paris, Galilée, 2003, (« Écritures / Figures »), p. 25.

À nouveau, la vitre coupe le narrateur du reste du monde : la cabine téléphonique apparaît comme une sorte d'excroissance dans l'étendue du paysage désertique qui l'entoure, un isoloir, à l'intérieur duquel le narrateur se retranche hors du monde. La scène commence de nuit ; les phares et les traînées lumineuses que ceux-ci laissent sur leur passage – motifs dont l'œuvre de Toussaint abonde – assaillent le narrateur, renforçant l'impression d'isolement du personnage. Une fois de plus, la technique, qu'exprime ici par métonymie la lumière des voitures, connote la menace ou, à tout le moins, la contrainte. À mesure que le jour se lève et que le narrateur observe les changements de la lumière à travers la vitre de la cabine, il accède toutefois à un état harmonieux, semblable à celui dont le narrateur de *Faire l'amour* fait l'expérience dans la piscine de l'hôtel :

> Le jour se levait maintenant, je le voyais se lever derrière les parois de la cabine, c'était encore la nuit, mais une nuit déjà atténuée d'aube claire et bleutée, rien ne bougeait dans la campagne avoisinante, et le jour se levait lentement sous mes yeux, enrobant peu à peu l'air alentour de teintes lumineuses et légères qui enveloppaient l'atmosphère de clarté transparente et tremblante, et, assis derrière les vitres de cette cabine téléphonique complètement isolée dans la campagne déserte, je regardais le jour se lever et songeais simplement au présent, à l'instant présent, tâchant de fixer encore une fois sa fugitive grâce – comme on immobiliserait l'extrémité d'une aiguille dans le corps d'un papillon vivant.
> Vivant. (*AP*, p. 126–127)

La surface transparente de la vitre permet au narrateur, conformément à la fonction que Wajcman confère à la fenêtre, de s'extraire momentanément du mouvement du monde et d'accéder à la contemplation de l'instant. Derrière les parois de la cabine, dont il rappelle régulièrement la présence, le narrateur observe dans les transformations chromatiques que l'aube impose au paysage – image éminemment cinématographique – l'écoulement du temps. Le dispositif optique intervient pour immobiliser une image que l'œil humain, lui-même pris dans le cours temporel de l'existence, n'aurait pu contempler sans sa médiation : la vitre de la cabine téléphonique capture un présent déjà en train de passer, un instant dont elle parvient à épingler le caractère éphémère « comme on immobiliserait l'extrémité d'une aiguille dans le corps d'un papillon vivant ».

Cette phrase sur laquelle s'achève *L'Appareil-photo* fait écho à une citation de *La chambre claire* : « Lorsqu'on définit la Photo comme une image immobile, cela ne veut pas dire seulement que les personnages qu'elle représente ne bougent pas ; cela veut dire qu'ils ne sortent pas : ils sont anesthésiés et fichés, comme des papillons[38] ». Tandis que la technicité de l'appareil photo et de la caméra voudrait faire croire au spectateur que ces dispositifs agissent comme des simples fenêtres sur le réel, c'est la fenêtre elle-même qui s'imprègne, chez Toussaint, de leurs propriétés techniques pour présider à l'élaboration du panoramique. En adoptant un comportement proprement cinématographique, la fenêtre témoigne de l'impact des révolutions techniques sur les pratiques représentatives dans leur ensemble : la représentation, à l'heure actuelle, ne peut se penser qu'à l'aune d'une nouvelle culture visuelle, initiée par les inventions successives de la photographie et du cinéma. Simultanément, la scène de Toussaint dément l'idéal de transparence auquel prétendent ces dispositifs techniques en montrant que l'image littéraire auquel le cadre de la baie vitrée sert de lieu d'émergence est une image avant tout fantasmée, et non un calque fidèle de la réalité diégétique. La technicité du geste photographique ou cinématographique a beau gommer la position d'énonciation de l'artiste pour affirmer la primauté du référent[39], le dispositif optique fonctionne toujours comme une fenêtre, au sens qu'Alberti donna au tableau lorsqu'il théorisa la perspective, c'est-à-dire comme un moyen de délimiter et de construire l'image. La fenêtre pratique une ouverture dans le mur pour laisser voir une réalité préexistante, et ce faisant elle pose un cadre pour faire advenir une image qui n'y figure pas encore. La fenêtre préside au geste de la représentation. « Ce que trace Alberti » en dessinant un quadrilatère pour délimiter le champ de la peinture à venir, « c'est une surface de projection – l'écran du fantasme[40] ». Chez Toussaint, la baie vitrée renoue avec cette fonction définitoire de la naissance de la peinture moderne et, par extension, de l'épistémè de la représentation, pour permettre au narrateur de *se faire son cinéma* : elle capte et retransmet les signaux lumineux de Tokyo et le mouvement des phares des voitures à la manière d'une caméra, en même temps qu'elle se positionne contre l'automatisation du processus de captation en soulignant que la représentation dont elle sert l'émergence procède du regard que le narrateur pose à travers elle sur la ville. C'est cette potentialité fantasmatique sur laquelle ouvre la fenêtre que fait d'ailleurs apparaître la réponse que Marie oppose au narrateur qui lui reproche d'avoir inventé la scène dans laquelle elle déclare l'avoir vu derrière la vitre de la piscine de l'hôtel : « Tu inventes, dis-je. Non, je n'invente rien, dit-elle. C'est toi qui invente [sic], dit-elle » (*FA*, p. 59).

---

38   Roland Barthes, *La chambre claire, op. cit.*, p. 90.
39   Pierre Piret, « Introduction », dans Pierre Piret, (s.l.d.), *La littérature à l'ère de la reproductibilité technique, op. cit.*, p. 12.
40   Gérard Wajcman, « Ouvrir », *op. cit.*, p. 83.

6.3 La caméra

6.3.1 *La fuite*

Fuir, deuxième des quatre romans de Jean-Philippe Toussaint qui composent le cycle sur Marie, va accentuer la dimension cinématographique de l'image littéraire, déjà prégnante dans *Faire l'amour*. Le roman procède de ce que Lionel Ruffel appelle une posture « terminale initiale[41] ». Sa première phrase – « Serait-ce jamais fini avec Marie ? » (*F*, p. 11) – s'inscrit en écho à une interrogation que formulait le narrateur dans *Faire l'amour* – « Mais combien de fois avions-nous fait l'amour ensemble pour la dernière fois ? Je ne sais pas, souvent. Souvent ... » (*FA*, p. 16) – pour problématiser cette fois d'entrée de jeu la question de la fin, en conférant à celle-ci une position paradoxale, puisque liminaire. La fin, dans ces deux citations, n'est pas envisagée comme un motif d'achèvement, mais au contraire comme un effet de relance. Posée à l'*incipit*, elle suggère que quelque chose a été mis en suspens et est appelé à se poursuivre. Le narrateur de *Fuir* s'interroge sur l'avenir de sa relation avec Marie après leur séparation dans le roman précédent, et laisse entendre, sous l'extrême concision de sa question, que rien ne sera jamais fini avec Marie, que la rupture n'engendre en aucun cas l'arrêt définitif, mais suscite au contraire un prolongement. Son interrogation témoigne de l'emprise que ce passé (sa relation avec Marie), auquel il ne croit plus mais dont il demeure pourtant captif, continue d'exercer sur tout son être (soit qu'il ne parvienne pas à le conjurer, soit qu'il ne désire pas y parvenir). Il n'est question de fin qu'à condition que celle-ci initie un mouvement dynamique, qu'elle proclame un retentissant « à suivre ».

Cette problématisation de la notion de fin sur laquelle s'ouvre *Fuir* sert de prélude à la reprise d'une poursuite, qui n'a été mise en suspens que pour mieux être relancée. Le roman s'ouvre sur l'image d'un protagoniste projeté dans un cadre qui le prive de repères spatio-temporels stables, d'emblée perdu, privé de tout horizon qui fasse un tant soit peu sens. Tout au long du roman, le narrateur de *Fuir* est pris dans une succession de péripéties dont le sens lui échappe. Entraîné dès son arrivée en Chine à la suite de Zhang Xiangzhi, un obscur homme d'affaire chinois auprès duquel il a été dépêché par Marie (elle lui a confié une « mission » dont l'objet exact n'est pas spécifié, p. 11), le narrateur fait la connaissance de Li Qi, avec laquelle il esquisse un début de relation amoureuse. La communication entre ces trois personnages ne s'établit toutefois jamais de manière transparente. Les barrières culturelle et linguistique qui séparent le narrateur de ses deux principaux interlocuteurs l'empêchent

---

41   Lionel Ruffel, *Le dénouement, op. cit.*, p. 81 ; *cf.* également 1.3.

d'accéder à une pleine compréhension des actions dans lesquelles les deux acolytes l'engagent. Le narrateur est de la sorte transporté dans un monde qu'il ne parvient pas à appréhender et vis-à-vis duquel il se montre dès lors passablement désinvesti.

Tout d'abord égaré, ce personnage apparaît rapidement condamné à l'errance, à une fuite éparse, vertigineuse parce que dépourvue de trajectoire, et de surcroît infinie, puisque toute interruption se solderait par un arrêt définitif, la mort (réelle ou symbolique). Complètement « désorienté » (*F*, p. 26), le narrateur suit le mouvement qui lui est imprimé par les autres, en mettant entre parenthèses toute aspiration tant soit peu personnelle. C'est un personnage agi plutôt qu'agissant. Il est perdu et semble s'abandonner à cet état d'égarement, malgré la peur qu'il suscite : « Je ne comprenais rien à ce qui se passait, et je me sentis soudain envahi par une vague d'inquiétude, de déplaisir et de doute » (*F*, p. 25). Son errance prend rapidement la forme d'une cavalcade. À peine a-t-il rencontré Zhang Xiangzhi et Li Qi que le trio, qui s'est donné rendez-vous devant la gare de Shanghai, entame une course dont l'objet échappe au narrateur : « Nous laissâmes la gare derrière nous et nous mîmes à courir (je ne cherchais plus à comprendre ce qui se passait, tant de choses me paraissaient obscures depuis que j'étais arrivé en Chine) » (*F*, p. 26). Le narrateur est emporté malgré lui dans une trajectoire dont il méconnaît le déroulement et la finalité. Bien qu'il souligne à de nombreuses reprises l'ignorance dans laquelle il est maintenu, il n'entreprend aucun effort significatif pour se rebeller contre la dynamique qui lui est insufflée. Entraîné par Zhang Xiangzhi et Li Qi, il court.

Le mouvement de fuite erratique amorcé dans les premières pages ne trouve pas d'achèvement ; il est un instant suspendu et aussitôt relancé, mimant l'énergie d'un flux dont les propagations se répercutent sur les trois parties du roman. À la course de la gare succède un trajet en train qui fait perdre au narrateur tous ses repères spatio-temporels et qu'il décrit comme un voyage éperdu dans la nuit : « À travers les fenêtres fuyaient des traînées de lumières blanches fulgurantes qui accompagnaient les lueurs d'une petite gare chinoise ou d'un passage à niveau » (*F*, p. 52). Dans ce train qui l'emmène à toute vitesse vers Pékin, le narrateur reçoit un appel de Marie qui vient d'apprendre la mort de son père. Se projetant mentalement à ses côtés par l'entremise du téléphone portable, le narrateur est saisi d'un sentiment vertigineux tandis qu'il l'imagine errer dans les galeries du Louvre à la recherche d'une sortie (*cf.* 2.1.1). L'ultime course du narrateur de *Fuir* survient dans les dernières pages du roman, lorsqu'il est brusquement saisi d'effroi à l'idée d'avoir laissé Marie rejoindre seule à la nage la crique dont il a préféré contourner le versant rocheux par voie terrestre : il se précipite alors sur le sentier qui mène à la mer et pénètre ensuite dans l'eau pour nager à sa rencontre. Le texte s'achève sur l'image du couple enlacé dans l'océan, signifiant de la sorte la précarité de la suspension d'une poursuite qui se prolongera encore sur deux romans (*La Vérité sur Marie* et *Nue*). L'ensemble du roman emprunte ainsi sa dynamique au motif de la fuite. De Shanghai à Pékin, puis de Pékin à l'Île d'Elbe, en passant par Paris, le narrateur de *Fuir* est constamment en train d'errer ou de courir, que ce soit en actes ou en pensées.

6.3.2 *La course-poursuite*

Dans la deuxième partie du roman, alors que le narrateur se concentre intensément sur la partie de bowling qu'il est en train de jouer, son lancer est brusquement interrompu par la sonnerie du téléphone portable de Zhang Xiangzhi. Sans comprendre de quoi il retourne, il est aussitôt contraint d'abandonner, dans un vacarme assourdissant, sa boule sur la piste, et de se presser à la suite de Zhang Xiangzhi et Li Qi. Une fois sorti du bowling, le trio enfourche la moto de Zhang Xiangzhi et fonce à corps perdu sur le périphérique de Pékin. Commence alors une course-poursuite d'autant plus angoissante que le narrateur n'en comprend pas le motif (il ne peut qu'imaginer que celui-ci est lié au petit paquet de poudre grisâtre que Zhang Xiangzhi transporte) ; il ignore l'identité de leurs poursuivants, qu'il n'apercevra par ailleurs jamais (il les qualifie même d'« invisibles », p. 118 ; tout au plus entend-il des sirènes de police se rapprocher dans la nuit) ; il n'a pas la moindre idée de l'endroit où ils se dirigent ni de ce qui les attend : « je sentais mon cœur battre très fort dans ma poitrine, avec ce sentiment de peur pure et d'effroi, de panique d'autant plus effrayante et irrationnelle que je n'avais aucune idée de ce que nous étions en train de fuir ainsi éperdument » (*F*, p. 112). Serré contre le corps de Li Qi, le narrateur voyage sans autre repère que les traînées de lumière (phares, enseignes lumineuses, signalisations routières, étoiles, etc.) qui surgissent autour de lui.

Après avoir roulé un temps sur l'autoroute, la moto s'engouffre dans l'atmosphère rougeoyante des rues de Pékin, traverse ensuite l'espace désertique d'un chantier de construction, retrouve sans transition l'animation de la ville où elle heurte un trottoir, faisant chuter ses trois passagers. Ceux-ci repartent aussitôt, franchissent encore quelques quartiers inégalement éclairés, pour arrêter enfin le véhicule et pénétrer dans un bar, au sortir duquel Zhang Xiangzhi et Li Qi abandonnent le narrateur sans lui fournir d'autre explication que le conseil de rentrer à l'hôtel. Les différents espaces de cette course-poursuite se succèdent sans que le narrateur ne puisse établir de liens entre eux ou les situer géographiquement. Ils constituent des lieux de passage, de transition, qui n'existent que le temps d'être traversés. Malgré leur diversité, chacun de ces lieux revêt un caractère fantomatique : parmi la profusion d'informations descriptives, nulle indication liée à l'architecture ou à l'atmosphère du lieu n'est présentée comme un point de repère stable, auquel le narrateur pourrait se référer. Au contraire, la juxtaposition de ces détails représente l'espace comme un condensé de taches de couleurs, d'empreintes de lumière diffuse, de zones d'ombres inquiétantes, sur lequel glisse le regard du narrateur. Le mouvement constant de la scène impacte sa perception du monde : étourdi par la vitesse vertigineuse de sa course, il n'appréhende la réalité qui l'entoure que fugitivement, par bribes, par éclairs.

Durant tout le roman, le narrateur est « en décalage horaire permanent, avec une légère distorsion dans l'ordre du réel, un écart, une entorse, une minuscule inadéquation fondamentale entre le monde pourtant familier qu'on a sous les yeux et la façon lointaine, vaporeuse et distanciée, dont on le perçoit » (*F*, p. 68). Cet état de « décalage » par rapport à l'ordre du monde a pour effet de faire voler en éclats la structure traditionnelle de la fable. La passivité du narrateur contrarie une logique narrative qui serait celle du récit, au profit d'une narration saccadée et décousue, privée des éléments chronologiques qui donneraient un sens à l'intrigue (au contraire, le roman commence par thématiser une fin), mais regorgeant de détails descriptifs juxtaposés les uns à la suite des autres, d'images fragmentaires et floues, « impénétrables » (p. 183). Il s'agit de figurer l'expérience d'un sujet pris dans un espace énigmatique et mouvant, constamment soumis à l'altération.

Mettant sans doute à profit sa propre expérience de metteur en scène, Toussaint développe plusieurs stratégies d'écriture qui calquent leurs effets sur des procédés propres au cinéma. La scène de la course-poursuite à moto constitue une séquence d'images cinématographiques, en multipliant les points de vue et en faisant se succéder rapidement ceux-ci, ainsi qu'en opérant des découpages caractéristiques de ceux pratiqués pour l'écran (mise en évidence du cadrage, succession de zooms avant et arrière, etc.). Comme dans toutes les scènes évoquées dans ce chapitre, la narration privilégie la catégorie du visible, en déployant ce qu'on pourrait appeler une esthétique de la surface : on peut souligner l'importance accordée à la lumière et, notamment, la description d'effets de persistance rétinienne[42] déjà très présents dans la description de Tokyo dans *Faire l'amour*, ainsi que l'insistance sur les contours, les silhouettes et les ombres formées par les bâtiments ou les personnages.

> Des lueurs blanches glissaient en permanence à côté de nous le long de la route entre le ciel et la terre, le vaste ciel d'été semblable à l'univers ou

---

42   Les lumières perçues par le narrateur en train de se déplacer sont conservées une fraction de seconde dans sa mémoire sensorielle, ce qui crée une impression de traînées lumineuses.

> à un paysage mental de phosphènes, scintillements de minuscules taches électriques rouges et bleues qui clignotaient, linéaments, pointillés et zébrures, et je finis par ne plus regarder la route, les arbres, les lignes blanches continues sur le sol, par ne plus regarder le ciel et les étoiles, j'avais pris la main de Li Qi et je la serrais dans la mienne, fuyant main dans la main dans la nuit dans cet instant immobile et sans fin. (*F*, p. 114-115)

L'écriture de Toussaint imprime de la sorte du mouvement à la scène, tirant parti du fait que le cinéma est un art de la vitesse (le mécanisme de la caméra donne le sentiment que l'image se meut d'elle-même, qu'elle atteint à « l'auto-mouvement[43] ») ou, comme le généralise Mondzain à partir du cinéma d'Alfred Hitchcock, que « La poursuite est l'essence même du cinéma. Elle est le paradigme du geste cinématographique lui-même[44] ».

Le propre de la technique cinématographique, selon Mondzain, est en effet de produire une suite d'images dont le caractère continu mobilise le regard du spectateur, de manière à ce que son expérience perceptive fasse « opérer la poursuite, la rupture et les suspens[45] ». Il ne peut y avoir de poursuite sans temps de suspension : suspendre la poursuite, c'est permettre à la tension de perdurer et au mouvement d'être relancé. Le suspens préserve le mouvement de la course, lui octroyant une fin toute provisoire, pour échapper à l'achèvement, à la mort : « Ou bien c'est la mort qui met un terme à la poursuite ou bien c'est dans une économie du suspens que la poursuite négocie son sens et sa relation à la vie[46] ». Identifier la poursuite comme motif dynamique du roman invite dès lors à reconsidérer l'interrogation liminaire du narrateur – « Serait-ce jamais fini avec Marie ? » (*F*, p. 11) : la rupture entre le narrateur et Marie n'engendre pas la fin, mais prémunit au contraire la course amoureuse contre l'arrêt absolu, en ménageant un temps de suspension qui est simultanément promesse de relance. La question du narrateur exprime le mouvement sans fin d'un déclin.

C'est pour préserver la dynamique de la poursuite (et conjurer de le sorte la fin) que le narrateur de Toussaint ne cesse jamais de fuir. Voilà pourquoi, lorsqu'il rejoint Marie lors de l'enterrement de son père dans la dernière partie du roman, le narrateur s'éclipse aussitôt (*F*, p. 145-152) : dès qu'il pénètre dans l'église, Marie, dont le visage est alors brièvement empreint de détresse, lui

---

43   Gilles Deleuze, *L'image-temps*, op. cit., p. 203.
44   Marie-José Mondzain, *Images (à suivre)*, op. cit., p. 141.
45   *Ibidem*.
46   *Ibidem*, p. 126.

fait signe de s'asseoir à l'écart plutôt qu'à ses côtés ; le déroulement de l'office et le trajet vers le cimetière qui sont décrits ensuite sont le fruit de l'imagination du narrateur, lequel, ainsi que le lecteur ne l'apprendra qu'à la fin de la scène, a quitté l'enterrement à peine celui-ci commencé (« Je ne sais pas quand Marie s'aperçut de mon absence dans l'église – car je n'étais plus dans l'église », *F*, p. 151). Dans les pages qui suivent, le narrateur souligne à plusieurs reprises le sentiment de détresse qu'a sans doute suscité chez Marie sa disparition, qu'il se figure comme ayant créé « un vide immédiatement saisissant, anormal, un vide froid, silencieux, inquiétant » (*F*, p. 151–152). Son insistance rend visible la distance qui sépare irrémédiablement les deux personnages en même temps qu'elle signifie que cet écart relève d'une économie de la poursuite, c'est-à-dire qu'il entretient une tension, qui a quelque chose à voir avec le désir (« ma simple présence la faisait souffrir, et mon absence encore plus », *F*, p. 156). Ainsi, la fuite *a priori* inexplicable du narrateur lors de l'enterrement du père de Marie peut être comprise comme un moyen pour le narrateur de conjurer la fin de la relation d'intimité qu'il partage avec Marie (qu'elle lui signifie en refusant qu'il la rejoigne lorsqu'elle l'aperçoit dans l'église). Sa course ne peut s'achever, sinon c'est la mort de leur relation. Seule sa désertion, parce qu'elle réintroduit du manque, peut relancer la dialectique du désir. C'est ce dont témoignent les fantasmes que le narrateur élabore une fois séparé de Marie : loin d'elle, il l'imagine déplorant son absence lors des événements qu'elle traverse et fait par la même occasion le récit de ce qu'auraient pu être leurs retrouvailles :

> moi qui n'avais pas été là quand elle avait eu besoin de moi [...] et qui, quand je lui étais finalement apparu, ce matin, à l'église, avais aussitôt disparu, avant même de lui parler, de lui dire un mot, de l'embrasser et de la serrer dans mes bras, de communier avec elle dans la douleur, la privant de ma présence en même temps que je la lui faisais *miroiter*, dans un brutal chaud et froid dont j'étais coutumier. (*F*, p. 156, je souligne)

La communion entre les deux personnages n'est possible que sous une figuration négative : il faut que le narrateur s'absente pour préserver le désir que Marie et lui éprouvent de se rejoindre. L'objet du désir – la présence du narrateur auprès de Marie – se dérobe ; il « miroite », empêchant le désir d'être comblé, de sorte que son manque relance la dialectique désirante, tandis que sa possession – le point de jouissance – signerait l'arrêt de la poursuite, autrement dit la mort du désir. Il s'agit de fuir pour ne pas finir.

6.3.3 *Le suspens*

Paradoxalement, la scène de la fuite à moto produit un effet de suspension temporelle : circulant à grande vitesse sur le périphérique de Pékin, le narrateur éprouve soudain le sentiment cosmique d'évoluer en dehors du temps :

> J'avais l'impression que nous faisions du surplace sur l'autoroute, comme figés, pétrifiés, statufiés, arrêtés là dans cette position de recherche de vitesse vertigineuse [...] paraissant rester sur place sous l'immense voûte céleste qui enrobait l'autoroute, le vaste dôme incurvé d'un ciel d'été intemporel, comme si nous n'avancions plus et que c'était seulement les lumières des phares qui bougeaient autour de nous, qui nous croisaient et venaient nous aveugler, des traînées vertigineuses de blanc ou de bleu électrique qui filaient dans la nuit et montaient au ciel en faisant vaciller l'horizon. (*F*, p. 114–115)

Les trois personnages circulent en périphérie de la ville, mais donnent pourtant l'impression d'évoluer en marge du monde. Le cadre spatio-temporel est déréalisé. L'énergie cinétique de la course-poursuite, insufflée par le recours à la technique cinématographique, débouche sur un effet de suspension temporelle. Ainsi que le déclare Piret, « la multiplication des perceptions est telle qu'elle débouche sur son envers : le sentiment de vivre un "instant immobile et sans fin" (*F*, p. 115)[47] ». Toussaint pousse à son paroxysme l'expérience de perte totale de repères du narrateur, de sorte que celui-ci opère une sortie de l'espace-temps normé, tel un objet soumis à la loi de la pesanteur qui atteindrait une vitesse suffisante pour échapper à l'attraction gravitationnelle qui le retenait jusqu'alors[48]. Grisé par la vitesse, étourdi par l'impression de vertige qu'elle produit, le narrateur semble *quitter son orbite*, comme s'il était momentanément libéré de la pesanteur du monde auquel il appartient. Plutôt que de chercher un moyen de s'opposer à la vitesse effrénée à laquelle est soumise son existence, il se soumet aveuglément au phénomène d'accélération dans lequel il est emporté jusqu'au point de rupture. L'impression de vertige qu'il éprouve alors, provoquée par la survalorisation de la vitesse, change sa perception du monde. La césure ainsi ménagée dans le cours du temps autorise en effet le narrateur à adopter une perspective de focalisation externe qui lui permet de

---

[47] Pierre Piret, « Le dispositif minimaliste et la dialectique du désir (Echenoz, Toussaint) », *op. cit.*, p. 333.

[48] C'est ce qu'on appelle la « vitesse de libération » : « Vitesse minimale que l'on doit donner à un projectile soumis à la gravitation d'un corps massif pour que ce projectile puisse s'éloigner indéfiniment de sa position initiale » (Richard Taillet, Loïc Villain, Pascal Febvre, (s.l.d.), *Dictionnaire de physique*, Bruxelles, De Boeck, 2008, p. 524).

considérer l'image de soi pris dans le mouvement du monde : à distance de son propre corps, le narrateur décrit la fixité de l'étrange créature tricéphale qu'il forme avec Zhang Xiangzhi et Li Qi sous la voûte céleste. Parallèlement, ce temps de suspension, à l'apogée de sa course, devient le lieu où le narrateur renoue avec son désir, signifié dans le mouvement qu'il amorce pour prendre la main de Li Qi dans la sienne (*F*, p. 115). Ce temps d'arrêt au cœur de la poursuite montre « tous les points fictionnels, points de suspension qui dilatent à l'infini l'écart entre ce que nous désirons et ce que nous fuyons[49] ». Les brouillons de la scène font d'ailleurs apparaître explicitement cette dialectique, lorsqu'ils décrivent le narrateur, prenant la main de Li Qi, comme « conscient de l'instabilité du monde et de la précarité du vivant[50] ». La course-poursuite donne ainsi à voir, dans son suspens, une image – ou plutôt son tremblé – à peine apparue qu'aussitôt appelée à disparaître, celle d'un sujet en fuite, mû par l'exigence de la vitesse, au bord de la disparition, mais dont la course éperdue traduit aussi le caractère irréductible de son désir.

La scène de la course-poursuite à moto a fait l'objet d'une adaptation cinématographique, également réalisée par Jean-Philippe Toussaint[51]. Son scénario ne respecte pas à la lettre le canevas romanesque : par exemple, le court métrage ne se termine pas sur l'abandon du narrateur, comme c'est le cas dans la scène du roman, mais sur l'image du narrateur et de Li Qi dansant enlacés sur le ferry qui leur a permis d'échapper à leurs poursuivants[52]. Il ne s'agit pas pour Toussaint de transposer des images d'un medium à l'autre, mais de produire des effets de lecture qui mobilisent des enjeux similaires. À cet égard, l'intérêt de cette adaptation cinématographique réside dans son traitement du point de vue : dans le court métrage, la focalisation n'est évidemment plus déléguée au narrateur, elle appartient à la caméra qui le relègue au rang de simple personnage. Or, Toussaint ne met pas à profit la prétention du dispositif de captation de l'image à abolir la subjectivité (la caméra parviendrait à se faire oublier, prétendant saisir objectivement un réel qu'elle se limiterait à reproduire sans l'interpréter) pour donner l'illusion de reproduire la situation élocutoire du roman ; au contraire, il utilise toute une série de procédés qui ont pour fonction de rappeler le rôle de la caméra dans le processus d'élaboration de l'image : le rayon lumineux rudimentaire projeté dans les plans

---

49　Marie-José Mondzain, *Images (à suivre)*, *op. cit.*, p. 190.
50　Jean-Philippe Toussaint, « Brouillons avec corrections manuscrites. La fuite à moto », document disponible sur le site de l'auteur : www.jptoussaint.com (section « Fuir »), consulté le 12 juillet 2017.
51　*Fuir*, (s.l.d.), Jean-Philippe Toussaint, Les Films des Tournelles et Louis Vuitton Malletier, 2008.
52　[0 :11 :25].

rapprochés pour éclairer les visages des protagonistes en fuite[53], les effets de dérapage du cadre (les personnages glissent à certains moments au bord de l'image, menaçant de disparaître dans le hors-champ)[54], notamment. Le faisceau braqué sur les trois fugitifs matérialise le regard totalisant promu par le paradigme panoptique : la caméra traque les personnages du court métrage de Toussaint pour les rendre visibles ; il s'agit de tout voir et de tout montrer par l'entremise du dispositif optique[55]. L'effet aliénant engendré par la captation caméra à l'épaule redouble celui produit, du côté thématique, par les multiples caméras de surveillance[56] au moyen desquelles les trois protagonistes sont constamment observés, depuis leur fuite du bowling[57] jusqu'à leur course à moto dans les rues de Pékin[58]. Mais cependant que la présence du dispositif cinématographique est volontairement soulignée, le caractère chaotique de la captation et les heurts du point de vue de l'enchaînement des images donnent l'impression d'avoir affaire à un cadre en errance, lui-même pris dans le mouvement de la fuite. Le court métrage de Toussaint repose sur une problématisation de l'œil-caméra, qui est mis en défaut en même temps qu'est soulignée sa toute-puissance dans le processus d'élaboration de l'image. C'est en ceci que l'adaptation cinématographique rejoint la scène du roman : toutes deux procèdent d'une « situation élocutoire limite[59] », qui génère la fiction depuis la menace de sa propre disparition. L'enjeu est de préserver le tremblé de l'image,

---

53   [0 :05 :10], [0 :05 :45], [0 :06 :40], notamment.
54   [0 :06 :59], par exemple.
55   Toussaint transpose le dispositif du faisceau lumineux à l'écriture, dans une scène de *La Vérité sur Marie* où le cheval Zahir s'échappe, traqué par les phrases des voitures qui suivent sa course, « poursuivi par une ligne de lumière mobile et aveuglante, effrayante, éblouissante, comme une ligne de feu » (*VM*, p. 109-110). La présence du dispositif optique autorise à nouveau le surgissement d'une image qui paradoxalement à la fois suspend et donne à voir le mouvement de la fuite : « le corps puissant et noir de Zahir s'incarna dans la lumière des phares, *à la fois en plein galop et arrêté*, [...] comme s'il ressortait de la nuit où il s'était dissous » (*VM*, p. 108, je souligne). À la fin de *Football*, Toussaint opère lui-même le rapprochement entre ces deux scènes de suspension temporelle tandis qu'il évoque quelques-unes des images romanesques qui lui reviennent en mémoire : « C'est cette ligne de lanternes rouges et torsadées qui n'en finit pas d'accompagner la fuite à moto des personnages de *Fuir*, c'est le pur-sang Zahir qui galope, immobile, sur le tarmac de l'aéroport de Narita avant de disparaître dans la nuit et de se diluer lentement dans le souvenir » (*Fo*, p. 110).
56   La présence de ces caméras de surveillance est signifiée soit par des plans fixes en plongée sur lesquels figurent en surimpression un minutage, soit par l'image d'un homme filmé de dos faisant face à un mur recouvert d'écrans grâce auxquels il communique par téléphone la position des fugitifs à leurs poursuivants.
57   [0 :02 :55].
58   [0 :04 :30] et [0 :05 :24], notamment.
59   Lionel Ruffel, *Le dénouement, op. cit.*, p. 63.

d'empêcher qu'elle soit figée, épinglée par la chaîne signifiante, afin qu'elle figure, en même temps qu'elle le préserve, le mouvement dialectique qui anime le sujet aux prises avec son désir.

En s'inspirant des procédés propres à la technique cinématographique, l'écriture de Toussaint opère une déconstruction des cadres perceptif et représentatif qui sert de prélude à la figuration de la fluidité et du désordre d'un point de vue énonciatif au bord de sa propre disparition. L'écriture s'approprie le pouvoir de captation de la photographie et la vitesse du cinéma, pour faire émerger une image tout en conservant son mouvement, en évitant de la figer par les mots, de la statufier. Elle parvient de la sorte à surprendre une image où se lit le contour de l'objet du désir du sujet, saisi au moment même où celui-ci disparaît. En effet, l'essentiel ne réside pas dans ce que l'image donne à voir : il y a un indicible qui échappe à la figuration, mais vers lequel la suspension du mouvement de la poursuite pointe. Ce que l'image littéraire montre par l'emprunt à la dynamique cinématographique, c'est un sujet confronté à la fois à ce qu'il fuit et à ce qu'il désire, pris dans un mouvement qu'il s'agit de relancer pour lui éviter de finir.

6.4 Cadrage, saisie et révélation

Ortel note, à propos des outils de captation en général, que « le propre d'un dispositif est de maîtriser à la fois l'espace et le temps[60] ». Chez Toussaint, l'appareil photo, la baie vitrée et la caméra interviennent en tant qu'outils capables de circonscrire un fragment du flux spatio-temporel de l'existence. L'appareil photo prélève et fige l'instant ; il capte, en la fixant sur la pellicule, une réalité qui n'aurait pas été accessible à l'œil humain sans son intervention. La baie vitrée et la caméra, quant à elles, donnent à voir une image en mouvement qui a pourtant la particularité de suspendre l'ancrage du narrateur dans le cours de la vie. La représentation dont la présence du dispositif autorise l'élaboration devient l'écran sur lequel est exposé au regard du narrateur l'image de sa propre corporéité saisie dans la fugacité de l'instant ou, pour reprendre les mots de Toussaint, dans « la fulgurance de la vie » (*AP*, p. 113).

La présence du dispositif optique révèle ainsi le rapport qu'entretient le sujet contemporain avec le temps, un temps dont l'éphémère, à l'heure de l'incursion de la technologie et de l'information dans toutes les sphères de notre existence, semble être devenu la nouvelle modalité[61] et au service duquel

---

60 Philippe Ortel, *La littérature à l'ère de la photographie, op. cit.*, p. 96.
61 Christine Buci-Glucksmann, *Esthétique de l'éphémère, op. cit.*

œuvre l'exacerbation du visible promu par l'invention de la photographie et du cinéma. Ainsi le cliché fantasmé de *L'Appareil-photo* épingle-t-il un instant de la fuite du narrateur dans les escaliers du bateau pour donner à voir un présent en train de s'écouler, à peine saisi par le dispositif qu'appartenant déjà au passé, et figurer de la sorte le rapport problématique du sujet contemporain au temps : l'arrêt que la photographie virtuelle orchestre condense tout à la fois « l'élan furieux » qui anime le narrateur et « l'impossibilité qui le suivrait », une tension entre accélération et permanence, entre « présence » et « absence », entre vie et mort (*AP*, p. 112–113). L'image expose de la sorte l'angoisse d'un sujet pris dans la « fulgurance de la vie » et mobilisant toutes ses forces pour fuir un mouvement auquel il ne peut cependant se soustraire. De même, la représentation de la course-poursuite à moto dans *Fuir* et celle de la destruction apocalyptique de Tokyo dans *Faire l'amour* révèlent la détresse et l'isolement d'un personnage confronté à une réalité qu'il ne parvient pas à appréhender, une réalité à laquelle il se « heurte » ainsi que l'avoue le narrateur de *L'Appareil-photo* (*AP*, p. 14), perte de sens métaphorisée le plus souvent chez Toussaint par l'envahissement technologique de la mégapole (profusion d'écrans, de signaux sonores et lumineux, etc.), ainsi que par l'immensité et l'enchevêtrement de son réseau routier. Ces images littéraires reflètent la violence du rapport de « l'individu hypermoderne » au temps, individu qui, selon Nicole Aubert, dans le but de souscrire à la « quête d'intensité dans l'instant » qui anime son existence, cherche à maîtriser un temps qui dès lors le tyrannise[62].

Simultanément, toutefois, le recours au dispositif optique autorise l'élaboration d'une image qui, parce qu'elle est en mesure de saisir un instant de la fuite erratique du narrateur, l'arrache à la course effrénée de la vie. Par l'entremise de la baie vitrée, de la photographie fantasmée ou de l'œil-caméra, il s'agit pour le narrateur de Toussaint de se déprendre du mouvement du monde, de s'en maintenir à distance, c'est-à-dire d'échapper un bref instant à l'injonction d'immédiateté qui régit la conception du temps dans la société contemporaine, au profit d'un effet de suspension temporelle. Que ce soit dans la photographie arrachée à la course du narrateur de *L'Appareil-photo*, dans la description fantasmée de la ville à laquelle donne accès la baie vitrée de la piscine dans *Faire l'amour* ou dans l'image de la fuite à moto du narrateur de *Fuir*, la présence du dispositif optique ménage une sortie de l'espace-temps tel qu'il est traditionnellement perçu : dans ces trois scènes, le narrateur ne s'inscrit plus dans un temps chronologique et un espace euclidien ; le dispositif vient faire écran entre lui et le bouillonnement du monde et cet effet de coupure le

---

62   Nicole Aubert, « Un individu paradoxal », dans Nicole Aubert, (s.l.d.), *L'individu hypermoderne*, Toulouse, Érès, 2006, (« Sociologie clinique »), p. 11–24.

projette dans un temps et un espace en suspension, où il atteint un état proche de l'ataraxie.

Cette mise à distance ne l'empêche pas d'entretenir à l'égard de l'univers un profond sentiment de syncrétisme ; au contraire, l'écart maintenu entre lui et la réalité qu'il observe désormais depuis une position surplombante lui donne un accès privilégié à la conscience de sa propre individualité prise dans le mouvement du monde. Déjà présent dans les descriptions de la photographie virtuelle de *L'Appareil-photo*, le sentiment cosmique – « océanique[63] » dirait Freud – éprouvé lors de la course-poursuite à moto dans *Fuir* culmine dans les pages qui suivent le fantasme apocalyptique de la destruction de Tokyo dans *Faire l'amour*. Le narrateur s'est dévêtu et nage dans la piscine de l'hôtel ; son regard n'a toutefois pas quitté la baie vitrée, à travers les « multiples ouvertures » de laquelle il observe « le ciel immense dans la nuit » (*FA*, p. 51).

> J'avais le sentiment de nager au cœur même de l'univers, parmi des galaxies presque palpables. Nu dans la nuit de l'univers, je tendais doucement les bras devant moi et glissais sans un bruit [...] comme dans un cours d'eau céleste, au cœur même de cette Voie lactée qu'en Asie on appelle la Rivière du Ciel. [...] Je nageais comme en apesanteur dans le ciel, respirant doucement en laissant mes pensées se fondre dans l'harmonie de l'univers. J'avais fini par me déprendre de moi, mes pensées procédaient de l'eau qui m'entourait, elles en étaient l'émanation, elles en avaient l'évidence et la fluidité, elles s'écoulaient au gré du temps qui passe et coulaient sans objet dans l'ivresse de leur simple écoulement, [...] et je pensais, mais c'était déjà trop dire, non, je ne pensais pas, je faisais maintenant corps avec l'infini des pensées, j'étais moi-même le mouvement de la pensée, j'étais le cours du temps. (*FA*, p. 51–52)

L'ouverture de la baie vitrée plonge le narrateur au cœur de l'univers. Le sentiment de dépossession de soi est contrebalancé par l'impression qu'éprouve le narrateur de se fondre avec le « mouvement de la pensée » et, ce faisant, de devenir « le cours du temps ».

Selon Wajcman, la fenêtre, telle qu'elle a été dessinée à la Renaissance par Alberti, instaure « une distance impalpable qui met le spectateur à la fois au contact et en retrait du "spectacle mouvant"[64] » du monde. En vertu de cette fonction, la fenêtre devient un cadre qui ouvre sur le monde, mais qui en même temps le borne et qui, ce faisant, délimite le monde du sujet, le lieu

---

63 Sigmund Freud, *Le malaise dans la civilisation*, Paris, Points, 2010, (« Essais »).
64 Gérard Wajcman, *Fenêtre, op. cit.*, p. 10.

de son intimité : « La fenêtre importe à chacun, personnellement, à notre être intime, elle emporte, implique la façon dont nous nous tenons dans le monde au regard du monde, à l'écart du monde. Elle est aussi ce qui enferme notre intimité, ce qui permet qu'il y ait un lieu intime qui soit chez soi, qui soit soi[65] ». Il est d'ailleurs tout à fait significatif que Wajcman définisse l'intimité comme « une fenêtre ouverte au sujet et fermée à l'Autre[66] ». La fenêtre pose un cadre qui permet au personnage de Toussaint de se maintenir à distance de la temporalité linéaire et galopante qui régit la société actuelle, symbolisée par le grouillement nocturne incessant de la capitale japonaise, en même temps qu'elle lui donne accès, par l'écran qu'elle dresse entre ce personnage et le réel, à la représentation de sa propre corporéité prise dans le mouvement du monde et, de là, à celle de l'écoulement de ses pensées, autrement dit de son univers intérieur. Ainsi, la contemplation de l'image fantasmée élaborée à partir de l'effet de coupure produit par le dispositif optique engendre un sentiment d'ubiquité qui permet au narrateur de structurer son rapport subjectif au monde : depuis la position de retrait que lui ménage la fenêtre, il regagne une position d'énonciation autonome à partir de laquelle opérer la différence entre soi et le monde, ou plutôt accéder à la conscience de soi inextricablement soumis au mouvement du monde.

Contrairement à la définition que donne Xanthos du projet poétique de Toussaint[67], il ne s'agit pas pour le narrateur de renoncer à la conscience de soi pour accéder à l'expérience d'un réel qui lui échappe. Le réel, chez Toussaint, reste toujours hors de portée ; c'est ce qui justifie d'ailleurs que la réalisation effective du cliché pris dans les escaliers du bateau de *L'Appareil-photo* avorte : seul le détour par l'imaginaire – la photographie fantasmée – permet au narrateur de faire face à un réel qui s'impose à lui de toutes parts sans qu'il ne parvienne à lui donner du sens. Dès lors, à l'exact opposé de ce que soutient l'article de Xanthos, le retrait n'implique pas « une disparition de la part de raison et de la part de désir de l'être[68] », il ménage au narrateur la possibilité de se déprendre de « la fulgurance de la vie » (*AP*, p. 113) et de l'opacité du réel pour réinvestir de manière oblique, par le biais du fantasme, la trame signifiante. Là où Xanthos perçoit l'attention accordée dans ces scènes à la couleur ou à la « qualité de la lumière » comme une preuve de l'aptitude du réel à inviter le

---

65 *Ibidem*, p. 18–19.
66 Gérard Wajcman, cité par Christophe Meurée, « Temps de la résistance : résistance au temps », *L'esprit créateur*, 50 / 3, 2010, p. 85.
67 Nicolas Xanthos, « La poétique narrative et descriptive de Jean-Philippe Toussaint : le réel comme oubli de soi », *op. cit.*
68 *Ibidem*, p. 101.

narrateur à « l'oubli de soi[69] », il faut considérer que l'accumulation et l'agencement de ces détails descriptifs témoignent de l'investissement subjectif de ce personnage à l'égard de l'image qu'il élabore.

Christophe Meurée confirme cette hypothèse : pour lui, l'œuvre de Toussaint est exemplaire du fait que, dans une culture qui privilégie l'immédiateté et l'éphémère, « le passage (imaginaire, fantasmatique, romanesque) par un temps suspendu est devenu une nécessité pour pouvoir relancer un temps propre qui serait celui du désir[70] », parce que « l'acte d'énonciation suppose une mise à distance de soi à soi », un écart, que l'immédiat annule ; paradoxalement, il faut donc en passer par « un temps qui rompt le cours linéaire du temps » pour restaurer la temporalité indispensable au processus de subjectivation[71]. Ainsi, la reconquête de soi, l'expression de l'intime nécessitent pour le protagoniste de Toussaint l'élaboration d'une image fantasmatique capable de donner à voir le cours du temps.

Les images littéraires dont l'élaboration est chez Toussaint permise par le recours aux dispositifs optiques peuvent dès lors être rapprochées du concept d'« image-temps », tel qu'il a été développé par Deleuze[72]. Le philosophe français élabore cette notion à partir des grandes thèses de Bergson sur le temps. Ce dernier estime que le présent est toujours dédoublé, parce qu'il doit nécessairement être en train de passer pour qu'advienne un nouveau présent. Grâce aux nouvelles techniques de représentation modernes (la photographie et le cinéma – notamment), cette scission entre un présent en train de passer et un passé qui perdure dans le présent devient représentable.

C'est là, selon Deleuze, le propre de l'image-temps. Il invente ce concept pour rendre compte de la mutation opérée dans le cinéma au milieu du XXe siècle, heure à laquelle s'épuise la dominante actionnelle du récit cinématographique, tandis que l'homme, confronté aux cicatrices indélébiles des événements qui ont marqué la première moitié du siècle, prend progressivement conscience de sa propre finitude. Au fait du bouleversement idéologique amorcé et de ses répercussions sur le paradigme de la représentation, certains cinéastes explorent de nouvelles voies d'expression du sujet. Deleuze qualifie ce nouveau régime de « cristallin », par opposition à ce qu'il appelle le régime « organique » de l'image, c'est-à-dire celui d'un récit cinématographique qui tourne essentiellement autour de l'action. Dans la représentation cristalline, au contraire, la fable ne s'organiserait plus autour du déroulement linéaire d'une

---

69   *Ibidem*, p. 83.
70   Christophe Meurée, « Temps de la résistance : résistance au temps », *op. cit.*, p. 84.
71   *Ibidem*, p. 90.
72   Gilles Deleuze, *L'image-temps, op. cit.*

série de tensions et de leurs résolutions, mais viserait plutôt leur épuisement. Ce n'est pas que l'action déserte la scène romanesque, mais que le rapport de subordination traditionnellement établi, nous dit Deleuze, entre image-mouvement et image-temps s'inverse au profit de cette dernière : la situation purement optique et sonore passe au premier plan, « la caméra ne se contente plus [...] de suivre le mouvement des personnages, [...] elle subordonne la description d'un espace à des fonctions de la pensée[73] ». L'image subjective – « souvenirs d'enfance, rêves ou fantasmes auditifs et visuels » – n'est plus au service de l'action mais se met à valoir pour elle-même.

La description de la photographie fantasmée de *L'Appareil-photo*, celle de la piscine de *Faire l'amour*, ainsi que celle de la course-poursuite de *Fuir* opèrent un retournement semblable à celui que Deleuze identifie à propos du cinéma : elles déjouent les codes représentatifs du récit traditionnel, en privilégiant l'élaboration d'une image littéraire qui donne à voir une réalité qui ne lui préexiste pas. Le sentiment de suspension des impératifs spatio-temporels qui en résulte – rendu justement possible par le recours aux dispositifs de captation de l'image – permet au narrateur-personnage de se déprendre du flux de la vie auquel il ne peut normalement se soustraire[74] et d'accéder à une position depuis laquelle il est en mesure de contempler l'image éminemment subjective du passage du temps sur son être. Devant la baie vitrée ou la photographie imaginaire, le narrateur se fige et la représentation fantasmatique se met à se mouvoir devant ses yeux. Il parvient de la sorte à « s'extraire du mouvement trop agité du monde en vue de préserver son désir[75] ».

Ainsi, dans l'œuvre de Jean-Philippe Toussaint, le dispositif de captation de l'image résiste, en même temps qu'il le révèle, au phénomène d'écoulement temporel dans lequel est pris le sujet. Son utilisation relève d'une stratégie narrative visant à forger une « image-temps » littéraire, pour « rendre sensibles le temps, la pensée, les rendre visibles et sonores[76] », donner à voir deux flux, généralement gommés par leur propre fulgurance : « C'est le cours qui est beau, oui, c'est le cours, et son murmure qui chemine hors du boucan du monde. » (*AP*, p. 94) Le phénomène de réflexion qui s'en dégage est double : confrontée à l'image de sa propre personne pris dans le cours du temps, la pensée du narrateur fait retour sur elle-même et accède à la conscience de soi dans le monde.

---

73   *Ibidem*, p. 35.
74   Le narrateur exprime cette emprise notamment de la manière suivante : « me trouvant désormais dans l'incapacité de m'extraire de cette réalité de pierre qui m'entourait de toutes parts, je voyais à présent mon élan comme un surgissement de forces arrachantes à jamais prisonnier de la pierre » (*AP*, 56).
75   Christophe Meurée, « Temps de la résistance : résistance au temps », *op. cit.*, p. 85.
76   Gilles Deleuze, *L'image-temps*, *op. cit.*, p. 29.

Jean-Philippe Toussaint use donc de ces dispositifs de captation de l'image comme d'un subterfuge pour résister au caractère insoluble du moi comme à la part perdue du réel qui échappe éternellement au sujet qui voudrait la saisir. Par le biais du dispositif photographique, de la baie vitrée et de l'œil-caméra, sa poétique narrative fait tour à tour apparaître l'angoisse et l'attitude contemplative, voire exaltée, du narrateur face au temps, au travers desquelles se devine la multiplicité d'un sujet en constante transformation. L'image captée par le dispositif optique se fait ainsi à la fois reflet de la propension de la société contemporaine à l'immédiateté et moyen de lutter contre cette sacralisation de l'instant, lorsque la stratégie d'épuisement du cadre spatio-temporel et des impératifs actantiels dont cette image dépend cherche à épingler l'instabilité de l'être dans les « modulations infimes[77] » du temps, « comme on immobiliserait l'extrémité d'une aiguille dans le corps d'un papillon vivant. Vivant. » (*AP*, p. 127)

---

[77] Christine Buci-Glucksmann, *Esthétique de l'éphémère, op. cit.*, p. 65.

CHAPITRE 7

Narration *camera obscura*

7.1 Cinéma et mise en abyme

Le cinéma, du grec *kinêma*, est un art du « mouvement », de la vitesse. Avec l'apparition du cinéma, la photographie s'anime ; comme le cliché posé sur le piano dans *Insoupçonnable*, elle « gagn[e] maintenant en profondeur, en relief, s'invent d'un seul coup une troisième dimension » (*I*, p. 58–59). Se succédant à raison d'une vitesse de vingt-quatre images par seconde, elle semble soudain prendre vie. L'automatisme de la caméra donne par ailleurs l'impression que ce mouvement s'auto-génère : « le cinéma comme art industriel atteint à l'auto-mouvement, au mouvement automatique, il fait du mouvement la donnée immédiate de l'image. Un tel mouvement ne dépend plus d'un mobile ou d'un objet qui l'exécuterait, ni d'un esprit qui la reconstituerait. C'est l'image qui se meut elle-même en elle-même[1] ». Contrairement à l'image picturale ou à l'image photographique qui, parce qu'elles sont « immobiles en soi », obligent l'esprit à « "faire" le mouvement[2] », l'image cinématographique produit elle-même le mouvement et le donne à voir au spectateur, sans que celui-ci ait besoin de participer à son exécution. Il pourrait dès lors demeurer passif vis-à-vis de l'image et être, presque malgré lui, captivé par son automatisme.

Loin de remettre en cause le changement de paradigme représentatif amorcé par l'invention de la photographie (*cf.* 3.1.1), le cinéma renforce la primauté du référent au détriment du geste créateur. La caméra dépossède en effet l'artiste de sa position d'énonciation pour donner l'impression de saisir et de retransmettre *immédiatement* (de manière instantanée et sans médiation) le cours de la vie, là où la photographie n'en captait qu'un instant. Cet effet de transparence absolue du dispositif cinématographique à l'égard du réel qu'il s'efforce de représenter justifie l'idée, défendue par les premiers cinéastes et penseurs du septième art, selon laquelle l'image cinématographique occasionnerait un « choc » cognitif auquel celui qui la regarde ne pourrait échapper : le cinéma serait « l'art des "masses" », parce qu'il n'a pas besoin de faire appel aux facultés interprétatives du spectateur pour lui « imposer le choc[3] » et mobiliser son affectivité, sa subjectivité.

---

1 Gilles Deleuze, *L'image-temps, op. cit.*, p. 203.
2 *Ibidem*.
3 *Ibidem*, p. 203–204.

Bien que cette foi dans la transparence et les capacités de transmission du dispositif cinématographique ait considérablement décru à l'heure de ce que Deleuze identifie comme l'essoufflement du régime de l'image-mouvement (*cf.* 3.1.4), l'automatisme du mouvement produit par l'outil-caméra incite aujourd'hui encore à croire que l'image cinématographique peut *tout voir et tout montrer*. Laisser transparaître le réel sans avoir l'air d'y toucher, telle est la prétention de l'image cinématographique à laquelle tente de souscrire, peut-être malgré elle, l'écriture de Viel, ainsi que l'auteur le confie dans un entretien : « C'est ça [...] qui est terrible avec le cinéma, c'est que c'est le premier moyen inhumain, si je puis dire, de représenter les choses. Cette inhumanité-là personnellement me fascine : quelquefois je crois même qu'écrire ce serait arriver à ça, à l'inhumain, cesser de s'interposer entre le langage et les choses[4] ». Cette citation postule la capacité de la représentation cinématographique à se départir de toute intervention humaine pour coïncider exactement avec son référent. L'auteur s'avoue « fasciné » par l'« inhumanité » du dispositif, autrement dit par l'automatisme de son mécanisme, qu'il conçoit comme un idéal vers lequel devrait tendre l'écriture pour dénaturer le moins possible l'objet qu'elle s'efforce de représenter. Comme chez Toussaint (*cf.* 3.1.1), on retrouve chez Viel une croyance dans le pouvoir d'exacerbation du visible des dispositifs de représentation modernes. La tentation de transposer dans l'écriture l'absolue transparence de l'image cinématographique explique la dimension visuelle extrêmement marquée de ses romans, dont rend notamment compte la diversité des procédés d'écriture convoqués dans le but de reproduire les effets de figuration propres à l'image cinématographique.

A priori assigné au rôle de raconteur d'une fiction qui se joue malgré lui, le narrateur de Viel apparaît cependant rapidement impliqué au cœur du mécanisme de révélation de l'image. Son point de vue régit le déroulement de la scène et en délimite le cadre, lequel se délite lorsque le regard du narrateur perd son point de focale et se condamne à l'errance ; l'image se fige, se transforme, opère de brusques sauts temporels, suivant le rythme des pensées de celui qui raconte. La narration se fait *camera obscura* : elle enregistre les données d'un réel qu'elle ne peut manquer de transformer, alors qu'elle prétendait en révéler par les mots la puissance visuelle.

Cinéma, puisqu'il revendique explicitement sa relation avec le septième art par un procédé de mise en abyme, en constitue un parfait exemple. Le roman met en scène un narrateur qui prend pour objet de son récit un film – *Sleuth* (*Le limier*, 1972) – au visionnage duquel il voue la totalité de son existence (*cf.* 1.1.5) et dont il entreprend de raconter l'histoire. Bien qu'il puisse sembler

---

4 Tanguy Viel, dans Thierry Guichard, « Insoupçonnable : entretien avec Tanguy Viel », *op. cit.*

légitime de le classer dans la catégorie des novellisations[5], il apparaît rapidement que l'intérêt du deuxième roman de Viel ne réside pas dans le processus d'adaptation du dernier film du cinéaste Joseph Mankiewicz, mais dans l'acte de mise en récit. Contrairement à une adaptation classique qui dispenserait le lecteur ou le spectateur de faire l'expérience de l'œuvre originale (l'adaptation, reprenant à quelques variations près la fable originale, se suffisant à elle-même), le roman de Viel ne se limite pas à reproduire l'œuvre cinématographique dans un support littéraire. À l'inverse, la reconstruction décousue à laquelle se livre le narrateur, les commentaires dont il ponctue incessamment son récit et l'investissement affectif maximal de ce personnage à l'égard du film de Mankiewicz ont pour effet de brouiller la cohérence de l'intrigue originale et de rendre difficile, surtout dans la première partie du roman, la compréhension de celle-ci. Le narrateur de Viel ne raconte pas une histoire, mais l'expérience du visionnage répété d'un film sur son être.

L'investissement affectif du narrateur de *Cinéma* à l'égard de son récit est attesté dès les premières pages du roman, par la fréquence des procédés de correction et de gradation, caractéristiques de l'écriture de Viel[6]. Dès l'*incipit*, le narrateur suggère d'ailleurs, de manière indirecte, l'enjeu de sa propre participation dans le processus d'élaboration du récit :

> le détective, la voix *prêtée* au détective, raconte une histoire sordide [...] beaucoup d'assurance dans la voix, mais ce n'est pas vraiment la voix du détective, je l'ai déjà dit, c'est une voix *prêtée* par quelqu'un a un détective imaginaire, cela on le sait tout de suite, parce que la voix dit : « déclara le détective », alors on sait que le détective n'est pas là, mais que c'est une histoire racontée par quelqu'un. [...] Celui-là qui raconte l'histoire [...] continue l'histoire lui-même, [...] il se met à raconter la suite, comme s'il *inventait*, au fur et à mesure qu'il parle (*C*, p. 11–12, je souligne).

L'effet de mise en abyme révèle la place que le narrateur occupe au sein du roman de Viel. En attirant l'attention du lecteur sur la fonction de cette voix « prêtée » au détective dans le film de Mankiewicz, il souligne indirectement son propre rôle vis-à-vis de la fiction : il est celui qui entend prêter sa voix, se faire le porte-voix des personnages du cinéaste. Plus encore : cette description de la scène liminaire de *Sleuth* annonce qu'il est celui qui raconte et qui,

---

5 Voir notamment l'article de Sjef Houppermans paru dans un volume consacré au genre de la novellisation (Sjef Houppermans, « Cinéma avec Tanguy Viel », *op. cit.*).
6 Voir à ce sujet Alice Richir, « Hétérogénéisation de l'énonciation dans l'œuvre de Tanguy Viel », *op. cit.*

assumant la charge de la narration, (ré)invente la fiction « au fur et à mesure qu'il parle ». Ce faisant, le narrateur de Viel atteste sa présence au cœur même du récit et laisse présager de son implication affective à l'égard de celui-ci (le lecteur devine qu'il n'a pas affaire à un narrateur qui agirait comme une interface effacée, neutre, vis-à-vis de la fiction qu'il est chargé de transmettre). Son investissement est renforcé par le surgissement du « je » – « je l'ai déjà dit » – dont c'est la première occurrence dans le roman.

La présence du « je » devient d'ailleurs de plus en plus envahissante à mesure que le roman progresse : ce que « on » sait ou ce que « on » ignore cède progressivement la place à ce que « je » ressens, ce que « je » interprète, ce que « je » affirme. Le narrateur qui prétendait initialement n'être qu'un simple passeur – une voix anonyme, chargée de transmettre un récit – s'affiche bientôt comme le détenteur du sens de la fiction cinématographique, sens qu'il se donne la responsabilité de révéler et même de diffuser. Ses propos s'apparentent parfois presque à un discours de propagande. À propos du costume porté par le personnage de Milo Tindle, il affirme par exemple :

> malgré tout c'est une faute de goût, ce costume, un effet de style raté. Je précise cela, ce n'est pas évident pour tout le monde, je le sais, des gens qui pensent que ce costume est seyant, j'ai vu des gens penser et dire à haute voix, pendant, le film, dire que Milo avait de la classe, mais alors [...] ce sont des gens sans goût d'une part, sans discernement d'autre part, parce que, je le répète, c'est entièrement fait exprès pour qu'on trouve ça laid et maladroit. (C, p. 20)

Aux yeux du narrateur, son interprétation prévaut sur toutes les autres. Il est celui qui détient la vérité de *Sleuth*. Il en va d'ailleurs de même à propos de la qualité du film de Mankiewicz, dont il est en quelque sorte le garant : « il y a des gens qui ne trouvent pas ce film formidable, comme si le doute était seulement possible, comme si la discussion avait lieu d'être, pas formidable, mais passons » (C, p. 26). Le rôle qu'il s'est attribué est d'éviter à tout prix ce genre de jugement négatif : « je n'aurais pas été là, je ne les aurais pas aidés à comprendre certaines finesses, peut-être ils penseraient encore que ce film n'est pas formidable » (C, p. 29).

Oublieux des bords de l'image, la position d'autorité qu'il s'arroge de la sorte à l'égard du film ne lui permet à aucun moment d'interroger le fonctionnement de l'illusion fictionnelle dans laquelle il est lui-même pris. À aucun moment il ne se demande comment le film de Mankiewicz peut avoir un tel impact sur lui, il n'interroge jamais le pouvoir de fascination de l'image ; au contraire, il condamne tous ceux qui ne trouvent pas *Sleuth* aussi formidable que lui, qui ne sont pas captivés avec la même intensité que lui par l'image. Certes, le texte de Viel rend apparents les mécanismes de la fiction, par le double jeu de mise en abyme qu'il orchestre (puisque *Cinéma* est une fiction qui raconte une fiction qui elle-même met en scène une autre fiction ; on a donc affaire à un enchâssement triple), et il invite de la sorte inévitablement à une réflexion sur les enjeux du dispositif fictionnel (à propos de sa capacité à susciter l'immersion du spectateur, par exemple, ou encore vis-à-vis du caractère inexorable de sa mécanique). Cependant, cette dimension méta ne procède pas de la réflexion du narrateur, mais de son degré d'implication dans la fiction.

Houppermans montre d'ailleurs très bien comment le narrateur de *Cinéma* « est intentionnellement aveugle[7] » à tous les procédés de théâtralisation mis en œuvre par Mankiewitz. Par exemple, à aucun moment le narrateur ne mentionne le générique de *Sleuth*, qui a pourtant la particularité d'être composé d'un enchaînement de peintures de plateaux de théâtre se succédant sur une musique de cirque, et qui s'achève par un plongeon de la caméra au cœur du dernier tableau pour introduire la première scène du film. Cette mise en évidence du cadre théâtral – matérialisé par la représentation des éléments architecturaux qui délimitent l'espace scénique (rideau, colonnes, loges) – rappelle, d'une part, que le film est une adaptation d'une pièce d'Anthony Shaffer et annonce, d'autre part, l'effet d'enchâssement de la fiction dans la fiction autour duquel gravite toute l'intrigue du film. Pour accentuer encore davantage la virtuosité du jeu de semblant et de redoublement des possibles auquel il se livre, Mankiewicz fait par ailleurs réapparaître les tableaux présents dans le générique plus tard dans le film, au moment où Andrew Wyke fait visiter à Milo Tindle sa cave aux costumes et l'oblige à se grimer en clown. Or, le narrateur de *Cinéma*, bien qu'il prétende livrer du film une description exhaustive, passe sous silence ce travail de montage et de jeux d'écho. Il fait également l'impasse sur le fait que six acteurs sont crédités dans le générique du film, alors que deux seulement apparaissent à l'écran (les quatre autres noms sont des créations du cinéaste destinées à renforcer le pouvoir du masque et du double).

Pour Houppermans, le narrateur de Viel « omet volontairement de mentionner » la théâtralisation de l'image, renonçant à la neutralité de sa position au profit de « sa relation intime[8] » avec *Sleuth*. Contrairement à ce qu'affirment Clerc et Carcaud-Macaire, on ne peut parler à aucun moment de la « distance

---

7 Sjef Houppermans, « Cinéma avec Tanguy Viel », *op. cit.*, p. 144.
8 *Ibidem.*

critique[9] » du narrateur. À l'inverse, c'est justement parce que ce personnage adhère complètement à la fiction de Mankiewicz, au point de s'y fondre, de se confondre avec l'objet de son admiration (« Andrew et moi, Milo et moi, ça fusionne, ça fond à cause de la parole, à cause de la profération », C, p. 85), qu'il rend visible l'illusion et en interroge les pouvoirs.

Outre l'investissement affectif maximal du narrateur sur la scène discursive, un obstacle empêche également le récit de prendre la forme d'une novellisation classique : la résistance de la fiction cinématographique à être mise en mots. Lucide quant au caractère irréductible du réel, Viel construit un narrateur qui va se heurter « jusqu'à l'épuisement », jusqu'à la « maladie », à un impossible en cherchant confusément et en vain à « ramener l'image, les images, à hauteur de sa langue à lui[10] ». Rapidement, en effet, la profonde sagacité que le narrateur se flatte de posséder vis-à-vis du film de Mankiewicz ne l'empêche pas de reconnaître que certaines choses lui échappent : « Et je dois dire : encore aujourd'hui il y a des choses dans ce film qui restent un mystère pour moi » (C, p. 16), « c'est une chose que je n'ai pas fondamentalement résolue » (C, p. 23). Invariablement, ses hypothèses de lecture se heurtent à un impossible à dire : il y a quelque chose dans l'image que son discours ne parvient pas à traduire. Cette résistance se manifeste à travers divers procédés d'écriture chers à Viel, qui ont pour objectif de briser la linéarité du discours narratif et de court-circuiter de la sorte la clarté du scénario. L'idéal de lisibilité, défendu initialement par le narrateur, est rapidement malmené par la profusion des figures de correction et de répétition, ainsi que par les digressions du narrateur. Ces procédés s'amplifient à mesure que le roman avance et deviennent particulièrement prégnants dans la seconde moitié du roman. Le narrateur, qui affirme vouloir respecter la chronologie du film de Mankiewicz, finit pourtant par la mettre complètement à mal : « C'est là où je suis forcé de reprendre l'histoire complètement, parce qu'il y a trop d'éléments étrangers [...] qui tombe[nt] là d'on ne sait où, dans ma version à moi » (C, p. 103). Il ressasse certains épisodes, anticipe certaines scènes, en passe d'autres sous silence pour y revenir ultérieurement. Bégaiements, reprises, corrections, digressions (« Mais je m'éloigne, je parle, et le film n'avance pas », C, p. 40) et autres figures qui attestent les manquements de son récit sont autant de soubresauts imposés au rythme du scénario, autant d'accros opérés dans la trame narrative de *Sleuth*.

---

9   Jeanne-Marie Clerc, Monique Carcaud-Macaire, *L'adaptation cinématographique et littéraire, op. cit.*, p. 192.
10 Tanguy Viel, « Éléments pour une écriture cinéphile », *op. cit.*, p. 265.

Sa volonté de faire comprendre au mieux le film est également invalidée par l'abondance de détails que le narrateur juge « sans importance » ou au contraire « capita[ux] » (C, p. 22) pour saisir toute la subtilité de l'intrigue, mais que, dans un cas comme dans l'autre, il estime nécessaire de rapporter le plus fidèlement possible : « Si j'étais raisonnable, j'arrêterais de gaspiller, comment dire, de la pellicule vocale, mais ce n'est pas mon film, alors [...] je préfère tout expliquer » (C, p. 43). La profusion de ces détails crée un effet de surcharge qui altère la clarté du discours narratorial et renforce le caractère impossible de l'entreprise de transcription dans laquelle s'est lancé le personnage :

> Donc Andrew Wyke pose des questions à Milo Tindle sur son statut et sur ses origines, des questions dont il connaît les réponses, mais le spectateur qui regarde le film pour la première fois ne connaît pas les réponses, et Milo, aux premières loges, premier spectateur devrais-je dire, ne sait pas qu'Andrew connaît les réponses, j'espère être assez clair jusqu'ici. Milo, forcé de répondre aux questions d'Andrew, se met à résumer son passé : sa mère, fille d'un fermier, fervente catholique, son père italien, émigré d'Angleterre, mais qui ne s'appelait pas Tindle, non, il s'appelait Tindolini, et ça fait partie des détails qu'il faut impérativement percevoir, ce fait que Tindle père a dû changer son nom pour devenir anglais, parce que Tindolini, c'est un nom juste bon pour vendre des glaces, précise Milo. (C, p. 18)

Le narrateur confond le spectateur du film et le personnage de Milo, par un mécanisme de projection-identification qui semble paradoxalement à la fois s'exercer de l'univers diégétique vers le film et du film vers l'univers diégétique (Milo étant réduit, de par son ignorance, à occuper selon le narrateur la position de spectateur d'une scène qui se joue à ses dépens). En se situant en opposition à cette position de non-savoir, le narrateur s'attribue la posture omnisciente occupée, à ce moment du film, par le personnage d'Andrew. La confusion entre réalité et illusion est totale. Outre la syntaxe chaotique, la surabondance de détails et de précisions, en mimant jusqu'à son paroxysme le langage oral, participe à l'entreprise de déconstruction de la logique du récit[11].

---

11 Jeanne-Marie Clerc et Monique Carcaud-Macaire, qui consacrent une partie de leur ouvrage *L'adaptation cinématographique et littéraire* à l'analyse du deuxième roman de Viel, ajoutent à ces procédés destinés à miner la lisibilité de la fiction intradiégétique le flottement dans la manière qu'a le narrateur de rapporter les paroles des personnages de Mankiewicz : les citations du film sont parfois traduites, parfois restituées dans leur version originale, présentées tantôt entre guillemets, tantôt en italiques, ce qui a selon elles pour effet de brouiller les repères entre discours cité et discours citant, signifiant une fois de plus par ce jeu de brouillage la difficulté pour le narrateur de transcrire l'image cinématographique (Jeanne-Marie Clerc, Monique Carcaud-Macaire, *op. cit.*, p. 184–185).

Elle parasite la compréhension du scénario du film, dont il devient extrêmement difficile de reconstruire la trame, ce que dénonce ironiquement au milieu de l'extrait le souci qu'exprime le narrateur à l'égard de l'intelligibilité de ses explications – « j'espère être assez clair jusqu'ici ».

L'originalité de la novellisation de Viel réside dans cette mise en échec du processus d'adaptation : ce que *Cinéma* fait apparaître, c'est la résistance de l'œuvre cinématographique à se laisser transposer en texte littéraire. Le personnage de Viel annonce d'ailleurs très lucidement la faillite de son projet lorsqu'il déclare, dès le début du roman : « Non, tout ça, c'est vanité de faire parler les images » (*C*, p. 43). Bien qu'il les sache vouées à l'échec, le narrateur réitère ses tentatives : « dire que certains ne trouvent pas ça formidable, cette expression si stupide, pas ça formidable, ça, Sleuth, le plus grand parmi les grands, comme si on pouvait tolérer l'emploi d'un seul mot à l'égard de Sleuth, d'un seul mot quand je m'évertue à déployer une palette entière pour lui rendre justice » (*C*, p. 118). Souscrivant à un topique qui sous-tend depuis leur naissance les relations entre arts de l'image et littérature – la faillite du verbe, l'insuffisance du langage face à la représentation graphique –, le narrateur de *Cinéma* dénonce la pauvreté des mots vis-à-vis de leurs référents et emploie, dans la réponse qu'il propose pour y suppléer, un vocabulaire significativement emprunté à l'univers pictural : à la médiocrité du langage commun, il oppose une « palette entière » d'expressions, il décline son discours en différentes nuances, afin de rendre compte au mieux des multiples tonalités du film dont il dresse le portrait[12]. La réécriture rend ainsi apparent le processus d'appropriation de l'œuvre cinématographique et la difficulté de représenter quelque chose qui est déjà de l'ordre de la représentation : le langage véhicule une vision du monde, une analyse de la réalité, qui est sensiblement différente de celle transmise par l'image ; toute adaptation d'un medium à l'autre repose sur une perte irréductible, que le texte de Viel rend tout à fait apparente. C'est précisément du côté de cette perte que le regard du narrateur s'attarde, fasciné par cette dimension du visuel qui ne se laisse pas rapatrier vers le langage écrit.

Le roman de Viel repose sur la mise en scène du rapport ambivalent que le narrateur entretient avec l'image : d'une part, la fascination de ce personnage pour le film de Mankiewitz dénonce la manière dont l'exigence de visibilité conditionne l'espace cognitif du sujet contemporain, mais, d'autre part, *Sleuth* devient aux yeux du narrateur une image capable de lutter contre cette préséance du visible parce qu'elle ne se laisse pas réduire à une lecture totalisante.

---

12   Portrait rendu d'autant plus légitime que le narrateur ne considère plus seulement le film comme un produit cinématographique mais bien comme « un ami » (*C*, p. 96), ce qu'atteste notamment l'absence d'italiques qui personnalise à de nombreuses reprises l'œuvre de Mankiewicz.

L'envahissement de la technologie et de l'information, à l'heure de la mondialisation, a en effet donné lieu à un horizon perceptif saturé d'images ; omniprésente, abondante, éphémère, « l'image-flux » est devenue la nouvelle modalité à travers laquelle l'être humain appréhende l'espace et le temps[13]. Dans une société qui semble avoir érigé le modèle panoptique comme manière ultime d'appréhender le monde, il s'agit de tout voir et de tout montrer, dans un régime de l'immédiateté. Le cinéma et, sur un autre mode, la télévision participent à cette mutation du régime de visibilité, parce qu'ils souscrivent au désir effréné de voir du spectateur, en le plaçant dans la posture d'un « sujet tout-percevant[14] » qui épie, depuis le fauteuil qu'il occupe dans une salle obscure, sans être vu. Le narrateur de *Cinéma*, avouant ne vivre que pour et par *Sleuth*, incarne jusqu'à la maladie (la « cinéphagie[15] » écrit Viel) cette aliénation du spectateur contemporain au pouvoir de séduction de l'image : oublieux de sa propre réalité, désireux de tout voir du film et jaloux de n'être pas le seul à jouir de cette prérogative, il n'envisage le monde qu'à travers le filtre de l'image cinématographique, « Tel un cyclope, qui, pour un peu de lumière, est prêt à oublier son corps et à dévier son désir pour le projeter dans l'espace imaginaire du film[16] ». Néanmoins, aussi puissante que puisse être l'aliénation du narrateur à l'image cinématographique, à aucun moment leur face-à-face ne réduit le personnage au silence ou à la passivité, ainsi que s'y emploient l'industrie du spectacle et le régime de sursaturation d'images qui inhibent, selon Mondzain, le spectateur, en faisant du verbe voir « un infinitif sans sujet, c'est-à-dire une opération organique qui absorbe le regard dans les objets qu'il consomme et qui le consument[17] ». Au contraire, la réflexivité du regard que le narrateur de Viel porte sur l'écran fait de celui-ci le lieu de sa propre apparition subjective.

7.2 Faire tableau

7.2.1 *Le blanc*

Dans le face-à-face du narrateur avec *Sleuth*, l'image cinématographique renvoie en effet au narrateur quelque chose de lui-même. L'acte de voir n'est pas envisagé comme s'exerçant de manière unilatérale ; il se déplie et déploie une

---

13 Christine Buci-Glucksmann, *Esthétique de l'éphémère*, op. cit.
14 Christian Metz, *Le signifiant imaginaire*, Paris, Union Générale d'Éditions, 1977.
15 Tanguy Viel, « Éléments pour une écriture cinéphile », *op. cit.*, p. 265.
16 Charles Perraton, « Au regard de la fiction : voir, savoir et pouvoir au cinéma », dans *Recherches en Communication*, 10, p. 203.
17 Marie-José Mondzain, *Homo spectator, op. cit.*, p. 13.

réflexivité dont Didi-Huberman fait l'objet de l'ouvrage *Ce que nous voyons, ce qui nous regarde* :

> chaque chose à voir, si étale, si neutre soit-elle d'apparence, devient *inéluctable* lorsqu'une perte la supporte – fût-ce par le travers d'une simple association d'idées, mais contraignante, ou d'un jeu de langage –, et, de là, nous regarde, nous concerne, nous hante[18].

Voir n'équivaut pas à poser sur le réel un regard visant à réduire ses objets à une série d'évidences tautologiques[19]; la chose à voir n'est pas seulement regardée, elle n'est vue qu'en tant que le sujet qui lui fait face se sent regardé par elle. Cette fonction constituante du regard repose sur l'existence d'un point inassimilable, une tache[20], qui s'apparente au trou que Lacan inscrit au cœur du tableau. En effet, pour qu'il y ait tableau, affirme Lacan dans *Le séminaire XI*, il faut que le sujet soit appelé, captivé, par l'image qui le regarde ; le tableau « rend la dérobade perceptive impossible : injonction impitoyable de regarder la "chose"[21] ». La peinture est un « piège à regard[22] » ; elle regarde le voyeur de manière à ce que lui-même se fonde dans le tableau[23]. Ce pouvoir de fascination, que Didi-Huberman étendra à l'image en général, dépend d'un point aveugle : « il y a quelque chose dont toujours, dans un tableau, on ne peut que noter l'absence – au contraire de ce qu'il en est dans la perception[24] ». Ce point, situé à l'endroit où le spectateur projette le faisceau de son regard sur la peinture[25], révèle que le tableau n'est jamais une fenêtre transparente sur le monde, mais un écran, où doit se repérer le sujet happé par la nature insaisissable de ce point, de cette tache irréductible en termes de vision.

Cette part de l'image qui ne se laisse pas appréhender, c'est le blanc de la fresque de Fra Angelico auquel s'intéresse *Devant l'image*. Dans cet essai, Didi-Huberman interroge, à travers l'histoire de la philosophie et de l'art, les différents paradigmes qui ont mené au cours des siècles à la production

---

18 Georges Didi-Huberman, *Ce que nous voyons, ce qui nous regarde*, op. cit., p. 13.
19 *Ibidem*, p. 51.
20 « il y a dans l'image elle-même un manque, noté par Lacan –*phi*, véritable punctum caecum » (Paul-Laurent Assoun, *Le regard et la voix*, op. cit., p. 85).
21 *Ibidem*, p. 116.
22 Jacques Lacan, cité par Paul-Laurent Asssoun, *Le regard et la voix*, op. cit., p. 117.
23 Jacques Lacan, « Qu'est-ce qu'un tableau ? », dans *Le séminaire, livre XI : les quatre concepts fondamentaux de la psychanalyse*, op. cit., p. 120–135.
24 *Ibidem*, p. 99.
25 *Ibidem*, p. 123.

d'un savoir sur la représentation en Occident. Il rappelle comment l'histoire de l'art s'est formalisée à partir des thèses de Giorgio Vasari et de la métaphysique de Federico Zuccari, et affirme que cette discipline a progressivement relégué le paradigme visuel qui soutenait l'art de la représentation depuis le christianisme au profit d'une exigence toujours plus accrue d'exposer et de décortiquer toutes les facettes du visible, dictée par le culte croissant de l'exactitude et de l'information. Gageant qu'il s'agit d'un modèle historiquement marqué, Didi-Huberman propose de remettre en question cette réduction du visible au lisible. Son essai se veut à la fois une critique et une proposition pour déjouer les approches exclusivement synthétiques, totalisantes, de l'image, qui résumeraient l'efficacité de celle-ci à sa capacité à transmettre des savoirs – visibles, lisibles ou invisibles. S'inscrivant dans la lignée des thèses développées par Hubert Damish qui mêlent philosophie, histoire de l'art, anthropologie et psychanalyse, ses recherches suggèrent qu'il existe une alternative à une lecture sémiologique de l'image qui parviendrait à faire valoir la capacité de la représentation à brouiller le savoir, à présenter des savoirs disloqués, transformés, contradictoires. *Devant l'image* s'attarde dans ce but sur des images qui empêchent d'être immédiatement reconnues, dénommées, des images qui invitent à « Quelque chose comme une attention flottante, une longue suspension du moment de conclure, où l'interprétation aurait le temps de s'éployer dans plusieurs dimensions, entre le visible saisi et l'épreuve vécue d'un dessaisissement[26] ». Ces images ont la particularité, selon Didi-Huberman, de faire appel à une approche dialectique du regard, qui consiste « à ne pas se saisir de l'image, et à se laisser plutôt saisir par elle : donc à *se laisser dessaisir de son savoir sur elle*[27] ».

Le large espace blanc de la fresque de Fra Angelico, que les historiens de l'art se contentent généralement d'omettre[28], assume, selon Didi-Huberman cette fonction :

> Regardons : il n'y a pas rien, puisqu'il y a le blanc. Il n'est pas rien, puisqu'il atteint sans que nous puissions le saisir, et puisqu'il nous enveloppe sans que nous le puissions, à notre tour, prendre dans les rets d'une définition. Il n'est pas *visible* au sens d'un objet exhibé ou détouré ; mais il n'est pas *invisible* non plus, puisqu'il impressionne notre œil, et fait même bien plus que cela. Il est matière. Il est un flot de particules lumineuses dans un cas, un poudroiement de particules calcaires dans l'autre. Il est

---

26 Georges Didi-Huberman, *Devant l'image, op. cit.*, p. 25.
27 *Ibidem*, (l'auteur souligne).
28 *Ibidem*, p. 25-26.

une composante essentielle et massive de la présentation picturale de l'œuvre. Nous disons qu'il est *visuel*[29].

Quelque chose réside dans le blanc, dans le vide, qui n'est à la fois ni du côté du visible (élément de représentation), ni du côté de l'invisible (élément d'abstraction). Un élément de l'image fait signe au spectateur sans que celui-ci puisse lui conférer un sens univoque, il est de l'ordre de la potentialité (« l'événement de la *virtus*[30] », *cf. infra*) ; Didi-Huberman le désigne par le terme de « visuel ». Il est le « non-savoir[31] » que l'image propose, à la fois irréfutable et *virtuel* :

> L'événement de la *virtus*, ce qui est en puissance, ne donne jamais une direction à suivre par l'œil, ni un sens univoque de la lecture. Cela ne veut pas dire qu'il est dénué de sens. Au contraire : il tire de son espèce de négativité la force d'un déploiement multiple, il rend possible non pas une ou deux significations univoques, mais des constellations entières de sens, qui sont là comme des réseaux dont nous devrons accepter de ne jamais connaître la totalité ni la clôture, contraints que nous sommes d'en simplement parcourir incomplètement le labyrinthe virtuel[32].

Le manque de l'image possède la faculté de renvoyer au spectateur son propre regard, parce que ce point appelle à être comblé : la tache fascine le voyeur avant même que celui-ci ne la voie et qu'il ne se sente, alors, invité à se saisir de la dimension virtuelle du tableau. Les tentatives de suppléance du sujet pour identifier ce point intrinsèquement irreprésentable inscrivent l'image au « croisement d'une prolifération de sens possibles[33] », à partir de laquelle Didi-Huberman s'autorise à apparenter l'image et le rêve, dans le but avoué de faire de la première un *symptôme* au sens freudien et d'envisager de la sorte sa puissance de déchirure. Le rêve, avance Didi-Huberman, n'est pas de l'ordre du dessin figuratif, il ne traduit pas en images une réalité. Il est, ainsi que l'a conceptualisé Freud dans *L'interprétation des rêves*, le résultat d'une déformation : il n'entretient pas un rapport d'exactitude avec le réel, mais procède par condensation, déplacement ou omission ; le rêve met en coprésence une alternative et son contraire, il n'obéit pas au principe de permanence et bouscule

---

29   *Ibidem*, p. 26 (l'auteur souligne).
30   *Ibidem*, p. 27.
31   Georges Bataille, cité par Georges Didi-Huberman, *Devant l'image, op. cit.*, p. 7.
32   Georges Didi-Huberman, *ibidem*, p. 27–28.
33   *Ibidem*, p. 28.

les règles de temporalité et de causalité, faisant ainsi voler en éclats l'ordre des certitudes en bouleversant la logique qui organise le monde de la perception.

Rapprocher l'image du rêve permettrait alors de « penser la force du négatif[34] » de celle-ci, c'est-à-dire de ne plus envisager exclusivement l'image dans un rapport de transparence représentative avec le réel, ainsi que s'y sont employés selon Didi-Huberman les historiens de l'art depuis Vasari, mais de considérer l'image comme un symptôme, le nœud d'une arborescence de sens à partir de laquelle elle est en mesure de renvoyer quelque chose de l'ordre de son propre désir à celui qui la regarde.

> *Symptôme* nous dit l'infernale scansion, le mouvement anadyomène du visuel dans le visible et de la présence dans la représentation. Il nous dit l'insistance et le retour du singulier dans le régulier, il nous dit le tissu qui se déchire, la rupture d'équilibre et l'équilibre nouveau, l'équilibre inouï qui bientôt de nouveau va se rompre. Et ce qu'il nous dit ne se traduit pas, mais s'interprète, et sans fin s'interprète[35].

L'image est symptôme en raison de la virtualité dont la dote sa dimension « visuelle » : à la manière du rêve, le « visuel » de l'image ne se laisse réduire ni au lisible ni au visible, il ne lève aucune équivoque, présente une chose et son contraire, pour mettre en place « une économie du doute[36] » qui fonctionne comme un appel. Depuis ce point inassimilable, l'image convoque le spectateur, elle le met au travail et se transforme en « un écran de rêve[37] », sur lequel vient se refléter le regard de celui qui la scrute à la recherche de ce qui « ne se traduit pas » – c'est-à-dire qui ne se transpose pas du registre figuratif au registre langagier, ainsi qu'en fait à répétition l'expérience le narrateur de *Cinéma* – « mais s'interprète, et sans fin s'interprète ».

Cinéma s'emploie précisément à figurer l'expérience d'un tel « dessaisissement » car, aux yeux du narrateur, le film de Mankiewitz y assume la fonction de tableau. Il ne faut pas opposer l'immersion du narrateur dans la fiction à une position distancée depuis laquelle il serait en mesure de produire une description critique de l'image, mais comprendre qu'il s'agit d'un mouvement concomitant : le narrateur de *Cinéma* entretient un rapport dialectique avec le film ; c'est parce qu'il se laisse captiver qu'il parvient à produire ce ressassement discursif, dont la nature répétitive l'empêche justement de se figer, de s'ériger en

---

34   *Ibidem*, p. 174.
35   *Ibidem*, p. 195 (l'auteur souligne).
36   *Ibidem*, p. 217.
37   *Ibidem*, p. 34.

savoir. L'objet de la narration n'est pas l'adaptation de l'œuvre de Mankiewitz ; au contraire, le projet de novellisation est immédiatement tenu en échec par la forme adoptée par le discours narratorial (*cf. supra*), ce qui a pour effet de souligner ce qui, dans l'image cinématographique, excède la catégorie du visible. À travers l'obstination du narrateur de *Cinéma* à répéter inlassablement son commentaire de *Sleuth* et son incapacité à produire un savoir exact à propos du film, le roman de Viel thématise une résistance de l'image. Pour reprendre la terminologie proposée par Didi-Huberman, le narrateur dote l'image cinématographique d'une dimension « visuelle ».

Il s'agit dès lors de faire parler le « blanc » du tableau, de graviter inlassablement autour de ce point de la représentation que les mots se révèlent impuissants à cerner. La fascination du narrateur pour *Sleuth* l'engage dans un face-à-face dialectique avec l'image, où il n'occupe pas la position d'un spectateur passif qui, tel un puits que l'on comble d'un agencement de données visibles, doit ensuite traiter celles-ci en fonction de sa sensibilité et de son intelligence, mais où il est amené à faire l'expérience d'un « dessaisissement » en mesure de le mettre au travail, de le rendre *spect-acteur* de sa vision en faisant appel à son imaginaire. Le commentaire inlassablement réitéré du narrateur de *Cinéma* n'exprime pas seulement l'impuissance du langage à transposer l'image en mots, il traduit aussi, par son mouvement de ressassement qui est une manière d'empêcher le constat d'échec de faire taire sa parole, la « longue suspension du moment de conclure » à laquelle, selon Didi-Huberman, l'image invite le spectateur fasciné. Cette description qui cherche à voir au-delà du visible, qui constate l'impossibilité de réduire l'œuvre cinématographique à un savoir, n'apporte *in fine* aucune révélation quant au film de Mankiewitz. La vérité qu'elle esquisse du bout du doigt réside dans l'expression du désir du narrateur, auquel l'image cinématographique sert de support. La narration se déploie entre « le visible saisi et l'épreuve vécue d'un dessaisissement » – dessaisissement assimilable à l'effet de *désidentification* partielle produit par l'immersion du sujet dans la fiction (*cf.* 2.1.2) – ; elle ne procède pas d'un mouvement unilatéral qui irait du film vers le narrateur qui le visionne, mais d'un va-et-vient entre la position de spectateur et celle de l'image dans laquelle il s'immerge.

Ironiquement, Viel fait reconnaître explicitement à son narrateur cette capacité réflexive de la fiction, dans une phrase qui clôture une énième digression à propos des « gens » qui ont le mauvais goût de ne pas trouver *Sleuth* « formidable » : « ce n'est pas le film qui manque d'être formidable, mais eux, uniquement eux qui sont loin, très loin d'être formidables, et qui viennent, fidèles à eux-mêmes, projeter leur médiocrité sur l'écran » (*C*, p. 93). En exprimant son dédain vis-à-vis de ceux qui ne partagent pas son enthousiasme immodéré pour *Sleuth*, le narrateur de Viel fait du film un véritable révélateur de la nature profonde (suggérée par l'incise « fidèles à eux-mêmes ») des êtres qui y confrontent leur regard. Pour lui, *Sleuth* dit quelque chose de ceux qui le regardent, puisqu'il révèle « leur médiocrité ». Cependant, plutôt que de convaincre le lecteur, cette attitude infantile du narrateur a pour effet de révéler la « médiocrité » de sa propre existence. Plus subtilement, la fiction intradiégétique joue toutefois bien le rôle de réflecteur du fantasme que ce personnage vient projeter sur l'écran de la novellisation. Les tentatives de celui-ci pour transposer *Sleuth* en mots servent vraisemblablement à élaborer une représentation qui lui est propre : « ce film je le refais tout seul dans ma tête, avec mon cahier pour simplifier, sans besoin de personne » (*C*, p. 75) ; il s'agit bien pour le narrateur de « refaire » (Viel explique d'ailleurs avoir songé à appeler le roman *Remake*, mais jugeant le titre « trop coercitif ou trop référencé à l'art conceptuel[38] », avoir finalement opté pour *Cinéma*), c'est-à-dire de fabriquer la fiction. De spectateur, il devient créateur (*Dichter*) de l'image. La narration donne naissance à une représentation fantasmée qui n'a plus pour objet l'œuvre cinématographique originale mais la mise en scène du désir de son énonciateur.

En effet, que cherche en définitive le narrateur de *Cinéma* par ce visionnage inlassablement répété du film ? Il scrute le tableau à la recherche des sensations qu'il a éprouvées lorsqu'il a vu l'œuvre de Mankiewitz pour « la première fois ». L'expérience originaire prend la forme d'un idéal perdu, dont il n'est plus en mesure d'éprouver que la perte :

> Sûrement, la première fois qu'on voit le film, on croit que tout est possible à tout moment, sûrement c'est ce qui m'est arrivé aussi, et comment me souvenir, la première fois que j'ai vu le film, non seulement les années ont passé, mais je dois dire, des dizaines, des centaines de fois depuis, et je ne peux pas retrouver pour chacune la trace exacte de mes réactions. (*C*, p. 49)

Chaque nouveau visionnage du film dénature l'expérience originaire et éloigne le narrateur de cette « première fois, la fois la plus importante » (*C*, p. 66), qu'il évoque à plusieurs reprises comme un idéal dont il doit s'efforcer de retrouver la trace (*C*, p. 15, 21, 33, 49, 66, 77–78, notamment). La dimension de l'inconnu, qui génère la surprise et l'attente, est à jamais perdue : « On ne s'y attend pas du tout, au moins la première fois qu'on voit le film. La première fois qu'on voit le film, on se laisse complètement avoir à l'étonnement, parce qu'on n'a pas idée

---

38   Tanguy Viel, « Éléments pour une écriture cinéphile », *op. cit.*, p. 266.

vraiment de pourquoi Andrew a invité Milo. On n'en sait rien du tout, et on attend » (*C*, p. 15). À chaque nouveau visionnage, le narrateur est regardé par l'image, « *regard*[*é*] par la perte, c'est-à-dire *menac*[*é*] de tout perdre et de [se] perdre [soi-même][39] ». Lorsqu'il regarde *Sleuth*, ce n'est pas la vérité mystérieuse et impénétrable du film de Mankiewitz que le narrateur tente de percer, mais une part de sa propre intériorité, un vécu de l'ordre de l'intime dont il a perdu le souvenir (et qui n'a d'ailleurs jamais existé en tant que tel, puisqu'en même temps que se jouait pour la première fois le film sous les yeux du narrateur disparaissait la *virginité* de ses impressions, avant même qu'il ne puisse prendre conscience du changement opéré). La chose à voir, affirme Didi-Huberman, indique le vide qui la supporte et renvoie au spectateur ce vide fondateur. Le « blanc » de l'image convoque le spectateur à un « travail visuel » ; il est invité à scruter l'espace blanc pour éprouver ce qu'il ne voit pas ou ce qu'il ne voit plus, une impression originaire, dont il ne peut éprouver que la perte[40].

Cette tension explique l'obsession du narrateur de *Cinéma* pour l'objet « visuel » : son commentaire incessant se construit à partir de la perte, dans une tentative pour (re)trouver dans l'image, selon Didi-Huberman, « quelque chose d'Autre[41] », c'est-à-dire vraisemblablement quelque chose de l'ordre du temps de la première rencontre du sujet avec l'Autre – la « première fois » étant idéalisée comme une expérience qui n'aurait pas encore été dénaturée par la chaîne signifiante. Viel conçoit d'ailleurs l'exercice de transposition auquel se livrent son narrateur et, indirectement, lui-même (*cf.* 3.3) comme une « tentative de retour à l'origine », à la

> sauvagerie de l'enfance, cette folie originelle de l'affection simple, première, dont les formes esthétiques ne seraient que des détours pour y parvenir. [...] L'impossible du film, ce qui n'appartiendra jamais ni à la langue ni au narrateur, voilà peut-être les ronds dans l'eau qu'essaye de faire ce texte, retrouver une première fois toujours déjà perdue[42].

L'image est idéalisée comme détenant une vérité qui excède toute réduction au savoir et qui fait signe au spectateur, sans que celui-ci ne parvienne jamais à la formuler. Paradoxalement, le narrateur de *Cinéma* revoit inlassablement le film à la recherche de cette impression première perdue, alors que chaque

---

39 Georges Didi-Huberman, *Ce que nous voyons, ce qui nous regarde*, *op. cit.*, p. 60, (l'auteur souligne).
40 Georges Didi-Huberman, *Devant l'image*, *op. cit.*, p. 24–27.
41 Georges Didi-Huberman, *Ce que nous voyons, ce qui nous regarde*, *op. cit.*, p. 21.
42 Tanguy Viel, « Éléments pour une écriture cinéphile », *op. cit.*, p. 270.

nouveau visionnage de *Sleuth* l'éloigne irrésistiblement de ce temps de l'origine. Il semble condamné à faire l'expérience de « la résistance épuisante de l'altérité et [de] la répétition ratée de l'origine[43] ».

Face à ce constat, le narrateur décide de recourir à un journal dans lequel il consigne méticuleusement, au fur et à mesure des années, les impressions que suscitent en lui le film de Mankiewitz, l'ensemble de ses commentaires, ses différentes interprétations, etc. : « J'ai acheté un cahier exprès, quatre-vingt-seize pages bientôt pleines, et je consigne tout dans ce cahier, les impressions faites par chaque scène, à chaque vision une page exprès, c'est comme ça que maintenant je peux dire, tel jour, oui, j'ai pensé ceci, et tel jour cela, je peux retrouver désormais toutes les idées à propos des images » (*C*, p. 50). Le terme « vision » peut connoter l'activité de visionnage de l'œuvre cinématographique, mais également l'hallucination, le fantasme. Le « cahier » devient la mémoire de tous les essais du narrateur pour s'approprier l'image ou, plus précisément, sa force de résistance, ce « blanc » qu'il ne parvient jamais à appréhender pleinement et qui suscite dès lors inlassablement de nouvelles interprétations. Sa fonction n'est pas de démanteler les mécanismes de la fiction, ainsi que le suggèrent Clerc et Carcaud-Macaire : de l'aveu même des deux critiques, « Il ne s'agit pas de consigner pour comprendre mais pour revivre[44] ». Chaque page du journal est le lieu où s'ébauche une représentation qui ne procède pas directement du film mais qui, tout en étant inspirée par lui, est le fait de l'imagination du narrateur. Le cahier garde la trace de toutes les entreprises de (re)création du narrateur. Il matérialise l'activité fantasmatique à laquelle la fiction cinématographique l'invite : le cahier est l'outil par lequel le narrateur enregistre le visible de *Sleuth* et, cherchant à révéler ce qui lui résiste, ce qui ne se laisse pas dire, engendre par la narration une captation nouvelle marquée par son investissement à l'égard de l'image. S'appropriant le pouvoir « visuel » de l'image, l'œil du narrateur endosse la fonction de la *camera obscura* pour fixer sur la surface plane du cahier une série d'images qui n'appartiennent pas au visible du film de Mankiewitz, mais émanent de sa propre intériorité.

La *fascination* du narrateur de Viel pour la fiction intradiégétique autorise la mise en scène de son désir sur la scène fantasmatique ; dans *Cinéma*, il s'agit de mettre au service de la narration la capacité du film à se faire tableau, c'est-à-dire à convoquer le regard du spectateur pour que celui-ci vienne en retour projeter la représentation d'un désir qui lui appartient sur l'écran de la fiction. Ce désir est de l'ordre de la dépersonnalisation : le narrateur cherche à entrer

---

43   *Ibidem.*
44   Jeanne-Marie Clerc, Monique Carcaud-Macaire, *L'adaptation cinématographique et littéraire*, *op. cit.*, p. 188.

dans le champ, à s'immerger complètement dans le film et à se fondre avec ses interprètes ; il affirme avoir tout appris à travers ce film, ne pas avoir de vie en dehors de *Sleuth* (*cf. supra*). Il confond son désir avec le désir de l'Autre, dont *Sleuth* est ici le représentant. À sa manière, le narrateur de *Cinéma* rend compte du pouvoir de fascination conféré au visuel par la société mondialisée, mais, là où le visible promu par l'industrie du spectacle réduit selon Mondzain le sujet au silence[45], l'aliénation du personnage de Viel à la fiction implique au contraire qu'il se positionne activement par rapport à l'univers fictionnel, pour le raconter, le commenter, le transformer. Son discours restaure la vitalité de l'image en court-circuitant inlassablement ses propres efforts pour réduire le film à un « tout-visible », contrairement à la position de spectateur-consommateur occupée par ceux de son entourage qui se contentent de condamner l'œuvre d'un « pas formidable » dépréciatif.

7.2.2 « *L'omnivérité de l'écran* »

Sleuth devient alors bien symptôme, au sens qu'en donne Didi-Huberman, parce que la dimension virtuelle du film convoque le narrateur et l'invite à construire un réseau de sens sans fin, à fantasmer des interprétations qui ne valent que sous réserve de leur potentialité. La fiction cinématographique outrepasse son statut de produit fini, d'objet de consommation réductible en termes de savoir, au profit d'une effectivité qu'elle tire de son aptitude à faire coexister plusieurs niveaux de réalité. Le dispositif est fait voyant et il regarde le narrateur depuis la virtualité de l'image, sa capacité à ne jamais lever l'équivoque, à laisser l'événement en puissance. Il confronte le narrateur à « l'omnivérité de l'écran » (*C*, p. 119) : « N'est-ce pas extraordinaire, cet œil en guise de caméra, qui voyait double en permanence, laissait place toujours au vrai et faux à la fois » (*C*, p. 119). En effet, le mérite absolu de *Sleuth* aux yeux du narrateur de Viel réside dans sa capacité à préserver le vrai et le faux. Ainsi, à propos de la scène dans laquelle Milo déclare avoir tué la maîtresse d'Andrew dans le but de faire accuser ce dernier du meurtre, le narrateur commente :

> Peut-être. Peut-être qu'il l'a étranglée, et peut-être aussi qu'il ne l'a jamais vue, voilà la clé du film, une surenchère de peut-être, un redoublement de peut-être, *maybe yes or maybe* no et avec ça on fait ce qu'on veut, d'autant qu'on s'appelle Joseph L. Mankiewicz, et on ouvre toutes les portes du génie, c'est comme un cerveau en forme de peut-être, un corps en forme de peut-être. (*C*, p. 108–109)

---

45   Marie-José Mondzain, *Homo spectator, op. cit.*

Le narrateur affirme que tout l'intérêt de la manigance de Milo, reflet « du génie » de Mankiewicz, réside dans sa potentialité, dans sa capacité à faire coexister plusieurs niveaux de réalité qui, en dehors de la fiction, seraient présentés comme exclusifs. Il accorde au film la faculté de rejeter le régime de la certitude pour préserver le tremblé d'un sens qui appelle toujours à être construit. L'incise « et avec ça on fait ce qu'on veut », en laissant planer l'ambiguïté sur le référent du pronom indéfini, célèbre la maîtrise audacieuse du cinéaste dans l'art de préserver la disparité du sens, tout en semblant souligner la place qu'une telle pratique laisse aussi au spectateur, appelé à déployer toute une série d'interprétations sans qu'aucune d'entre elles ne puisse jamais se présenter comme définitive, exacte. Contrairement à ce que suggère le sens commun, la virtualité de l'événement fictionnel ne le prive pas d'effectivité. Le virtuel ne s'oppose pas au réel. « Peu importe » (C, p. 117), affirme le narrateur, que Milo ait ou non tué la maîtresse d'Andrew, puisque la seule éventualité du crime suffit à faire (ré)agir celui-ci. Il n'est pas nécessaire qu'un des différents niveaux de réalité que condense l'image s'actualise pour qu'il ait un impact. Lorsque cela se produit *a posteriori*, de sorte que le film dévoile brusquement la multiplicité des niveaux de lecture auxquels il invitait le spectateur, l'événement possède pour ce dernier comme pour le personnage auquel il est alors contraint de s'identifier la vigueur d'une déflagration. Dans la scène de *Sleuth* où l'inspecter Doppler enlève soudain son masque, révélant à Andrew ainsi qu'au spectateur qui voit pour la première fois le film qu'il est Milo Tindle, l'image se fait « symptôme, [...] délivrant en même temps son choc unique et l'insistance de sa mémoire virtuelle, ses labyrinthiques trajets de sens[46] » : au moment où tombe le masque, l'image actualise brusquement un des sens qu'elle contenait en puissance ; pour rendre compte de la force de cette révélation, le narrateur parle de « la rupture qui a lieu, l'onde de *choc*, le séisme » (C, p. 87, je souligne) pour le spectateur désormais conscient du double-jeu auquel se livre constamment l'image en condensant à l'état latent une multiplicité de sens possibles. On voit bien, dans le même temps, combien le commentaire du narrateur est nourri d'une très forte adhésion au pouvoir de révélation du cinéma, idéalisé, conformément à la croyance qui a animé ses débuts au sein des arts de la représentation[47], comme l'art de la transparence et de l'immédiateté, capable d'occasionner pour celui qui le regarde un « choc » d'ordre cognitif (*cf. supra*).

Plus tard dans le roman, le narrateur étend la virtualité de l'image à l'ensemble du film. Il ne s'agit plus seulement de souligner que, puisqu'il est

---

46 Georges Didi-Huberman, *Devant l'image, op. cit.*, p. 31.
47 Gilles Deleuze, *L'image-temps, op. cit.*, p. 203–204.

impossible de déterminer si un personnage a commis ou non tel acte, l'événement et sa négation coexistent en tant que deux niveaux d'une même réalité, mais de considérer que *Sleuth* garantit tout du long plusieurs réseaux de réalité possibles :

> Sleuth, [...] irréductible du point de vue des thèses, il n'est que du peut-être, alors, quand il fait se lever Andrew, peut-être c'est à cause de l'humiliation, peut-être à cause de la haine de perdre, mais peu importe. Moi le premier je reste extrêmement prudent, à chaque esquisse de raisonnement, je ne m'emporte pas, dans mon cahier c'est écrit presque partout : peut-être, ou possiblement, ou sous réserve. (*C*, p. 117)

Viel ne manque pas d'ironie en faisant justifier au narrateur le caractère mesuré des interprétations auxquelles celui-ci se livre, quand rien n'est moins tangible que l'emportement de ce personnage vis-à-vis du film de Mankiewicz. Pourtant, malgré sa volonté de tout dire, de « tout expliquer » (*C*, p. 43) de *Sleuth*, autrement dit ses efforts répétés pour ramener l'œuvre à un tout visible, le narrateur est constamment obligé de souligner l'indicible de l'image, sa part « visuelle ». Quelque chose dans la fiction cinématographique la rend « irréductible » en termes de savoir, l'empêche de se laisser appréhender autrement que comme une somme de « peut-être ». Dans *Cinéma*, l'image n'est pas immuable, elle est en mouvement et met le spectateur au travail. Elle tire de sa virtualité, de son aptitude à faire coexister sur le même plan différents niveaux de vérité qui, dès lors, se valent, sa capacité à convoquer en son sein le narrateur : captivé par ce point de l'image qui ne se laisse pas saisir par l'œil, il pénètre au cœur du tableau, « élidé », dirait Lacan, « comme sujet du plan géométral[48] » – autrement dit défait de sa position de voyant – au profit d'un regard qui sort de l'expérience immédiate du monde sensible pour trouver, dans le fantasme, l'expression d'un accomplissement.

7.3 Techniques de montage

7.3.1 *L'illusion de transparence*

Pour Wajcman, toute vision du monde, toute pensée, implique depuis l'existence d'une fenêtre. Il s'agit pour le sujet humain de « prendre regard avec le

---

[48] Jacques Lacan, *Le séminaire, livre XI : les quatre concepts fondamentaux de la psychanalyse*, op. cit., p. 123.

monde[49] » par le biais de la fenêtre, de se tenir à la fenêtre pour entrer en relation avec ce qui nous entoure. C'est en tout cas la nature de la fenêtre telle qu'elle est apparue à la Renaissance avec Alberti, la fenêtre du tableau, laquelle a inauguré un nouveau système de représentation, au sein duquel le sujet s'est dégagé de ce qu'il voit pour en devenir le spectateur (*cf.* 3.1.2). Toutefois, rappelle Wajcman, la possibilité pour le tableau-fenêtre d'exister suppose que le sujet soit tout d'abord pris dans le faisceau du regard de l'Autre :

> Toute la question des fenêtres, toute sa complexité, toute son importance vient de ce qu'il y a de toute façon, déjà là, une fenêtre, la fenêtre de l'Autre, qu'un regard préexiste, nous préexiste, préexiste à notre regard et à toutes nos fenêtres. [...] Avant de tracer le moindre cadre, nous sommes cadrés. Avant de voir, nous sommes vus. Autant dire qu'avant même de peindre, avant même d'inventer le tableau, nous sommes dans le tableau de l'Autre[50].

« Le monde est omnivoyeur[51] », déclare Lacan dans « La schize de l'œil et du regard », il regarde le sujet avant même que celui-ci ne maîtrise la vision consciente. Ce regard extérieur, « au-dehors », agit à un niveau primitif pour instituer le sujet dans le visible : il est « l'instrument par où la lumière s'incarne » et qui fait que, dans le champ scopique, le sujet est regardé – « *photo-graphié*[52] » – avant d'être lui-même voyant. Pour le dire autrement, le sujet est exposé au regard de l'Autre avant même qu'il ne se voie dans le miroir et ne reconnaisse comme sienne l'image spéculaire qui lui est renvoyée (*cf.* 1.1.2). Le regard préexiste à l'œil[53].

Depuis la Renaissance, la fenêtre fonctionne, selon Wajcman, comme une tentative du sujet pour occulter ce regard.

> Le tableau-fenêtre albertien est une réponse cinglante au fait que l'Autre nous regarde : le tableau-fenêtre où le sujet est appelé à regarder est le moyen inventé pour se soustraire au regard de l'Autre, en l'aveuglant. [...] Derrière sa fenêtre, le spectateur affirme un pouvoir discrétionnaire sur le spectacle de la réalité. La distance en est la condition, c'est-à-dire le retrait de sous le regard. [...] Fenêtre ouverte au spectateur comme cadre

---

49   Gérard Wajcman, *Fenêtre*, *op. cit.*, p. 14.
50   *Ibidem*, p. 428–430.
51   Jacques Lacan, *Le séminaire, livre XI : les quatre concepts fondamentaux de la psychanalyse*, *op. cit.*, p. 88.
52   *Ibidem*, p. 121, (l'auteur souligne).
53   Jacques Lacan, « La schize de l'œil et du regard », dans *ibidem*, p. 79–91.

d'où il puisse regarder, elle est là pour élider le fait que le spectateur est lui-même regardé. [...] Cette élision est une audace insigne, sans précédent. Elle est essentielle, même si l'élision est une illusion : triomphant, l'homme désormais ne veut rien savoir du fait qu'il est regardé, ce qui ne laisse que le choix de se mettre à l'abri, ou de fermer les yeux[54].

Chez Viel comme chez Toussaint, le dispositif de perception intervient comme un moyen de ménager cette position de retrait, de spectateur, dans laquelle se retranche le narrateur : empruntant leurs caractéristiques techniques aux médiums modernes de l'image – photographie et cinéma, essentiellement –, le dispositif agit comme une fenêtre permettant au narrateur de se maintenir à distance du monde, et d'étendre sa prise de regard dans le temps et dans l'espace. Retranché derrière les écrans érigés par des dispositifs aux formes très variées – baie vitrée, pare-brise, judas, miroir, rétroviseur, écran de télévision, caméra de surveillance, etc. – d'où il peut voir sans être vu, le narrateur de Viel devient spectateur d'une réalité magnifiée par la présence du dispositif.

Les jumelles sont ainsi utilisées comme un outil de retrait et de maîtrise, permettant *a priori* au narrateur d'adopter un regard distancé et surplombant sur une réalité qui s'offre à lui sous une perspective inédite grâce à l'effet grossissant du dispositif, véritable prothèse du regard, comme peuvent déjà l'être des lunettes. Plus qu'elles ne donnent accès à une meilleure visibilité, les jumelles rendent visible ce qui ne l'aurait pas été sans leur intervention. Simultanément, ce dispositif qui fait fenêtre est idéalisé comme un moyen de se soustraire au regard de l'Autre. Il confère un certain pouvoir sur le visible, sur lequel le sujet semble par son biais en mesure d'asseoir son autorité, sa maîtrise. Dans *L'Absolue perfection du crime*, les jumelles sont explicitement présentées comme un outil permettant aux personnages d'avoir l'illusion d'une certaine ascendance sur leur environnement. Le narrateur décrit l'appartement de Marin, dont une grande baie vitrée donne sur la ville et la mer en contrebas :

> Et à travers les jumelles posées là sur une tablette de bois, tour à tour on regardait au loin, la ville, le port, et *on croyait* que ce qu'on embrassait dedans, lui surtout, Marin, *il voulait croire* que cela qui se tenait grossi sous nos yeux, la ville, la mer, cela nous appartenait. *Il fallait bien qu'il soit fêlé*, dirais-je plus tard, et que trois ans de prison ça ne lui ait pas suffi.
> Il y a avait les arbres dans le parc qui avaient poussé depuis longtemps pour produire la discrétion exigée par lui, et on aurait dit, les arbres, des plantes aquatiques qui s'étaient libérées de la contrainte de l'eau. [...] on

---

54   Gérard Wajcman, *Fenêtre, op. cit.*, p. 431–433.

> aurait dit aussi derrière cette vitre qu'on était devant un aquarium, à cause de cette même ville grise en face, striée aux trois quarts par les branches de pins, le port d'abord à l'avant-scène, puis la ville s'amoncelant derrière et dominant l'eau calme. Comme une cité engloutie au fond des mers. (*APC*, je souligne)

Le retrait des personnages, cachés derrière les arbres, est signifié par le redoublement du dispositif optique (les personnages scrutent la ville à travers les jumelles et la baie vitrée). Il participe au puissant effet de cadrage de la scène : les striures verticales des arbres répondent au découpage horizontal du paysage, que structurent la maison, puis la ville, et enfin la mer et le « port à l'avant-scène ». La comparaison avec l'aquarium renforce cet effet, donnant le sentiment que la réalité est si précisément délimitée qu'elle peut tenir dans une boîte transparente, complètement perméable au regard de celui qui l'observe. Plus encore que tableau, la description devient photographie ; c'est en tout cas à une « photo » d'agence de voyage que le narrateur la compare par la suite. On semble bien avoir atteint ici ce que Wajcman appelle « le stade ultime d'une dessiccation du réel, réduit à l'image, intégralement pixélisé [...] Le monde tout entier compressé de façon à ce qu'il puisse tenir dans le petit écran [ou l'aquarium], un monde qu'on puisse gober d'un seul coup d'œil[55] ». Le modèle panoptique s'incarne dans l'architecture de la ville, pour donner l'impression que, caché derrière les fenêtres de sa maison, le sujet peut tout voir de ce qui l'entoure en demeurant lui-même à l'abri du regard de l'Autre.

Dans *Le Black Note*, le narrateur et Elvin observent à l'aide de jumelles le lieu de l'incendie de la maison dans laquelle ils vivaient autrefois. Derrière le « grillage » qui entoure le solarium, lequel répète le grillage qui protège les ruines de la maison calcinée des regards indiscrets et participe déjà à l'effet de cadrage, ils ont l'impression d'échapper au regard de l'Autre :

> Avec Elvin, on monte sur le solarium avec des jumelles, [...] *alors on croit qu'on arrive à voir* notre île par-dessus la distance, par-dessus le port de la ville qu'on surplombe, et l'étendue bleue derrière, c'est une vue magnifique d'ici, et on cherche le sol de l'île depuis l'incendie, les dunes avec les ruines noires de la maison, et les grillages qui sûrement brûlent encore sous les regards las, avec la suie qui s'accroche aux volets sur les baraques d'en face. *Au moins on croit qu'on arrive à voir, et on regarde* [...] notre passé calciné par les flammes. Mais d'où on est, sur le toit, on arrive à être lucide des fois, on se rend compte qu'on est trop loin pour voir vraiment :

---

55   *Ibidem*, p. 432.

les grillages montés si vite pour protéger les cendres, et la tache noire au milieu du hameau, la rue qui a pris feu comme ils disent, eux, les habitants de l'île (*BN*, p. 12–13, je souligne).

Dans les deux romans, la posture de maîtrise, « ce regard souverain, cette prise de regard sur le monde[56] », semble n'être mise en scène que pour être aussitôt dénoncée comme illusion ; les personnages de Viel « croient » qu'ils « arrivent à voir » : le crédit est du côté du fantasme plutôt que de la perception. « La vérité est qu'on n'est spectateur, libre voyant, que par l'effet d'une élision, dans la mesure où on ne voit pas qu'on est regardé par cela qu'on voit[57] », car avant même de se voir, avant même de saisir son propre reflet dans le miroir, le sujet est toujours déjà regardé par le champ de l'Autre. « Il fallait bien qu'il soit fêlé », dit le narrateur de *L'absolue perfection du crime* à propos de Marin : folie de l'ordre de la fêlure, la fêlure du miroir ou de la vitre, qui fait ici directement écho à la schize lacanienne de l'œil et du regard (*cf. supra*) et dénonce la déchirure du sujet.

À l'état de veille, le sujet choisit d'ignorer cette élision. Il élude la pulsion scopique qui le renvoie à l'épreuve originelle de sa castration, et se réapproprie les feux du regard sous lequel il est pris en prenant appui sur l'image spéculaire, qu'il considère comme immanente, pour proclamer « c'est moi ». C'est ce qu'illustre un passage de la fin de *La Disparition de Jim Sullivan*, dans lequel Suzan observe Dwayne s'activer dans le jardin à travers la fenêtre de sa chambre. Un peu plus tôt dans le roman, c'est elle qui était surveillée sans le savoir par son ex-mari tandis qu'elle enlaçait son amant : l'échange des rôles perceptifs illustre le fait que le sujet est toujours pris dans regard d'un Autre qui le précède, regard qu'incarne dans cette scène celui de Suzan tapie dans l'obscurité de la chambre. La longue description des agissements de Dwayne dans le jardin depuis le point de vue focalisant de Suzan s'achève sur ces mots : « il reposait la pelle dans la cabane et puis s'en allait vers sa voiture, sans même lever les yeux vers la fenêtre de sa chambre où peut-être, dans le gris presque noir, il l'aurait distinguée. Non. Il ne l'aurait pas vue. Je veux dire, même en pleine lumière, il ne l'aurait pas vue » (*DJS*, p. 145). Durant toute la scène, le regard de Suzan incarne la lucarne du regard de l'Autre dans lequel Dwayne se retrouve à son tour pris, en même temps que cette position de maîtrise la prémunit du risque que ce faisceau se retourne contre elle. La condition du sujet-spectateur est d'être dans l'illusion d'échapper au champ de l'Autre.

---

56 *Ibidem*, p. 433.
57 *Ibidem*, p. 434.

Toutefois, il s'agit bien d'une illusion et c'est notamment ce que révèlent les miroirs lorsque Viel les utilise non pour refléter l'image du sujet qui s'y scrute, mais comme instruments pour observer une réalité à laquelle le sujet ne confronte pas directement son œil. Rarement, chez l'auteur, le miroir met le sujet face à lui-même ; le plus souvent, il fonctionne comme un dispositif de surveillance, ainsi que c'est le cas dans le bureau du directeur du Casino de *L'absolue perfection du crime* :

> Le bureau, il y avait une grande vitre inclinée à la place du mur du fond, et on voyait toute la salle, comme d'une régie de théâtre, ou plutôt comme d'une tour de contrôle à cause de l'inclinaison, et comme on aurait vu des hommes s'affairer sur les pistes on pouvait suivre l'activité incessante des jours, des machines, des garçons de table. Mais de la salle en revanche on ne voyait rien de la pièce tamisée du directeur, parce que la vitre vue d'en bas faisait un miroir géant qui reflétait les coups tordus des tricheurs. Ainsi la glace faisait doublement surveillance : l'œil du directeur d'une part qui vivait ses soirées derrière la vitre, et l'œil des surveillants d'autre part qui passaient la leur, de soirées, à scruter le miroir. (*APC*, p. 96)

Le dispositif panoptique est mis en scène dans toute sa splendeur. Ailleurs, le miroir instaure une réciprocité des regards qui l'oppose ou à tout le moins le différencie, selon Wajcman, de la fenêtre ; il ne s'agit cependant que très rarement chez Viel d'une réciprocité de soi à soi, mais bien plus souvent d'une réciprocité de soi à l'autre. C'est le cas du rétroviseur, instrument qui figure dans la quasi-totalité des romans de Viel, à l'exception de *Cinéma*, et dont *L'absolue perfection du crime* rappelle le pouvoir déformant : « Le rétroviseur, Marin l'avait acheté séparément, parce que ça venait des États-Unis, disait-il, et qu'il était gravé dessus, en anglais, que "les objets dans le miroir peuvent être plus près qu'ils n'apparaissent", et il disait que ça lui plaisait, cette phrase gravée sur le verre » (*APC*, p. 15).

Chez Viel, le rétroviseur a pour fonction de rappeler au sujet qui regarde qu'il est simultanément l'objet d'un regard autre. Il donne à voir, de manière indirecte, le regard de l'autre sous le faisceau duquel le sujet est pris. C'est ce qui apparaît à la fin de *L'Absolue perfection du crime*, lorsque Marin, au volant de sa voiture, est poursuivi par le narrateur :

> On a atteint la route du bord de mer. Lui, scrutant son rétroviseur intérieur, la phase gravée dessus depuis quinze ans, que les objets dedans peuvent être plus près qu'ils n'apparaissent, cette fois ça devait vraiment

lui faire du mal. Je lui avais dit, le jour où il avait voulu installer ce rétroviseur, j'avais dit que c'était mauvais, cette chose-là, cette phrase, j'avais dit : il ne faut pas encombrer sa vie avec des signes trop lourds. (*APC*, p. 161)

Le rapport de soumission qui unit le narrateur à Marin au début du roman s'inverse dans les dernières pages de celui-ci. Le rétroviseur devient le lieu où se manifeste la réciprocité des regards, Marin devenant le spectateur traqué, rattrapé, par le regard de celui sur lequel il exerçait autrefois son emprise. Il devient à son tour l'objet de ce regard autre qui se révèle, par l'effet d'inversion, n'être autre que le sien.

Dans *La Disparition de Jim Sullivan*, le rétroviseur est à nouveau l'instrument par le biais duquel le regard de l'Autre se rappelle au sujet, provoquant un semblable sentiment d'angoisse. Dwayne est au volant de sa Dodge lorsqu'il se rend compte qu'il est suivi par un homme que le lecteur sait être un inspecteur du FBI :

> Lui, si nerveux sur les routes de l'Indiana, l'œil tiraillé entre son rétroviseur et l'asphalte avalé sous le long capot de sa voiture musclée, lui, il n'aimait pas voir les phares réapparaître dans le miroir intérieur à la sortie d'un virage. Et Dwayne accélérait, ou freinait, ou ne faisait rien, parce que d'abord il préférait ne pas vérifier qu'on le suivait. Il préférait ne pas se rendre compte que la distance des phares derrière presque toujours se maintenait, que presque toujours c'étaient comme deux yeux dans la nuit qui le fixaient dans le rectangle glacé de son rétroviseur. (*DJS*, p. 136)

Les phares matérialisent le regard de l'Autre auquel le protagoniste est exposé. Ce dernier voudrait demeurer du côté de l'élision de ce regard : il préférerait ne pas savoir qu'il est regardé, ignorer ce faisceau qui le traque et que rend visible à son propre regard le rétroviseur. La scène se clôt par une tentative du personnage pour anéantir ce regard : Dwayne arrête sa voiture et, de manière tout à fait significative, il essaye d'échapper à la conscience du regard de l'Autre posé sur lui tout en refusant jusqu'au bout de s'y confronter directement. « Il a ouvert sa portière, Dwayne, et il a essayé de faire comme s'il n'avait pas vu, à l'arrière de la nuit qui le cachait, l'autre portière également s'ouvrir et le type en sortir, sans aucun doute se rapprocher de lui » (*DJS*, p. 137–138). Ce n'est qu'au tout dernier instant qu'il se retourne vers cette présence qui se rapproche peu à peu de lui et, levant très haut la crosse de hockey qu'il a prise dans son coffre, veut l'abattre de plusieurs coups pour lui fermer les yeux, ne pas avoir à lui faire face.

7.3.2 *Surimpression*

Ainsi donc, à l'état de veille, le sujet cherche à se soustraire au regard de l'Autre (*cf. supra*). Il s'appuie sur le rebord de la fenêtre pour prendre regard avec le monde et, dans l'obscurité où il s'est ainsi retranché, rendre aveugle ce point par où il est déjà toujours regardé. Toutefois, « Tout évidemment chavire s'il prend au spectacle de franchir le rebord de la fenêtre, de surgir chez soi, ou si le spectateur bascule au-dehors, dans le spectacle, par la fenêtre (*Fenêtre sur cour*, le film d'Hitchcock, explore ces cas de figure)[58] ». Selon Lacan, dans le rêve et contrairement à l'état de veille, la fonction du regard, en tant que substitut de l'objet a[59] de la pulsion scopique, est prégnante : ça regarde, « *ça montre* », et le sujet fasciné est « foncièrement celui qui ne voit pas[60] », celui qui, tout à son rêve, ne conscientise pas l'image de soi ni la position à partir de laquelle il s'énonce. Or, à de multiples reprises dans l'œuvre de Viel, le narrateur, brusquement conscient que sa position de spectateur absolu est de l'ordre de l'illusion, bascule du côté du fantasme. Le registre de l'imaginaire prend alors le pas sur celui de la perception. La vitre qui fait écran entre le narrateur et le monde devient le support d'une projection fantasmée qui se superpose au spectacle énigmatique du monde ; les analyses du *Black Note*, de *Cinéma* et de *Paris-Brest* l'ont déjà longuement démontré. Empruntant aux médiums modernes de l'image, certaines scènes de l'œuvre de Viel suggèrent que cet univers fantasmé s'inscrit en « surimpression » de la réalité diégétique.

Dans *Insoupçonnable*, Lise, tandis qu'elle s'invente au début du récit des destins aussi idéaux qu'improbables, est décrite « assise en équilibre sur cent mille "peut-être" » (*I*, p. 22–23). Cette posture métaphorique annonce les dernières pages du roman, dans lesquelles le narrateur, observant Lise et Édouard s'embrasser derrière le pare-brise de la voiture qu'il occupe, émet soudain l'hypothèse que cette femme, plutôt que d'être comme lui la victime de la machination ourdie par celui qu'elle a été dans l'obligation d'épouser, est l'instigatrice d'un complot dont il s'avère en fait le seul dupe :

> Mais comme j'aurais aimé savoir lire sur les lèvres, comme j'aurais aimé t'entendre, Lise, à travers les vitres de la voiture, sous les bruits supposés de l'écume sur les pierres, et *savoir, savoir* chaque parole échangée,

---

58   Gérard Wajcman, *Fenêtre*, *op. cit.*
59   Dans la perspective lacanienne, le regard appartient à ces objets que Paul-Laurent Assoun dit « prélevés sur le corps » (à côté des objets « seins », « excréments », « voix » et « phallus ») et dont, avec la voix, « *se supplémente* le sujet, en prise à la castration » (Paul-Laurent Assoun, « Leçon X », dans *Le regard et la voix. Leçons de psychanalyse*, Paris, Economica, 2014, (« Psychanalyse »), p. 83–86).
60   Jacques Lacan, « La schize de l'œil et du regard », *op. cit.*, p. 88.

quand aujourd'hui encore je n'arrive pas à *imaginer* ce que tu as pu lui dire, à chaque minute qui pesait sur moi comme une chape de plomb, à chaque mot dessiné sur le relief de ta bouche. Alors est-ce que j'ai rêvé quand j'ai cru lire sur tes lèvres encore, comme en lettres muettes, le mot « insoupçonnable » ? Mais ce n'est pas possible, Lise, ça n'aurait aucun sens, n'est-ce pas ? J'ai ri tout seul de mes doutes. J'ai ri d'avoir cru que tu lui avais souri. Tu ne lui as pas souri, n'est-ce pas ? (*I*, p. 137–138, je souligne)

La dimension virtuelle de l'image, signifiée par le mouvement inaudible des lèvres de Lise, est irréductible au « savoir » comme à l'imagination. Elle ouvre sur une arborescence de réalités potentielles, parmi lesquelles émerge une éventualité qui n'était jusque-là pas venue à l'esprit du narrateur, un niveau de réalité auquel il refuse de donner sens, qu'il considère comme impossible, mais dont pourtant il ne parvient pas à se détourner : et si Lise s'était servie de lui pour se débarrasser d'Henri et profiter, avec Édouard, de l'argent que les deux frères devaient initialement se partager ?

Comme chez Toussaint (*cf.* 3.1.2), la vitre fait écran : dans sa voiture, le narrateur qui épie la silhouette du couple enlacé semble assister à une projection en plein air. Il est le spectateur passif d'un « spectacle » : « je les suivais du regard, au-delà de la jalousie, au-delà de la souffrance mais [*sic*] le *spectacle* d'elle dans la nuit sous la lumière à peine distincte du ciel, le *spectacle* de lui qui ne te lâchait plus, Lise » (*I*, p. 134–135, je souligne). Le narrateur est posé comme le voyeur – « un vulgaire voleur […] tapi […] dans l'ombre » (*I*, p. 134) – d'une représentation à laquelle il demeure étranger et au sein de laquelle il ne peut pas intervenir – « il n'y avait rien de possible que de se taire » (*I*, p. 131). Brusquement, toutefois, le décor de cinéma se délite : « Maintenant la lumière de la lune tombait sur le jardin et le vent, non, il n'y avait pas de vent en fait, il était tombé lui aussi, tout tombait ce jour-là. Tout cela tombe en morceaux, ai-je pensé, cela dure depuis longtemps, la mer, la maison, la poussière, tout s'écroule. » (*I*, p. 135) À mesure que les bords de l'image s'estompent, le narrateur quitte sa posture de voyeur, il abandonne sa position de sujet géométral et bascule au cœur du tableau.

La focalisation sur les lèvres de Lise réduit soudain le visible à une Bouche beckettienne dont le mouvement silencieux envahit tout l'espace de la représentation. Cette articulation de « lettres muettes » à partir desquelles le narrateur-spectateur ne peut construire aucun signifiant, aucune interprétation fiable, absorbe ce personnage dans l'image. « [E]ffondré » dans la Jaguar, il a complètement déserté le monde sensible, dont le coupe le pare-brise sur l'écran duquel s'inscrit désormais « en surimpression » le visage de Lise ainsi que quelques mots ayant acquis, comme souvent chez Viel, une certaine matérialité : « je te voyais encore, Lise, dans la nuit bleue, je te voyais mais dans ma tête il n'y avait plus rien. La valse épuisée peut-être. Le mot dollar. Le mot nuit. Le mot sœur peut-être » (*I*, p. 138). Le roman s'achève ainsi sur l'image d'un écran noir sur lequel s'impriment et défilent, à la manière d'un générique de fin, ces quelques mots sur lesquels l'auteur abandonne un narrateur qui semble avoir définitivement basculé du côté du vertige.

Le narrateur de *La Disparition de Jim Sullivan* invente un épisode semblable dans son « roman américain ». Il y décrit le protagoniste qui observe, assis au volant de sa voiture, sa femme embrasser un autre homme derrière la fenêtre de la cuisine (*DJS*, p. 106–107). À nouveau, la scène prend des allures de spectacle, puisque les silhouettes encadrées par le châssis de la fenêtre et voilées par la présence d'un rideau donnent au mari trompé l'impression d'assister à un « théâtre d'ombres » (*DJS*, p. 107). Rappelant le paradigme scopique de *Fenêtre sur cour* d'Hitchcock, le personnage inventé par le narrateur de Viel adopte tout d'abord l'attitude maladivement curieuse du voyeur, dont l'œil scrute ce qui se cache derrière les tentures. Le rideau, cependant, à aucun moment ne tombe pas plus que les silhouettes ne se dévoilent. Le drap révèle tout en faisant écran, de sorte que la scène préserve une part de virtualité : les corps enlacés des deux amants composent une forme qui n'est pas « complètement réalisée », qui « n'est pas devenue réelle comme détermination concrète de l'objet[61] » ; leur ombre fait tache, elle trace les contours de ce reste de matière à la fois visible et pourtant irréductible en termes de vision. Alors, sous les yeux du narrateur-voyeur resté confiné dans l'obscurité de sa voiture tel un spectateur prostré devant l'écran de cinéma par le pouvoir fascinant de l'image, la scène « s'éclairci[t] lentement » (*DJS*, p. 107). L'effet de contraste témoigne de la distance que le personnage prend progressivement vis-à-vis de son ancrage dans le réel, jusqu'au moment où le fantasme intervient comme une échappatoire à l'insoutenable réalité : « Jim Sullivan [...] avait l'air d'apparaître comme en surimpression sur son pare-brise, lui disant de ne pas s'énerver, ne t'énerve pas Dwayne, disait Jim Sullivan » (*DJS*, p. 108).

Cet épisode présente Dwayne comme l'incarnation d'une sorte de double romanesque du narrateur, le basculement de ce personnage inventé au cœur d'un univers hanté par le spectre du rockeur Jim Sullivan reflétant l'immersion du narrateur dans sa propre fiction. Dans les deux romans, le visage fantasmé s'inscrit « en surimpression sur [le] pare-brise » (*I*, p. 138 et *DJS*, p. 108), c'est-à-dire en reproduisant une technique de trucage utilisée en photographie et au cinéma, au cours de laquelle deux prises de vue sont superposées pour être

---

61 Slavoj Žižek, *Subversions du sujet, op. cit.*, p. 159.

vues l'une à travers l'autre par un jeu sur la transparence et la lumière[62]. Le procédé est surtout exploité pour introduire des scènes de récits encastrés de type fantasmagorique ou bien des épisodes de rêves ou de souvenirs (*flashback*), ce qui explique qu'on le rencontre souvent dans le film noir et le film policier américains qui constituent des sources d'inspiration importantes pour Viel (*cf.* 1.1.5). Cette fois, cependant, l'emprunt au cinéma n'a pas pour objectif d'importer dans le roman une mécanique fictionnelle bien huilée, mais œuvre à l'élaboration de l'image littéraire. Il s'agit de recourir à une technique de montage cinématographique pour donner à voir une image qui condense deux niveaux de réalité différents. La superposition de ces deux niveaux est accentuée sur le plan sonore par le fait que Dwayne hésite entre la diffusion sur l'autoradio d'un programme retraçant l'arrivée des soldats américains en Irak et celle de la musique de Jim Sullivan, le premier exprimant de manière métonymique la brutalité du monde extérieur, la seconde figurant comme une porte d'accès vers l'univers fantasmatique.

Ces quelques exemples confirment que les univers fictionnels créés à différents niveaux diégétiques par les narrateurs de Viel, qu'ils apparaissent sous la forme de novellisation, de roman, d'hallucination, de machination, de jeu de rôle ou de simple rêverie, s'inspirent de l'imaginaire cinématographique et des techniques utilisées par le septième art pour construire une image par laquelle le narrateur se sente regardé. L'auteur puise dans le cinéma non seulement les thèmes, la structure actantielle et l'atmosphère dont il imprègne, avec une distance plus ou moins ironique selon les cas, ses romans (*cf.* 1.1.5), mais, ce faisant, il érige surtout une instance narratoriale qui bascule de sa position de voyant (le registre de l'œil) à celle d'un spectateur absorbé au cœur de l'image (celui du regard). L'écriture va chercher du côté de la technique cinématographique les moyens d'élaborer la représentation d'un sujet *schizé* qui, pour échapper au choc provoqué par ce que l'image ne lui laisse qu'entrevoir, superpose à cette réalité irréductible à l'œil une image seconde, de type fantasmatique. Confronté à l'impossibilité de percer l'écran (écran de fumée, pare-brise, rideau) pour voir au-delà du point impénétrable (cendre, bouche muette, ombre qui fait tache) qui attire son regard, c'est-à-dire de voir le « point d'où [il] est vu dans l'autre », le narrateur ne peut que se « rendre visible à ce point[63] », autrement dit pénétrer dans le cadre afin de se faire voir par l'objet de la pulsion scopique.

Ce renversement explique qu'il s'immerge alors dans son fantasme pour convoquer les visages de Lise ou de Jim Sullivan : l'apparition spectrale est la forme fantasmatique que prend cette part de réel qui résiste à la symbolisation

---

62 Jean-Loup Passek, (s.l.d.), *Dictionnaire du cinéma*, Paris, Larousse, 2001, p. 742.
63 Slavoj Žižek, *Subversions du sujet, op. cit.*, p. 208.

et sous le faisceau du regard de laquelle le narrateur désire être pris. Le spectre assume la fonction de l'objet *a* de la pulsion, il s'inscrit en *surimpression* sur l'écran pour, par un effet de transition du champ au contre-champ, regarder à son tour le narrateur. L'emprunt à la technique cinématographique permet ainsi à Viel de mettre en scène un spectateur pris dans la représentation qu'il a lui-même élaborée. « [C]'est du cinéma, [...] ça résiste à l'effet de mirage » déclare le narrateur du *Black Note* (*BN*, p. 30) : tandis que le phénomène optique du mirage fait apparaître un objet dont il est à jamais impossible de s'approcher, les propriétés cinématographiques dont se pare le fantasme du narrateur de Viel autorisent ce personnage à pénétrer au cœur du tableau, à la manière de Dwayne qui, dans la dernière page de *La Disparition de Jim Sullivan*, voit l'ombre du rockeur disparu se pencher sur lui et qui, abandonnant son corps et son véhicule accidentés au bord du désert, se met à suivre le spectre et, à son tour, « disparaît, disparaît dans le lointain » (*DJS*, p. 153).

7.4 Esthétique de la bifurcation

Chez Viel, le regard du narrateur se projette et se réfléchit dans une fiction intradiégétique en miroir qui, simultanément, englobe sa réalité. C'est alors que se forme ce que Deleuze appelle, pour décrire le résultat du changement de paradigme visuel et sonore survenu dans le cinéma au milieu du siècle dernier, « une image biface, actuelle *et* virtuelle ». L'attraction irrésistible du narrateur de Viel pour les univers fictionnels dans lesquels il s'immerge autorise l'image à sortir de son cadre, à prendre « de l'indépendance et [à] pass[er] dans l'actuel[64] » : l'identification de Paul au saxophoniste John Coltrane s'actualise dans le fantasme du narrateur du *Black Note* (« John [a] ressuscit[é] dans sa boîte en fer », *BN*, p. 68, son spectre « court sous [l]a peau [du narrateur] pour être noir », *BN*, p. 72) ; les personnages du film de Mankiewitz, quittant l'écran au profit du cahier, deviennent des amis ; la silhouette « sortie du granit » du fils Kermeur se déstatufie dans le roman familial pour renverser l'autorité de la mère (*PB*, p. 169) ; etc. Le fantasme du narrateur a ainsi pour effet de transformer le modèle identitaire qui le contraint (*cf.* 1.1.5), de sorte que se forge par ce mouvement d'appropriation une image capable de mettre « en coalescence[65] » différents niveaux de réalité : univers diégétique, univers fictionnel et univers fantasmé se superposent et se fondent en une image

---

64 Gilles Deleuze, *L'image-temps, op. cit.*, p. 93.
65 Deleuze emprunte cette expression à Bergson (Gilles Deleuze, *L'image-temps, op. cit.*, p. 93).

complexe au sein de laquelle perception réelle, souvenir et imaginaire s'articulent si étroitement qu'ils en deviennent indiscernables.

Étudiée à la lumière de la mutation identifiée par Deleuze dans le cinéma au tournant de la Seconde Guerre mondiale, l'écriture du fantasme révèle plus clairement ce qu'elle doit au septième art. *Cinéma*, par exemple, ne s'est pas donné pour objectif de transposer l'histoire du film de Mankiewicz, mais l'esthétique du cinéaste, laquelle est de l'ordre, selon Deleuze, de la « bifurcation[66] ». Les films de Mankiewicz se caractérisent en effet par la multiplicité des circuits qu'ils mettent en place sur différents plans temporels et qui s'imbriquent les uns dans les autres, se remplacent, bifurquent entre eux et se scindent, sans toutefois jamais s'annuler, de sorte que coexistent une multitude de réalités *a priori* incompossibles[67]. Deleuze précise que la « force » des films de ce cinéaste réside dans l'existence d'un « tiers circulant », chargé de surprendre et de révéler les bifurcations auxquelles se livre l'image depuis son « rôle d'épieur, ou de témoin involontaire[68] ».

Le narrateur de Viel transpose précisément à l'écriture cette posture de rapporteur. Ses efforts répétés pour faire tomber les masques et déjouer toutes les subtilités de l'intrigue de *Sleuth* ont pour effet d'intensifier plutôt que de démêler l'enchevêtrement des différents niveaux de sens que condense le film :

> j'ai eu l'idée de la double négation, un soir où je m'endormais en pensant à ces deux-là, et c'est venu tout seul, la double négation : *faire comme si* il fallait tout foutre en l'air, puis *faire comme si* Milo devait le faire, et du coup le faire pour de vrai. C'est très simple, c'est l'évidence même dans le film, à tout moment. J'imagine par exemple : je *fais comme si* je n'avais pas vu ce film, puis je *fais comme si* quelqu'un me le racontait, et du coup je le raconte pour de vrai. (*C*, p. 44–45, l'auteur souligne)

En s'immergeant au plus profond de l'univers de Mankiewicz, le narrateur de *Cinéma* superpose aux multiples strates fictionnelles de l'œuvre cinématographique le niveau de sa propre lecture de l'image inlassablement reformulée, ce qui a à la fois pour conséquence de rendre apparente et de complexifier la mise en abyme à laquelle se livre déjà la fiction du cinéaste : en faisant de la cascade de jeux de rôle et de masques dans laquelle se réfléchit le processus de théâtralisation du film l'objet de la fascination de son narrateur, Viel ne creuse pas un mais plusieurs niveaux fictionnels au cœur du roman. Or, cette œuvre

---

66   *Ibidem*, p. 71.
67   *Ibidem*, p. 68–75.
68   *Ibidem*, p. 72.

en miroir ouvre non seulement une pluralité de niveaux romanesques seconds au sein de la diégèse, mais englobe également le niveau diégétique premier, soit l'existence même du narrateur (qui dit ne pas avoir de vie en dehors de *Sleuth*), en se posant comme condition d'émergence du récit (*cf.* 2.1.2 et 2.2.2). Ainsi, la fiction dans la fiction n'engage pas seulement une réflexion sur l'activité fictionnelle du narrateur et, par extension, d'un auteur qui, confronté à la « crise de la représentation » et à la « mort du roman », n'aurait plus d'histoire à raconter et serait obligé de prendre pour objet l'œuvre d'un autre (*cf.* 1.1.5), elle débouche également sur un nouveau mode de composition de l'image littéraire. Il s'agit, en effet, de cristalliser par surimpression d'une multitude de plans fictionnels une image qui ne peut être appréhendée qu'à partir de sa puissance de négativité, ce à quoi invitait déjà selon Deleuze le cinéma de Mankiewicz.

Cinéma est le seul texte de Viel à convoquer aussi explicitement une œuvre cinématographique, mais ce chapitre a démontré qu'il n'était pas nécessaire que l'exercice de transposition soit thématisé pour qu'il imprègne l'ensemble des romans de l'auteur. Ceux-ci doivent en effet leur dimension extrêmement visuelle et auditive à une esthétique cinématographique sur laquelle ils calquent leurs effets, et qui serait celle d'un cinéma qui, délaissant dans la seconde moitié du XXe siècle le régime désormais sclérosé de l'image-action, privilégie « les sensations purement optiques et sonores détachées de leur prolongement moteur : un cinéma de voyant, non plus d'actant[69] ». Viel trouverait ainsi une forme de transposition littéraire non du projet esthétique de Mankiewicz en particulier, mais d'un nouveau paradigme cinématographique de l'image que ce cinéaste, parmi d'autres maîtres du soupçon tels que Hitchcock, Welles, Resnais ou encore Godard, aurait initié, et que Deleuze appelle le régime de « l'image-cristal[70] » en raison de sa capacité à *cristalliser* sans les confondre mais en les rendant irréductibles l'une à l'autre les faces actuelle et virtuelle de l'image.

Cristalline, la narration chez Viel se soustrait à la progression chronologique du récit et opère, par prolepse ou analepse, des sauts entre le temps du récit, celui de l'histoire et celui de la fiction fantasmée, de manière à rendre visibles les trajets incomposibles des différents niveaux de réalité qu'elle condense. Mode de composition de l'image dont la nappe blanche décrite à plusieurs reprises dans *Insoupçonnable* se fait le reflet :

---

69 *Ibidem*, p. 166.
70 Gilles Deleuze, « Les cristaux de temps », dans *ibidem*, p. 92–164.

> Maintenant la lune jetait sa lumière sur la table, sur les couteaux, et il y avait longtemps déjà que le reflets des lames avait disparu sous les traces mélangées de nourriture, de sauces, de graisses, longtemps aussi que la nappe avait oublié d'être blanche, supportant sans fatigue, dans ses froissures, les verres aux trois quarts vides, rougis de vin séché, quelques-uns renversés qui faisaient comme des obus translucides, sinon le mien, se tenant droit, rempli à nouveau pour la énième fois. Peut-être il était trois heures, quatre heures du matin sur la nappe grise et violette de taches (*I*, p. 29–30).

Toile vierge devenue tableau, la nappe fait simultanément voir l'instant présent en train de passer (le verre du narrateur « se tenant droit, rempli à nouveau pour la énième fois »), coupé de son ancrage dans le déroulement du récit, et les réalités passées dont elle conserve la trace, à travers ses « froissures » et ses « taches ». La virtualité de l'image point dans ses plis. C'est en suivant du regard les salissures de la nappe que le narrateur tente de recomposer, par le souvenir et l'imagination, les vestiges du repas, le bruit des conversations, un éclat de rire ... soit autant de « *passés non-nécessairement vrais*[71] » auquel il donne vie en basculant au cœur du tableau. Sous l'influence de ce cinéma qui accorde un nouveau statut à l'image, Viel parvient à construire une narration « falsifiante[72] », c'est-à-dire une narration qui ne repose plus sur une instance cohérente et unifiée pour se développer de manière véridique suivant des connexions spatio-temporelles logiques (la narration « organique », selon Deleuze) mais qui diffracte le processus d'identification de son narrateur pour promouvoir « la puissance du faux[73] », valoriser l'irréductible multiplicité d'une image au sein de laquelle, par un procédé de surimpression, virtuel et actuel coexistent.

---

71   *Ibidem*, p. 171, (l'auteur souligne).
72   *Ibidem*, p. 174.
73   *Ibidem*.

CHAPITRE 8

Le narrateur spectateur

Que ce soit parce qu'ils convoquent différents dispositifs optiques (miroir, appareil-photo, caméra) au service de l'élaboration de l'image, parce qu'ils se présentent comme réécritures de scènes ou d'œuvres qui ont fait date dans l'histoire du septième art ou parce qu'ils calquent certains de leurs effets sur des techniques de montage et de captation directement empruntées aux médias modernes de la représentation, les romans de Toussaint et de Viel ont en commun d'être profondément imprégnés de modèles figuratifs hérités de la photographie et, surtout, du cinéma. L'influence de ces dispositifs de représentation modernes confèrent à ces œuvres un ancrage contemporain fort : la scène romanesque se désigne comme un produit de « l'ère de la reproductibilité technique[1] », mais aussi, ainsi que s'est vu qualifié de manière souvent plus péjorative son essor contemporain, de la « civilisation de l'image », parce qu'elle se révèle façonnée par l'impact de l'apparition et de la pratique de la photographie et du cinéma sur le genre romanesque. Elle reflète et questionne l'évolution des paradigmes qui structurent le rapport à l'image et, par extension, à la visibilité. Chez ces auteurs, le recours diégétique à un outil de captation de l'image montre un narrateur pris dans une société qui semble avoir érigé le panoptique de Bentham comme unique modalité du voir, un sujet dépossédé de sa position d'énonciation par l'autonomisation du dispositif technique. Simultanément, pourtant, ce dispositif instaure entre le narrateur et son image une distance qui lui permet de devenir spectateur de cette dépossession et de réinvestir par l'imaginaire la scène de sa propre diffraction.

L'automatisation des processus de captation et de reproduction – donc de diffusion – de l'image a en effet accru de manière exponentielle la présence de celle-ci dans les sphères aussi bien publique que privée. La généralisation du recours à l'image dans la quasi-totalité des domaines de la vie quotidienne (outre les médias et la publicité, on pense à l'imagerie médicale ou aux récentes découvertes scientifiques auxquelles le développement d'instruments optiques de plus en plus puissants ont permis d'advenir, ou encore à la prépondérance du rôle dévolu à l'image sur les plate-forme virtuelles de communication, appelées « réseaux sociaux ») semble avoir ravivé la croyance selon laquelle le langage figural, par opposition au langage des mots, entretiendrait

---

[1] En référence au texte bien connu de Walter Benjamin, « L'Œuvre d'art à l'époque de sa reproductibilité technique », dans *Œuvres*, t. III. Paris, Gallimard, (« Folio Essais »), 2000, p. 268–316.

un rapport plus direct, parce que moins soumis à l'interprétation, avec le réel qu'il est chargé de représenter. Universelle, naturellement évocatrice, l'image offrirait un mode de communication aussitôt accessible à toute personne dotée de l'organe perceptif de la vue. Cette croyance n'est pas nouvelle, elle hante depuis toujours les rapports complexes qui opposent peinture et littérature. Significativement, elle est relayée par les études en sémiologie de l'image qui affirment que, tandis que le mot est envisagé dans une nécessaire prise de distance avec le réel, propice à la « réflexion », l'image est perçue comme entretenant vis-à-vis de ce même réel un rapport d'« immédiateté », « impliquant participation, identification, affectivité[2] ». Les deux chapitres qui précèdent ont donné l'occasion de rappeler que, ainsi que Walter Benjamin l'annonçait dès la première moitié du XXe siècle, l'invention de techniques de représentation inédites telles que la photographie et le cinéma a accentué ce rapport de proximité de l'image avec son référent en gommant la position du geste créateur au profit de la primauté de l'objet[3]. Photographie et film se départissent de leur position d'énonciation, reléguée dans les marges du hors-champ, pour apparaître comme des ouvertures transparentes sur le monde. Contrairement à la peinture ou à la gravure avant eux, l'image qu'ils enregistrent se présente comme une représentation totalement fidèle et instantanée du réel.

En vertu de la nature prétendument immédiate de la révélation à laquelle ces images modernes donnent lieu, celles-ci seraient en mesure d'engendrer un « choc[4] » – le « choc du réel[5] » – dont la force s'imposerait, bon gré mal gré, à leur destinataire. Cela explique que le phénomène de prolifération des images grâce à l'automatisation de leur processus de reproduction puisse être envisagé en terme d'« expérience d'envahissement de la conscience par les images dans un monde mass-médiatique[6] ». Cette civilisation serait celle d'un monde « envahi », « saturé », d'images, qui s'imposeraient à tous pour toucher affectivement chacun sans qu'il n'ait besoin de mobiliser ses facultés de réflexion ou d'interprétation.

---

2 Jean-Pierre Meunier, « Connaître par l'image », *Recherches en Communication*, 10, p. 35.
3 L'œuvre d'art est privée de son « aura » au profit de sa valeur d'« exposition » ; Walter Benjamin, « L'Œuvre d'art à l'époque de sa reproductibilité technique », *op. cit.*
4 Gilles Deleuze, *L'image-temps, op. cit.*, p. 203–204.
5 Pierre Piret, « Introduction », dans Pierre Piret, (s.l.d.), *La littérature à l'ère de la reproductibilité technique. Réponses littéraires au nouveau dispositif représentatif créé par les médias modernes. Penser la représentation I*, Paris, L'Harmattan, 2007, (« Champs visuels ») ; voir également Nicole Aubert, Claudine Haroche, (s.l.d.), *Les tyrannies de la visibilité. Être visible pour exister ?*, Érès, 2011.
6 Lionel Ruffel, « Hantise globale », dans Jutta Fortin, Jean-Bernard Vray, (s.l.d.), *L'imaginaire spectral dans la littérature narrative française contemporaine, op. cit.*, p. 71.

> Nous vivons sous une pluie ininterrompue d'images ; les médias les plus puissants ne cessent de transformer en images le monde, le multipliant dans une fantasmagorie de jeux de miroirs : ces images-là, bien souvent, sont dépourvues de la nécessité interne qui devrait caractériser toute image, en tant qu'elle est forme et signifié, en tant qu'elle s'impose à l'attention, en tant qu'elle est riche de sens *virtuels*[7].

Cette citation d'Italo Calvino présente le sujet contemporain comme un être assailli par des images – essentiellement médiatiques – qui ont le défaut de ne pas mettre le spectateur au travail, de ne pas comporter cette virtualité que Didi-Huberman identifie dans le blanc de la fresque de Fra Angelico comme le point depuis lequel le spectateur se sent regardé par la représentation. « Civilisation de l'image ? », interroge Deleuze, « En fait, c'est une civilisation du cliché[8] ». La dépossession du geste représentatif induite par le dispositif technique a pour corrélat la démultiplication d'images figées, closes sur elles-mêmes, dépourvues de hors-champ comme de temporalité. Il résulte de ce phénomène une société qui, régie par une industrie de la communication visuelle postulant la possibilité de réduire le réel à un *tout visible*, impose à l'individu fasciné le spectacle permanent du monde.

L'œuvre de Toussaint comme celle de Viel radiographient divers effets de cette mutation du paradigme visuel sur l'acte de représentation. Le rapport que l'image photographique ou cinématographique entretient à l'égard du réel qu'elle est chargée de reproduire est idéalisé en vertu d'une transparence que la littérature se révélerait incapable d'atteindre. Les procédés de capture automatique de l'image sont évoqués comme des moyens de ramener du côté du visible ce qui par nature échappe à l'œil humain, d'une part, et de figer dans le temps un réel que sa mise en mots ne peut qu'altérer, d'autre part. Cette tentation de souscrire à l'exacerbation du visible est déjà présente chez Robbe-Grillet lorsqu'il décrit le cinéma comme un art pouvant restituer aux gestes et aux objets leur « *réalité*[9] ». Déplorant, de manière volontairement provocante, l'inaptitude de la description littéraire à produire au XXe siècle un effet de réalité en mesure d' « accaparer l'attention » du lecteur, Robbe-Grillet affirme que, contrairement au roman, « le récit cinématographique ne peut s'empêcher de nous livrer à son insu » des « fragments de réalité brute[10] ». En conséquence de quoi *Pour un nouveau roman* propose de s'inspirer de l'art

---

7   Italo Calvino, « Exactitude », *op. cit.*, p. 99–100, (je souligne).
8   Gilles Deleuze, *L'image-temps, op. cit.*, p. 33.
9   Alain Robbe-Grillet, *Pour un nouveau roman, op. cit.*, p. 19, (l'auteur souligne).
10 *Ibidem.*

cinématographique pour « construire un monde plus solide, plus immédiat[11] ». Robbe-Grillet précise pourtant à la fin de son essai que « Ce n'est pas l'objectivité de la caméra qui les [les nouveaux romanciers] passionne, mais ses possibilités dans le domaine du subjectif, de l'imaginaire » ; il s'agit d'importer dans l'écriture « la possibilité de présenter avec toute l'apparence de l'objectivité la moins contestable ce qui n'est, aussi bien, que rêve ou souvenir, en un mot ce qui n'est qu'imagination[12] ». Toussaint et Viel héritent d'une semblable tension : l'idéalisation du rapport direct, immédiat, que l'image technique (photographie, film, radiographie, encéphalogramme, etc.) entretiendrait avec le réel manifeste la nécessité maintenue de représenter le réel, mais cette contrainte n'apparaît chez ces auteurs qu'aussitôt contrebalancée d'une tendance à la fiction. L'image littéraire qui calque ses effets sur ceux ménagés par le dispositif optique sur le procès de figuration procède toujours du fantasme du narrateur. Ce faisant, les romans de ces deux auteurs apportent une réponse originale à la transformation radicale du rapport de l'être humain à l'ordre symbolique que la dépossession de la posture d'énonciation par l'invention des nouveaux dispositifs de captation de l'image implique.

En convoquant sur la scène romanesque des procédés empruntés aux arts modernes de l'image, l'écriture de Toussaint et de Viel opère une déconstruction des cadres perceptif et représentatif qui sert de prélude à la figuration d'un point de vue énonciatif au bord de la disparition. Dans un premier temps, il s'agit de transposer dans l'écriture l'apparente objectivité des nouveaux médias de l'image. Là où Toussaint cherche à s'approprier le pouvoir de captation de l'appareil photo ou de la caméra pour donner à voir un fragment de réel que l'œil du narrateur aurait été incapable de saisir sans l'intervention du dispositif, Viel s'efforce de reproduire les effets de vitesse et de montage propres au cinéma pour élaborer une image littéraire multiple et en mouvement dans l'espoir de résister à l'impression de figement du réel par les mots. La dimension extrêmement visuelle que ces deux auteurs confèrent de la sorte à leurs romans souscrit ainsi à l'idéal de transparence et d'immédiateté promu par une société contemporaine occidentale dont la pratique photographique et cinématographique fait désormais partie intégrante. Ce sont des œuvres qui sont baignées d'images, au même titre que le quotidien des personnages qui les traversent (ainsi que le manifestent par exemple, chez l'un, l'omniprésence des enseignes publicitaires et des néons lumineux, chez l'autre, la culture cinématographique dont fait implicitement preuve le narrateur).

---

11   *Ibidem*, p. 20.
12   *Ibidem*, p. 128.

Chez Toussaint, cependant, l'objectivité du dispositif technique est rapidement désamorcée. C'est particulièrement net dans *La Télévision*, roman dans lequel le narrateur, tout en témoignant de manière ironique de sa dépendance au petit écran, constate que, contrairement à l'art pictural du Titien sur lequel il se prépare à écrire un essai, l'apparente neutralité du dispositif télévisuel (qui le présente comme « plus fiable, plus authentique et plus crédible », *T*, p. 12) dissimule le fait que le « spectacle » auquel il expose le téléspectateur n'est pas celui du réel « mais de sa représentation » (*T*, p. 12) : « ce n'est pas parce que la télévision propose une image familière immédiatement reconnaissable de la réalité que l'image qu'elle propose et la réalité peuvent être considérées comme équivalentes » (*T*, p. 13). L'argument est décliné dans le dernier essai de Toussaint, *Football*, dans lequel le narrateur, déplorant l'incapacité « d'une fastidieuse rediffusion télévisuelle » à reproduire l'intensité d'un match malgré « le foisonnement de détails inutiles » (*Fo*, p. 39) fournis par le dispositif télévisuel, suggère que « Les mots, peut-être, [auraient] le pouvoir de réactiver la magie du football, non pas les mots des articles de presse [...] mais les mots de la poésie, ou de la littérature, qui viendraient effleurer le football, saisir son mouvement, caresser ses couleurs, frôler ses sortilèges, flatter ses enchantements » (*Fo*, p. 40).

Sans interroger toujours aussi explicitement les rapports que nouent les nouveaux médias de l'image avec la réalité, la dénonciation de la nature illusoire de la représentation produite par le dispositif technique est un thème récurrent de l'œuvre de Toussaint, qu'accompagne généralement un questionnement sur la position occupée par un narrateur confronté au « simple résultat mécanique d'une technique inhabitée » (*T*, p. 14). Il en va autrement chez Viel, dans l'œuvre duquel c'est l'immersion totale du narrateur dans un univers fictionnel calquant ses effets sur ceux produits par les médias représentatifs modernes qui atteste le malaise d'un personnage leurré par la capacité du dispositif à lui faire oublier les bords de l'image.

Dans les deux cas, la transposition d'effets proprement photographiques ou cinématographiques à la scène littéraire sert la mise en scène de la difficulté d'un personnage, dont la perception du monde est régie par l'injonction accrue de visibilité consécutive de l'invention et de la démocratisation de ces nouveaux dispositifs, à faire face à une image dont la mécanique immanente exclut toute intervention subjective. L'analyse de quelques scènes directement inspirées des techniques modernes de captation de l'image a tout d'abord donné l'occasion de confirmer, ainsi le début de la recherche l'avait déjà pressenti (*cf.* 1.1.2), que l'adhésion du narrateur de Toussaint et de Viel à l'image spéculaire ne va jamais de soi. Chez ces auteurs, les dispositifs optiques (miroirs, vitres, photographies, radiographies, films) chargés de refléter l'image du protagoniste n'en livrent jamais qu'un portrait trouble ou déserté, dont le sujet peut être soit absent ou en fuite (Toussaint), soit remplacé par une apparition spectrale (Viel). Le dispositif lui-même est tenu en défaut et la déréalisation partielle ou totale (dans le cas des photographies prises par le narrateur de *L'Appareil-photo* sur le bateau) de l'image à laquelle il donne dès lors lieu restaure le mur infranchissable du réel. Quelque chose lié à l'existence du cadre de la représentation fait écran entre le narrateur et une lecture pleinement signifiante de l'image (ce que matérialisent les motifs récurrents de la fenêtre, du pare-brise, du rideau, etc.). L'essentiel ne réside pas dans ce que l'image donne à voir, mais dans la part d'indicible qui échappe à la figuration. La mise en échec du dispositif a pour fonction de forger une image *a contrario* des clichés lisses, omnipotents et sans reste véhiculés par l'industrie de la communication audio-visuelle ; une image qui fait tache.

Chez Toussaint comme chez Viel, photographie et cinéma servent en effet l'élaboration d'une image qui échappe au narrateur, qui l'empêche d'adhérer pleinement à la représentation qu'elle lui présente, et qui, préservant de la sorte une part de virtualité depuis laquelle il se sent regardé par l'image, l'institue dans son rôle de « spectateur », au sens que Mondzain donne à ce terme : « Faire une image, c'est mettre au monde l'homme comme spectateur. Être un humain, c'est produire la trace de son absence sur la paroi du monde et se constituer comme sujet qui ne se verra jamais comme un objet parmi les autres mais qui voyant l'autre lui donne à voir ce qu'ils pourront partager[13] ». Mondzain considère que l'homme est avant tout un être de représentation puisqu'il s'agit toujours pour lui d'inscrire son regard sur le monde, et que, à la différence de ce qu'affirme l'approche psychanalytique, c'est le sujet imageant qui met au monde le sujet parlant[14]. Bien entendu, apposer l'empreinte négative de sa main sur la roche et concevoir, ainsi que le suggère Mondzain, cette trace comme un signe adressé à l'autre impliquent, du point de vue de la psychanalyse, d'avoir déjà pénétré dans l'ordre symbolique. De ce plaidoyer en faveur de la primauté de l'« homo spectator », il faut retenir la réversibilité dont Mondzain fait le propre de la position du spectateur : le spectateur est pris dans l'expérience du visible et cette expérience agit sur lui en même temps qu'il s'efforce d'en produire « quelque chose[15] » ; sa position témoigne du rapport qu'il entretient avec le monde qu'il voit et qu'il s'efforce ensuite de montrer. La représentation est l'acte par lequel l'homme-spectateur « va transformer un rapport de force où le réel l'écrase en un rapport imaginaire qui

---

13   Marie-José Mondzain, *Homo spectator, op. cit.*, p. 33.
14   *Ibidem*, p. 50.
15   *Ibidem*, p. 15.

lui confère sa capacité de naître, donc d'être cause de lui-même, de se mettre au monde et d'entretenir avec ce monde un commerce de signes[16] », soit la fonction que la psychanalyse freudo-lacanienne attribue au fantasme et à la création fictionnelle.

Toussaint et Viel usent des techniques modernes de captation et de montage de l'image pour opposer au consommateur passif, abruti d'images qui le fascinent, un personnage évanescent, qui peine à se voir et à se reconnaître dans une société qui prône l'exacerbation du visible et qui se réapproprie la scène de sa propre apparition subjective par le biais du fantasme. *A priori* relégué aux marges de l'histoire, le narrateur de Toussaint et de Viel réinvestit l'espace romanesque en superposant à cette réalité irréductible à l'œil une image fantasmatique. Cela s'explique par le fait que le fantasme, en tant que « le support le plus satisfaisant de la fonction du désir » selon Lacan, « est toujours marqué d'une parenté avec les modèles visuels [...] qui [...] donnent le ton de notre vie désirante » ; « La base de la fonction du désir est [...] cet objet centre *a*, en tant qu'il est, non seulement séparé, mais toujours élidé, ailleurs que là où il supporte le désir, et pourtant en relation profonde avec lui » (*cf.* 2.1.1). Or, ajoute Lacan, « Ce caractère d'élusion [*sic*] n'est nulle part plus manifeste qu'au niveau de la fonction de l'œil[17] » : le sujet humain est toujours regardé avant que lui-même ne maîtrise la vision consciente. Le fantasme rejoue la fonction de ce regard extérieur primitif en instituant un objet imaginaire au point où le visible vient à manquer, c'est-à-dire au lieu de l'objet *a* de la pulsion scopique. Dans le fantasme, *ça* regarde, *ça* montre. Les écritures de Toussaint et de Viel vont ainsi chercher du côté des dispositifs modernes de captation de l'image une manière de figurer cette dialectique de l'œil et du regard à travers la représentation d'un narrateur qui, pour pallier le défaut du dispositif scopique qui l'empêche de voir au-delà du point qui attire son regard, n'a d'autre choix que de pénétrer dans le cadre par l'entremise du fantasme pour se faire voir de l'objet de la pulsion scopique. Ce personnage bascule alors de la position de voyeur coupé d'une image à laquelle il demeure étranger (distance signifiée par la présence de la vitre, de l'objet filmique ou photographique, de l'écran de fumée, du rideau, etc.) à celle d'un spectateur happé au cœur du tableau (le sentiment de syncrétisme éprouvé à plusieurs reprises par le narrateur de Toussaint, la disparition de Dwayne aux côtés du spectre de Jim Sullivan, etc.).

---

16   *Ibidem*, p. 27.
17   Jacques Lacan, « La voix de Yahvé », dans *Le séminaire, tome X : l'angoisse (1962-1963)*, *op. cit.*, p. 291.

Le rapprochement établi entre cette image littéraire et l'« image-cristal », identifiée par Deleuze comme symptomatique du renouvellement du paradigme de la représentation amorcé au cinéma dans la deuxième moitié du XXe siècle, suggère que la dimension visuelle de l'écriture du fantasme chez Toussaint et chez Viel doit à ce moment de mutation de l'histoire du cinéma. Au régime désormais épuisé du récit à dominante actionnelle, Toussaint et Viel opposent une narration que l'on pourrait qualifier de « cristalline », parce qu'elle s'organise autour d'une fable qui tire parti de l'épuisement des cadres perceptifs et représentatifs pour superposer à un ordre de réalité premier une scène fantasmatique, de manière à forger une image au sein de laquelle actuel et virtuel coexistent. Les auteurs cherchent par leur emprunt aux médiums modernes de l'image à rapatrier du côté du littéraire quelque chose de l'ordre de la virtualité de l'image, du pouvoir de potentialité du « visuel », que le cinéma a pleinement exploité avec des cinéastes comme Mankiewitz, mais aussi comme Hitchcock, Welles, Resnais, Godard ou encore Pasolini, que Toussaint et Viel citent comme sources d'inspiration. Il s'agirait non pas d'adapter, mais de transposer dans l'écriture quelque chose qui relève de « l'omnivérité de l'écran » (*C*, p. 119), autrement dit de la puissance de déchirure de l'image. Cette image littéraire ne peut voir le jour qu'à partir d'un point de vue énonciatif constamment sur le point de disparaître ou de basculer du côté du vertige, or c'est précisément la position qu'occupe le narrateur évanescent de Toussaint et de Viel. C'est parce que ce personnage se positionne toujours de manière oblique vis-à-vis du monde qui l'entoure, parce qu'il vit sa relation aux autres sur le mode de l'esquive ou du non-choix (*cf.* 1.1.3), qu'il parvient à exprimer par le fantasme quelque chose de l'ordre du non-savoir. En puisant du côté du nouveau statut de l'image initié par les cinéastes de la seconde moitié du XXe siècle, Toussaint et Viel parviennent à mettre en scène un narrateur-spectateur qui, *a priori* confiné aux marges du récit voire absent de la scène qu'il entreprend de raconter, réinvestit le lieu de sa propre apparition subjective par le biais du fantasme, l'image ne procédant pas de la configuration d'un espace (ainsi que ce serait le cas d'un cliché photographique) mais de la pensée du narrateur, dont elle mime l'écoulement.

Cinéma et photographie interviennent de la sorte comme des moyens pour la littérature de questionner son rapport à l'image, et plus particulièrement à une image que l'on pourrait qualifier de « spectrale » : « Le cinéma, oui, est l'art des fantômes, c'est-à-dire l'art de la duplication qui trace le vivant dans la mort, plus peut-être que toute autre forme d'art, parce qu'il a l'apparence du réel[18] ». À l'opposé de l'image lisse, totalisante, mise en scène par l'industrie

---

18 Tanguy Viel, « Éléments pour une écriture cinéphile », *op. cit.*, p. 272.

de la communication visuelle et du spectacle, Toussaint et Viel esquissent une image littéraire qui se situe du côté de la trace, de l'inachevé, de la virtualité. Il s'agit de recourir aux nouveaux médias de la représentation pour élaborer une poétique de la spectralité, au sein de laquelle la narration renoue avec la *fabula* à condition de se faire « falsifiante[19] » : la possibilité pour le narrateur de se raconter passe paradoxalement par une expérience de déprise de soi, orchestrée par la présence du dispositif optique ou l'emprunt aux techniques de montage de l'image.

---

19 Gilles Deleuze, « Les puissances du faux », dans *L'image-temps, op. cit.*, p. 165–202.

Conclusion

Qui se cache derrière le « je » ? Telle est la question par laquelle débutait le présent essai et à laquelle l'analyse a apporté une réponse complexe : le narrateur autodiégétique des romans de Jean-Philippe Toussaint et de ceux de Tanguy Viel est un personnage à l'identité diffractée, tant par son inconsistance (son absence de traits identificatoires) que par l'hétérogénéité de son discours, et dont l'évidement de la position d'énonciation est mise au service d'une nouvelle logique narrative au sein de laquelle ce narrateur est posé comme spectateur d'une représentation fantasmatique dont il est simultanément le créateur.

L'inconsistance du narrateur de Toussaint et de celui de Viel – préservée et traduite par la posture *involontariste* que ce personnage entretient à l'égard des autres et du monde qui l'entoure comme vis-à-vis de lui-même – révèle l'illusion qui pèse sur le processus d'identification aujourd'hui. Dresser le « portrait en négatif » de ces deux personnages amène à constater que l'identité humaine n'est pas une donnée transparente et immuable, mais un processus complexe qui passe par l'entremise de l'Autre. Chez ces auteurs, le « Je » ne dispose en effet pas de l'image de son Moi, que celle-ci lui soit confisquée par la destitution de tout garant en mesure d'en certifier l'authenticité (Toussaint) ou au contraire imposée par une figure qui affirme son omnipotence en la matière (Viel). Le narrateur de Toussaint privilégie l'esquive pour ne pas se laisser épingler par les signifiants qui prétendraient le cerner ; stratégie qui implique, par effet revers, que ce personnage se retrouve dans l'incapacité de se reconnaître à travers les images que lui renvoient miroirs, photographies, radiographies ou caméras de surveillance. Quant au narrateur de Viel, il témoigne, sur le mode du non-choix, de la puissance de son aliénation à un rôle stéréotypé dont il hérite malgré lui et à travers du masque duquel se devine, en dépit de tout effort pour le combler, son propre défaut signifiant. La nature défaillante du « stade du miroir » (*cf.* 1.1.2 et 3.3) mise de la sorte en scène chez ces deux auteurs a ainsi pour effet de révéler le manque que tend à occulter l'identification imaginaire et qui est aux fondements, selon la psychanalyse, de la condition de l'être de langage. L'œuvre de Toussaint et celle de Viel dénoncent de manière oblique le caractère construit d'une croyance promue par l'hégémonie du discours de la science, à laquelle participe le développement exponentiel et mondial de la technique et de l'information, et qui consiste à alléguer qu'une personne peut être réduite à une entité moïque entièrement discernable. « Je » correspondrait à l'image qu'on en donne ; il serait la somme de ses attributs et des rapports d'affiliation qu'il s'est choisis, et en fonction desquels il peut être évalué. C'est le règne de la statistique : l'individu est ramené à un type, sa singularité est résorbée, gommée, au profit de la loi des grands nombres. Or, parce qu'il prône la prédominance du moi sur le sujet, ce discours rate la singularité de celui-ci en le réifiant et en l'uniformisant, c'est-à-dire en le situant dans un rapport de semblables.

Tout en rendant compte de l'importance que revêt ce discours dans la construction de l'identité contemporaine, la posture énonciative originale du narrateur de Toussaint et de Viel vient démentir la prétendue transparence de l'image de soi à l'égard de son référent, en donnant la parole à un personnage à l'identité incertaine et qui ne semble jamais tout à fait maître de ses propos. Le narrateur de Toussaint et de Viel (se) raconte, certes, mais son récit n'est pas le fait d'une voix unique, il n'est pas présenté comme une représentation conforme à la véracité de l'événement, et il ne constitue pas non plus une articulation de faits logiquement déroulés dans le temps, ainsi que le laisse présager la conception classique du récit. Au contraire, la représentation à laquelle la narration donne lieu est explicitement présentée comme le résultat d'un travail de déformation de la réalité diégétique. Elle se fait « falsifiante[1] ». L'inconsistance du narrateur autorise la résurgence de la fable, à condition que celle-ci, orchestrée par un narrateur traversé par une multiplicité de voix, hantée par la conscience de ses propres procédés narratifs, expose sa nature fictionnelle. Il s'agit de transformer et de s'approprier le réel pour attester l'emprise du monde des signifiants sur le sujet, autrement dit pour témoigner de la nécessité d'en passer par les mots de l'Autre pour se dire, et simultanément pour lutter contre une tendance à l'universalisation du discours qui aurait pour effet « de négliger ou d'écraser l'absolue singularité de chacun, c'est-à-dire justement sa jouissance[2] » et redonner de la sorte voix à l'intime.

Chez ces deux auteurs, la diffraction de l'identité du narrateur-personnage rend possible et, dans le même temps, soutient l'élaboration d'images fantasmatiques qui ont la particularité de révéler quelque chose du désir du sujet tout en préservant son indicibilité. Le fantasme agit comme un leurre qui relance la dynamique désirante en figurant une jouissance qui ne pourra jamais être atteinte en dehors du scénario imaginaire. Tout fantasme consiste en un mécanisme réparateur qui recèle le manque originaire du sujet et figure comme une tentative de ce dernier pour renouer avec cette part de lui-même initialement refoulée. Considérer comme tels les scénarios imaginaires élaborés par le narrateur de Toussaint et de Viel amène à comprendre en quoi les déformations

---

1 Gilles Deleuze, *L'image-temps, op. cit.*
2 Gérard Wajcman, « L'architecture, l'intime, le regard », *Laboratoire analyse architecture*, janvier 2008, p. 14, URL : http://www.lelaa.be/?site=flexpaper&flex_id=484, consulté le 10 juillet 2015.

que ce personnage fait subir à la réalité diégétique lui permettent de ne pas s'exclure de la communauté de l'échange symbolique tout en préservant son indétermination et, par là même, l'interrogation qu'il porte au lieu de sa propre coupure signifiante, c'est-à-dire à l'endroit où il cherche à se constituer comme sujet de la parole.

Désigner comme fantasmes ces modélisations fictionnelles apporte ce faisant une lumière nouvelle quant à la valeur de vérité que le narrateur leur attribue, en éclairant le fait que celle-ci n'est pas d'ordre référentiel mais intime ; elle relève d'une conception de la vérité qui n'a pas trait à la réalité extérieure du monde sensible, mais à celle de l'univers psychique du narrateur. Le propre de cette vérité, selon la psychanalyse, est qu'elle s'oppose au savoir en ce qu'elle ne peut jamais être dite toute, qu'elle excède tout discours qui prétendrait l'épingler. À contre-pied du discours véhiculé par la science, les élucubrations du protagoniste de Toussaint et de Viel font ainsi valoir qu'il existe un champ de l'expérience humaine irréductible en termes de connaissance et que le fantasme, en tant que mécanisme psychique qui tente de produire quelque chose de l'ordre du « non-savoir », serait à même de « dénuder[3] ». Le narrateur fait explicitement le choix d'un récit qui expose sa nature fictionnelle, qui s'affirme comme mensonger, pour préserver sa propre incomplétude, trouvant dans le fantasme un moyen de contourner l'insuffisance du langage pour dire le réel et de restituer une place au singulier, à l'expérience subjective d'un sujet pourtant pris dans le discours de la science et soumis aux tentatives de celui-ci pour tout réduire en termes de savoir.

L'écriture du fantasme apparaît dès lors comme une stratégie poétique qui tout à la fois exprime la difficulté de l'homme à conserver une identité stable, homogène, à l'heure où l'Autre – destitué par l'hégémonie du discours de la science – n'est plus, et propose la fiction comme un moyen de restaurer ce point de garantie à condition d'en révéler simultanément la facticité, le caractère construit. C'est donc en bouleversant les cadres perceptif, représentatif et narratif qui structurent la fable classique ou en exhibant jusque dans sa trame les codes auxquels elle est traditionnellement tenue de se plier que Toussaint et Viel donnent corps et voix à un point de vue énonciatif qui semble toujours sur le point de disparaître mais qui, en dépit de l'inconsistance de son identité et de l'hétérogénéité de sa parole, parvient à se constituer une position d'énonciation originale à partir de laquelle il peut réinvestir subjectivement l'échange symbolique. Le fantasme devient la condition d'émergence du narrateur sur la scène énonciative et, par conséquent, celle de l'avènement du récit.

---

3 « *Le non-savoir dénude* » (Georges Bataille, cité par Georges Didi-Huberman, *Devant l'image*, *op. cit.*, p. 7, (l'auteur souligne)).

La transposition par ces deux auteurs d'effets proprement photographiques et cinématographiques à l'image littéraire participe à faire de l'écriture du fantasme un moyen de valoriser et d'exploiter la force de potentialité de la fiction. Toussaint et Viel usent des techniques modernes de captation et de montage de l'image pour mettre en scène un personnage évanescent qui, à la différence du consommateur passif abruti par la somme des images qui l'assaillent, peine à se *situer* – c'est-à-dire à s'inscrire au niveau de l'espace qui est toujours, selon Lacan, aussi celui de l'œil[4] et de l'identification à l'image de soi – dans une société soumise à l'injonction du tout-visible. Convoqué aux devants de la scène littéraire, le dispositif scopique moderne (appareil photo et caméra, principalement) confère au roman une dimension visuelle incontestable, dont la conséquence la plus évidente est de rendre compte à la fois de l'importance accordée aux nouveaux médias de l'image et de l'apparente objectivité dont ceux-ci sont crédités vis-à-vis du processus de représentation. La transparence et l'immédiateté auxquels prétendent les dispositifs techniques modernes sont toutefois aussitôt désamorcés chez Toussaint comme chez Viel par la dénonciation du caractère construit de l'image à laquelle ils donnent lieu. La présence du dispositif, qu'il soit lui-même tenu en défaut ou que l'image à laquelle il donne lieu soit dénoncée comme produit d'une intervention technique, révèle la difficulté du narrateur-personnage à se voir et à se reconnaître dans une image dont la mécanique immanente relègue au second plan toute intervention subjective. Ainsi, l'image forgée par la présence du dispositif fait chez ces auteurs toujours partiellement écran entre une lecture pleine et signifiante de soi ou du monde. Dans le même temps, cependant, c'est cette capacité de l'image à faire écran qui institue le narrateur dans son rôle de spectateur, en l'invitant à s'immerger au cœur de la représentation, depuis ce point de virtualité qui lui échappe et par lequel il se sent regardé. *A priori* relégué aux marges d'une scène romanesque qui semble se dérouler sans lui, le narrateur de Toussaint et de Viel réinvestit l'espace de la représentation en superposant à ce point irréductible en termes de vision une image fantasmatique par le biais de laquelle il s'institue spectateur de sa propre apparition subjective.

Il n'est donc pas pertinent de parler de « retour au personnage » et « au récit » à propos des romans de Jean-Philippe Toussaint ou de ceux de Tanguy Viel, parce que cette expression suggère que ces auteurs renoueraient avec une conception classique de l'œuvre romanesque quand tout indique au contraire que ces deux contemporains s'inscrivent dans la lignée des tentatives d'évidement du personnage et d'épuisement de la dominante actantielle du récit qui ont traversé le XXe siècle et nourri une époque confrontée à la « crise de

---

4   Jacques Lacan, *Le séminaire, livre X : l'angoisse, op. cit.*, p. 291–292.

la représentation », au point que leur œuvre respective ne peut être envisagée sans faire référence à celles de certains de leurs prédécesseurs, parmi lesquels le lecteur reconnaît sans peine Beckett, Musil, Michaux ou encore Robbe-Grillet. Ce constat est vrai pour la Littérature, mais il l'est tout autant pour le Cinéma : la dimension extrêmement visuelle de l'écriture de Toussaint et de celle de Viel gagne à être pensée à la lumière d'un moment de mutation de l'histoire du cinéma et des répercussions de ce virage esthétique sur la conception du personnage, de la narration et du récit, notamment. Il est pourtant vrai que, si Toussaint comme Viel assument pleinement l'héritage légué par leurs pères, il ne s'agit pas pour ces deux auteurs d'en reproduire les expérimentations formelles. La critique ne rend toutefois compte qu'avec difficulté du caractère inédit du projet littéraire de ces deux auteurs, parce qu'elle continue bien souvent à l'envisager à partir des présupposés théoriques que le XXe siècle a mis en crise. Il en résulte un certain malaise à décrire ces œuvres contemporaines autrement qu'en affirmant que celles-ci renouent avec les catégories du personnage et du récit pour aussitôt nuancer ce constat en signalant la disparition de certaines notions cadres autour desquelles s'organisait le modèle romanesque balzacien (éclatement de l'intrigue, délitement de l'événement, absence d'action, inconsistance du personnage, déliquescence de l'espace, etc.). Cette difficulté est due au fait que la littérature contemporaine continue à être évaluée en séparant, pour citer Viel, « les écrivains narratifs des francs-tireurs de la langue[5] », c'est-à-dire à opposer « un camp du sens commun poursuivant une ligne mimétique jamais abandonnée et un camp radical, qui pousse à son extrême les distensions du réel et de la langue[6] ».

Or, Toussaint et Viel n'adoptent ni un rapport d'opposition ni une attitude nostalgique vis-à-vis de ce qui a précédé. Déconstruction du récit, évanescence du personnage, hétérogénéité du discours narratorial, transgression du pacte mimétique, etc., ne constituent pas des finalités en soi, mais servent chez ces auteurs l'établissement d'une nouvelle logique narrative, dont l'originalité est de revendiquer la fiction comme un espace capable de générer la mise en récit et, ce faisant, de permettre l'avènement du narrateur sur la scène énonciative. Toussaint et Viel outrepassent le soupçon qui pèse sur la légitimé de la représentation à dire quelque chose du réel en mettant en scène un narrateur qui « se met lui-même à "fictionner" », qui est pris « "en flagrant délit de légender"[7] ». Ils instaurent de la sorte la représentation romanesque comme un espace de doute, au sein duquel les frontières qui séparent d'ordinaire illusion et vérité,

---

5 Tanguy Viel, *Tout s'explique, op. cit.*, p. 16.
6 *Ibidem*, p. 17.
7 Gilles Deleuze, *L'image-temps, op. cit.*, p. 196.

fantasme et mémoire, univers psychique et réalité extérieure ne sont plus efficientes. La narrativité ne tend pas à cerner la cohérence du personnage qui prend en charge l'acte de raconter; au contraire, elle devient le reflet de l'irréductible multiplicité de celui-ci, en donnant vie à toute une série d'images fantasmatiques qui sont autant de leurres à travers lesquels l'identité de ce personnage se diffracte. Si la fable est en mesure de produire du sens, c'est à condition que celui-ci ne soit jamais envisagé dans un rapport transparent avec le réel, qu'il ne témoigne d'aucune vérité immuable, mais de la vérité intime du narrateur, changeante et insaisissable, qu'il appartient au lecteur de saisir.

C'est en cela que Toussaint et Viel à la fois relancent et dépassent le « soupçon » qui pèse sur la pleine appréhension du monde par le sujet humain : leur écriture n'est plus ni du côté de la croyance dans la possibilité pour l'homme de forger le monde à son image (position surplombante qui serait notamment celle de « l'humanisation du réel balzacien[8] »), ni du côté du constat de la dépossession pour l'homme du sens du monde qui l'entoure (expérience de « perte du monde[9] » contemporaine, selon Fœssel, du régime de l'image-temps deleuzienne). Toussaint et Viel posent leur narrateur comme spectateur d'une réalité déshumanisée par le discours de la science et de la technique, une réalité qui exclut toute intervention directe du sujet parce qu'elle le place face au spectacle d'un monde qui fonctionne sans lui, mais ce faisant, ces auteurs transforment dans le même temps cette réalité en un écran au cœur duquel le narrateur-spectateur peut pénétrer pour s'approprier le point de l'image par lequel il est regardé. Ainsi, aux personnages de *Fin de partie* qui s'interrogent : « HAMM. — Et à l'horizon ? Rien à l'horizon ? CLOV. [...] Mais que veux-tu qu'il y ait à l'horizon[10] ? », les narrateurs de Toussaint et de Viel répondraient peut-être : « À l'horizon, il y a ce que j'imagine ».

---

8   Nicolas Xanthos, « La poétique narrative et descriptive de Jean-Philippe Toussaint : le réel comme oubli de soi », *op. cit.*, p. 82.
9   Michaël Foessel, « Perdre un monde. Les expériences contemporaines de l'impossible », dans *Après la fin du monde : critique de la raison apocalyptique*, Paris, Seuil, 2012, (« L'ordre philosophique »), p. 155–194.
10 Samuel Beckett, *Fin de partie*, Paris, Minuit, 1957, p. 45.

Bibliographie

Écrits de Jean-Philippe Toussaint

Aux Éditions de Minuit

La Salle de bain, 1985.
Monsieur, 1986.
L'Appareil-photo, 1988.
La Réticence, 1991.
La Télévision, 1997.
Autoportrait (à l'étranger), 2000.
Faire l'amour, 2002.
Fuir, 2005.
La Mélancolie de Zidane, 2006.
La Vérité sur Marie, 2009.
L'urgence et la patience, 2012.
Nue, 2013.
Football, 2015.

Autres éditions

Mes bureaux, luoghi dove scrivo, Venise, Amos, 2005.
La main et le regard. Livre / Louvre, Paris, Louvre éditions et Le Passage, 2012.

En ligne

Bon-a-tirer, URL : http://www.bon-a-tirer.com/auteurs/toussaint.html, consulté le 17 décembre 2015 :

- « Le jour où j'ai commencé à écrire », 2001,
- « Le jour où j'ai fait ma première photo », 2001,
- « Le jour où j'ai rencontré Jérôme Lindon », 2001,
- « Le jour où j'ai commencé à filmer », 2002,
- « Le jour, pas si lointain, où j'ai assisté à la finale de la Coupe du Monde de football », 2002,
- « Le jour où j'ai commencé *La Réticence* », 2002,
- « Le jour où j'ai accompagné Anna à l'école », 2003,
- « Le jour où j'ai découvert la traduction assistée par ordinateur (une expérience technologique) », 2003,
- « Le jour où j'ai ouvert une librairie à Tokyo », 2003,
- « Le jour où j'ai retrouvé chez moi quelques photos de quand j'étais petit », 2004.

Site officiel de Jean-Philippe Toussaint, URL : www.jptoussaint.com (l'auteur y publie notamment certains brouillons, des articles de presse, des entretiens, des comptes rendus de tournage, etc.).

Écrits de Tanguy Viel

Aux Éditions de Minuit

Le Black Note, 1998.
Cinéma, 1999.
L'Absolue perfection du crime, 2001.
Insoupçonnable, 2006.
Paris-Brest, 2009.
La Disparition de Jim Sullivan, 2013.
Article 353 du code pénal, 2017.

Autres éditions

*Tout s'explique. Réflexions à partir d'*Explications *de Pierre Guyotat*, Aubervilliers, Inventaire/Invention, 2000.
Maladie, Aubervilliers, Inventaire/Invention, 2002.
D/m littéraires–extraits, Val-de-Marne, Isthme éditions, 2006.
« Pour une littérature post-mortem », dans Christine Jérusalem, Jean-Bernard Vray, (s.l.d.), *Jean-Echenoz : « une tentative modeste de description du monde »*, Saint-Étienne, Publications de l'Université de Saint-Étienne, 2006, p. 255–265.
Hitchcock, par exemple, illustré par F. Chavouet, Paris, Naïve, 2010.
Cet homme-là, Paris, Desclée de Brouwer, 2010.
Un jour dans la vie, Lyon, édité par la librairie Passages, 2010.
« Éléments pour une écriture cinéphile », dans Jean-Louis Leutrat, (s.l.d.), *Cinéma & littérature. Le grand jeu*, Saint Vincent de Mercuze, De l'incidence, 2010, p. 263–273.
Ce jour-là. Les élèves du lycée Alfred-Nobel de Clichy-sous-Bois avec Tanguy Viel, Nantes, Joca Seria, 2012.

En ligne

« Icebergs », *Ciclic*, textes et lectures publiés entre le 22 juin et le 1 décembre 2015, URL : http://livre.ciclic.fr/actualites/tanguy-viel-icebergs-1-la-vie-aquatique-le-texte-et-la-lecture, consulté le 17 décembre 2015 :

> « Icebergs #1 "La vie aquatique" »,
> « Icebergs #2 "Dans les abysses" »,
> « Icebergs #3 "Point à la ligne" »,

« Icebergs #4 "Visions" »,
« Icebergs #5 "Vivre avec les serpents" »,
« Icebergs #6 "Vaille-moi, longue étude" ».

Entretiens

Allemand, Roger-Michel, « Tanguy Viel : imaginaires d'un romancier contemporain », *analyses.org*, 3 / 2, automne 2008, p. 121–133.

Allemand, Roger-Michel, « Jean-Philippe Toussaint : la forme et la mélancolie », *analyses.org*, 6 / 1, hiver 2011, p. 36–53.

Bourmeau, Sylvain, « Entretien avec Jean-Philippe Toussaint », *Médiapart*, septembre 2009, URL : http://www.dailymotion.com/video/xairh1_jean-philippe-toussaint-1-2-la-veri_news, consulté le 6 novembre 2009.

Faerber, Johan, « Vers une mélancolie des premiers romans ? Entretien avec Tanguy Viel », dans Marie-Odile André, Johan Faerber, *Premiers romans, 1945–2003*, Paris, Presses Sorbonne Nouvelle, 2005, p. 89–99.

Guichard, Thierry, « *Insoupçonnable* : entretien avec Tanguy Viel », *Le Matricule des anges*, 71, 2006, URL : http://www.lmda.net/din/tit_lmda.php?Id=52058, consulté le 12 février 2012.

Laurent Hanson, « Interview de Jean-Philippe Toussaint », *Institut franco-japonais de Tokyo*, le 19 janvier 1998, URL : http://www.berlol.net/foire/fle98to.htm, consulté le 9 janvier 2012.

Noël, Lison, Stevens, Noémie, « Seconde main. Entretien avec Tanguy Viel », *Récits entre amis*, URL : http://recitsentreamis.over-blog.com/article-seconde-main-entretien-avec-thomas-clerc-et-tanguy-viel-73672781.html, consulté le 25 avril 2013.

Ouvrages, revue et articles critiques sur Jean-Philippe Toussaint

Ouvrages

Ammouche-Kremers, Michèle, Hillenaar, Henk, (s.l.d.), *Jeunes auteurs de Minuit*, Amsterdam, Rodopi, 1994.

Bessard-Banquy, Oliver, *Le roman ludique : Jean Echenoz, Jean-Philippe Toussaint, Éric Chevillard*, Villeneuve d'Ascq, Presses universitaires du Septentrion, 2003, (« Perspectives »).

Chaudier, Stéphane, (s.l.d.), *Les Vérités de Jean-Philippe Toussaint*, Saint-Étienne, Publications de l'Université de Saint-Étienne, 2016.

Cotea, Lidia, *À la lisière de l'absence. L'imaginaire du corps chez Jean-Philippe Toussaint, Marie Redonnet et Éric Chevillard*, Paris, L'Harmattan, 2013, (« Espaces Littéraires »).

Schmidt, Mirko, *Jean-Philippe Toussaint. Erzählen und Verschweigen*, Paderborn, Books on Demand, 2001.

Schmidt, Mirko, (s.l.d.), *Entre parenthèses. Beiträge zum Werk von Jean-Philippe Toussaint*, Paderborn, Vigilia, 2003, dont :

> Hippolyte, Jean-Louis, « A Tokyo comme à Bastia : le "non-lieu" chez Jean-Philippe Toussaint », p. 117–126.
> Lambert, John, « A Portrait of John Dory », p. 77–86.
> McGarry, Pascale, « T(itien) V(ecellio) / TV : défense et illustration de la culture dans *La télévision* », p. 87–97.
> Rebollar, Patrick, « Mines de riens. Essai sur *La télévision* de Jean-Philippe Toussaint », p. 99–116.

Zhao, Jia, *L'ironie dans le roman français depuis 1980 : Echenoz, Chevillard, Toussaint, Gailly*, Paris, L'Harmattan, 2012.

Revue

Textyles : revue des lettres belges de langue française, 38 : « Jean-Philippe Toussaint », dossier dirigé par Laurent Demoulin et Pierre Piret, 2010, dont :

> Dubois, Jacques, « Avec Marie », p. 13–24.
> Gabriel, Jean-Benoît, « Fuir l'image avec désinvolture (autour du court métrage *Fuir* de Jean-Philippe Toussaint) », p. 47–56.
> Houppermans, Sjef, « L'autre fugitive », p. 109–120.
> Mignon, Olivier, « Presque sans lumière. Du statut des images dans les écrits de Jean-Philippe Toussaint », p. 67–76.
> Ost, Isabelle, « Dispositifs techniques et place du sujet dans quelques romans de Jean-Philippe Toussaint », p. 77–88.
> Piret, Pierre, « Portrait de l'artiste en Oriental », p. 35–46.
> Wagner, Frank, « Monsieur Jean-Philippe Toussaint et la notion de Vérité (Pour une poétique perspectiviste) », p. 25–34.

Articles

Blanckeman, Bruno, « Du flux et du fluide (usages de l'ironie dans quelques romans contemporains) », *Fabula Colloques : Hégémonie de l'ironie ?*, juin 2008, URL : http://www.fabula.org/colloques/document1005.php, consulté le 8 avril 2014.

Demoulin, Laurent, « Faire l'amour à la croisée des chemins », dans *Faire l'amour*, Paris, Minuit, 2009, (« Double »).

Fortier, Frances, Mercier, Andrée, « L'autorité narrative et ses déclinaisons en fiction contemporaine : *Cinéma* de Tanguy Viel et *Fuir* de Jean-Philippe Toussaint », dans

Barbara Havercroft, Pascal Riendeau, Pascal Michelucci, (s.l.d.), *Le roman français de l'extrême contemporain. Écritures, engagements, énonciations*, Québec, Nota bene, 2010, (« Contemporanéités »), p. 255–274.

Hennuy, Jean-Frédéric, « "Examen d'identité" : voyageur professionnel et identification diasporique chez Jean-Philippe Toussaint et Abdelkébir Khatibi », *French Studies*, 60 / 3, juillet 2006, p. 347–363.

Meurée, Christophe, « Temps de la résistance : résistance au temps », *L'esprit créateur*, 50 / 3, 2010, p. 83–98.

Pfeiffer, Natacha, Richir, Alice, « Se dénouer avant la fin : une position terminale initiale chez Gus Van Sant et Jean-Philippe Toussaint », *Les Lettres romanes*, 70 / 1–2, 2016, p. 11–33.

Piret, Pierre, « Le dispositif minimaliste et la dialectique du désir (Echenoz, Toussaint) », dans Isabelle Ost, Pierre Piret, Laurent Van Eynde, (s.l.d.), *Représenter à l'époque contemporaine. Pratiques littéraires, artistiques et philosophiques*, Bruxelles, Facultés universitaires Saint-Louis, 2010, p. 325–343.

Richir, Alice, « Le jeu comme métaphore de l'écriture chez Jean-Philippe Toussaint : de la règle au vertige », *Textyles : revue des lettres belges de langue française*, 42, 2012, p. 145–155.

Richir, Alice, « L'intime entre parenthèses », *Poétique*, 43, 2012, p. 469–479.

Simard-Houde, Mélodie, « Consentir à l'illusion », *Salon double : observatoire de la littérature contemporaine*, 17 novembre 2009, URL : http://salondouble.contemporain.info/lecture/consentir-a-lillusion, consulté le 2 février 2012.

Wagner, Frank, « La Vérité sur Jean-Philippe : éléments pour une poétique de l'œuvre toussainienne », *Vox-poetica : lettres et sciences humaines*, mai 2011, URL : http://www.vox-poetica.com/t/articles/wagner2011.html, consulté le 4 avril 2015.

Xanthos, Nicolas, « La poétique narrative et descriptive de Jean-Philippe Toussaint : le réel comme oubli de soi », *@nalyses*, 4 / 2, 2009, p. 80–104.

Xanthos, Nicolas, « Le souci de l'effacement. Insignifiance et poétique narrative chez Jean-Philippe Toussaint », *Études françaises*, 45 / 1, 2009, p. 67–87.

Ouvrages, revue et articles critiques sur Tanguy Viel

Ouvrages

Blatt, Ari J., *Pictures into Words : Images in Contemporary French Fiction*, Lincoln, University of Nebraska press, 2012.

Clerc, Jeanne-Marie, Carcaud-Macaire, Monique, *L'adaptation cinématographique et littéraire*, Paris, Klincksieck, 2004, (« 50 questions »).

Faerber, Johan, L'Absolue Perfection du crime *de Tanguy Viel*, Paris, Hatier, 2007.

Revue

Relief, 6 / 2, « Laurent Mauvigner et Tanguy Viel. Deux auteurs d'aujourd'hui », dossier dirigé par Christine Jérusalem et Sjef Houppermans, décembre 2012, dont :

> Faerber, Johan, « Le livre aveugle ou la passion anthologique dans l'œuvre de Tanguy Viel », p. 80–95.
> Houppermans, Sjef, « Tanguy Viel : de la parole à l'image », p. 96–109.
> Richir, Alice, « Faire jazzer la voix narrative », p. 71–79.

Articles

Cadinot-Romerio, Sylvie, « Formes et sens de la disparition dans *La Disparition de Jim Sullivan* de Tanguy Viel », *Les Lettres romanes*, 70 / 1–2 : « Écrire après la fin », dossier dirigé par Manon Delcour, Estelle Mathey et Alice Richir, 2016, p. 34–40.

Clerc, Jeanne-Marie, « Écritures transmodales : l'exemple de *Cinéma* de Tanguy Viel », dans Robert Kahn, (s.l.d.), *À travers les modes*, Rouen, Publications de l'Université de Rouen, 2004, p. 49–59.

Faerber, Johan, « Écrire : verbe transitif ? », dans Wolfgang Asholt, Marc Dambre, (s.l.d.), *Un retour des normes romanesques dans la littérature française contemporaine*, Paris, Presses Sorbonne Nouvelle, 2011, p. 21–33.

Faerber, Johan. « Déjà vu ou le Hors comme défiguration du roman par le cinéma. L'exemple de *Cinéma* de Tanguy Viel », *Chaoïd*, 11 : « Actes du colloque international "Le hors" », 2007, p. 160–197.

Fortier, Frances, Mercier, Andrée, « L'autorité narrative et ses déclinaisons en fiction contemporaine : *Cinéma* de Tanguy Viel et *Fuir* de Jean-Philippe Toussaint », dans Barbara Havercroft, Pascal Riendeau, Pascal Michelucci, (s.l.d.), *Le roman français de l'extrême contemporain. Écritures, engagements, énonciations*, Québec, Nota bene, 2010, (« Contemporanéités »), p. 255–274.

Houppermans, Sjef, « Cinéma avec Tanguy Viel », dans Jan Baetens, Marc Lits, (s.l.d.), *La novellisation : du film au roman*, Leuven, Louvain University Press, 2004.

Houppermans, Sjef, « Tanguy Viel : From Word to Image », *Yale French Studies*, 114 : « Writing and the Image Today », dossier dirigé par Jan Baetens et Ari J. Blatt, 2008, p. 37–50.

Marcandier, Christine, « Les lois de l'abstraction : blanchiment du noir chez Julia Deck et Tanguy Viel », *Fixxion*, 10, 2015, p. 116–125.

Panter, Marie, « Le thriller à l'américaine : Maxime Chattam, Joël Dicker, Jean-Christophe Grangé et Tanguy Viel », *Fixxion*, 10, 2015, p. 106–126.

Richir, Alice, « À travers le masque : narrateur contraint et mise en récit dans *L'Absolue perfection du crime* et *Insoupçonnable* », *Esprit Créateur*, 54 / 1, 2014, p. 54–70.

Sennhauser, Anne, « Présences paradoxales du romanesque dans la fiction contemporaine. Les cas de Jean Echenoz, de Patrick Deville et de Tanguy Viel », *Itinéraires : littérature, textes, cultures*, 1, 2013, p. 65–79.

Wagner, Frank, « "C'est à moi que tu parles ?" Allocutaires et auditeur dans *Le Black Note* de Tanguy Viel », dans Sjef Houppermans, (s.l.d.), *Territoires et terres d'histoires : perspectives, horizons, jardins secrets dans la littérature française d'aujourd'hui*, Amsterdam, Rodopi, 2005, p. 217–244.

Ouvrages et articles généraux

« Pour une logique du fantasme » (article non signé), *Scilicet*, 2–3, 1970, p. 223–273.

Agamben, Giorgio, *Qu'est-ce qu'un dispositif ?*, trad. de l'italien par M. Rueff, Paris, Payot & Rivages, 2007, (« Petite Bibliothèque »).

Asholt, Wolfgang, Dambre, Marc, (s.l.d.), *Un retour des normes romanesques dans la littérature française contemporaine*, Paris, Presses Sorbonne Nouvelle, 2011.

Assoun, Paul-Laurent, *Le regard et la voix. Leçons de psychanalyse*, Paris, Economica, 2014, (« Psychanalyse »).

Aubert, Nicole, (s.l.d.), *L'individu hypermoderne*, Toulouse, Érès, 2006, (« Sociologie clinique »).

Aubert, Nicole, Haroche, Claudine, (s.l.d.), *Les tyrannies de la visibilité. Être visible pour exister ?*, Toulouse, Érès, 2011.

Audet, René, « La fiction au péril du récit ? Prolégomènes à une étude de la dialectique entre narrativité et fictionnalité », *Protée*, 34 / 2–3, automne-hiver 2006, p. 193–207.

Audet, René, Romano, Claude, Dreyfus, Laurence, (s.l.d.), *Jeux et enjeux de la narrativité dans les pratiques contemporaines*, Paris, Dis voir, 2006, (« Arts visuels »).

Audet, René, (s.l.d.), *Enjeux du contemporain. Études sur la littérature actuelle*, Québec, Nota Bene, 2009.

Augé, Marc, *Non-lieux : introduction à une anthropologie de la surmodernité*, Paris, Seuil, 1992.

Bakhtine, Mikhaïl, *Esthétique et théorie du roman*, trad. du russe par D. Olivier, Paris, Gallimard, 1978, (« Tel »).

Baroni, Raphaël, *La tension narrative. Suspense, curiosité et surprise*, Paris, Seuil, 2007.

Barthes, Roland, *La chambre claire : note sur la photographie*, Paris, Gallimard, 1980, (« Cahiers du cinéma »).

Benveniste, Émile, « De la subjectivité dans le langage », dans *Problèmes de linguistiques générale, I*, Paris, Gallimard, 1966, p. 258–266.

Berkman, Gisèle, *L'effet Bartleby. Philosophes lecteurs*, Paris, Hermann, 2011, (« Fictions pensantes »).

Blanchot, Maurice, *L'espace littéraire*, Paris, Gallimard, 1955.

Blanchot, Maurice, *Le pas au-delà*, Paris, Gallimard, 1973.

Blanckeman, Bruno, *Les fictions singulières. Étude sur le roman français contemporain*, Paris, Prétexte Éditeur, 2002, (« Critique »).

Blanckeman, Bruno, *Les récits indécidables : Jean Echenoz, Hervé Guibert, Pascal Quignard*, Villeneuve d'Ascq, Presses universitaires du Septentrion, 2000, («Perspectives»).

Blanckeman, Bruno, Dambre, Marc, Mura-Brunel, Aline, (s.l.d.), *Le Roman français au tournant du XXIe siècle*, Paris, Presses Sorbonne nouvelle, 2004.

Booth, Wayne, *The rhetoric of fiction*, Chicago, University of Chicago press, 1968.

Boucheron, Sabine, *Les détours de la langue. Étude sur la parenthèse et le tiret double*, Louvain–Paris, Peeters, 2002, («Bibliothèque de l'information grammaticale»).

Buci-Glucksmann, Christine, *Esthétique de l'éphémère*, Paris, Galilée, 2003, («Écritures / Figures»).

Buci-Glucksmann, Christine, «Le virtuel produit du réel : l'image flux», dans François Dosse, Jean-Michel Frodon, (s.l.d.), *Gilles Deleuze et les images*, Paris, Cahier du Cinéma, 2008, p. 183–186.

Cabau, Jacques, *La prairie perdue. Le roman américain*, Paris, Seuil, 1966.

Caillois, Roger, *Les jeux et les hommes : le masque et le vertige*, 2e éd, Paris, Gallimard, 1958, («Folio Essais»).

Calvino, Italo, *Leçons américains. Aide-mémoire pour le prochain millénaire*, trad. de l'italien par Y. Hersant, Paris, Gallimard, 1989, («Du monde entier»).

Chassay, Jean-François, *Dérives de la fin : sciences, corps et villes*, Montréal, Le Quartanier, 2008, («Erres essais»).

Deleuze, Gilles, *Logique du sens*, Paris, Minuit, 1969, («Critique»).

Deleuze, Gilles, *Cinéma 1. L'image-mouvement*, Paris, Minuit, 1983, («Critique»).

Deleuze, Gilles, *Cinéma 2. L'image-temps*, Paris, Minuit, 1985, («Critique»).

Deleuze, Gilles, *Critique et Clinique*, Paris, Minuit, 1997, («Critique»).

Derrida, Jacques, *Feu la cendre*, Paris, Des femmes–Antoinette Fouque, 1987.

Derrida, Jacques, *Spectres de Marx : l'état de la dette, le travail du deuil et la nouvelle Internationale*, Paris, Galilée, 1993, («La philosophie en effet»).

Derrida, Jacques, *Demeure. Maurice Blanchot*, Paris, Galilée, 1998, («Incises»).

Didi-Huberman, Georges, *Devant l'image : question posée aux fins d'une histoire de l'art*, Paris, Minuit, 1990, («Critique»).

Didi-Huberman, Georges, *Ce que nous voyons, ce qui nous regarde*, Paris, Minuit, 1992, («Critique»).

Didi-Huberman, Georges, *Génie du non-lieu. Air, poussière, empreinte, hantise*, Paris, Minuit, 2001.

Ducrot, Oswald, Todorov, Tzvetan, *Dictionnaire encyclopédique des sciences du langage*, Paris, Seuil, 1972, («Points»).

Ducrot, Oswald, «Analyses pragmatiques», *Communications*, 32 / 1, 1980, p. 11–60.

Ducrot, Oswald, *Le dire et le dit*, Paris, Minuit, 1984.

Dupriez, Bernard, *Gradus. Les procédés littéraires (dictionnaire)*, Paris, 10/18, 1984.

Illich, Ivan, *La convivialité*, Paris, Seuil, 1973.

Échenoz, Jean, « Il se passe quelque chose avec le jazz, entretien avec Olivier Bessard-Banquy », *Europe*, août-septembre 1997, p. 194-202.

Florence, Jean, « Théories du fantasme dans la clinique freudienne », *Esquisses psychanalytiques*, automne 1991, p. 123-138.

Florence, Jean, « Comment se transmet l'expérience analytique ? Lecture d'une "case-history" de D.W. Winnicott », *Natureza humana*, 10 / 2, décembre 2008, p. 149-165.

Fœssel, Michaël, *La privation de l'intime. Mise en scène politique des sentiments*, Paris, Seuil, 2008.

Fœssel, Michaël, *Après la fin du monde : critique de la raison apocalyptique*, Paris, Seuil, 2012, (« L'ordre philosophique »).

Fortier, Frances, Mercier, Andrée, « L'autorité narrative dans le roman contemporain : exploitations et redéfinitions », *Protée*, 34 / 2-3, 2006, p. 139-152.

Foucault, Michel, *Les mots et les choses. Une archéologie des sciences humaines*, Paris, Gallimard, 1966 (2010), (« Tel »).

Freud, Sigmund, *Œuvres complètes. Psychanalyse*, Paris, PUF, 2015.

Freud, Sigmund, *Le délire et les rêves dans la* Gradiva *de W. Jensen*, précédé de *Gradiva, fantaisie pompéienne* par Wilhem Jensen, trad. de l'allemand par P. Arbex et R.-M. Zeitlin, Gallimard, Paris, 1986, (« Connaissance de l'Insconscient »).

Freud, Sigmund, *La naissance de la psychanalyse. Lettres à Wilhelm Fliess, Notes et Plans (1887-1902)*, trad. de l'allemand par A. Berman, Paris, PUF, 1956, (« Bibliothèque de psychanalyse et de psychologie clinique »).

Fromilhague, Catherine, « Les figures de construction », dans *Les figures de style*, Paris, Armand Colin, 2010.

Fukuyama, Francis, *La fin de l'histoire et le dernier homme*, trad. de l'anglais par D.-A. Canal, Paris, Flammarion, 1993, (« Champs »).

Galinier, Jacques, « Lionel Naccache, *Le Nouvel Inconscient. Freud, Christophe Colomb des neurosciences* », *L'Homme. Revue française d'anthropologie*, 187-188, octobre 2008, p. 500-505.

Genette, Gérard, *Figures III*, Paris, Seuil, 1972, (« Poétique »).

Genette, Gérard, *Palimpsestes : la littérature au second degré*, Paris, Seuil, 1982, (« Poétique »).

Gervais, Bertrand, *L'imaginaire de la fin : temps, mots et signes. Logiques de l'imaginaire III*, Montréal, Le Quartanier, 2009, (« Erres essais »).

Goffman, Erving, *Les rites d'interaction*, trad. de l'anglais par A. Kihm, Paris, Minuit, 1974.

Gómez Mango, Edmundo, Pontalis, Jean-Bertrand, *Freud avec les écrivains*, Paris, Gallimard, 2012, (« Connaissance de l'Insconscient »).

Guérin, Nicolas, « La notion d'incroyance en psychanalyse : origine, réhabilitation et perspective », *L'Évolution Psychiatrique*, 71 / 3, juillet 2006, p. 545-557.

Gutton, Philippe, *Le jeu chez l'enfant : essai psychanalytique*, Paris, Librairie Larousse, 1973.

Hamon, Philippe, *Le personnel du roman : le système des Rougon-Macquart d'Emile Zola*, Paris, Droz, 1983, (« Titre courant »).

Hamon, Philippe, *L'ironie littéraire : essai sur les formes de l'écriture oblique*, Paris, Hachette Supérieur, 1996, (« Hachette université »).

Hamon, Philippe, *Texte et idéologie*, Paris, PUF, 1997, (« Quadrige »).

Hucher, Philippe, *Le jazz*, Paris, Flammarion, 1996, (« Dominos »).

Huizinga, Johan, *Homo ludens. Essai sur la fonction sociale du jeu*, Paris, Gallimard, 1951.

Jenny, Laurent, *La parole singulière*, Paris, Belin, 1990.

Jérusalem, Christine, *Jean Échenoz : géographies du vide*, Saint-Étienne, Presses Universitaires de Saint-Étienne, 2005.

Kibédi-Varga, Aron, « Le récit postmoderne », *Littérature*, février 1990, p. 3–22.

Lacan, Jacques, *Écrits, I et II*, Paris, Seuil, 1966 (1999), (« Points »).

Lacan, Jacques, *Le séminaire, livre XI : les quatre concepts fondamentaux de la psychanalyse*, texte établi par J.-A. Miller, Paris, Seuil, 1973 (1990), (« Points Essais »).

Lacan, Jacques, *Télévision*, texte établi par J.-A. Miller, Paris, Seuil, 1974, (« Champ freudien »).

Lacan, Jacques, *Le séminaire, livre VIII : le transfert*, texte établi par J.-A. Miller, Seuil, Paris, 1991, (« Le champ freudien »).

Lacan, Jacques, *Le séminaire, livre XVII : l'envers de la psychanalyse*, texte établi par J.-A. Miller, Paris, Seuil, 1991, (« Le champ freudien »).

Lacan, Jacques, *Le séminaire, livre X : l'angoisse*, texte établi par J.-A. Miller, Paris, Seuil, 2004, (« Le champ freudien »).

Lacan, Jacques, *Le séminaire, livre VI : le désir et son interprétation*, texte établi par J.-A. Miller, Paris, La Martinière et Le Champ Freudien Éditeur, 2013.

Laplanche, Jean, Pontalis, Jean-Bertrand, « Fantasme originaire, fantasmes des origines, origine du fantasme », *Les Temps modernes*, avril 1964, p. 1833–1868.

Laplanche, Jean, Pontalis, Jean-Bertrand, *Vocabulaire de la psychanalyse*, PUF, Paris, 1971, (« Bibliothèque de psychanalyse »).

Le Boulengé, Christine, « Désir et jouissance dans le fantasme », *Quarto*, 42 : « Fantasme, délire et toxicomanie », décembre 1990, p. 4–9.

Le Breton, David, *Des Visages. Essai d'anthropologie*, Paris, Éditions Métailié, 1992.

Lebrun, Jean-Claude, Prévost, Claude, *Nouveaux territoires romanesques*, Paris, Messidor, 1990.

Lebrun, Jean-Pierre, *Un monde sans limite*, suivi de *Malaise dans la subjectivation*, Toulouse, Érès, 2009, (« Point hors ligne »).

Lejeune, Philippe, *Le pacte autobiographique*, Paris, Seuil, 1975 (1996), (« Points Essais »).

Les Lettres romanes, 66 / 3–4 : « Le souci de l'avenir chez les écrivains francophones », dossier dirigé par Christophe Meurée, 2013.

Lipovetsky, Gilles, *L'ère du vide. Essais sur l'individualisme contemporain*, Paris, Gallimard, 1989.

Lisse, Michel, « Comment ne pas dire le dernier mot ? ou "Le pas au-delà de la dénégation" », dans Ginette Michaux, Pierre Piret, (s.l.d.), *Logiques et écritures de la négation*, Paris, Kimé, 2000, p. 51–78.

Louvel, Liliane, Méaux Danièle, Montier, Jean-Pierre, Ortel, Philippe, (s.l.d.), *Littérature et photographie*, Rennes, Presses universitaires de Rennes, 2008.

Lyotard, Jean-François, *La condition postmoderne : rapport sur le savoir*, Paris, Minuit, 1979, (« Critique »).

Macary, Pascale, « L'élaboration lacanienne de la jouissance Autre », *Évolution psychiatrique*, 69, 2004, p. 232–249.

Maingueneau, Dominique, « Ethos, scénographie, incorporation », dans Amossy, Ruth, (s.l.d.), *Images de soi dans le discours : la construction de l'ethos*, Paris, Delachaux et Niestlé, 1999, (« Sciences des discours »), p. 75–102.

Maingueneau, Dominique, *Le discours littéraire. Paratopie et scène d'énonciation*, Paris, Armand Colin, 2004.

Martin, Jean-Pierre, *La bande sonore : Beckett, Céline, Duras, Genet, Perec, Pinget, Queneau, Sarraute, Sartre*, Paris, Corti, 1998.

Merleau-Ponty, Maurice, *Phénoménologie de la perception*, Paris, Gallimard, 1945.

Merleau-Ponty, Maurice, *Le visible et l'invisible*, texte établi par C. Lefort, Paris, Gallimard, 1964 (1979), (« Tel »).

Metz, Christian, *Le signifiant imaginaire*, Paris, Union Générale d'Éditions, 1977.

Meunier, Jean-Pierre, « Connaître par l'image », *Recherches en Communication*, 10, p. 35–75.

Michaux, Ginette, Piret, Pierre, (s.l.d.), *Logiques et écritures de la négation*, Paris, Kimé, 2000.

Michaux, Ginette, Piret, Pierre, « Spécificité et singularité », dans Dirk De Geest, Reine Meylaerts, (s.l.d.), *Littératures en Belgique–Literaturen in België. Diversités culturelles et dynamiques littéraires*, Bruxelles, Peter Lang, 2004, p. 37–49.

Michaux, Ginette, *De Sophocle à Proust, de Nerval à Boulgakov : essai de psychanalyse lacanienne*, Ramonville, Érès, 2008, (« Psychanalyse et écriture »).

Milner, Jean-Claude, *La politique des choses*, Paris, Navarin, 2005.

Milner, Jean-Claude, *L'amour de la langue*, Lagrasse, Verdier, 2009.

Molénat, Xavier, (s.l.d.), *L'Individu contemporain. Regards sociologiques*, Auxerre, Éditions Sciences humaines, 2005 (dont Kokoreff, Michel, Rodriguez Jacques, « Une société de l'incertitude », p. 133–143).

Mondzain, Marie-José, *Homo spectator*, Paris, Bayard, 2007.

Mondzain, Marie-José, *Images (à suivre)*, Paris, Bayard, 2011.

Morali, Claude, *Qui est moi aujourd'hui ?*, préface de E. Lévinas, Paris, Fayard, 1984.

Naccache, Lionel, *Le Nouvel Inconscient. Freud, Christophe Colomb des neurosciences*, Paris, Odile Jacob, 2006.

Ortel, Philippe, *La littérature à l'ère de la photographie. Enquête sur une révolution invisible*, Nîmes, Éditions Jacqueline Chambon, 2002.

Ortigues, Edmond, « Les repères identificatoires dans la formation de la personnalité », dans Julia Kristeva, Octave Mannoni, Edmond Ortigues, (s.l.d.), *Travail de la métaphore. Identification / Interprétation*, Paris, Denoël, 1984, (« L'espace analytique »), p. 101–121.

Ost, Isabelle, *Samuel Beckett et Gilles Deleuze : cartographie de deux parcours d'écriture*, Bruxelles, Facultés universitaires Saint-Louis, 2008.

Passek, Jean-Loup, (s.l.d.), *Dictionnaire du cinéma*, Paris, Larousse, 2001.

Pavel, Thomas G., *Univers de la fiction*, Paris, Seuil, 1988, (« Poétique »).

Perraton, Charles, « Au regard de la fiction : voir, savoir et pouvoir au cinéma », *Recherches en Communication*, 10, 1998, p. 203–213.

Petit, Marc, *Éloge de la fiction*, Paris, Fayard, 1999.

Picard, Michel, *La lecture comme jeu*, Paris, Minuit, 1986, (« Critique »).

Pier, John, Schaeffer, Jean-Marie, *Métalepses. Entorses au pacte de la représentation*, Paris, École des hautes études en sciences sociales, 2005.

Piret, Pierre, « De l'exception. La fonction analytique du discours littéraire et sa condition esthétique », dans Xavier Garnier, Pierre Zoberman, (s.l.d.), *Qu'est-ce qu'un espace littéraire ?*, Paris, Presses universitaires de Vincennes, 2006, (« L'imaginaire du texte »), p. 49–64.

Piret, Pierre, (s.l.d.), *La littérature à l'ère de la reproductibilité technique. Réponses littéraires au nouveau dispositif représentatif créé par les médias modernes. Penser la représentation I*, Paris, L'Harmattan, 2007, (« Champs visuels »).

Piret, Pierre, « Présentation », dans Ginette Michaux, *De Sophocle à Proust, de Nerval à Boulgakov : essai de psychanalyse lacanienne*, Ramonville, Érès, 2008, (« Psychanalyse et écriture »), p. 7–18.

Quinet, Antonio, *Le plus de regard. Destins de la pulsion scopique*, Paris, Éditions du Champ lacanien, 2003, (« ... In progress »).

Rabaté, Dominique, *Vers une littérature de l'épuisement*, Paris, José Corti, 2004, (« Les Essais »).

Rancière, Jacques, *La Parole muette. Essai sur les contradictions de la littérature*, Paris, Hachette, 1998, (« Littératures »).

Ravey, Yves, « L'écrivain expulsé du paysage », dans Jutta Fortin, Jean-Bernard Vray, (s.l.d.), *L'imaginaire spectral dans la littérature narrative française contemporaine*, Saint-Étienne, Publications de l'Université de Saint-Étienne, 2012, (« Lire au présent »), p. 63–65.

Razavet, Jean-Claude, *De Freud à Lacan : du roc de la castration au roc de la structure*, 2e éd, Bruxelles, De Boeck, 2002, (« Oxalis »).

Rey-Flaud, Henri, *L'Éloge du rien : pourquoi l'obsessionnel et le pervers échouent là où l'hystérique réussit*, Paris, Seuil, 1996, (« Le champ freudien »).

Ricœur, Paul, *Soi-même comme un autre*, Paris, Seuil, 1990, (« L'ordre philosophique »).

Ricœur, Paul, *Temps et récit, I, II et III*, Paris, Seuil, 1991.

Robbe-Grillet, Alain, *Pour un nouveau roman*, Paris, Minuit, 1963.

Robert, Marthe, *Roman des origines et origines du roman*, Paris, Grasset, 1972.

Robert, Marthe, *La vérité littéraire*, Paris, Grasset, 1981.

Ruffel, Lionel, « Hantise globale », dans Jutta Fortin, Jean-Bernard Vray, (s.l.d.), *L'imaginaire spectral dans la littérature narrative française contemporaine*, Saint-Étienne, Publications de l'Université de Saint-Étienne, 2012, (« Lire au présent »), p. 67–76.

Ruffel, Lionel, *Le dénouement*, Lagrasse Verdier, 2005.

Santos, Boaventura de Sousa, « Épistémologies du Sud », *Études rurales*, 187, janvier 2011, p. 21–49.

Sarraute, Nathalie, *L'ère du soupçon. Essais sur le roman*, Paris, Gallimard, 1956, (« Idées »).

Schaeffer, Jean-Marie, *Pourquoi la fiction ?*, Paris, Seuil, 1999, (« Poétique »).

Schoentjes, Pierre, *Poétique de l'ironie*, Paris, Seuil, 2001, (« Points »).

Sibony, Daniel, *Le jeu et la passe : identité et théâtre*, Paris, Seuil, 1997.

Solet, Bertrand, *Chaplin*, Paris, Duculot, 1980, (« Biographies : travelling »).

Stevens, Alexandre, « Délire et suppléance », *Quarto*, 42 : « Fantasme, délire et toxicomanie », décembre 1990, p. 14–18.

Taylor, Charles, *Les sources du moi. La formation de l'identité moderne*, trad. de l'anglais par C. Melançon, Paris, Seuil, 1989.

Van Vaerenbergh, Christiane, « La négation comme principe fondateur de la structuration psychique dans la théorie psychanalytique », dans Ginette Michaux, Pierre Piret, (s.l.d.), *Logiques et écritures de la négation*, Paris, Kimé, 2000, p. 11–46.

Vercier, Bruno, Viart, Dominique, *La littérature française au présent. Héritage, modernité, mutations*, Paris, Brodas, 2008.

Viart, Dominique, (s.l.d.), *Écritures contemporaines, I et II*, Paris, Lettres modernes Minard, 1998.

Wagner, Frank, « Glissements et déphasages. Note sur la métalepse narrative », *Poétique*, 130, avril 2002.

Wagner, Frank, « Les hypertextes en questions : notes sur les implications théoriques de l'hypertextualité », *Études littéraires*, 34 / 1–2, 2002.

Wajcman, Gérard, *Fenêtre : chroniques du regard et de l'intime*, Lagrasse, Verdier, 2004, (« Philia »).

Wajcman, Gérard, « L'architecture, l'intime, le regard », *Laboratoire analyse architecture*, janvier 2008, URL : http://www.lelaa.be/?site=flexpaper&flex_id=484, consulté le 10 juillet 2015.

Widlöcher, Daniel, « L'objet du fantasme », *Évolution psychiatrique*, 70, 2005, p. 20–29.

Winnicott, Donald Woods, *Jeu et réalité : l'espace potentiel*, trad. de l'anglais par C. Monod et J.-B. Pontalis, préface de J.-B. Pontalis, Paris, Gallimard, 1975, (« Connaissance de l'Inconscient »).

Zenoni, Alfredo, « Métaphore et métonymie dans la théorie de Lacan », *Cahiers internationaux du symbolisme*, 31–32, 1976, p. 187–197.

Zenoni, Alfredo, *Le corps de l'être parlant : de l'évolutionnisme à la psychanalyse*, Bruxelles, De Boeck, 1991, (« Oxalis »).

Žižek, Slavoj, « Rêve, plus-de-jouir et fantasme dans l'idéologie », *Quarto*, 30, février 1988, p. 29–33.

Žižek, Slavoj, *Subversions du sujet. Psychanalyse, philosophie, politique*, trad. de l'anglais par E. Doisneau, Rennes, Presses universitaires de Rennes, 1999, (« Clinique psychanalytique et psychopathologie »).

Žižek, Slavoj, *Le Spectre rôde toujours. Actualité du* Manifeste du Parti communiste, trad. de l'anglais, avant-propos, notes et postface par L. Jeanpierre, Paris, Nautilus, 2002.

Œuvres littéraires

Beckett, Samuel, *Fin de partie*, Paris, Minuit, 1957.

Beckett, Samuel, *Le monde et le pantalon*, suivi de *Peintres de l'empêchement*, Paris, Minuit, 1989.

Borgès, Jorge, *Œuvres complètes, I* et *II*, Paris, Gallimard, 1993 (2010), (« Bibliothèque de la Pléiade »).

Camus, Albert, *Noces*, Paris, Charlot, 1939.

Guibert, Hervé, *L'Image fantôme*, Paris, Minuit, 1981.

Melville, Herman, *Bartleby le scribe*, trad. de l'anglais par P. Leyris, Paris, Gallimard, 1996.

Michaux, Henri, *Œuvres complètes, I, II* et *III*, Paris, Gallimard, 1998, (« Bibliothèque de la Pléiade »).

Quignard, Pascal, *Le Sexe et l'Effroi*, Paris, Gallimard, 1996.

Vila-Matas, Enrique, *Docteur Pasavento*, trad. de l'espagnol par A. Gabastou, préface de T. Viel, Paris, Points, 2013.

Index des auteurs

Alberti, Leon Battista   198, 207, 219, 244
Ammouche-Kremers, Michèle   3n2, 12n12
Assoun, Paul-Laurent   233n20, 250
Aubert, Nicole   218
Audet, René   11n11, 64, 66
Auger, Pascal   201–202

Baetens, Jan   193
Barthes, Roland   191, 193, 206–207
Bataille, Georges   235, 270
Baudelaire, Charles   4, 134
Beckett, Samuel   10, 53–54, 59–61, 271–272
Benjamin, Walter   258–259
Bertho, Sophie   11n8
Berthou Crestey, Muriel   189
Blanchot, Maurice   20, 160
Blanckeman, Bruno   2n, 11n9, 12n12
Blatt, Ari   186
Buci-Glucksmann, Christine   205, 217, 223, 232

Cabau, Jacques   37n66, 38
Caillois, Roger   32, 47–50, 109, 117
Calvino, Italo   197, 260
Carcaud-Macaire, Monique   127, 228–229, 230n, 240
Chaplin, Charlie   29, 54–55
Chassay, Jean-François   62n33
Chaudier, Stéphane   84n15
Clerc, Jeanne-Marie   127, 228–229, 230n, 240
Cotea, Lidia   11n10, 17, 199

Dambre, Marc   2n, 63
Damish, Hubert   234
Deleuze, Gilles   21, 28, 55, 212, 221–222, 224–225, 242, 254–257, 259–260, 265–266, 268, 271
Demoulin, Laurent   64, 83
Derrida, Jacques   145–146, 148–149, 152, 158–161, 164
Didi-Huberman, Georges   13, 155–156, 164, 168, 233–237, 239, 241–242, 260
Ducrot, Oswald   58–59

Echenoz, Jean   36

Faerber, Johan   3n3, 34–35, 60, 126, 129–130, 183
Febvre, Pascal   214
Féron, Bertrand   112
Florence, Jean   112, 121
Fœssel, Michaël   63, 272
Fortier, Frances   40–41
Foucault, Michel   77
Freud, Sigmund   13, 65, 74–77, 80–81, 86, 104–105, 111–113, 117–118, 121–122, 124, 128, 136–141, 143, 147, 161, 163, 176, 219, 235
Fukuyama, Francis   62

Gabriel, Jean-Benoît   193, 195, 201n32
Galinier, Jacques   105
Genette, Gérard   35, 40
Gervais, Bertrand   62n33
Goethe (von), Johann Wolfgang   175
Goffman, Erving   28
Gómez Mango, Edmundo   108, 113
Guérin, Nicolas   138, 140–141, 144, 147
Guibert, Hervé   195

Hamon, Philippe   9, 59
Hillenaar, Henk   3n2, 12n12
Hippolyte, Jean-Louis   194
Hitchcock, Alfred   36–37, 186, 212, 250, 252, 256, 265
Houppermans, Sjef   26, 51, 226n5, 228
Hucher, Philippe   47
Huizinga, Johan   108, 110

Jérusalem, Christine   36

Kokoreff, Michel   56

Lacan, Jacques   4, 13–14, 54, 84, 86–91, 94, 98, 100, 121–122, 124, 138–140, 144–145, 157, 170–172, 176, 179, 182, 194, 196, 233, 243–244, 250, 264, 270
Laplanche, Jean   74, 75n3, 76–77, 87
Le Boulengé, Christine   92
Le Breton, David   96
Lebrun, Jean-Claude   2n

Lebrun, Jean-Pierre   56, 86, 119
Lisse, Michel   161
Lyotard, Jean-François   57, 62

Mankiewicz, Joseph   228, 255–256, 265
Marcandier, Christine   34
McGarry, Pascale   194
Méaux, Danièle   36
Melville, Herman   20–21, 55–56
Mercier, Andrée   40–41
Metz, Christian   232
Meunier, Jean-Pierre   259
Meurée, Christophe   221–222
Milner, Jean-Claude   96, 100
Mondzain, Marie-José   15, 18, 175, 196, 212, 215, 232, 241, 263
Montier, Jean-Pierre   189
Morali, Claude   57n16
Mura-Brunel, Aline   2n

Naccache, Lionel   105

Ortel, Philippe   191, 217
Ortigues, Edmond   12
Ost, Isabelle   53

Panter, Marie   42
Passek, Jean-Loup   253
Perraton, Charles   232
Petit, Marc   9, 12
Picard, Michel   117
Piret, Pierre   5, 13, 92n35, 200, 207, 214, 259
Pivot, Bernard   39
Pontalis, Jean-Bertrand   74, 75n3, 76–77, 87, 108, 113
Prévost, Claude   2n
Puff, Jean-François   30n48

Quignard, Pascal   128

Razavet, Jean-Claude   86–88
Rebollar, Patrick   59n22
Rey-Flaud, Heny   28, 30, 139–141

Richir, Alice   30n48, 59n22, 60n26, 169n, 226n6
Ricœur, Paul   65
Robert, Marthe   118, 124–125, 181–182
Rodriguez, Jacques   56
Robbe-Grillet, Alain   10, 61n30, 63n36, 64, 260–261, 271
Ruffel, Lionel   20–21, 61, 125, 208, 216, 259

Sarraute, Nathalie   10–11
Schaeffer, Jean-Marie   47, 50, 100, 103–108, 114, 116–118
Sennhauser, Anne   127
Shaffer, Anthony   228
Sibony, Daniel   31
Solet, Bertrand   29n
Sousa Santos (de), Boaventura   62n34
Stevens, Alexandre   136–137, 163

Taillet, Richard   214
Taylor, Charles   60–61
Todorov, Tzvetan   59

Van Vaerenbergh, Christiane   14
Vasari, Giorgio   234, 236
Vercier, Bruno   12n12, 59n22
Viart, Dominique   12n12, 59n22
Vila-Matas, Enrique   27
Villain, Loïc   214

Wagner, Frank   41, 60n25, 80, 83
Wajcman, Gérard   198–200, 207, 219–220, 243–248, 250, 268
Widlöcher, Daniel   85, 104
Winnicott, Donald   31, 111, 114
Wolfgang, Asholt   63

Xanthos, Nicolas   183, 204, 220, 272

Zenoni, Alfredo   83, 86, 94
Žižek, Slavoj   14, 56, 68, 252–253
Zhao, Jia   64
Zuccari, Federico   234

Printed in the United States
By Bookmasters